本书是国家社科基金青年项目"孔门后学与儒学的早期诠释研究"结项成果

国家社科基金丛书

GUOJIA SHEKE JIJIN CONGSHU

孔门后学与儒学的早期诠释研究

The Study on Early Interpretation of Confucianism
and Confucius' Disciples

宋立林 著

人民出版社

目　录

序　一 …………………………………………… 杨少涵 001

序　二 …………………………………………… 孙海燕 006

绪　论 …………………………………………………… 001

第一章　孔门后学与孔子言行文献的整理 ………… 006

　　第一节　思想叩问：作为"提问者"的孔门弟子 ……… 008

　　　　一、孔子设教与儒学思想的形成 ………… 009

　　　　二、有教无类与孔门集团的形成 ………… 010

　　　　三、因材施教与孔门的多元化 ………… 013

　　　　四、孔门师弟的"叩"与"鸣" ………… 018

　　第二节　文本论纂：作为记录者与整理者的孔门弟子

　　　　　　后学 ……………………………………… 024

　　　　一、孔门弟子与孔子言行文献的记录 ……… 028

　　　　二、孔门弟子后学与孔子言行文献的整理 … 033

第二章　生命诠释：作为践履者的孔门弟子 ………… 082

　　第一节　生命的学问：儒学的体知和体证 ……… 086

第二节　颜子之好学 ……………………………………… 093

第三节　孔颜乐处 ………………………………………… 109

第四节　曾子之笃实弘毅 ………………………………… 117

第三章　孔门后学与儒家天道天命观的早期诠释……… 130

第一节　孔子的天道观与天命论………………………… 132

一、"夫子之言性与天道"章疏解 …………………… 133

二、孔子所言"天道" ………………………………… 141

三、孔子的天命论 …………………………………… 156

第二节　孔门后学对孔子天道观的早期诠释 ………… 171

一、《易传》的天道观 ………………………………… 172

二、《中庸》的天道观 ………………………………… 176

第三节　孔门后学对孔子天命论的早期诠释 ………… 183

一、郭店简《穷达以时》中的"时命观" …………… 183

二、郭店简《性自命出》与《中庸》《孟子》中的"性命论"………… 191

第四章　孔门后学与儒家人性论的早期诠释……………… 202

第一节　孔子的人性论 ………………………………… 204

第二节　郭店楚简与儒家人性论的早期诠释 ………… 220

一、人性与天命的贯通 ……………………………… 221

二、普遍的共同人性 ………………………………… 222

三、情生于性 ………………………………………… 224

四、心无定志与心术为主 …………………………… 225

五、以好恶论性和以气论性 ………………………… 227

六、教、习与性、情 ………………………………… 229

第三节　思孟学派与儒家人性论的早期诠释 ………… 231

一、人性由人禽之辨而显 ································· 235

二、圣人与我同类 ····································· 239

三、可欲之谓善 ······································· 240

四、即心言性,即情显性 ······························· 242

五、不善非才之罪 ····································· 248

第五章　孔门后学与儒家修养论的早期诠释 ········· 253

第一节　孔子的修养论 ································· 254

一、孔子的仁学 ······································· 255

二、孔子的礼学 ······································· 271

三、孔子的君子观 ····································· 287

四、孔子的圣人观 ····································· 297

第二节　曾子学派对儒家修养论的早期诠释 ············· 301

一、曾子学派对儒家仁学与忠恕之道的早期诠释 ········· 301

二、曾子学派对儒家孝道的早期诠释 ················· 317

三、曾子学派对儒家君子观的早期诠释 ··············· 325

第三节　思孟学派对儒家修养论的早期诠释 ············· 328

一、简帛《五行》的修养论 ··························· 329

二、《中庸》的修养论 ······························· 338

三、孟子的修养论 ··································· 345

第六章　孔门后学与儒家政治观的早期诠释 ········· 351

第一节　孔子的政治哲学 ······························· 352

一、孔子的王道政治理想 ····························· 353

二、孔子的教化主义 ································· 357

三、孔子的礼治主义 ································· 361

　　四、孔子的德治主义 ·· 370

　　五、孔子的民本主义 ·· 373

第二节　孔门后学对孔子王道思想的早期诠释 ·············· 376

　　一、孔门弟子的王道思想 ·· 376

　　二、孟子的王道思想 ·· 381

第三节　孔门后学对儒家教化思想的早期诠释 ·············· 384

　　一、郭店简《尊德义》的教化观 ······························ 385

　　二、郭店简《成之闻之》的教化观 ··························· 390

第四节　孔门后学对儒家礼治主义的早期诠释 ·············· 394

　　一、传世文献中孔门后学的礼乐之教 ······················ 394

　　二、新出简帛中的礼治思想 ···································· 399

第五节　孔门后学对儒家德治主义的早期诠释 ·············· 404

　　一、《大学》的德治主义 ·· 404

　　二、郭店简《尊德义》的德治主义 ··························· 405

第六节　孔门后学对儒家民本主义的早期诠释 ·············· 409

　　一、郭店简《尊德义》的民本思想 ··························· 409

　　二、《孟子》的民本思想 ·· 411

第七节　孔门后学对"禅让"思想的早期诠释 ·············· 415

参考文献 ·· 418

后　　记 ·· 435

序 一

杨少涵

2021 年 7 月 13 日晚上，立林微信通话呼我。我没有接听，因为当时我正在厦大做一个讲座。事后，我微信回过去，立林回复说他的国家社科基金项目结项成果准备出版，向我邀序。

我的第一反应是不敢答应。后来反思，这一反应中大概包括两个方面的潜在意识：一是我一直有个感觉，为人写序，应该是居高临下者为之，而我学不及立林；二是我从未给他人写过序，担心火候把握不准。所以我当时就建议立林向学界师长请序。但立林接下来的回答，打消了我的顾虑，转变了我的想法。他说他不想再麻烦长辈，更想看看兄弟们的看法。大概是怕我把他的这个理由视作一般性的客套话，他接下来就另起一行加了一句话："我也请海燕了。"显然，这附加的一句话效力极强，因为我几乎又是第一反应就回答说："好。那我们再续一下因缘。"

这个"因缘"是指我与立林、海燕、祥军四个人颇具传奇色彩的结识经历。2015 年，我的博士论文出版简字体版（原名为《中庸哲学研究》，经祥军的引介，2013 年曾在台湾出版繁体字版；简字体版更名为《中庸原论——儒家情感形上学之创发与潜变》）。在该书的后记中，我回顾了我们四人的一段因缘：我与海燕是在竞职面试时认识的，与立林和祥军却是在新浪博客上认识的，而且直到 2012 年 9 月的世界儒学大会上,我们才第一次会面。在那次会面中,我们四人畅谈了各自未来的学术计划。当时立林的计划之一是做好他的国家社科基金项目《孔门后学与儒学的早期诠释研究》。这个项目当年刚获批立项,而我正是其参与人之一。

作为立林课题的参与人,我之前对他的研究工作虽然有一些大体上的了解,但直到通读他的书稿之后,才真正清楚他的研究细节。读罢书稿,我更为惊奇地发现,我们不但在儒学的真精神方面有诸多共同旨趣,而且在具体的研究思路方面也有不少共同认识。

我的博士论文是在儒学发展的大脉络中考察《中庸》的形上学思想。关于儒学发展的大脉络,我是根据子贡所说的"夫子之文章,可得而闻也;夫子之言性与天道,不可得而闻也"一句话,将孔子之后的儒学发展划分为三派,即内化派、外化派与天道派。

孔子之学是成德之学、成德之教。成德就是达成道德实践,成就道德人格。孔子关于达成道德实践、成就道德人格包括两个方面的理论根据,一是内在的仁,二是外在的礼。这就是人们常说的孔子之学的两根理论支柱,即孔子之仁学与孔子之礼学。我在不断涵泳体味《论语》的过程中,发现以上两个理论根据其实还可以进一步深挖分析:就孔子之仁来说,还可以分析出良知之心和道德情感两个本质内涵。良知之心是指人之内在的道德直觉,道德情感是指人之内在的道德动力。在具体的道德情境中,良知之心自然而然直觉判断是与非,道德情感同时生发促动道德行动,从而成就道德人格。就孔子之礼来说,礼规约人之行为免于过与不及,达到中庸之道,而人之过与不及的行为是由人之感性情感过度发展造成的,这就需要发挥人之认知之心,加强对礼的学习和认知,防止感性情感过度发展为私欲私意,从而达成道德实践。

孔子去世后,儒学逐渐分化为三派:一是重仁的内化派。这一派是顺着孔子之仁学往下发展,将仁之良知之心与道德情感两个本质内涵完全内化而为人之为人的内在规定性,这就是子贡所说的"性"。这一派的集大成者是孟子。二是重礼的外化派。这一派是顺着孔子之礼学往下发展,强调发挥人之认知之心,规训约束人之感性情欲,大力发展礼乐的道德教化功能,并外化而为一整套的典章制度,这就是子贡所说的"文章"。这一派的集大成者是荀子。三是重天的天道派。仁与礼渊源有自,而天是这两者的终极根源,这就是子贡所说的"天道"。这一派的集大成者是《易传》。

我当时对思考到这三派的理论结构而感到满意。这些内容后来也分别形成专门的理论文章,比如立林书中所引用我关于孟子性善论的论文即是其中之一。但是我当时也有一些深深的隐忧:这三派理论到底是如何从孔子发展到孟子、荀子和《易传》的? 其中间环节的具体详情到底如何? 孔门七十子在这个过程中到底扮演一种什么角色? 这些问题虽非我当时的重点所在,亦非我能力所及,但又不能没有交代,于是我就根据学界常用的郭店楚简《性自命出》等几篇出土文献,将以上问题一笔带过。说实在的,直到现在,那些深深的隐忧仍然挥之不去,而我也仍然无法解答这些问题。看了立林书稿之后,我感到我之隐忧中的一些环节已经得到相当清楚的解释。

我与立林最大的一个共识应该是我们对孔子之后儒学三个方向发展脉络的判断。这一脉络划分,不同的学者在不同的文献中可以找到相应的说法。除了上面子贡的说法,我们也可以用《中庸》首章前三句话中的天、性、教来对应。立林书中提到徐复观、崔大华两位先生也有相应的划分。立林原则上也是肯定这一划分的。但他又根据自己的阅读理解和研究心得,将孔子之后儒学的发展脉络进一步细化为四个层面或四个领域。立林的原话是:"如果细加区分,可以说儒学至少涵括天道观、天命论,人性论,修身论,政治论等四个层面或四大领域。"(第三章)我建议他把这句话中的四个层面或四大领域的表述修改为"天道观或天命论、人性论、修身论、政治论等四个层面或四大领域"。我提出这个建议,是基于两个方面的考虑,一是为了使标点符号与连词的运用更为合理,二是为了尽量把他的表述往儒学三派上来拉拢。因为在我的理解中,立林之天道观与天命论应该是一个层面的概念,都应归属于"重天的天道派"。他原稿中在"天道观"与"天命论"之间用了一个顿号,大概也是这样理解的。而在写这个序的时候,我突然发现我给立林的那个建议还不够彻底,因为我感觉修身论与政治论应该也是一个层面、一个领域的概念,也就是说,修身论与政治论都可以归属"重礼的外化派",只不过修身论是礼之对己(个人)而言,而政治论是礼之对人(社会)而言。准此而言,那我的建议可能就要改为"天道观或天命论、人性论、修身论或政治论等三个层面或三大领域"了。很显然,这只是一个带着先入之见的读者在初步阅读一本书时不可避免会遇到的共鸣期望。如果这个期望不虚,那么共鸣就成了共识。

当然,共鸣期望也好,共识同见也罢,对我来说,都不是最关键的。最重要的是我发现立林此书排解了上面提到的一直横亘在我心中的一些隐忧。

比如,关于天道或天命的问题。我们知道,《论语》"天道"一词仅一见,但立林书中广泛征引了《孔子家语》《大戴礼记》与帛书《易传》中孔子的相关论述。《孔子家语》研究是立林的看家本领,其论证颇具参考价值。另外,立林书中除了引用《易传》《中庸》《性自命出》的相关论述外,还专节介绍了郭店楚简《穷达以时》的"时命"观。立林此书的一个显著特点是旁征博引。关于《穷达以时》的作者,立林广泛参考了当今学界的十家之说,最后得出结论认为这是孔子后学之作。那么其关于天命、天时的观点,就比较好地解释了我的一个隐忧,即天道派是如何从孔子发展到《中庸》《易传》的。

再比如,关于内化派的仁性问题。立林书中除了重点讨论了《性自命出》与《孟子》的思想之外,还引用了《成之闻之》的两段论述论证普遍的共同人性。《成之闻之》据考为子思之儒的作品。这就提醒我,从孔子之仁到孟子之仁性之间,除了《性自命出》之外,还有很多文献讨论过仁之内化为性的问题。

还有关于外化派的礼教问题。礼乐教化向来是儒学的一个标志性论域。立林此书从个人修身与社会政治两个维度系统地考察了孔子后学的相关论述。我感觉这个部分的一个亮点是立林深入论证了出土文献《尊德义》和《成之闻之》的礼教思想。立林倾向于将《尊德义》定为孔子所作,而《成之闻之》

属于子思之儒,两者结合,就让我进一步清楚了从孔子到荀子之间重礼思想的发展脉络。

最后,通过阅读立林此书,我还获得了对立林本人的另外一个印象。立林是历史学出身,在一般人的意识中,历史学出身的学者,长于文献辨析,而疏于义理论证。但立林书中却不乏大段大段的义理论证,尤其是讨论"儒学是生命的学问:儒学的体知与体证"一节,他借用梁漱溟、牟宗三等现代新儒家的哲学义理来解释儒家相关原典,其相应性与精到性,都令人读之欣欣然。立林此时完全是哲学出身了。文史哲不分家,应该就是这样的。

2021 年 8 月 19 日

序 二

孙海燕

现代学术的分工已是千门万户,出现那种综罗百代、学贯中西的学术通才已近乎不能。我相信,即便是关心中国思想史或儒学史的学者,倘若不读像立林兄"孔门后学"这类专业性的研究著作,也多半会被一般文史教科书所"欺骗",大家可能根本意想不到,在习以为常的"孔—孟—荀"三大思想高峰的背后,还掩藏着如此繁复而汹涌的思想暗河。

由于传世文献的不足征,夫子殁后的百年间,一段"儒分为八"的学术因缘,早已沉睡在历史的荒烟蔓草间,被争地争城的马蹄踏碎,被合纵连横的喧嚣湮没,最终零星地残存于史料的一角,漫漶成一段剪不断、理还乱的历史糊涂账,让后世多少饱学之士搔首踟蹰,欲辩无言。事实上,在此人文精神高涨的"轴心时代","七十子之徒"从未缺席,他们如何结集圣经,如何发扬师说,如何反求诸己,如何散游诸侯,如何又因时局的江河日下一步步地由道德理想主义走向理性现实主义,不仅对儒家阵营的形成,而且对道家、墨家、法家等学派的出现都关系重大。我想说,七十子及其后学,才是战国"百家争鸣"的中坚力量。这一场发生在孔、孟之间的思想史裂变,堪称儒家思想史的咽喉,不仅不是儒学陷入低谷的证据,反倒是儒学富有生命力的表现。它俨然是中国历史文化长河中的"三峡",天高云低,危岩壁立,暗礁隐现,猿声悲切,湍急回旋的历史波涛中,让我们见证了一大批仁人志士救世济民的古道热肠。

立林兄出入于经史文哲,学术视野宏阔,但所治之学大体不出中国思想史的畛域。多年来孜孜不倦地求索,使他的先秦儒学史研究功力沉雄,硕果累累,逐渐为学术界所熟知。如果不顾及对友人的私爱,我敢斗胆说一句,在孔门后学研究中,立林兄无疑是他同辈学者中最有成就的一位(即便放在前辈学者间,似乎也不遑多让)。除去通俗类、点校类或主编、与人合作的相关著作外,近十年来,立林兄已相继出版了《"儒家八派"的再"批判"——早期儒学多元嬗变的学术史考察》(上、下卷)、《出土简帛与孔门后学新探》,如今再加上这部《孔门后学与儒学的早期诠释研究》,皇皇不下百万字,展现了他在此领域好学深思、笔耕不辍的实绩。

以上三书,以传世文献与出土简帛相印证,熔史学考究与哲学思辨于一炉,对孔、孟之间的儒学嬗变做了系统梳理,分别言之,堪称立林兄孔门后学研究的"三部曲",统而观之,则不失为一大部代表当前学术水准的"孔门传灯录"。三书虽皆以"孔门后学"为中心,但学术视角不同,论说重心各异。第一部由其博士论文修订而成,围绕"儒家八派"的内因外缘,条分缕析,穷其幽微,做出种种辨疑与考证;第二部因为是论文集,在内容上难免与前后两书有较多重复,其重心是以郭店竹简、上博竹书、清华简等为主的新出土文献,逐一探究儒家阵营内部的多元嬗变。

对于本书,我无意说它反映了立林兄先秦儒学研究的一大转变,但据实而论,确实有点像郭店楚简《太一生水》篇所说的"太一生水,水反辅太一",标志着他在对孔门后学做了一番长程考察后,终于又"反辅"到对儒家精神特质的探求上来。全书大致内容有三:一是分析孔门师弟间的"教学活动"本身,二是探讨颜回、曾子等孔门高足如何用生命与人格践行夫子之学,三是梳理孔门后学对孔子的天道天命观、人性论、修养论和政治观的继承与发展。较之先前两书,本书的一大特色"由史入哲",对义理的探讨超过了史学的考辨。据我的粗浅印象,很多专治先秦儒学的学者,对宋明儒者的见解很不重视,对现代新儒家的很多论述,尤其不以为然。立林兄这部书,却能兼容并包,充分吸收了历代学者,包括宋明儒者、现代新儒家,以及当今学界的大量成果。我很同意他在书中昭示的一大观念:"孔子学问的核心是关于生命意义的学说,是一种意义的信仰,而孔子的一生恰恰是其生命意义学说、意义信仰的践履过程。在他的七十三年的漫长一生中,生命已经化作了学问,而学问也已经化作生命。"事实表明,立林兄不仅在做儒学的"正本清源"工作,更将儒家传统视为一个不断在诠释中永葆青春的"生命的学问"。

细读立林兄这部著作,我滋生了这样一种见识,即:一部当行的中国思想史论著,应该是考据、义理、辞章的有机结合,它的存在价值,不仅在于作者最终得出了什么结论,还要通体展现出一种综合的论说功力,在问题意识、资料选取、论说思路乃至行文叙述等诸多方面,都能使读者随处得到启发。我读第一章中的"思想叩问:作为'提问者'的孔门弟子"一节,就很欣赏立林兄在构思谋篇方面的能力。如何才能较好地说明孔门师弟间的授受关系呢?至少在我自己,是感到很难下笔的。立林兄通过设立"孔子设教与儒学思想的形成""有教无类与孔门集团的形成""因材施教与孔门的多元化""孔门师弟的'叩'与'鸣'"四个标题,从孔子的教学宗旨、教育理念、教学方法、师生互动与传统的不同等几个方面娓娓道来,给人以层次鲜明,思路明快,结体严整之感。

我们有时读一些哲理文章,对论题很感兴趣,但一读下去,就会眉头紧锁,痛苦不堪。出现这种情况,除了论说内容确实可能深奥难懂之外,多半是作者自己头脑不清,或不得作文之法造成的。有人概念运用颇为混乱,有人引证有余而分析不足,有人一味自说自话,有人语言八股乏味,凡此种种,不一而足,说到底还是作者本人的学术功力不足。立林兄这部书,绝不给我上述印象。读此书者,当能看到他对先秦儒家经典的把握,是何等的驾轻就熟,对一些现代名家观点的征引,又是何等的左右逢源。

譬如,孔子的"仁""礼""君子"等概念,但凡对儒学略有了解的人,都能讲出一番道理来,我们也不必期待立林兄能给出一个更准确的定义。但他的擅长之处，是将四面八方的相关研究都有条不紊地辐辏到这些论题上来，辅以明白晓畅的叙述，文章自然也就义理充盈，深入浅出。因此，这种旁征博引，不仅不会繁琐芜杂到惹人生厌，反而能把人带入到一个沁人心脾的义理世界中去，"理义之悦我心，犹刍豢之悦我口"，其此之谓乎？当读至书中某个段落时，我意识到他应该会引用朱熹或者徐复观的某一观点了，随着目光下移，最想遇见的文字果然出现了，且往往比我知晓得更多更全。这种阅读体验，让我对立林兄的文字有种难得的亲近感。

我没怎么读过李学勤等先生的书，但我自己"走出疑古时代"，包括对《孔子家语》等书的重视，都受到立林兄的影响。本书中他对孔门弟子如何编纂《论语》，及其与《孔子家语》关系之论述，都让我印象深刻。对儒学内部一些见仁见智的老话题，他也能提出自己的新见解。我向来关心儒家的人性论，但对孔子是否"性善论"者，却始终没有自己的判断，结果只能跟在一些名家后面跑，时而觉得孔子应属"性善论"者，时而又觉得未必如此。想到这点，就不免气短。当我读到立林兄将孔子定位成"隐性的性善论"者，不由得眼前一亮，一种"先得我心之所同然"的感觉涌上心头。

书中的很多文献考据，我只能看个热闹，完全没有置喙的资格。在一些具体问题上，我见立林兄不同意其师长杨朝明、郭齐勇等先生的地方就有好几处。总体地看，他的好处是"多闻阙疑"，不肯轻易地下绝对语，尽量多方比较，最终体贴出一个自认为较为合理的见解。这是他的审慎，也是他的清醒。至于结论的是是非非，我想立林兄不会囿于成见，而会以自己的学术良知，真诚面对同行的批评与质疑。

孟子说："颂其诗，读其书，不知其人，可乎？"据我所知，立林兄并非生于什么书香世家。其治学之所以成绩斐然，我想也没有不传之秘，绝不是因为他身居圣地曲阜，就能够轻易地窥探到儒家的宗庙之美、百官之富，一切只能归结到他纯正的学术追求上。多年来，他始终在先秦儒学领地中深耕易耨、摸爬滚打，与师友琢磨切磋、反复讲论，这提升了他的思想高度，清澈了他的学术眼光,锻炼了他的文字功力,故而能够写出这些义理与考据文质彬彬的篇什。

与立林兄相交,至今已逾十年,我不仅服膺这位仁兄的学术,也钦佩他的儒者情怀。他性情中有山东人独有的朴厚直爽,也有传统文人士子的格调。对传统文化,他始终坚守着钱穆、陈寅恪二公倡导的"温情与敬意""了解之同情",既然生逢此儒学一阳来复的时代,他就用自己的全副生命顶上去,努力成为当代儒生的一员。他颇能欣赏庄子的道家风神,却绝不是"独与天地精神相往来"的书斋式学者。他是集多种才能于一身,既能沉潜地读书治学,又能广泛地交友理事,并一直保持着对世道人心的关注。他似乎有挥洒不完的精力,在忙碌的教学科研之余,还能好整以暇地开讲座,张罗会务,组织师友聚会,主持、参与各类读书会,甚至一会儿被领导指派去做"三孔"的导游,一会儿又在上千人的大堂中为各类干部做国学培训。这些活动,当然很分散时间精力,好在都是围绕着儒学的研习与传播展开,对立林兄而言,可谓"形散而神不散"。我特别羡慕他有一种在酒席上豪饮健谈,使满座皆欢的本领。生活中的他,并不追求什么"遁世无闷",也会有各种愤懑和牢骚。当你正阅读他在微信朋友圈转发的文章时,说不定他又略带调皮地贴一副憔悴疲倦的个人神情照,让你品咂一下人生的匆促与艰辛,留下会心一笑。

在《出土简帛与孔门后学新探》一书"后记"中,立林兄提到了我八年前为他撰写的一副联语:"地近尼山,轩名瘦竹,万卷古今消永日;博如狐狸,约似刺猬,一生抱负称逸民。"这让我很是得意,自以为拙联刻画出了他在我心中的形象(最近他自谑地说自己早不是什么"瘦竹",而是心宽体胖的"胖竹"了)。对于这副联语,他自谦地写道:

> 我真不清楚自己更接近于"狐狸"还是更像"刺猬",但我更愿意做一只"书虫",能够啃读大师们留下的著作,填饱学问的胃口。如果进而能够做一点考镜源流、辨章学术的工夫,在某些问题上有点滴独得之秘,做个上承下传的"学术小卒""教书小匠",甚或仅仅是一"学术转化器",将前辈大师、时贤俊彦的学术成果消化吸收、转化普

及,亦可谓得附骥尾,真真幸何如之!

立林兄在"考镜源流、辨章学术"方面,是做得很地道的,至少愚笨浅陋如我,早就心向往之。他根本不是什么"学术转化器",而是力图"究天人之际,通古今之变,成一家之言"的,你看他在孔孟之间,为我们打开了这样一个多姿多彩的"孔门后学"世界,持之有故,言之成理,岂不是可以媲美时贤,对先秦儒学研究大有廓清推进之功吗?

立林兄此著即出,想来他届时会赐我一册,不意他竟然嘱我作序,我一时沉吟不敢答应。因为"序"之文题,在今日早有一不成文之规矩,大抵由业内德才兼备的长者为之。浅陋如予,于立林兄之学问,实不能望其项背,对此专精之作,唯敬诵研磨而已,尤不敢赞一辞。何况立林兄师承名门,平日多从学界的大家宿儒交游,颇得诸公赞誉,择其一二为之,岂不得所宜哉?遂将此想法呈报,立林兄回复曰:区区小著,不敢再劳驾师长前辈寓目费神,烦请同辈兄弟中一二知我者,拨冗赐序,以见勖勉之情。

噫!嘤其鸣矣,求其友声。既见君子,云胡不喜?承蒙立林兄嘱托,我也就不拘俗情,拉杂写来,成此小文,鄙薄不敢称序,谨以此向这位栖居圣城的儒门"大书虫",略表一份友人的温情与敬意。

2021 年 8 月 26 日

绪　　论

儒学作为影响中国、东亚乃至世界的重要思想文化体系,绵延数千年之久。春秋之季年,孔子创立儒学,实为中华文化史上最重要之一"大事因缘"。而孔子亦成为中华文化史上"承上启下,继往开来"之中心人物。由孔子上溯数千年,唐虞三代之文明创制,尤其是周公制礼作乐以来之文明,其荦荦大端已为夫子囊括,寓作于述,述而不作,删定六经,足以垂宪万世;由孔子下瞰数千年,汉唐宋明之文明,无论政教,其主旨精神庶几出乎孔子。

儒学之为儒学,自然关键在于孔子之思想创造。但是,平心而论,儒学生命力之所在,端在于孔子之后历代儒者对孔子与儒学思想的不断诠释。如果没有孔子弟子与后学的不断诠释,儒学便难以成为战国时代之显学;如果没有董仲舒、郑玄等人之诠释,儒学便难以成为汉唐时代之经学;如果没有程朱陆王之诠释,儒学便难以成为东亚之儒学;如果没有唐、牟、徐等现代新儒家之诠释,儒学便难以成为现代之儒学。可以说,一部儒学史便是一部诠释史,其中既包括对五经四书的经典诠释,也包含着对孔子思想的义理诠释。

从春秋末年孔子创立儒学开始,至战国末期的荀子,学界一般称之为"原始儒学""早期儒学"或"初期儒学"。而揆诸整部儒学史,先秦儒学作为原始儒学、早期儒学,具有绝对重要的地位。我们知道,近几十年来,关于儒学发展的分期,有一定分歧。其中最重要的两种观点,分别是牟宗三、杜维明等先生提出的"儒学三期说"和李泽厚先生提出的颇具挑战性的"儒学四期说"。

关于"儒学三期说",杜维明先生是基于对历史上儒学前两期的发展作出的概括。他说:"所谓三期儒学,一般的理解是,从大的趋势来讲,从先秦源流到儒学发展成为中国思想的主流之一,这是第一期;儒学在宋代复兴以后逐渐成为东亚文明的体现,这是第二期(这一期一直延续到19世纪末叶);所谓第三期,就是从甲午战争、五四运动以后。"①此说影响深远,在学界几成共识。针对当代新儒家尤其牟宗三、杜维明所倡导之"儒学三期说",李泽厚针锋相对地提出了"儒学四期说"。他指出三期说的两点错误:一是以心性—道德理论来概括儒学,失之片面。二是三期说抹杀荀学,特别抹杀以董仲舒为代表的汉代儒学。他曾明确说:"我不赞成杜维明教授的三期说。杜教授的三期说是:孔、孟第一期,宋明理学第二期,现在第三期。这个三期说把汉代给忽略掉了,这是一种偏见。汉代的儒学其实是非常重要的。我认为第一期是孔、孟、荀;以董仲舒为代表的汉儒是第二期;第三期才是宋明理学。'现代新儒学'的熊十力、冯友兰、牟宗三等人,只能算是第三期(即宋明理学)在现代的回光返照。"②而"现在或未来如要发展,则应为虽继承前三期,却又颇有不同特色的第四期"③。

而无论是"儒学三期说"还是"儒学四期说",都不能忽视先秦儒学。不过,我更赞同"儒学四期说"。因为"儒学三期说"实际上是将"先秦"与"汉唐"儒学划为了一期,至少是将汉唐儒学附属于第一期之中,则忽视了早期儒学与汉唐儒学的差异,所以,我们更强调"先秦儒学"为独立的第一期,而汉儒

① 杜维明:《现代精神与儒家传统》,生活·读书·新知三联书店2013年版,第473页。
② 李泽厚:《为儒学的未来把脉》,载《世纪新梦》,安徽文艺出版社1998年版,第137页。
③ 李泽厚:《说儒学四期》,载《历史本体论·己卯五说》,生活·读书·新知三联书店2003年版,第140页。

则为第二期。而对于李泽厚先生所谓"第一期是孔、孟、荀"的看法,笔者也稍有保留。因为,这一"孔—孟—荀"的三段论式先秦儒学史观,存在很大盲区。这一盲区就是忽略了孔门弟子及门人在早期儒学发展史上的作用。正如笔者曾经指出的那样:"在以往的先秦儒学研究中,学者的用力所在,也往往限于孔、孟、荀的研究,对于远为复杂的'七十子及其后学'、'儒家八派'等诸问题之研究和探索则略显苍白。"①正如李零先生所说:"向来的思想史研究,其实有个很大的漏洞,就是近代以来,我们对孔门学案最早的一段,即所谓'七十子',太不重视,认为《礼记》是汉代文献,《论语》以外,免谈孔子,老是用'孔—孟—荀'三段式讲早期儒家,把本来最重要的一段给忽略掉了。"②其实,早在 20 世纪 60 年代,周予同先生《中国经学史讲义》谈到"儒分为八"问题时,就曾感慨道:"现代学者往往讲完孔墨问题之后,接着就讲孟荀问题。对此,我不太赞同。……从孔子直接到孟子,这是唐朝韩愈《原道》之后的一套理论,是不正确的。研究思想史的人要注意这个问题。"他并提示道:"《小戴礼记》与《大戴礼记》,是研究儒家八派的主要文献。……如能阐述大小戴记,就可以弄清楚儒家八派。"③从那之后,情况并未有太多的改观,翻看大多数的儒学史、思想史或学术史著作,对"儒家八派"或孔门"七十子"及其后学这一段要么数笔带过,要么根本不提。冯友兰先生著名的《中国哲学史》居然也没有提及,恐怕正是局限于所谓"哲学"的西方式理解。其《中国哲学史新编》同样也没有"儒家八派"的地位。其实这也是限于材料缺乏的不得已之举。只是随着郭店简和上博简的问世,"七十子"及其后学才重新回到学者的视野之中,予以探讨。

　　以"儒家八派"为代表的先秦早期儒学正是这一阐释、诠释历程的开端,

---

① 宋立林:《"儒家八派"的再"批判"》,曲阜师范大学博士学位论文,2011 年,第 3 页。
② 李零:《重见"七十子"》,《读书》2002 年第 4 期。
③ 朱维铮编:《周予同经学史论著选集》(增订本),上海人民出版社 1996 年版,第 878—879 页。

也是孔子思想得到第一次深化的阶段。可以说,孔门后学(儒家八派)构成了早期儒学在孔子之后的第一次诠释主体。而纵观孔门弟子后学的诠释,我们可以发现,他们呈现出一种多元诠释特征。可以说,其多元性诠释路向对后来的儒学产生了极大影响,不同儒家学派之间相互影响、相互挑战,呈现出互竞互融的网状关系,共同推动儒学成为战国显学。

这里我们要确定一下我们的考察范围。本书的主要考察范围是孔孟之间,即孔子的弟子、后学对于孔子思想的新诠释。主要包括了孔子的第一代弟子即七十子;第二代即七十子之弟子,代表人物为子思、公孙尼子等;以郭店简、上博简为中心的这些出土简帛,主要代表了孟子之前孔门后学的诠释成果;孟子是我们讨论的下限;荀子则会偶尔提及。

我们的讨论主要从以下几个方面:其一是孔门弟子如何记录并整理孔子的言行文献,这为后世提供和保存了研习孔子的文本,同时也可以借此理解孔门后学对孔子言行文献"选择"背后的"思想"。其二则是通过对孔门重要弟子如颜子、曾子如何在孔子思想和人格的影响下,以自我生命去实践、诠释儒学精蕴的考察,来突显儒学的生命化、实践化特征。其三是分别对孔门后学在天道观、天命论,人性论,修养论和政治观等四个理论领域所作的发展、诠释予以梳理。张岱年先生曾经将中国哲学的内容划分为五个部分:即宇宙论或天道论、人生论或人道论、致知论或方法论、修养论、政治论。其中,宇宙论、人生论和致知论三个部分是主干,也正是西方所谓哲学,而修养论和政治论则是特殊哲学,不在一般哲学范围之内。同时,他又指出,中国哲学中致知论即方法论颇不发达。① 这是非常准确的判断。我们探究儒学,主要是把握四个论域:天道论、人性论、修养论和政治论。天道论是形上的根据,人性论是人性的依据,这二者都是为后二者奠基的。修养论关乎内圣,政治论涉及外王。而儒学作为一种"内圣外王"的体系,恰恰是涵括着这四大领域的学理探究

_____

① 参见张岱年:《中国哲学大纲》,江苏教育出版社2005年版,第5页。

与实践的。

　　贯通"天人之际",辨别"人性善恶",重在"修己安人",这就是儒学的内在结构。通过对早期儒学在这四个领域的不断诠释和演变,我们可以把握儒学的主要精神特质。

第一章　孔门后学与孔子
言行文献的整理

　　春秋战国时代,孔老并峙,诸子蜂起,被誉为"中国思想文化的轴心时代"。在这众多的伟大思想家群体之中,孔子可能是留下言行资料最丰富的一位。尽管除了老子之外,孔子较之于其他诸子时代要早,而且他又"述而不作",其言行文献理应相对较少才合乎逻辑。但是,历史的魅力就在于它经常不按照"逻辑"发生。

　　与孔子同时代的老子,除了《老子》五千言及司马迁《史记·老子韩非列传》所记的一点事迹资料外,已无其他;此下的墨子,有《墨子》一书,七万余字,但是《史记》中居然没有"墨子列传",只是在《孟子荀卿列传》之末附有区区二十四字,以至于清末的孙诒让愤愤不平地批评太史公:"于先秦诸子,自儒家外,老、庄、韩、吕、苏、张、孙、吴之伦,皆论列言行为传,唯于墨子则仅于《孟荀传》末附缀姓名……史公实未尝详事校核,亦其疏也。"①孟子,有《孟子》一书,三万五千多字,但是《史记·孟子荀卿列传》里有关孟子的事迹只有区区一百余字;庄子,有《庄子》一书,虽然司马迁说他"著书十余万言",但流传下来的只有六万多字,《史记·庄子列传》也只有不足三百字;荀子,有《荀

---

① 　(清)孙诒让:《墨子间诂》(下),中华书局2001年版,第680页。

子》一书,九万余字,其事迹也仅有《史记·孟子荀卿列传》之寥寥二百余字;韩非,有《韩非子》一书,不足十一万字,司马迁对其记载也只在《史记·老子韩非列传》有一千六百余字,如果除去长篇引用的《说难》,则只有二百余字。

而孔子除了有《史记·孔子世家》一篇完整的传记之外,另有《论语》一万六千字;《孔子家语》五万七千余字;即使我们不去认可孔子作《春秋》《易传》,其余散见于《礼记》《大戴礼记》《孝经》《左传》《孟子》《荀子》《韩诗外传》《说苑》《孔丛子》等先秦两汉文献中的言行文献也十分可观。而据栾贵明的《子曰》,利用数据库进行检索,对传世文献中子曰资料进行统计,字数在《论语》的八倍之上,即十几万字。这还尚未加上近几十年来出土文献,如马王堆帛书《易传》、郭店楚简和上博楚竹书之中的大量孔子遗说。由此可知,孔子之言行事迹,较诸其他诸子远为丰富。

鉴于孔子遗说数量的庞大,分散各书,搜读不易,很多学者对此进行了集录。在古代,比较有名的是清代学者孙星衍的《孔子集语》。今人集录的则有姜义华等编的《孔子——周秦汉晋文献集》(复旦大学出版社 1990 年版),李启谦、骆承烈、王式伦编的《孔子资料汇编》(为《孔子文化大全》丛书之一,山东友谊书社 1991 年版),裴传永汇释的《论语外编——孔子佚语汇释》(济南出版社 1995 年版),吴龙辉《孔子语录全编》(北京图书馆出版社 2007 年版)和栾贵明的《子曰》(福建人民出版社 2013 年版)等。其中,《孔子资料汇编》一书收录较全,汇辑古籍、碑刻、竹书、帛书 129 种。晚近郭沂又编撰了《子曰全集》(中华书局 2017 年版),相关内容采自春秋至明代的约二百三十种典籍。

为什么时代较早的孔子,却能够留下如此丰富的言行文献? 这便与孔子之弟子后学有关。或者可以说,孔子之所以成为孔子,离不开他的弟子们。孔子之所以成为我们所了解的孔子,是要依赖于阅读孔子弟子后学记录与整理的孔子言行文献的。

著名学者王汎森先生曾经有个说法:“天才总是成群地来。”他指出,凡是一个学派最有活力、最具创造性时,一定是一群人不但做着"白首太玄经"的工作,同时不拘形式地围绕着一两个中心人物自由地交流、对话。他引用龚自珍的《释风》篇所谓"风"是"万状而无状,万形而无形",以说明一种学风的形成。王汎森先生认为,"风"的形成不只是老师对学生纵向的讲授,而是有"纵"有"横",由"传习"而得,也有来自四面八方不期而遇的吉光片羽。那些不经意的一句话,对深陷局中、全力"参话头"而充满"疑情"的人而言,可能正是"四两拨千斤"的一拨。① 这样的说法,虽然主要针对的是近代西方思想家及思潮的形成,但是揆诸整部人类思想史,也基本上适用。将这一观点,用来观照孔门,其实是再合适不过的。

孔门弟子后学,对于儒学的形成与发展作出了基础性的贡献。孔门后学对儒学的早期诠释,首先就体现在他们是"逼显"出孔子"儒学思想"的提问者,塑造和建构孔子"儒学思想"的"记录者"与"整理者"。

第一节 思想叩问:作为"提问者"的孔门弟子

如果在中国历史上找一个对中国历史文化影响最大的人物,自然非孔子莫属! 除了整理六经,创立儒学之外,孔子另一项重要的历史功绩应当就是开创私学传统,培养了大批弟子。孔子开办私学,无论是办学规模还是教学特色,在历史上都具有突出的地位,对后世教育产生了重大影响,对中国文化的发展起到了不可估量的作用。

而孔子的思想,恰恰就是在长达数十年的教学活动中渐次成熟起来的。孔子的思想,当然与其所继承的上古文明成果有关,也与其所处的时代问题有关,但其实也不能忽视孔门弟子在其中所发挥的重要作用。如果没有孔门弟子的"提问",我们很难说孔子会留下这么多为后人所珍视的思想表达。孔门

---

① 参见王汎森:《天才为何成群地来》,《南方周末》2008 年 12 月 3 日。

弟子后学对儒学的早期诠释,首先就体现在他们是孔子儒学思想的直接"催生者",是直接"参与者"。

一、孔子设教与儒学思想的形成

众所周知,孔子是中国乃至世界文明"轴心时代"最伟大的思想家。有学者将孔子与古希腊的苏格拉底、古印度的释迦牟尼和西方的耶稣并称为"人类思维范式的奠定者"(雅斯贝尔斯语)、"人类文化史里的四大智慧巨星"(程石泉语)。在国外,也有人将孔子与佛教的释迦牟尼、基督教的耶稣和伊斯兰教的穆罕默德并称。孔子所创立的儒家学说,在此后的两千多年里日益发展、不断传播,成为东亚的主流文明,也成为世界上屈指可数的几大文明形态之一。儒家文化后来虽有"儒教文明"的说法,但是很显然,中国文明与基督教文明、伊斯兰教文明、印度文明都不同。后三者都是典型的宗教性文明,而中国文明则是人文性的文明,其宗教性极其淡薄,极不突出。这正与孔子学说的特征有关。孔子之教,更多的是教化之教,而非宗教之教。从这一意义上说,孔子恰可与古希腊大哲苏格拉底相提并论,虽然苏格拉底晚于孔子很多年。正如苏格拉底开创了西方哲学的传统一样,孔子也通过他的教学及其弟子后学的薪火相传,开创了东方儒家文化的传统。国学大师钱宾四先生指出:"孔子为中国历史上第一大圣人。在孔子以前,中国历史文化当已有两千五百年以上之积累,而孔子集其大成。在孔子以后,中国历史文化又复有两千五百年以上之演进,而孔子开其新统。在此五千多年,中国历史进程之指示,中国文化理想之建立,具有最深影响最大贡献者,殆无人堪与孔子相比伦。"①

在孔子之前,古代教育已经十分发达,也因此保证了三代时期的文化发展与文明进步。然而,三代时期的教育总体上是"学在官府",而孔子开创的私学传统,使得"学术下移",显然别具价值。首先,这使得教与学二者作为一种

---

① 钱穆:《孔子传·序言》,生活·读书·新知三联书店 2002 年版,第 1 页。

文明行为进入了自觉的阶段,并发展出一套教育思想;其次,私学的出现使得"学而优则仕"成为可能,也因之打破了世袭社会"血而优则仕"①的贵族世袭制传统,极大地刺激了社会的开放和流动,促进了士人作为一个阶层出现在历史舞台上。这与当时的社会变革和发展节拍正相吻合,顺应了历史发展的要求,推动了文化的繁荣、政治的变革和社会的进步。孔子所从事的教育活动,在中国教育史乃至文化史上,具有里程碑式的意义。

孔子开创的私学之风,对于后来士人阶层登上历史舞台,造就中国思想史上百家争鸣的黄金时代,无疑发挥了巨大的影响。但是,反过来看,孔子的私学,恰恰是对周代"王官之学"的一种自觉继承和发扬。而其所宗尚的"述而不作"的文化观念,与史官文化有着密不可分的内在关联。进一步申论,孔子所继承和发扬的这一传统,无疑也影响到了整个孔门集团。《论语》的编纂,无论在动因上,还是在体例上,无不受到史官"言事并重"传统的深刻影响。

也许孔子从来没有自期做一个教书匠,或成为一位教育家,但是毋庸置疑的是,孔子的教育实践促进了孔子思想的发展和提升。他的学说的酝酿、发展、定型,都是在与弟子门人的交流、对话乃至辩论过程中实现的。

二、有教无类与孔门集团的形成

孔子的理想在于淑世救世,当时的社会政治形势可以用四个字来概括:天下无道。而"天下无道"的表现就是"礼坏乐崩"。孔子希望能够以礼乐秩序的重建来实现天下有道的理想,为此,他孜孜以求,黾勉从事,他以《诗》《书》《礼》《乐》为教授内容,倡言仁义,力行道德。大概从三十多岁起,孔子就开始收徒授学,不少人登门请教,成为孔子弟子。随着孔子的声名日益远播,孔门规模越来越大,正如《史记·孔子世家》所谓"弟子弥众,至自远方"②。

孔子"学而不厌,诲人不倦",十五岁时而"志于学"。这里的"志于学"其

---

① 参见何怀宏:《世袭社会及其解体》,生活·读书·新知三联书店1996年版,第187页。
② (汉)司马迁:《史记》卷47,中华书局1982年版,第1914页。

实就是"志于道",矢志于学问,希冀从中为人间寻得一种"道",以安济天下。他奋发求"道",勤奋好学,积极进取,他的"好学"精神促使他"学无常师",也使他深刻地认识了历史与现实,具有了广博而非凡的学识。孔子立志拯救社会,希望建立礼乐大行、充满仁爱的"大同"世界。为推行自己的主张,寻求同道者,培养德才兼备的新君子,孔子适应时代潮流,创办私学,开课授徒。

孔子开办的私学在当时可能不是唯一的,但肯定是规模最大、持续时间最长,也是最为成功的。孔子的教学方式灵活多样,明显不同于之前的官学。随着办学规模的扩大和声誉的提高,其教学活动也得到了社会的普遍认可。孔子弟子众多,《史记·孔子世家》载孔子"弟子盖三千焉,身通六艺者七十有二人"[1],《史记·仲尼弟子列传》也载孔子弟子"受业身通者七十有七人"[2]。

孔子办学"有教无类",他以博大的胸襟和超人的勇气,打破了贵族对学校教育的垄断,将私学的大门向所有向学的人敞开,不分贵贱、无论贫富,人人都可以入学接受教育,把受教育的范围扩大到一般平民,顺应了历史发展的潮流。孔子弟子来自许多诸侯国:他们中的多数来自鲁国,也有来自齐、宋、卫、秦、晋、陈、蔡、吴、楚等国,分布地区广;他们出身于不同的阶级和阶层:大多数出身平民,也有出身商人或贵族的;他们品类不齐,秉性天赋各异,大多数人都注重德行的修养,但又各有特点;他们的年龄差别较大,虽都比孔子小,但最大者只小孔子四岁,最小者要小孔子五十多岁。孔子开门办学,方法灵活,方式多样,弟子来去自由,"欲来者不距(拒),欲去者不止",以至于有人认为"夫子之门,何其杂也"! 对此,子贡认为是"君子正身以俟"的结果,他认为,这种情况正如"良医之门多病人,檃栝之侧多枉木"(《荀子·法行》)。

关于孔子收徒授学的情况,孔子曾经自谓:"自行束脩以上,吾未尝无诲焉。"(《论语·述而》)所谓"束脩",历来有两种解释:一是"束发修饰"的意思,指十五岁以上的年轻人;二是"十条干肉",指古代用来作初次拜见时的礼

---

① （汉）司马迁:《史记》卷47,中华书局1982年版,第1938页。
② （汉）司马迁:《史记》卷67,中华书局1982年版,第2185页。

物。这里很可能是指前者而言。据《后汉书》记载,有人说:"且吾自束脩以来,为人臣不陷于不忠,为人子不陷于不孝。"章怀太子李贤注曰:"束脩,谓束带修饰。郑玄注《论语》曰'谓年十五已上'也。"①《后汉书·伏湛传》载:"臣诗窃见故大司徒阳都侯伏湛,自行束脩,讫无毁玷。"李贤注:"自行束脩谓年十五以上。"②古代男子十五岁以后,把头发扎成一个结,盘在头顶上,开始讲究修饰,表示即将成年,叫作"束脩"。至二十岁加冠,正式成人。可见,在汉唐时期这种用法依然流行。刘定一在《论语读本》中指出,"束脩"应该是指具有了一定自我管理能力的人,一般是十五岁左右,有可能稍小或稍大。③ 这一理解应该是可取的。孔子这里的话表示收徒授学"有教无类",应该是仅仅表示年龄因素,而不是所谓"十条干肉"。即便此处束脩是指"干肉"而言,很显然孔子注重的也一定仅是一种"拜师"之"礼",而不会像通常人们理解的收取学费。

孔子显然意识到,社会的问题本质上是人的问题。要想改造社会,最根本的就是使社会中的人得到改造,而教育则是实现这一目标的最佳途径。因此,孔子招收弟子,目的是通过自己的教育活动,对这些人施加影响,以礼乐的素养、仁义的德行等来改造或形塑出一大批"成人"来。孔子的弟子子路曾经向孔子问询怎样才算是完美的人,孔子回答:"若臧武仲之知,公绰之不欲,卞庄子之勇,冉求之艺,文之以礼乐,亦可以为成人矣。"(《论语·宪问》)孔子认为只有智勇双全,多才多艺,礼乐仁德修养深厚的人,才称得上是"成人",即完美的人。孔子又感叹"今之成人者何必然",现在这样的人已经看不到了,只好退而求其次,在某一方面突出也可称得上是完美无缺的人了。孔子又说:"见利思义,见危授命,久要不忘平生之言,亦可以为成人矣。"(《论语·宪问》)子路是孔子早期的弟子,师徒间的谈论是有针对性的,这成为师徒追求

① (南朝宋)范晔:《后汉书》卷64,中华书局1965年版,第2107页。
② (南朝宋)范晔:《后汉书》卷26,中华书局1965年版,第897页。
③ 参见刘定一:《论语读本》,天津人民出版社2018年版,第94页。

的共同目标。由此可知,孔子教学的目的就是要培养出"成人",即培养完美的人才,至少是某一方面突出的人才。

使人成为人,这是教育的本质所在。而所要成为的"人",是通过文化的熏染和提升,超越了动物性的人,是有知识素养、德性涵养的君子。只有这些君子之才,进入政治,进而得以影响政治,引领社会,才能实现改造社会、实现"天下有道"的理想。

孔子的学生复杂,孔子却能够成功地教之成才,体现了孔子教育思想的博大和教学艺术的高明。孔子明确指出,"性相近也,习相远也"(《论语·阳货》),认为人的天赋素质相近,认识到教育在人的发展过程中起到关键作用。孔子认为教化对一个国家的发展和繁盛同样重要,他提出了著名的"庶—富—教"的主张,认为国家人口繁盛之后要使百姓富裕,然后还要进一步施以教化。

孔子弟子受教于孔门,时间地点并不固定。多数时候,是以游学的形式进行的。孔子讲学,或弦歌于"杏坛之上",或习礼于"大树之下",或在颠沛流离的"周游"途中。孔子授徒讲学后,无论是从政出仕,周游列国,还是归鲁后整理文献,均有弟子陪侍追随,聆听教诲。尤其是周游途中,主要弟子追随左右,师生患难与共,即使在最艰难的时刻,仍然讲诵、习礼不止。

显然,正是奠基于孔子"有教无类"的开放思想的基础上,才有了"弟子三千,贤人七十二"的气象恢宏的孔门集团。

三、因材施教与孔门的多元化

孔子弟子之所以能够大放异彩,成为一道独特的思想风景线,这与孔子的教学方式密不可分。朱熹在《论语集注·先进》篇的注释中说:"孔子教人各因其材。"①此即后人所谓"因材施教"。孔子认为人的智力各有差异,兴趣互

---

① （宋）朱熹:《四书章句集注》,中华书局1983年版,第123页。

有不同,教育必须要有针对性,才能取得好的效果。他说:"中人以上,可以语上也;中人以下,不可以语上也";"知之者不如好之者,好之者不如乐之者"。(《论语·雍也》)"因材施教"的广泛运用,必须以了解学生为基础。

孔子对弟子的个性特征了然于心,从《论语》的记载看,他评价弟子,往往能够精练准确地刻画出弟子形象。基于此,孔子才能区分对待不同特性的弟子,对他们施以不同的教诲。如子路和冉有问"闻斯行诸",弟子们"问政""问仁""问孝",孔子的回答往往各不相同,都针对弟子不同的个性分别对待,循循善诱地加以引导,收到了良好的效果。

在教学中,孔子还提倡运用举一反三、启发诱导、循序渐进等教学手段引导学生,使弟子了解他所传授的知识和思想,主张要"不愤不启,不悱不发,举一隅不以三隅反,则不复也"(《论语·述而》),以达到自己的教育目的。孔子教导弟子,"学而不思则罔,思而不学则殆"(《论语·为政》),要学思并重,思学结合。因此对于好学、善学的颜子,孔子总是赞赏有加,对他的早逝痛心疾首。

孔子所培养的学生,从来不是只知道"皓首穷经"的书生,而是知行合一的君子。因此,参加政治、外交则是不可缺少的实践。孔子注重实践行动,提倡君子应当"敏于行",这也是他对弟子们的要求。他鼓励弟子参加政治实践,曾推荐子贡、公西华等担任使节,推荐弟子到各国各地任职。弟子们在赴任前,不少人都向孔子"问政",以在实践中能最大限度地推行孔子的政治主张。如仲弓为季氏宰,孔子告诫他要"先有司,赦小过,举贤才"(《论语·子路》),子夏为莒父宰,孔子教育他:"无欲速,无见小利。欲速,则不达;见小利,则大事不成。"(《论语·子路》)对于弟子们的从政成果,孔子也予以检验,给予评价。如冉求替季氏聚敛财富,违背了孔子藏富于民的主张,遭到了孔子的斥责:"非吾徒也。小子鸣鼓而攻之,可也。"(《论语·先进》)子游为武城宰,用礼乐教化百姓,孔子高兴地鼓励其他弟子向子游学习。

孔子弟子的政事课程丰富多彩,既有热烈的理论探讨,又有丰硕的实践成果。曾经向孔子请教相关从政问题的学生很多，仅《论语》的记载就有："子张学干禄"（《论语·为政》）、"子张问政"（《论语·颜渊》）、"子张问于孔子曰：何如斯可以从政矣"（《论语·尧曰》）、"子路问政"（《论语·子路》）、"子路问事君"（《论语·宪问》）、"子贡问政"（《论语·颜渊》）、"子夏为莒父宰，问政"（《论语·子路》）、"仲弓为季氏宰，问政"（《论语·子路》）、"颜渊问为邦"（《论语·卫灵公》），等等。古籍记载中，孔子有十一位弟子在不同的国家担任过不同的职务，如子路在鲁国曾任"季氏宰"，到卫任"蒲大夫"；高柴曾任鲁国"费宰"，到卫国后任"士师"，回鲁后再任"武城宰"和"郕宰"；子贡则"常（尝）相卫、鲁"等。

孔子名声远播，连远在南方的楚国君臣也对孔子弟子的情况十分熟悉，对他们的从政能力和特点耳熟能详。《史记·孔子世家》记载了楚令尹子西谏楚昭王的一段话："'王之使使诸侯有如子贡者乎？'曰：'无有。''王之辅相有如颜回者乎？'曰：'无有。''王之将率有如子路者乎？'曰：'无有。''王之官尹有如宰予者乎？'曰：'无有。''且楚之祖封于周，号为子男五十里。今孔丘述三五之法，明周召之业，王若用之，则楚安得世世堂堂方数千里乎？夫文王在丰，武王在镐，百里之君卒王天下。今孔丘得据土壤，贤弟子为佐，非楚之福也。'"①可见孔门弟子在诸侯国中的影响。

孔子教学成功的关键不仅是言传，更重要的在于身教。孔子深深地明白以身作则在教学和从政中的作用。他认为："躬自厚而薄责于人，则远怨矣。"（《论语·卫灵公》）"君子求诸己，小人求诸人。"（《论语·卫灵公》）"政者，正也。子帅以正，孰敢不正？"（《论语·颜渊》）"其身正，不令而行；其身不正，虽令不从。"（《论语·子路》）"苟正其身矣，于从政乎何有？不能正其身，如正人何？"（《论语·子路》）孔子平时严格要求自己，他的勤奋好学及为实现理想而孜孜追求的精神，形成巨大的人格魅力，深深地感染着学生。弟子们崇

---

① （汉）司马迁：《史记》卷47，中华书局1982年版，第1932页。

拜和敬仰老师,从而培养出既严谨又融洽的师生关系。

孔子的思想学说不容于当世,不被人们普遍接受,他本人也常受到误解、诽谤甚至攻击。为了捍卫孔子声誉,宣传孔子思想,孔子弟子们奋起反击,竭力维护孔子形象,他们以自己对孔子的理解,阐述孔子的思想主张和政治学说。例如,孔子曾说:"自吾得由也,恶言不至于门。"(《孔丛子·论书》)孔子的弟子仲由(子路)极力维护孔子,对孔子起到了重要的保护作用。

史料记载中,这方面表现得最突出的是子贡。每当孔子受到误解和诽谤,子贡总是出来维护孔子的形象,对孔子的敬重溢于言表。《论语·子张》集中地记录了这方面的内容,如:

> 叔孙武叔语大夫于朝,曰:"子贡贤于仲尼。"子服景伯以告子贡。子贡曰:"譬之宫墙,赐之墙也及肩,窥见室家之好。夫子之墙数仞,不得其门而入,不见宗庙之美,百官之富。得其门者或寡矣。夫子之云,不亦宜乎!"

> 叔孙武叔毁仲尼。子贡曰:"无以为也,仲尼不可毁也。他人之贤者,丘陵也,犹可逾也;仲尼,日月也,无得而逾焉。人虽欲自绝,其何伤于日月乎?多见其不知量也!"

> 陈子禽谓子贡曰:"子为恭也,仲尼岂贤于子乎?"子贡曰:"君子一言以为知,一言以为不知,言不可不慎也。夫子之不可及也,犹天之不可阶而升也。夫子之得邦家者,所谓立之斯立,道之斯行,绥之斯来,动之斯和。其生也荣,其死也哀,如之何其可及也?"

《韩诗外传》卷八有一段记载更为详细:

> 齐景公谓子贡曰:"先生何师?"对曰:"鲁仲尼。"曰:"仲尼贤乎?"曰:"圣人也,岂直贤哉!"景公嘻然而笑曰:"其圣何如?"子贡曰:"不知也。"景公悖然作色,曰:"始言圣人,今言不知,何也?"子贡曰:"臣终身戴天,不知天之高也。终身践地,不知地之厚也。若臣之事仲尼,譬犹渴操壶杓,就江海而饮之,腹满而去,又安知江海之深

乎?"景公曰:"先生之誉,得无太甚乎?"子贡曰:"臣赐何敢甚言,尚虑不及耳。臣誉仲尼,譬犹两手捧土而附泰山,其无益亦明矣;使臣不誉仲尼,譬犹两手杷泰山,无损亦明矣。"景公曰:"善!岂其然?善!岂其然?"①

面对人们对孔子的误解乃至攻击,子贡毫不留情,批评这种行为是"欲自绝""不知量",他把孔子比作日月、天地、江海、泰山,孔子学说如日月之光明、天地之高厚、江海之深广、泰山之峻伟,他认为别人永远只能仰望孔子,而不可能达到孔子的水平。子贡由衷地敬佩孔子,仰慕他的学说,他对孔子的评价既维护了孔子的形象,又宣传了孔子的学说。

孔子的教学目标是培养具有德行和能力的政治人才,因此其教学内容自然与此前的周代贵族教育有不少一致之处,但它与周代官学又有很大的区别。他要培养的是德才兼备的弘道之人,因此孔门教学内容主要是文、行、忠、信。孔子还整理过《诗》《书》《礼》《乐》等历史文献,又"作《春秋》""赞《易》",用作教育学生的教本。

孔子学无常师,信奉"三人行,必有我师",因此弟子在某一方面有长处,孔子也虚心学习。而对于学生,他提出应该"当仁,不让于师",提倡弟子与老师互相启发。基于这种认识,孔门中形成了互相爱护、亦师亦友的和谐关系。孔子与弟子虽然是师徒关系,但经常讨论问题,弟子们可以畅所欲言。对弟子发表的见解,孔子也常常予以鼓励,对于有见识的言论更是赞赏有加,如表扬子夏:"启予者,商也。"认为子夏的见解对自己有重要启发。

在原则问题上,孔子对弟子是十分严格的。这种严格的背后是孔子对弟子发自内心的关爱。孔子弟子不仅在生活上受到孔子无微不至的关怀,在事业上同样得到孔子的格外关注。孔子弟子中,有许多人自从投到夫子门下,几乎是一直追随孔子;许多弟子虽然离开夫子从政、出使或经商,但他们仍然不

---

① (汉)韩婴撰,许维遹校释:《韩诗外传集释》,中华书局1980年版,第286页。

断地向孔子请教、汇报。不论夫子得志或失意,总有一些弟子围绕在他的周围,为了共同的信念和理想,他们相互理解和鼓励。

孔子与学生之间感情笃深。冉伯牛染了"恶疾",孔子亲自探望,而且隔着窗子就握住弟子的手,关切、痛惜之情跃然纸上;颜子英年早逝,孔子异常悲痛,甚至于失声恸哭;子路不幸战死,孔子几天都吃不下饭。失去心爱的弟子,孔子痛不欲生。弟子们对孔子也是崇仰有加,他们不允许任何人对夫子进行诋毁和伤害,竭力维护孔子的形象,捍卫孔子的学说。孔子去世后,弟子们像对待父亲一样,为老师守丧三年,子贡甚至为老师守丧六年。

孔子虽然溘然长逝,但杏坛长存。《庄子·渔父》所记:"孔子游乎缁帷之林,休坐乎杏坛之上。弟子读书,孔子弦歌鼓琴。"正如一曲亘古不变的"教—学"之歌,那琅琅书声与琴瑟之鸣,穿越千古,依然在你我耳边荡漾! 杏坛,已成为中国优秀教育传统的象征。

四、孔门师弟的"叩"与"鸣"

作为儒学经典,《论语》受到的关注点基本上都在孔子思想。这当然是理所当然的事。不过,人们往往忽略了孔门弟子在《论语》中的价值,或者换句话说,有意无意地忽视了孔门弟子在孔子思想形成过程中的作用。这是很令人遗憾的。赵纪彬云:"'论'有'整理''撰次'等义;'语'字谓'二人相等而说',有'论难''答述'等义;就字面直译,'论语'就是经过整理、撰次的对话,也就是'对话集'之义。"又云:"依此,则《论语》就是一部《孔门对话集》。"[1]李泽厚赞同赵氏之说,进而认为:"其实望文生义,'论语'者,译为'讨论的话语',亦无不可也。"[2]他甚至也直接将《论语》称为"孔子对话录"。而孔子的"对话"对象,最主要的便是其门下弟子,而且一般情况下,孔门弟子都是作为

---

① 赵纪彬:《〈论语新论〉导言》,载《中国哲学》第 10 辑,生活·读书·新知三联书店 1983 年版,第 49、50 页。

② 李泽厚:《论语今读》,生活·读书·新知三联书店 2008 年版,第 27 页。

问题的提出者出现的。提问者的身份,非常值得重视,但却往往被忽略了。

《礼记·学记》云:"善待问者如撞钟,叩之以小者则小鸣,叩之以大者则大鸣,待其从容,然后尽其声。"作为"师"的孔子,显然是一位"待问者",而且是一位"善待问者"。如果没有"问者",也就是孔门弟子的存在,那么孔子的思想将何以呈现,便是一个大问题。正是由于作为"问者"的孔门弟子的提问,孔子才有了表达其思想的"契机"或"机缘"。正是由于这一"机缘",我们才能够一窥孔子思想之貌,尽管我们所能窥见的绝对不可能是孔子思想之全豹。因为,孔子本人似乎没有自我"著述"的兴趣,也没有系统阐述自己思想的自觉,不像战国时期的孟子、庄子、荀子、韩非等,都自己撰著或主持整理自己的思想资料。因此,我们可以说,孔子的思想创造和阐释,离不开孔门弟子的"参与"。

在这一点上,李泽厚显然有着清醒的认识。他指出:

> 不管《论语》主要作为曾参学派的传承,是否忠实记录了反映了孔子,但它毕竟存在至今两千年了。因此,如崔述等人对十五篇以下(除第十九篇记弟子言行认为当不误外),以及前面好些章、段,颇表怀疑等等,也只能如此处理,即今日求考证出哪些篇章、言行确乎属于孔子,哪些不是,已极为困难甚至不大可能(也许将来地下发现可有帮助),重要的是,自汉代张侯《论》以来,《论语》和孔子就以这样的面貌流传至今。《论语》本就生存在解释学之中,只是人们未曾自觉罢了。所以,重要的已不在它与孔子的真实关系究竟如何,或孔子的"真实"面目究竟怎样,而在孔子就以这种面目在中国流传、影响着。所以,即使将来地下有新发现,证明今本《论语》及孔子形象不是本来面目,但也仍然不能夺去今本《论语》及孔子在中国人的文化心理结构中已延续两千多年的重要的"原型"地位。今本《论语》中的孔子就是现实的孔子,即落实在人们心目中的孔子,这是无可奈何的历史事实。也正因为此,在阐释评解中,就得注意如何尽可能弥补

这一缺陷。使孔子的形象、思想基于《论语》，又不止于《论语》。①
李泽厚这一段评论，确实指出了一个历史事实。这正是基于诠释学的立场而有的卓识。陈少明先生也曾指出："孔子的正面形象，是由其弟子及其拥护者逐步塑造起来的。"②尽管"无可奈何"，我们也只能承认这一"历史事实"。从这里，可以得出结论，我们所理解、认知的孔子，首先是由孔门弟子"塑造"出来的。当然，这一"塑造"不能理解为"伪造"。

其实，这样的观点也是在现代学术的视野中，才开始被不断提及。西方人这样看待孔子的"塑造"："比起战国时期的其他哲学大家来，孔子主要是由自诩其传人者创造出来并使之永存不朽的一个人物形象。"③显然，上引孙康宜、宇文所安所谓"创造"，近乎于"伪造"了，这是我们所不能认可的。类似的观点，在西方学术界及受西方学术影响的现代中国学术界，并不乏"知音"。那就是以"疑古辨伪"的眼光来审视大量的孔子言行文献，进而逐一"解构"。

美国学者白牧之、白妙子夫妇曾撰《论语辨》一书，继承清人崔述的遗志，对《论语》进行了一次所谓"最为彻底"的"考辨"。在他们考证之下，《论语》竟然只有《里仁》前 17 章为真正原始的孔子语录，其余皆是孔子弟子及再传、三传乃至四传弟子在数百年的时间里陆续添加上去的，其可靠性自然大打折扣。这种极端的看法，问题十分明显，宜乎其未能得到大多数人的认可。不过，大多数学者仍在以《论语》为研究孔子的唯一资料，除此之外，则保持着高度的警惕和怀疑。如陈桐生先生在讨论上博简《孔子诗论》时认为，战国时期有一个重塑孔子形象的过程，他将很多文献如《易传》、《孝经》、大小戴《礼

① 李泽厚：《论语今读》，生活·读书·新知三联书店 2008 年版，第 16—17 页。
② 陈少明：《〈论语〉"外传"》，载《思史之间——〈论语〉的观念史释读》，上海三联书店 2009 年版，第 9 页。陈先生认为，"在经典解释传统中，思想的阐释既可以知识评注也能用故事重述的方式进行"。这当然是卓见。但是，他将《论语》之外的大量孔子言行文献视为《论语》外传，即是对《论语》的衍化和演化，则是我们所不能苟同的。
③ 孙康宜、宇文所安主编：《剑桥中国文学史》上卷《1375 年之前》，刘倩等译，生活·读书·新知三联书店 2013 年版，第 98 页。

记》、《春秋》三传以及竹书《孔子诗论》等中的"孔子曰"或"子曰"都看作后儒假托孔子,以争夺"话语霸权"之语。① 如王葆玹先生指出:"对《论语》之外的'子曰'应加分析,区别真伪,《左传》所引的孔子言论大致上是可信的,而《礼记》、《易传》、《孝经》等书所引的孔子言论或是经过了后人的润色,或是后人所伪托。作这种润色和伪托的后人,当主要是孔氏家族的人物,以子思为最早,以孔僖为最晚。"②细读之下,这些所谓"证据"大多似是而非、先入为主。其实,这种做法,都非常武断。正如李泽厚先生指出的那样:"但这样一来,孔子以及其弟子们的言行既绝大部分为后人撰造,那所谓'孔子'也者实际也就不复存在,虽考证出生卒家世,'孔子'亦只一空洞人名而已。从而,所谓《论语》乃'孔子对话录'之说,岂不纯属'本质主义'之虚构?"③其实,"相反,如不带偏见而纵读《论语》全书,虽不难发现其中确有若干抵牾矛盾处,但总起来看,无论就思想、内容、文辞、风格、氛围、情景说,均仍大同小异,一致多于分歧,除少数章节,全书仍可融成一体,作为孔子言行之近真写照,较之其他著作特别是战国典籍,大有区别"④。

我们应该意识到,"塑造"是一种"无可奈何"的"非故意"的行为;而"伪造"则是一种"刻意"的行为。如果以此"伪造"观来观照《论语》与孔子,则显然属于"有意解构"儒学之举了。

就此而言,日本学者子安宣邦也认识得非常到位,他指出,《论语》的主要章节是孔子与弟子的交流记录。更重要的是,子安宣邦意识到孔门弟子在

---

① 参见陈桐生:《〈孔子诗论〉研究》,中华书局 2004 年版,第 36—96 页。

② 王葆玹:《晚出的"子曰"及其与孔氏家学的关系》,载《纪念孔子诞辰 2550 周年国际学术讨论会论文集》下册,国际文化出版公司 2000 年版,第 1820 页。关于"子曰"的问题,很多学者都有过关注。如曹峰以《鲁邦大旱》的"子曰"为例,指出传世文献及出土文献中的大量"子曰"既有真实的成分,也不乏编造和假托,轻率地将之视为可靠资料,并不是严格的思想史研究方法。(曹峰:《出土文献可以改写思想史吗?》,《文史哲》2007 年第 5 期。)

③ 李泽厚:《论语今读》,生活·读书·新知三联书店 2008 年版,第 574 页。

④ 李泽厚:《论语今读》,生活·读书·新知三联书店 2008 年版,第 575 页。当然,我对于战国时期文献中的孔子的可靠性问题,与李泽厚先生有不同认识。此不具论。

《论语》成书过程中的作用。他强调：

> 在《论语》中孔子的言语与教示之成立的背后，隐藏着从孔子到弟子、再从弟子到弟子的弟子这样绵延的时间过程。不只如此，认识到使《论语》得以成立的是孔子的众弟子这一点，也会促使我们重新思考《论语》的视点问题。一般来说，《论语》的解读者们把自己的视点放在孔子的立场上，或者说从孔子的角度进行阅读。孔子说了什么，如何教育弟子诸如此类，一般都会努力从孔子的角度去理解。但是，当我们意识到使《论语》得以成立的却是孔门众弟子，那么这等于告诉我们一个从弟子的角度阅读《论语》的新视点。或者说，孔子之言说的意义可以依据弟子的角度来理解，这不是更清晰了么？①

当然，也有学者对《论语》文本的呈现形式提出了质疑。比如，有学者认为，《论语》表面上看来是一种"对话"，但却并不符合"对话"的本质——"两人或多人之间的相互作用"，而是一种独断表达。因此，孔子与孔门弟子的对话是"不平衡的对话"，看上去《论语》中的对话有两个主体，其实只有一个主体——孔子，孔子弟子只不过是提供言说的"契机"，而不是平等地参与对话。② 所以有学者认为，《论语》中没有对话，只有说教。③ 这种观点，不能说没有一定的理据，但却似是而非。

之所以会出现这种判断，一方面要归因于《论语》文本的简约。正如高专诚所说："令人遗憾的是，弟子们（也许包括再传弟子）辑录《论语》时，每每要将这种上下文，或语境，省略而去。究其原因，或因弟子们记录（或记忆）不一致，或因弟子们认为那些话语具有普遍的价值，无须写上下文（或因当时书写

---

① ［日］子安宣邦：《孔子的学问——日本人如何读〈论语〉》，吴燕译，生活·读书·新知三联书店 2017 年版，第 216 页。

② 参见王培娟：《诗性与思辨——〈论语〉与〈柏拉图对话录〉对话体探微》，《江苏社会科学》2010 年第 1 期。

③ 参见相龙烽、潘慧影：《对话隐喻真理——〈论语〉对话观念浅析》，《呼伦贝尔学院学报》2008 年第 2 期。

工具不便当,尽量字句从简),总之,为后人准确理解孔子原意留下了绝大的麻烦。"①其实,如果我们将眼界稍微放宽,将视野投注于所有的孔子言行文献,就会发现孔子弟子绝非可有可无的存在。孔子与弟子之间的对话,绝不是"独断"的"说教",而是有往复回环的,甚至是有质疑与辩难的。

当然,不得不承认,如果将《论语》与古希腊的柏拉图《对话录》进行对比,虽然二者都有"对话体",但的确存在巨大的差异。其实,造成这种差异的原因,除了两种文化的差异(一为诗性的,一为思辨的;一为实用理性的,一为纯粹理性的),正如钱穆先生多次指点的,中国人的学问尤其是儒家的学问"属一种人生境界,非关思想体系"。"孔子希望学生从某一种行为体验出发,通过切身的感受,而达到作为'仁'的境界。……孔子之教不具有真理的认知性质,只能通过体验本身来捕捉'所立卓尔'的人生境界。"②孔子的言说方式"不是以逻辑方式铺陈,而它的功效是指示性的"③。因此,"从《论语》中可以看出,在孔子的教学活动或对话中,是没有讨论的,学生应该接受、涵泳孔子的每一句话。它的意义不在于语言本身,而在于孔子当下的态度,在于事实的呈现程度。也就是说,孔子的谈话不是一种趋向真理的论证和辩论,而是针对某一个特殊行为的肯定或纠正"④。"因此,在《论语》中,孔子拥有至高无上的话语权,掌握着对话的最终结论和导向,学生是没有任何反问、辩驳的余地和必要的。……把孔子比作木铎,就意味着他的学生们已经认识到,孔子的陈说方式是一种启示,而意义本身却在语言之外"⑤。

除此之外,我们还可以从以上二书编纂的目的与原则方面寻求原因。柏

---

①　高专诚:《孔子·孔子弟子》,山西人民出版社 1991 年版,第 374 页。不过,他接着说:"这不能不说是(某些)孔子弟子不太高明,甚至不负责任的地方。"这样的判断显然就失之武断了。《论语》之所以简略,脱略了上下文语境,其实是受制于《论语》的编纂目的与编纂原则的。本书下文将会讨论。

②　过常宝:《原史文化及文献研究》,中国社会科学出版社 2016 年版,第 247 页。

③　[法]于连:《迂回与进入》,杜小真译,生活·读书·新知三联书店 1998 年版,第202 页。

④　过常宝:《原史文化及文献研究》,中国社会科学出版社 2016 年版,第 247—248 页。

⑤　过常宝:《原史文化及文献研究》,中国社会科学出版社 2016 年版,第 250 页。

拉图的《对话录》其编著目的,不在于记录老师苏格拉底的言行,而在于借用苏格拉底来表达柏拉图自己的思想。孔门弟子后学记录编纂《论语》等孔子言行文献,却是出于记录和传播老师孔子的思想、彰显孔子的人格境界。

反过来说,尽管孔门弟子后学没有借用孔子乃至伪造孔子言行文献的动机,但是从他们记录、整理尤其是编纂《论语》等的效果来看,我们也应该将之视为对孔子思想的诠释。这一点,已经有学者予以揭示。蔡振丰先生曾指出:"如果现行所见《论语》的篇次与汉代所见相去不远,可知《论语》的编者虽无法考证,但它仍不失是早经编定成型的教材,其编次应可被视为重要的诠释问题。如同考证编次《诗》一般,《论语》编者之编次《论语》章节,不但是一种对'孔子之学'的诠释,也是承续孔子'述而不作'的另一样态。"①他又指出:"如果肯定《论语》编者对材料的'述''正'之功,篇次章目所显示的诠释,或许是采取一种'言外之意'的方式来进行。"蔡先生的这一看法,极具启发意义。向来并不措意的《论语》编者对于理解孔子所具有的意义,理应予以揭示。诠释的方式,并非予以可见的"文本诠释"之一途,"文本整理"也是一种诠释途径。这是我们下文要予以论证的。

第二节　文本论纂:作为记录者与整理者的孔门弟子后学

孔子之前,学在官府。那时尚无私人著述之风,后来被尊为经典的《诗》《书》等文献,都是经过官方整理的教材。清儒章学诚在《文史通义·言公上》中提出:"古人之言,所以为公也,未尝矜于文辞,而私据为己有也。"中国之有私人著述,大概是从春秋末年开始的。其时,王官之学式微,学术下移民间,这为私人著述的出现提供了条件。章学诚又说:"周衰文弊,诸子争鸣,盖在夫

———

① 蔡振丰:《〈论语〉所隐含"述而不作"的诠释面向》,载李明辉编:《儒家经典诠释方法》,华东师范大学出版社 2008 年版,第 120 页。

子既殁,微言绝而大义之已乖也。然而诸子思以其学易天下,固将以其所谓道者,争天下之莫可加,而语言文字,未尝私其所出也。"《文史通义·诗教上》则云:"周衰文弊,六艺道息,而诸子争鸣。盖至战国而文章之变尽,至战国而著述之事专,至战国而后世之文体备。"于是,近人据此提出,战国之前无私人著述之事。

有人说《论语》是最早的诸子之书,有人将《老子》视为中国最早的私人著作,也有人说《孙子兵法》是最古老的私人著述。众说纷纭,难于定论。但不可否认,这正是私学兴起、思想觉醒的结果。王官之学下移的同时,私学、私人著作开始从下层兴起。近代以来,由于胡适《中国哲学史大纲》的出版,而引起关于《老子》的年代争论,在学术界曾经掀起了轩然大波。一时间,著名学者如梁启超、胡适、钱穆、冯友兰、顾颉刚等先生纷纷加入其中,互相驳难。胡适先生认为,《老子》一书成于春秋末年,而冯友兰、钱穆等都反对此说。至今,虽然有战国时代郭店楚墓竹简《老子》的问世,但《老子》的时代问题依然未能彻底解决。美籍华裔学者何炳棣先生在晚年提出新说,他将《孙子兵法》认作中国最早的私人著作。他在《读史阅世六十年》中提到:"我国古籍,先经秦火,再因历代迭有佚失,以致近世专攻图籍目录诸学人无不公认《论语》为传世文献中最古的私家著述;其中虽杂有孔子弟子,甚至再传弟子的笔墨,但全书大都代表孔子的思想和言论。……我 1999 年冬刊出'我国现存最古的私家著述:《孙子兵法》',文中断定这部军事名著是吴王阖闾三年孙武被召见前已经撰就的,故其成书早于《论语》至少半个世纪。"①不过,至少到目前为止,学术界对这一说法还没有予以认可。

其实,中国的私人著述应是从孔子开始的。最古的私家著述当是孔子所作的《春秋》②。据《孟子·滕文公下》记载:"世衰道微,邪说暴行有作,臣弑

---

①　何炳棣:《读史阅世六十年》,中华书局 2012 年版,第 442 页。

②　参见孔祥军:《驳杨伯峻"孔子不作〈春秋〉说"》,载《出土简牍与中古史研究》,江苏人民出版社 2017 年版。

其君者有之,子弑其父者有之。孔子惧,作《春秋》。《春秋》,天子之事也,是故孔子曰:'知我者其惟《春秋》乎!罪我者其惟《春秋》乎!'"当然,有关这一说法,近代以来的学者多予以否定。但是,根据现在学者的研究,学界已经基本认定孔子作《春秋》的说法,只不过这里的"作"并非完全符合今人的"著作"概念。但其中经过孔子的"笔削",已经赋予鲁《春秋》以微言大义,代表了孔子的政治思想。正如章学诚所谓"夫子因鲁史而作《春秋》,孟子曰:'其事齐桓、晋文,其文则史',孔子自谓窃取其义焉耳。载笔之士,有志《春秋》之业,固将惟义之求,其事与文,所以借为存义之资也"①。章学诚说:"夫《六艺》为文字之权舆,《论语》为圣言之荟粹,创新述故,未尝有所庸心,盖取足以明道而立教,而圣作明述,未尝分居立言之功也。"②可见,章学诚是在另外一个层面论述问题,而并不是要否定孔子对《春秋》的"著作权"。

当然,《春秋》虽然是出于私人之手,但其性质却依然是王官学的而非私学的。这就是所谓的"《春秋》,天子之事也"。所谓"丘窃取之",无疑是孔子要表明《春秋》并非个人意见的表达。而《春秋》之所以能够跻身六经之中,其原因也在于此。

因此,《论语》作为战国时期最早的私学著述,其地位应该可以确立。蒋伯潜先生曾提出一个看法:"孔子以前,有官学,无私人之师儒;私人聚徒讲学始于孔子。"③"孔子以后,私人讲学,私家著述,成为风尚。"④《论语》为孔子弟子门人所记纂,足以成一家之言,见孔子之学说,且其性质体裁,与'经传'绝异。徒因其以记孔子之言语为主,且并录诸大弟子之言语,语经论纂,故特立一书名,谓之'论语'耳。弟子门人记其师之言语,成私家之专著,盖自此始。"故"按之实际,则以《论语》为《六艺》之附庸,固不若以《论语》为诸子之

---

① (清)章学诚著,叶瑛校注:《文史通义校注》,中华书局 1985 年版,第 171—172 页。
② (清)章学诚著,叶瑛校注:《文史通义校注》,中华书局 1985 年版,第 170 页。
③ 蒋伯潜:《诸子通考》,岳麓书社 2010 年版,第 11 页。
④ 蒋伯潜:《诸子通考》,岳麓书社 2010 年版,第 8 页。

冠冕耳"①。又说:"先秦诸子,多弟子后学纂述其师说以成一家之言者。此风实自孔门纂述《论语》开之。故诸子之书,以《论语》为第一部。"②因此,可以说"孔子为诸子之开祖","《论语》为子书之先河"。③ 这一说法,是可以成立的。可以说,《论语》是孔门弟子后学自觉论纂的一部私学著述。这一方面得益于孔子开创私学之先河,另一方面也得益于孔门对于夫子之尊崇,当然还离不开孔门对于传统史官传统、立言传统的继承和发展,进而形成的对于记录孔子言行文献的自觉。

当然,《论语》仅仅是孔子言行文献的一部分,尽管是其中最重要的一部分。其实,今天我们所能见到的孔子言行文献,已经是在历代流传过程中不断散佚流失所余。东汉时期的王充在《论衡·正说篇》中曾经感慨:"说《论》者,皆知说文解语而已,不知《论语》本几何篇;……夫《论》者,弟子共纪孔子之言行,敕记之时甚多,数十百篇。"④揆诸近三十年来出土的简帛文献,其中保留大量孔子的言行文献就是很好的证明。比如,李启谦、骆承烈、王式伦先生所编辑整理的《孔子资料汇编》是后人整理孔子遗说与孔子研究资料较全的一部,但该书出版时,马王堆汉墓中出土的帛书《易传》还没有完全公布,其中只是收集了已经公布的《系辞》而已,其他各篇如《要》《二三子问》《易之义》《缪和》《昭力》便不见于该书。至于《郭店楚墓竹简》《上海博物馆藏战国楚竹书》中的有关篇章,因为发现和公布的时间更晚,而且至今还在陆续出版之中,因此,有关的资料更不可能包含其中。这些新的材料也告诉我们,孔子以后,人们整理的孔子言行文献并不止我们目前所见的这些。

人们也许会好奇,数量如此可观的孔子言行文献,是如何被记录、流传下来的呢?

---

① 蒋伯潜:《诸子通考》,岳麓书社 2010 年版,第 7 页。
② 蒋伯潜:《诸子通考》,岳麓书社 2010 年版,第 237 页。
③ 蒋伯潜:《诸子通考》,岳麓书社 2010 年版,第 8 页。
④ (汉)王充著,黄晖撰:《论衡校释》(四),中华书局 1990 年版,第 1135—1136 页。

一、孔门弟子与孔子言行文献的记录

这里所谓"孔子言行文献",是指除去孔子著作如《春秋》之外,其生前所留存下来的遗言和事迹。其中的言语是孔子在教学、生活、交往过程中与学生、时人的交谈记录。比如《论语》,就是"孔子应答弟子、时人及弟子相与言而接闻于夫子之语也。当时弟子各有所记,夫子既卒,门人相与辑而论纂"而成;再如《孔子家语》,据孔安国所说,"皆当时公卿士大夫及七十二弟子之所咨访交相对问言语也。既而诸弟子各自记其所问焉,与《论语》、《孝经》并时"。可见,孔子的这些"谈话记录"大都出自孔子弟子之手。当然,孔子与各国君主、卿大夫的对话,也有可能由史官等记录、流传下来,然后被孔门后学整理进儒家典籍之中,成为孔子言行文献的一部分。从文献的记载看,孔子遗说绝大部分应该都属于七十子及其后学所记。对于孔子行为事迹的记述,有些是与言行无法分割的,有些则是单纯的仪容举止、行为事迹,则亦应出于孔门弟子之所记录;或者有些则是出于见闻者之记录或传述,进而为孔门后学所闻知而纳入孔子言行文献之中。

从《论语》和《孔子家语》等大量文献中可知,孔子弟子有记录孔子嘉言懿行的习惯。最为典型的材料见于《论语·卫灵公》记曰:

> 子张问行。子曰:"言忠信,行笃敬,虽蛮貊之邦行矣;言不忠信,行不笃敬,虽州里行乎哉? 立,则见其参于前也;在舆,则见其倚于衡也。夫然后行。"子张书诸绅。

所谓"书诸绅",即写在束腰的大带上。不难想象,孔子弟子在问学时有做笔记的习惯,随时将夫子的精粹之语,记录下来以备忘。子张"书诸绅",显然是一种特殊情况。我们可以试着还原一下当时的情形:一天,子张陪同夫子在外游玩,忽然想到一个问题,就向夫子提出来。孔子做了精辟的解答,子张感到十分精妙,为了防止忘记,想立刻记录下来。可惜手头没带竹简,情急之下,子张将孔子之语写在了自己衣服的大带之上。古时候的人,有将笔墨随身携带的习惯,而竹简则因为沉重而无法随身携带,往往会在出远门时放入橐中或车上。

其实,《论语》中的这一记载并不是孤立的,它可以与《孔子家语》相互印证。如:

> 子张既闻孔子斯言,遂退而记之。(《入官》)
>
> 子夏蹶然而起,负墙而立,曰:"弟子敢不志之?"(《论礼》)
>
> 冉有跪然免席,曰:"言则美矣,求未之闻。"退而记之。(《五刑解》)
>
> 子贡以告孔子,子曰:"小子识之:苛政猛于暴虎。"(《正论解》)
>
> 孔子闻之,曰:"弟子志之:季氏之妇可谓不过矣。"(《正论解》)
>
> 孔子在卫,卫之人有送葬者,而夫子观之,曰:"善哉!为葬乎,足以为法也。小子识之!"子贡问曰:"夫子何善尔?"曰:"其往也如慕,其返也如疑。"子贡曰:"岂若速返而虞哉?"子曰:"此情之至者也。小子识之。我未之能也。"(《曲礼子贡问》)

这些材料中的"志""识"都是"记录""记住"的意思。可见,孔子对于一些重要的观点、思想是时常提醒弟子记录的,而弟子对于老师的很多嘉言懿行,也往往有随时记录或事后补记的习惯。

我们推测,在孔门之中,还有一种近乎"制度化"的措施,类似于王官中的史官。据《孔子家语·七十二弟子解》记载:

> 叔仲会,鲁人,字子期。少孔子五十岁,与孔琁年相比,每孺子之执笔记事于夫子,二人迭侍左右。

这一段记载,在《史记索隐》所引《家语》中稍有不同:"鲁人。少孔子五十四岁。与孔琁年相比,二孺子俱执笔迭侍于夫子。"虽然这则材料尚属孤证,但我们可以猜测,孔门可能有让年轻的学生负责记录孔门事务的规矩,这有点像史官制度,左史记言,右史记事。而所有这些,正是孔子言行文献得以留存的前提所在。故而钱穆先生提出,"当时诸弟子于孔子之一言一动,无不谨书而备录之可知"①。以孔子从事教育时间之长,孔门弟子人数之众,则孔门所存的孔子言行文献当相当庞大。

另外,因为孔子曾经身居鲁国要职,身份上属于"大夫"之列,因此其言行尤其是其居官时及其与各国的君主及卿大夫的对话,也会被鲁国或各诸侯国史官所记录。所以,我们今天在《国语·鲁语》中还可以发现其中记有孔子的五条言论。这不是偶然的。

近来也有学者对此提出质疑,认为孔子及孔门弟子所处的时代,尚无随时做笔记的条件。比如,高培华先生指出,"当时弟子各有所记",多为心记而很少笔记。当时的书写条件,尚不具备学生记课堂笔记之便利,孔门教学多为天地大课堂,弟子还不可能形成普遍记课堂笔记的习惯。他还引用傅斯年先生《论语》成书时代"文书之物质尚难得"的说法,来说明当时绝无后来记课堂笔记之便利,并坚持认为,当时多数弟子只是默记于心,事后追述。高培华先生对钱穆先生提出的"则当时诸弟子于孔子之一言一动,无不谨书而备录之可知"一说,也提出批评。他的理由是:"假如真的'一言一动'当时皆有记录,则孔子执教近半个世纪,何至于现今《论语》连同一些重复章节计算在内,也不足一万三千字(林按,《论语》字数应为一万六千字左右)?"②对于高先生的这些看法,我们不能同意。

首先,孔子课堂多为"天地大课堂"的说法,未免有些夸张。孔子时代,当然不可能有现今时代十分规整的课堂;孔子确实也经常将课堂延伸到任何地方,在河边、在树下、在山冈、在路上,但是,毫无疑问,孔子教学还是必然有一个相对固定的场所,讲授《诗》《书》,演习礼乐。孔门六经,固然需要口诵心记,但也必须有抄录、笔记,否则很难想象其教学效果会怎样。孔子弟子对于老师的嘉言懿行,必然会随时记录,当然这样的记录肯定是简略的大纲,如傅斯年先生所言,"一段话只能写下个纲目,以备忘记",而需要事后予以补记。

---

① 钱穆:《论语新解》"上编"之按语,生活·读书·新知三联书店 2011 年版,第 1 页。

② 高培华:《卜子夏考论》,社会科学文献出版社 2012 年版,第 326 页。

但傅先生所谓"详细处则凭口说"①,恐怕只看到了一种情形,而忽视了孔子弟子多有"退而记之"的习惯。

其次,高先生忽略了《论语》一书的性质。《论语》绝非孔子言行文献的全部记录,而是孔门后学对孔子言行文献的精选精编本。所以,即使孔子弟子对于老师的"一言一动"都予以记录,也绝不能全部反映在《论语》之中。君不见,在大小戴《礼记》、《孔子家语》等文献中还保存着大量《论语》未载的孔子言行文献吗?

对于孔子言行文献的记录情况,陈桐生先生有过详细论说。在七十子之前,商周史官有执笔记载的传统。王侯卿相发表治国言论,史官随时将这些"治国之善语"记载下来,《尚书》《国语》中的王侯卿相言论,就是由当时的史官记录整理的。七十子记载孔子言行,就是从商周史官记言记事中学来的。不过,我们将《尚书》、《国语》和《论语》进行比较,就可以发现《论语》口语化倾向特别明显。这是因为,商周史官记载王侯卿相言论,是在忠实履行王室职责,感情色彩要淡;而七十子对孔子的心理就不同了。他们对孔子有一种由衷的崇拜之情,以高山仰止的心情看待孔子,因此他们才会以虔诚的态度执简记载孔子的言行。从文献来看,孔子教育弟子不仅仅在课堂上,更多是利用课后时间进行教育,闲居交谈,登临山水,征程旅途,祭所庙堂,无一不是孔子教育弟子的场所。弟子有了问题,或者有特殊的理论兴趣,便及时向孔子请教,孔子会随时随地耐心予以解答,这些个人辅导也成为七十子记录的重要内容。孔子在教学之余,席不暇暖,向各国诸侯卿大夫宣传自己的政治主张,而孔子在与这些政治权要谈话时,七十子必会执笔侍候,以备记录。所以,七十子笔录的内容,十分广泛,有时是孔子的某一句名言,有时是孔子与门生弟子的闲居交谈,有时是个别弟子的请益,有时是与诸侯贵族及时人的谈话,有时是孔

---

① 傅斯年:《战国文籍中之篇式书体——一个短记》,载刘梦溪主编:《中国现代学术经典·傅斯年卷》,河北教育出版社1996年版,第337页。

子生平经历的各种事件,有时是孔子传授的礼仪,有时是孔子阐述的礼义,有时是孔子讲述的历史旧闻,甚至孔子的行为举止、起居嗜好也成为七十子记录的内容。在绝大多数情况下,孔门弟子应该事先为记载准备笔墨简帛。孔子时代书写条件远没有今天这样便利,当时弟子是用毛笔在竹简或绢帛上记载孔子的话。竹简有一定的重量,一支竹简只能写几十个字;绢帛虽然很轻,但是价格昂贵,成本太高,不易得到。用毛笔写字,还需要磨墨,这些因素都会影响到弟子们记录的速度和内容。孔子谈话是"一次过",当时又没有录音设备,所以要想完整、准确地记录孔子的谈话,绝不是一件容易的事情。凡是有过记录经验的人都知道,记什么,不记什么,以及记录稿的质量,都与记录者的文化素质、理解能力、写字速度、理论兴趣有关。同时,要注意的是,不是所有孔门弟子的记录手稿,都能有幸成为《论语》的备选材料,因为《论语》是在孔子去世后编成的,当时七十子散居在各个诸侯国,在古代通信、交通极不发达的条件下,要想把他们召集起来并非易事,编辑者只能联系到那些他们所知道的人,这显然会漏掉相当一部分人手中的材料。

陈先生还做了一个有趣的类比。他说:"孔子本人从来不动笔写文章,他的教学方法是先生讲、弟子记,孔门绝大多数文献就是这样产生的。这种情形有些类似于今天中央领导发表谈话,工作人员将其谈话录音并加以整理,这些记录稿就成为中央领导的著作。"[1]虽然陈先生说"孔子本人从来不动笔写文章",未免过于绝对了,但这个说法,无疑富有启发性。

陈先生这些详细的论述,完全可以回应高培华先生对孔子言行文献记录情况的质疑了。

当然,除了笔录笔记之外,孔门弟子对于孔子言行事迹予以"记录"的方式,还有非常重要的一个途径,那就是口耳相传。在先秦时代,由于竹帛等书写工具获取匪易,所以很多文本都是通过口耳相传进行"记忆"和"传承"的。

---

① 以上陈氏观点,见陈桐生《〈论语〉十论》,暨南大学出版社 2012 年版,第 4 页。

有学者通过对先秦时期"士人传语"传统的梳理,指出,"'士人传语'的形态暗示了《论语》的内容完全可以凭借口头传承"。其得出的结论是:"中国的书写历史已有几千年,这使国人容易产生一种错觉:早期的文化必定是通过书写记录下来的。也促使国人在思考问题时过多地依赖、相信中国的记录传统,而忽视了比记录传统更为久远,在上古时期发挥更大作用的口头传统。之所以这么说,是因为印度、西藏密宗至今还保留着口头的传统,而中国汉藏语系的其他大量少数民族也始终传承着这一传统。比较《左传》'君子曰',有理由相信,在《论语》成书之前,孔子及其门人的言语也可以通过口头的方式传承着,并始终保留着口头传播的形态。"①这一说法,也是值得重视的。

二、孔门弟子后学与孔子言行文献的整理

孔子言行文献经孔子弟子的记录而留存,但是如要更好地保护、传播孔子的思想、言论、事迹,就不得不作进一步的整理、汇编,乃至精选加工。

综览先秦两汉文献,我们发现,孔子弟子记录流传下来的"孔子言行文献"尤其是其中的"孔子遗说",大体可以分为两类:"语录体"与"文选体"。

第一类是"语录体",即所记孔子遗说大多为语言片段,多数缺乏具体背景的交代,语句短小,语言凝练,简明深刻,有语约义丰之效果,以《论语》、大小戴《礼记》等为代表;除了《论语》以外,孔子嫡孙子思的著作中很有可能就有一部分专门记录了孔子的言论片段,如保存在今本《中庸》的第二章到第九章、上博竹书《从政》篇、今本《礼记》保留的子思著作中的《坊记》《表记》《缁衣》(包括郭店简、上博简《缁衣》),等等。此外,其他典籍在叙事之后常常引述的孔子评论之语应该属于此类,如《左传》《公羊传》《穀梁传》等都有类似例证,《孟子》《荀子》《韩诗外传》等书中也有一些例子。这正如春秋战国时期的人们经常引用《诗》《书》,借用经典那样,乃是以孔子言语裁断是非,评人

---

①　任子田:《从〈左传〉"君子曰"看〈论语〉体例的形成》,载《正本清源——〈论语〉学研究学术研讨会论文集》,2017年12月,曲阜。

论事。这些自然多出现在儒家著作中。

第二类是"文选体",则是成篇的论述,对话背景有一定的交代,所记为完整的对话情形,篇幅相对较长,这一类姑且可以称之为"文选"。这一类材料以《孔子家语》最为集中,其他当然还有很多,如《礼记》《大戴礼记》《孔丛子》中的一些篇章,又如《孟子》、《荀子》(《宥坐》《子道》《法行》《哀公》《尧问》五篇)、《庄子》、《吕氏春秋》、《说苑》中的一些章节,还有帛书《易传》、《上海博物馆藏战国楚竹书》中的一些篇章(如《民之父母》《子羔》《鲁邦大旱》《仲弓》《季庚子问于孔子》《君子为礼》《弟子问》),等等。

当然,这样的区分十分粗略,也未必能够准确反映现存孔子遗说的实际,这样分类只是为了更好地概观孔子遗说的材料。

(一)"语录体"并非原始形态

对于中国古代文体的发展,由于受到进化论的影响,其主流认识是以文辞繁简而论时代先后。这一观点,在各种《中国文学史》的叙述中十分常见。如傅斯年提出"记言—著论—成书"三阶段说。他认为,记言体是战国文体的初步,如《论语》《孟子》等皆是;而据题抒论的专论体则是进步发展,如《商君书》《荀子》《韩非子》。[①] 影响巨大的游国恩等主编的《中国文学史》则提出先秦散文发展的"三阶段说":《论语》《墨子》代表了第一阶段,即语录体;《孟子》《庄子》代表了第二阶段,即由完善的对话体到专题论文过渡;《荀子》《韩非子》代表了第三阶段,即议论文体。[②] 再如袁行霈先生主编的《中国文学史》也这样看待《论语》的语录体:"语录体是《论语》文体的基本特征,它或是记录孔子的只言片语,或是记录孔子与弟子及时人的对话,都比较短小简约,

---

① 参见傅斯年:《战国文籍中之篇式书体——一个短记》,载刘梦溪主编:《中国现代学术经典·傅斯年卷》,河北教育出版社1996年版,第337—338页。
② 参见游国恩等主编:《中国文学史》(一),人民文学出版社1963年版,第60页。

还没有构成单篇的、形式完整的篇章"，"作为说理文，《论语》还很幼稚"。①章培恒、骆玉明先生主编的《中国文学史新著》虽然认为，"《论语》所记的其实已非孔子的原话，而是其谈话的纲要"，但还是主张"从文学性的角度来考察其驾驭语言文字的能力"，那么，《论语》"还处于初期阶段"。②

张群先生更是认为："《老子》《论语》处于诸子散文发展的初期，即语录体阶段，当时人们的逻辑推理能力不够发达，为了宣扬自己的学说，二者更多以敬策的语言来开导启悟读者，并不注重逻辑推理的过程，而是直接展示思考的成果，故可以说是当时人们逻辑推理能力不够发达造成了语言的含蓄蕴藉。"③其实，这一叙述是值得怀疑的。

单就孔子言行文献来说，根据我们前面所分出的两种类型，近代以来学者多受到文章学的影响，认为第一类为原始状态，而第二类则是后起的。其实这是颠倒了二者的顺序，有必要进行辨析。清儒陈澧在《东塾读书记》卷九曾提出，战国记言之体分为三种的看法。他说：

> 古者记言之体有三：其一，闻而记之，所记非一时之言，记之者非一人之笔，汇集成篇，非著书也，尤非作文也。《论语》是也。其一，传闻而记之，所记非一时之言，记之者则一人之笔，伸说引证而成篇，此著书也。《坊记》《表记》《缁衣》是也。其一亦传闻而记之，记之者一人之笔，所记者一时之言，敷衍润色，骈偶用韵而成篇，此作文者也。《礼运》《儒行》《哀公问》《仲尼燕居》《孔子闲居》是也。④

近代学者蒋伯潜先生据此以为，此三种记言体，由简而繁，由质而文，时代先后，即可由此推知。进而指出，《论语》记录所闻所见，皆直录也，故章既简短，

---

① 袁行霈主编：《中国文学史》（一），高等教育出版社1999年版，第108—109页。
② 章培恒、骆玉明主编：《中国文学史新著》（增订本第二版），复旦大学出版社2011年版，第90—91页。
③ 张群：《诸子时代与诸子文学》，齐鲁书社2008年版，第38页。
④ （清）陈澧：《陈澧集》（二），上海古籍出版社2008年版，第164—167页。

辞亦质朴。盖虑铺张润色,或致反失其真,记录忠实,理所当然。此最早的记言体也。他还说,就《论语》而言,《上论》为亲闻于孔子之言,《下论》已多传闻所得之孔子之言,但终为直录所闻,最简最质,记者非一人,所记之言非一时,当时各有所记,后虽加以论纂,不过汇录所记各条,编成若干篇而已。《坊记》《表记》《缁衣》等,其记传闻所得之孔子之言,原与《下论》同,但因增加伸说,故其辞已较《论语》为繁为文矣。至《仲尼燕居》《哀公问》等,则所记实仅《论语》之一章,而敷衍润色以成一篇,故其辞更繁而文更华。① 但是,仔细分析可知,这一认识,似是而非。

我们认为,这三种记言体,未必为纵向演进的关系,也可能为共时性并存关系。孔子与弟子之对话,绝非仅如《论语》之短章,《论语》之所以不同于《孔子家语》《礼记》,当与孔安国所谓"正实而切事"的选择有关。杨朝明先生曾谓《论语》为"孔子语录",《孔子家语》等则为"孔子文选",可谓切中要害。李零先生在讨论《论语》的编辑问题时,将之与《毛主席语录》的做法进行了比较,认为《论语》与上博简《仲弓》或大小戴《礼记》等相关文献之间是后者从前者演义,还是前者从后者摘录,两种情况可能都存在,但很多是《论语》摘录了一些谈话或对话的繁杂记载。② 其实,要搞清楚这一问题,近年出土的大量简帛文献已经提供了诸多例证。

在郭店简、上博简等简帛文献中,我们发现有不少内容与《论语》《孔子家语》相关,一方面可证《孔子家语》等文献的真伪与可靠程度;另一方面则为我们进一步探讨《论语》成书及孔子遗说的记录、整理情况提供了直接证据。这些例子主要有郭店简《忠信之道》与《论语·卫灵公》,上博简《从政》与《论语·尧曰》《论语·阳货》,上博简《君子为礼》与《论语·颜渊》,上博简《仲弓》与《论语·子路》。关于这几组文献的关系,学术界存在着很多不同的看法。

---

① 参见蒋伯潜:《诸子通考》,岳麓书社 2010 年版,第 263、238 页。
② 参见李零:《简帛古书与学术源流》,生活·读书·新知三联书店 2004 年版,第 298—299 页。

如关于《从政》与《论语》的关系，就存在截然不同的两种认识。郭齐勇先生指出："《从政》与《论语》的亲缘关系，的然可见。可能是七十子后学或战国儒家综合孔子治世思想而整理、发扬的一种儒'书'。"周凤五先生也提出，《论语·尧曰》"子张问从政"章和《论语·阳货》"子张问仁"章可能是《从政》甲、乙篇的蓝本，《从政》可能是由《论语》这二章展开的。《从政》与《论语》相关，其内容可能是七十子之徒或其后学阐述《论语》或相关材料的记录。陈剑先生也有类似看法："简文所云，亦当系本自《论语》。"又说："看来，《从政》跟今传《论语》之文有关的内容，可能是根据《论语》的原始材料或相关材料，也可能是根据当时流传的《论语》别本。"而陈伟先生则提出："《从政》也许属于今传《论语》的祖本系统，或者是与之并行的另外一系。"

关于《君子为礼》与《论语·颜渊》首章的关系，学者也有所推论。如徐少华先生根据"侍于夫子"作开篇语多见诸文献，认为这是"孔子之后的儒家学者们借以立言立说的一种基本形式"。言下之意，这篇简文当是儒家学者"借以立言"的，并非实有其事。浅野裕一则认为，简文是以《论语·颜渊》首章这类资料为基础并将其故事化的。陈桐生先生则提出：有没有可能二者所记载的是孔子与颜回两次谈话呢？答案是否定的。其理由是，颜回"闻一知十"，这一对圣贤师徒绝不可能重复同一话题。那么如何看待二者之间的差异呢？他分析到，《论语·颜渊》"颜渊问仁章""非礼勿视，非礼勿听，非礼勿言，非礼勿动"这一组高度凝练齐整的排比句，是《论语》编纂者在"颜氏之儒"的原始记录的材料上提炼的，具体地说，"非礼勿视"四句是从"言之而不义，口勿言也；视之而不义，目勿视也；听之而不义，耳勿听也；动而不义，身勿动焉"浓缩而成的，它是《论语》编纂者艺术加工的产物。我们看到，加工前后的孔子语录，艺术效果是大不一样的，《君子为礼》中这几句话很普通，不会引起人们特别的注意，而到了《论语》，编纂者将其提炼成四个"非礼勿"的整齐句式，而且有意识地将"言""视"二句互换位置，使第二句句末的"听"和第四句句末的"动"押韵，经过这种点石成金的艺术处理，思想内涵没有发生变化，但孔子这句话却成为千古名句。

关于《仲弓》与《论语》的关系，很多学者对此进行了分析。郭齐勇先生受周凤五先生有关《忠信之道》等论述启发，提出简文《仲弓》当是《论语·子路》第二章的"传"，也就是说，《论语·子路》第二章为经，简文《仲弓》为传。而晁福林、罗新慧等先生都认为《论语》的相关内容是剪裁、删削简文而成的。这涉及《论语》的成书问题。据孔安国所说，《论语》是从孔子弟子所记的孔子言论中取出"正实而切事"者而编成。从《论语》文本来看，此说信不诬也。对比《仲弓》与《子路》第二章的内容，很明显地可以认定，二者所记有繁有简，《论语》当是在简文的基础上节录整理而成，而不会是简文在《论语》基础上所作的解释和阐发之"传"。

虽然我们也承认，关于简文与《论语》的关系存在着多种可能性，但是我们经过反复思考，认为其中主要有几种情况。第一，如《忠信之道》，当是子张之儒对于孔子"忠信"思想的阐释之作，是对孔子思想的发挥，不能视为孔子语录。第二，如《仲弓》《君子为礼》等当是孔子弟子所记原始材料，《论语》相关内容是经过提炼加工而成的。如果将这些简帛文献与《论语》相比较，就会发现，只能说《论语》是经过深度整合、提炼的文献，绝非原始文献。

对此，陈桐生先生提出了"节本"与"繁本"的看法，极富启发性，但也存在很多问题。陈桐生指出，今本《论语》、大小戴《礼记》乃至上博简中记载孔子应答弟子及时人的文章，大都是孔门弟子及其后学在原始记录材料的基础上整理出来的。今本《论语》不是孔门弟子的原始记录，而是经过编者一番筛选、整理、提炼、编辑的工夫，是精选出来的"节本"或"精华本"。对比相关文献可知，《论语》编选孔子语录有几种情形：一是孔子对某一论题有多章语录传世，《论语》只选一章。二是孔子对某一论题有较长一段论述，《论语》删削了孔子语录的部分内容，这些被删的内容还保存在《礼记》之中。三是对孔子语录进行提炼。他提醒人们，《论语》所展现的片段语录体，并不能代表春秋时代的说理能力和写作水平。这无疑都是十分精到正确的说法。

不过,他还指出了另外一种相反的情形。他认为大小戴《礼记》以及上博简的孔子应答弟子及时人的文章,应该是经过七十子后学的演绎加工,它们就是孔子语录的"繁本"或"扩写本"。① 陈桐生先生在讨论上博简《孔子诗论》时就认为,战国时期有一个重塑孔子形象的过程,他将很多文献如《易传》、《孝经》、大小戴《礼记》、《春秋》三传以及竹书《孔子诗论》等中的"孔子曰"或"子曰"都看作后儒假托孔子以争夺"话语霸权"之语。② 对此,我们不敢苟同。既然《论语》是节录的精华本,那么原本是怎样的呢?

我们认为,"繁本"的说法容易引起歧义。陈桐生先生所指的"繁本"其实就是孔子弟子的原始记录,也就是《论语》所从出的大量原始记录材料,而并非出于七十子后学的扩充。陈先生从称谓的变化以证明原始记录存在改写,是经不起推敲的。"仲尼""夫子""孔子"等称谓并不存在论者所说的亲疏远近的差别。现在存于大小戴《礼记》、《孔子家语》等文献中的短篇、中篇和长篇的孔子语录,皆当出于孔子弟子的记录,这才是孔子讲授问题之实际情形的反映。至于其中存在着不同程度的整理、润色等是非常自然的事情,而这并不等于是借孔子之名以发表自己意见的看法。

如果以《论语》为第一类孔子遗说的代表,以《孔子家语》为第二类孔子遗说的代表,那么对于二者的关系,我们认为,第二类的孔子遗说,反映了孔子弟子对孔子遗说记录的原始面貌;而第一类的孔子遗说,则是在第二类孔子遗说基础上进行精选精编而成的,反映的是孔子弟子对孔子思想精华的提炼和整理,未必完全是原始记录。这一类材料应该属于孔子常常言及的典型话语,虽未必都有像孔安国所言《论语》那样具有"切事"的特点,却应该都比较"正实"(孔安国:《孔子家语后序》)。

---

① 参见陈桐生:《孔子语录的节本和繁本——从〈仲弓〉看〈论语〉与七十子后学散文的形式差异》,《孔子研究》2006 年第 2 期。

② 参见陈桐生:《〈孔子诗论〉研究》,中华书局 2004 年版,第 36—96 页。

即使在第二类孔子遗说内部,也存在加工程度不同的问题。比如,《孔子家语》有《王言解》一篇,在《大戴礼记》中作《主言》,根据杨朝明先生的考证,《大戴礼记》与《孔子家语》的不同,主要是因为《大戴礼记》经过汉代学者的加工、整理,而这种加工和整理又受到汉代威权政治的影响所致。① 再比如,《孔子家语》中有《哀公问政》,又见于《礼记·中庸》,将二者对勘会发现《礼记·中庸》语言更为简练,似曾进行过修改、润色,这种改动明显带有西汉时期的政治风貌。《孔子家语·哀公问政》"为政在于得人",在《礼记·中庸》中作"为政在人",前者强调贤者的重要性,后者却是强调统治者的重要性。前者"爵其能",《礼记·中庸》改为"尊其位";前者的"笃亲亲""敬大臣""子百姓""来百工"几句,分别变成"劝亲亲""劝大臣""劝百姓""劝百工",都反映了西汉政权高度统一,专制主义正在逐渐加强的特征。至于前者的"举废邦"在《礼记·中庸》中改为"举废国",显然是避汉高祖刘邦的名讳。《礼记·中庸》晚于《孔子家语·哀公问政》显而易见。又如《贤君》部分可见于《说苑·政理》,在《家语·贤君》中作"孔子见宋君",而在《说苑·政理》中作"仲尼见梁君"。清儒俞樾指出:"仲尼时无梁君,当从《家语》作'宋君'为是。"②这也说明《家语》早于《说苑》。例证比比皆是,不胜枚举。

而如果将《孔子家语》与《论语》相比较,显而易见,《孔子家语》记载的内容更为丰富、更为完整。正如孔子后裔孔安国在《孔子家语后序》中所说:"《孔子家语》者,皆当时公卿士大夫及七十二弟子之所咨访交相对问言语也。既而诸弟子各自记其所问焉,与《论语》、《孝经》并时,弟子取其正实而切事者,别出为《论语》,其余则都集录之,名之曰《孔子家语》。"就"正实而切事"而言,《论语》显得更加精粹,而《孔子家语》则"颇有浮词",这是因为《家语》特殊的成书和流传身世造成的。所以朱子曾经说《家语》虽记得不纯,却是当时书"的看法是正确的。明儒唐伯元曾经指出,"《鲁论》记夫子之言至矣,

①　参见杨朝明:《读〈孔子家语〉札记》,《文史哲》2006 年第 4 期。
②　(汉)刘向撰,向宗鲁校证:《说苑校证》,中华书局 1987 年版,第 153 页。

《家语》得其十之七,荀子、刘向、大小戴十之五,庄、列十之三"①。这种看法,显然不同于伪书说那样鲁莽灭裂,但依然没有摆脱《论语》是最真、其他文献的孔子言行文献存在问题的传统认识。

这就涉及《论语》和《孔子家语》的成书问题。过去,关于《孔子家语》人们多将之视为"伪书",而不太重视,因此对其成书的探讨相对较少,而学界关于《论语》成书的看法,则要丰富得多。那么,我们先讨论《论语》的编纂成书,然后再分析《孔子家语》的成书问题。

(二)《论语》的编纂有着特殊目的与原则

孔子言行文献的汇聚整理,尤其是《论语》的编纂,是在孔子去世之后进行的。如所周知,《论语》并非孔子所作,而是由其弟子及后学编纂而成的。《论语》的编纂过程经历了一个相对长期的过程,其最后的编定时期大概在公元前 428 年至公元前 400 年间。因此,《论语》可以作为研究孔子思想的第一手资料,但是其"著作权"却不独属于孔子,而属于孔门集团。这部记载孔子言行的文献与散见于他处的孔子遗说不同,其不同之处就在于,《论语》有着明确的编纂目的和编纂原则,这导致了此后《论语》在儒学史上的地位非同寻常。

《论语》的编纂成书应该有其特殊的背景和目的。这种背景和目的,决定了《论语》的编纂原则及其所呈现出的面貌。

1.《论语》编纂的目的及其性质

很显然,任何一部书籍之编纂、撰著,都有其目的性。而这种目的性,又往往决定了该书的性质。关于《论语》编纂的目的及其性质,学者也有所论说。通常都认为,《论语》的编纂是出于"教学"的目的。如侯文华说:"《论语》之被编纂,大概是要作为孔门课徒授业的教材的。""《论语》即孔子卒后,门人

---

① （清）黄宗羲:《明儒学案》卷 42《甘泉学案六》,中华书局 2008 年版,第 1003 页。

'相与辑而论纂'的一部教材。它只在孔门内部作为教学传习之用,并不具有官学的性质,因此它在编纂成书时,以'语'命名,而非以'言'命名,刻(应为"书"——引者注)诸竹帛时书之于短策而非长策。"①高培华先生则认为:"从《论语》编纂的动因、主要内容以及使用情况来看,它主要是一部教育论著。《论语》诞生于孔门弟子办学的需要,其编纂动因,是孔门弟子特别是后期弟子设教授徒的需要;其起始时间应当是在孔子逝世后的二十多年之后。"②陈壁生先生更是提出了一个新的看法。他指出:"《论语》是先师教化弟子的实录,而且,教化的目的并不是使弟子能够解经与传经,而是从根本上塑造第一代经师的精神品质。""在《论语》中,孔子言传与身教的对象,不是所有人,而仅仅是孔门弟子。即便是孔子应答时人的内容,也不能简单视为孔子对时人提出的问题的回答;考虑到记录者为孔子弟子这一事实,那些表面上对时人的答话,表面上对某一弟子的回应,那些孔子日常生活中的行为特征,都是孔子的言传与身教。可以说,《论语》是一本特定人群记录下来,且只针对特定人群的书,这一特定人群就是第一代经师。经师凭借《论语》,从根本上塑造其作为经师的精神品质,这种精神品质不是为了面对经文本身,而是为了面对经师所在的时代的现实世界。"③

那么,将《论语》定性为一部孔门的教材,即便是特别用途的教材,其是否反映了历史的真实呢? 我们先来看古人的几段论述。

南朝梁皇侃《论语义疏自序》谓:

> 哀公十六年,哲人其萎,徂背之后,过隙巨驷,门人痛大山长毁,哀梁木永摧,隐几非昔,离索行泪,微言一绝,景行莫书。于是弟子佥陈往训,各记旧闻,撰为此书。成而实录,上以尊仰圣师,下则垂轨

---

① 侯文华:《先秦诸子散文文体及其文化渊源》,中华书局 2017 年版,第 36、42 页。
② 高培华:《卜子夏考论》,社会科学文献出版社 2012 年版,第 322 页。
③ 陈壁生:《〈论语〉的性质——论一种阅读〈论语〉的方式》,《人文杂志》2018 年第 1 期。

万代。①

唐陆德明《经典释文序录》云：

　　夫子既终，微言已绝。恐离居已后，各生异见，而圣言永灭，故相

与论撰，因辑时贤及古明王之语，合成一法，谓之《论语》。②

尽管皇氏与陆氏距离孔子时代已经相去甚远，其所说不免有推测的成分，但是，这并非杜撰，而毋宁说是一种非常合情合理的推断。从上述记述之中，我们可以发现，孔门弟子及后学编纂《论语》有着明显的编纂目的，即：保存孔子遗言，以纪念孔子，并传之后世。

孔门是中国思想文化史上兴起的第一个思想流派。③ 孔子以其思想和人格赢得了弟子的信任和爱戴，在孔门师弟之间形成了一种"拟血缘性"关系。后世所谓"师徒如父子"，是从孔门开始的。孔门弟子对孔子无不十分敬重，如孟子所谓"以德服人者，中心悦而诚服也，如七十子之服孔子也"（《孟子·公孙丑上》）。故而当孔子去世之后，弟子们无不悲痛欲绝。如南朝梁皇侃所谓："哀公十六年，哲人其萎，徂背之后，过隙叵驻，门人痛大山长毁，哀梁木永摧，隐几非昔，离索行泪，微言一绝，景行莫书。"因此，如何缅怀和纪念夫子，就成了弟子们所思考的核心问题。而其方式之一就是对孔子言行文献的汇聚整理，尤其是对《论语》的编纂。只有这样，才能使孔子一生的嘉言懿行，长存于世。

今人黄立振先生说："以常情而论，孔子殁，'微言'绝，而且弟子中已有不同学派，七十子在聚会治夫子之丧时，能不考虑今后大家离去，'微言'分散，不利以传夫子之道吗？所以说这时倡议纂辑《论语》，时机最为成熟，汇集资料最为方便。"④杨朝明先生对黄先生的说法表示赞同，但同时又提出，"此时

---

① （南朝梁）皇侃撰，高尚榘校点：《论语义疏》，中华书局 2013 年版，第 1—2 页。

② （唐）陆德明撰，吴承仕疏证：《经典释文序录疏证》，中华书局 2008 年版，第 122 页。

③ 尽管我承认老子先于孔子，然而如果就成立学派而言，则主张孔门是最早的学派。

④ 黄立振：《〈论语〉源流及其注释版本初探》，《孔子研究》1987 年第 2 期。

所汇聚起来的可能是弟子们各自记录整理的孔子言行,它应该就是《孔子家语》的雏形。而从孔子言语中'取'出'正实而切事'的《论语》,很可能是此后的事情"①。唐明贵先生的看法类似,认为这时汇集起来的可能是"一个类似孔子文集之类的东西"②。

对于这一分析,我们表示认可。出于对孔子的怀念之情,此时提议汇编孔子遗说,可谓合情合理。但是,这时孔子遗说的汇编,还只是初步的。同时,还应该注意孔门弟子后学在编纂孔子言行文献以纪念夫子时,必然考虑到如何更好地保存、传承和传播的问题。是将能够记录下来的孔子全部言行都完整汇集起来,还是精心选择最能够表现孔子人格与思想的资料,以更便利地让更多的人可以读到了解到? 这都是必须面对的问题。所以编纂目的必然影响到编辑原则的制定。

而《论语》的编纂还有一个重要的背景,那就是孔子去世之后,众弟子"分化"的现象越发严重。为了统一或协调不同弟子学派的分歧,弥合孔门不同学派之间的矛盾,有必要对孔子言论进行一番汇编整理,形成一个相对权威的孔子语录,供各派教学、弘扬之用。过常宝先生就曾指出:"七十子之徒及其后学的文献活动,体现了对孔子学问的传承和发扬,主要包含学派建设和教学两项活动。就学派建设而言,权威文本的创制及其理论化,是文献活动的主要目的。"③并指出:"对于七十子之徒及其后学而言,权威性的文本有两类:一是孔子述而不作的教学文本,即《诗》《书》《礼》《易》《春秋》等各类经典;二是孔子的语录。"④而"七十子之徒最有影响的一次文献活动,就是编纂《论语》"⑤。而夏德靠先生则在此基础上,进一步申论《论语》的编纂:"孔门弟子的这一编

---

① 杨朝明:《新出竹书与〈论语〉成书问题再认识》,《中国哲学史》2003年第3期。
② 唐明贵:《〈论语〉学的形成、发展与中衰——汉魏六朝隋唐〈论语〉学研究》,中国社会科学出版社2005年版,第36页。
③ 过常宝:《先秦文体与话语方式研究》,中华书局2016年版,第230页。
④ 过常宝:《先秦文体与话语方式研究》,中华书局2016年版,第230页。
⑤ 过常宝:《先秦文体与话语方式研究》,中华书局2016年版,第231页。

纂工作从根本上来说是出于学派建设的目的,即'权威文本的创制及其理论化'。正是在这一思想指导之下,《论语》编纂的过程实际上也是其'经典化'过程,而通过这种经典化,《论语》文本也随之固化。"①这一分析是有其道理的。

韩非在《显学篇》提出,孔子去世之后,儒分为八。尽管韩非的这一说法不尽可信,但是他指出孔门在孔子之后出现分化,却是不争的事实。我们曾指出:一个学派之成立,往往需要由宗师与门徒组成,还要有一个基本一致的思想观念。孔子和他的弟子们组成了这样一个学派,被汉代学者称为"儒者""儒家者流"。《淮南子·要略》云:"孔子修成、康之道,述周公之训,以教七十子,使服其衣冠,修其篇籍,故儒者之学生焉。"《汉书·艺文志》说:"儒家者流,盖出于司徒之官,助人君顺阴阳、明教化者也。游文于六经之中,留意于仁义之际,祖述尧舜,宪章文武,宗师仲尼,以重其言,于道最为高。"班固的这个说法来源于刘歆的《七略》。这个学派在后世不断壮大,但基本上都"宗师仲尼","咸遵夫子之业",这是判断一个学者是否为儒家的标志或标准。

不过,在这个基本的前提下,历史上儒学的形态往往千姿百态,呈现出多元嬗变的发展格局,而这一格局的底定便在先秦时代。战国儒学之多元嬗变,正是儒学富有生命力和活力的表现,而绝非儒学陷于低谷之表征。其实,在人类思想史上,大凡一个伟大的思想家创立或发展了一套思想体系或学说之后,往往会出现其后学据一端以发挥思想的局面,甚而出现分化,这是十分普遍而正常的现象,亦可说是学术思想发展的规律。正如大江大河,往往同源而异流,流亦分流,最终汇入大江大海;参天大树,大凡一干而多枝,枝又分枝,方能冠盖成荫。分是发展,合亦是发展,有分有合,方是思想发展的常态。而那些没有发展变化的封闭保守者,则往往会被历史所淘汰。一个学说之发展,必然要结合不同的时代情势,发挥思想家本人之思想个性,从而形成异说纷纭、多

---

① 夏德靠:《先秦语类文献形态研究》,中华书局 2015 年版,第 229—230 页。

姿多彩的思想盛况。因循守旧,泥古不化,绝非思想发展的应有状态,而必然是自寻死路。① 而孔门弟子及后学的分化,可以从内因与外缘两个方面予以探究其原因。其中包含五个层面的问题:(1)内在根源之一:孔子思想之发展性、丰富性与多歧性;(2)内在根源之二:孔子六经之教的差异性与孔子教学之开放性、包容性与非限定性;(3)外在条件之一:先秦社会的转型与思想学术的变迁;(4)外在条件之二:儒学思想的传布与地域文化的渗透;(5)外在条件之三:诸子百家的争鸣。毫无疑问,其中内因是根本性的。

孔子弟子的这种分化,在孔子生前就已经表现出来,只是由于孔子的巨大影响力而被遮蔽住了,待到孔子去世之后,孔子弟子之间因气质、禀性、年龄、地位等引起的对孔子思想的不同理解,及由此出现的矛盾与对立,就日益彰显出来了。同时,孔门弟子为了宣传自己的主张,他们要借重孔子言论,从而会继续强化他们之间的分歧。很显然,作为孔子弟子,在他们之间的相互"论争"中,无论是批评他人还是维护自己,最好的"尚方宝剑"都是"子曰",都是孔子的遗说。不过,我们还应该清楚,尽管孔门发生了分化,但是这种分化乃是出于对孔子思想的不同理解,而不是利益之争或派性之争,所以这种分化,绝非不可调和或水火不容的。

整理出一个具有权威性,能够得到多数孔门弟子及孔门后学认可的孔子言行文献精华本,需要一段相当长的时间,花费相当多的工夫,更需要一个在孔门内部具有极高威望和崇高地位的人来主持其事。

综上,我们可以说明,《论语》的编纂出于两个目的,一个是怀念恩师,一个是学派建设。从这两个目的出发,都需要"权威文本的创制"。那么,如何才能确保这一编纂的文献具有"权威性"?这就涉及编纂理念和原则的确立。

2.《论语》的编纂理念与原则

最早著录《论语》的《汉书·艺文志》说:"《论语》者,孔子应答弟子时人

---

① 参见宋立林:《"儒家八派"的再"批判"》,曲阜师范大学博士学位论文,2011 年,第 25 页。

及弟子相与言而接闻于夫子之语也。当时弟子各有所记，夫子既卒，门人相与辑而论纂。"陆德明《经典释文序录》又有"相与论撰"之说，由此我们可以发现，孔门弟子后学编纂《论语》的原则是"辑而论纂"或"相与论撰"。

其实，这恰恰与《论语》的编纂理念有关，也就是说，《论语》是孔门弟子及后学在大量的孔子言行文献之中，经过精心选择、编纂而成的。《孔子家语》的孔安国序对此有所交代："《孔子家语》者，皆当时公卿士大夫及七十二弟子之所咨访交相对问言语也。既而诸弟子各自记其所问焉，与《论语》、《孝经》并时。弟子取其正实而切事者，别出为《论语》，其余则都集录之，名之曰《孔子家语》。"①由孔安国的说法可知，《论语》是"弟子取其正实而切事者"编纂而成的。所以说，《论语》的编纂理念就是"取其正实而切事者"而"别出"。杜维明先生对《论语》曾有两个预设，其中之一就是"《论语》里每一句话都经过精选，没有一句话是没有深刻道理的"。他认为，"如果有人说《论语》是很草率地摆在一起，中间有很多糟粕，要把糟粕剔出来，这是荒谬的"。因为，"当时孔子的弟子们为凸显孔子的人格，应该是战战兢兢的，把最能体现孔子风貌的语句收录进去"。②

这一点可以从《论语》一书的书名略窥一斑。关于"论语"二字的含义，历代学者有不同的解释。

一般认为，"论语"之"语"，即"夫子之语"的"语"。皇侃云："语者，论难答述之谓也"，"然此语是孔子在时所说"。③ 邢昺亦云："以此书所载皆仲尼应答弟子及时人之辞，故曰语。"④这一认识，当然是对的，但却忽视了"语"作

---

① 杨朝明、宋立林主编：《孔子家语通解》，齐鲁书社 2009 年版，第 578 页。

② ［美］杜维明：《体知儒学——儒家当代价值的九次对话》，浙江大学出版社 2012 年版，第 146 页。

③ （南朝梁）皇侃：《论语义疏自序》，载皇侃撰，高尚榘校点：《论语义疏》，中华书局 2013 年版，第 3 页。

④ （宋）邢昺：《论语注疏解经序·序解》，载李学勤主编：《十三经注疏》（标点本），北京大学出版社 1999 年版，第 2 页。

为文体的一面。

清代大儒俞曲园《九九消夏录》云："疑古史记载自有'语'名，《牧野之语》乃周初史臣记载之书也。左丘明著《国语》，亦因周史之旧名。孔门诸子论撰夫子绪言，而名之曰'语'，固有所仿矣。"①陈桐生先生指出，《论语》之"'语'，应该是一种上古记载人物言论的文体。"②对此，俞志慧先生指出："'语'之义，班固谓指孔子及其弟子之语，但与《诗》《书》《春秋》等早期文献之得名皆于古有据一并考量，彼皆因先有通名，后用于特指，方始成为专名，故《论语》之'语'当亦渊源于上古广泛流传的以明德为用的特殊文类——'语'。"③"《国语》《论语》《事语》《新语》等书之得名及其体例，当与'语'有一定的相关性，譬如《论语》，当先有'孔子应答弟子时人相与言而接闻于夫子之语'在，然后才需要'门人相与辑而论纂'；而视孔门之言说等同于格言谚语之'语'，则反映出'辑而论纂'者对于'语'这种既有文类的自觉及其心目中元儒言说的崇高地位与重大价值。"④侯文华也认为："《论语》以'语'为名，一方面体现了孔门后学对'语'这一古老文类的认同。孔门弟子认为孔子的言论如古代圣贤的嘉言善语一样，具有至高的权威和充足的话语魅力，因此在编纂孔子的言论时，自觉以'语'来命名。"⑤

"语"作为一个文类被学术界所重视，与俞志慧先生的研究是分不开的。其《古"语"有之：先秦思想的一种背景与资源》，是系统研究先秦"语"类文献的专著。俞先生指出："'语'是一种古老的文类，是古人知识、经验的结晶和为人处世的准则，其中蕴含着民族精神，充满了先民的经验和智慧，是当时人

---

① （清）俞樾著，崔高维点校：《九九销夏录》，中华书局1995年版，第191页。
② 陈桐生：《〈论语〉十论》，暨南大学出版社2012年版，第2页下注1。
③ 俞志慧：《〈论语〉编纂年代考》，载《君子儒与诗教——先秦儒家文学思想考论》，生活·读书·新知三联书店2005年版，第260页。
④ 俞志慧：《〈论语〉与古"语"关系疏证》，载《古"语"有之：先秦思想的一种背景与资源》，华东师范大学出版社2010年版，第155页。
⑤ 侯文华：《先秦诸子散文文体及其文化渊源》，中华书局2017年版，第41页。

们的一般知识和共同的思想、话语资源。"①他将"语"类文献大体分为记言和叙事两类，而每类又有散见与结集的不同。受这一思路启发，从文体或文类的角度来观照《论语》成书的论著已有多种。由此可知，"语"是上古时代一种记载"善言"的文体。这种文体为孔门弟子所继承和发扬。

我们知道，孔门弟子对于孔子言行文献的整理，最典型的有两大成果，其一是《论语》，其二为《孔子家语》。这两部书，都以"语"命名。其间自然有其共同之处。蒙文通先生曾经指出："到了春秋晚期，继各国国史发展之后，大夫家史又发展起来。……诸侯国史称《春秋》，大夫家史也称《春秋》；诸侯国史称《国语》，则大夫家史自可称为《家语》。《孔子家语》便是显例。《孔子家语》不仅著录于《汉书·艺文志》，而且还见称于《严氏春秋》，说明其确为先秦旧籍。……就《孔子家语》一书的内容分析，显然是介于《晏子春秋》与《吕氏春秋》之间的作品；换句话说，也就是介于家史与诸子之间的作品。其中如《七十二弟子解》《本姓解》《相鲁》《始诛》之类的篇目，显然是家史；而《王言解》《大婚解》《儒行解》《五仪解》之类的篇目，又显然是诸子。秦始焚书，有'《诗》《书》《百家语》'，这里的'百家语'就是指的诸子；太史公'整齐百家杂语'，这个'百家语'也显然指的诸子。诸子之书而称为'家语'，当正说明诸子是自家史发展而来。《国语》是《春秋》，《家语》当然也是《春秋》，《晏子春秋》《吕氏春秋》《虞氏春秋》也就正是这样的《春秋》。《孔子家语》当也可称为《孔子春秋》，而《晏子春秋》当也可称为《晏子家语》。"②夏德靠在分析先秦语类文献的演变时，曾借用了"国语""家语"的概念，并将"家语"分为大夫家语与诸子家语两个类型，认为后者是从前者发展而来，又有所变化。其中的变化大体表现为两点：第一，大夫家语的资料主要依赖于史官完成，但诸子不太可能拥有史官，其材料主要依赖弟子门徒的记载。第二，大夫"家语"的主要编

---

① 俞志慧：《语：一种古老的文类——以言类之语为例》，《文史哲》2007年第1期。

② 蒙文通：《周代学术发展论略》，载《蒙文通全集》第一卷《儒学甄微》，巴蜀书社2015年版，第12—15页。

纂目的在于"立言",而诸子家语往往由弟子编纂,目的在于学派建设,即"权威文本的创制及其理论化"。①

总而言之,《论语》之"语"显然包含了两层含义:就内容而言,显然"语"是指夫子之语;而就文体而言,"语"又标示出对"语"类文体的继承和发展。

而"论"字则有多种解释,如邢昺在对《论语集解》何晏序的"疏"中引郑玄说:"论者,纶也,轮也,理也,次也,撰也。"进而申论说:"以此书可以经纶世务,故曰纶也;圆转无穷,故曰轮也;蕴含万理,故曰理也;篇章有序,故曰次也;群贤集定,故曰撰也。"②又引郑玄《周礼》注云:"答述曰语",接着申论道:"以此书所载皆仲尼应答弟子及时人之辞,故曰'语'。而在论下者,必经论撰,然后载之,以示非妄谬也。以其口相传授,故经焚书而独存也。"③皇侃在《论语义疏自序》中引用了三种说法:"第一舍字制音呼之为'伦',一舍音依字而号曰'论',一云'伦''论'二称义无异也。"并详细胪列了读"伦"的几种说法,即训为"次""理""纶""轮"。皇氏对第三种说法并不认同,而是综合前二说以成己说。他说:"今字作'论'者,明此书之出不专一人,妙通深远,非论不畅。而音作'伦'者,明此书义含妙理,经纶今古,自首臻末,轮环不穷。依字则证事立文,取音则据理为义,义文两立,理事双该。"④其他还有刘熙、刘瓛的"伦理"说,傅玄的"追论"说,陈祥道的"言理"说,何异孙、袁枚的"讨论"说,刘义钦、李雁的"选择"说,等等。

单承彬、唐明贵、陈桐生等先生在分析以上各种说法之后,认为都不成立。他们认同班固《汉志》"相与论纂"的说法,即"论"是"编纂"义,认为"论语"就

---

① 夏德靠:《先秦语类文献形态研究》,中华书局 2015 年版,第 132—133 页。

② (宋)邢昺:《论语注疏》,载李学勤主编:《十三经注疏》(标点本),北京大学出版社 1999 年版,第 2 页。

③ (宋)邢昺:《论语注疏》,载李学勤主编:《十三经注疏》(标点本),北京大学出版社 1999 年版,第 2 页。

④ (南朝梁)皇侃:《论语义疏自序》,载皇侃撰,高尚榘校点:《论语义疏》,中华书局 2013 年版,第 3 页。

是"编纂在一起的孔子及其弟子们的话语"。① 不过,单、唐二位所支持的班固之说,尚不能解释上面的疑问,因此此说不可从。

结合文字学家的训释和上引孔安国之说,我们认为刘义钦、李雁等人之说可从。朱骏声《说文通训定声·屯部》:"论,假借为抡。"汉许慎《说文解字·手部》:"抡,择也。"《广雅·释诂一》:"抡,择也。"王念孙疏证云:"抡、伦、论并通。"《国语·齐语》"权节其用,论比协材",韦昭注:"论,择也。"《荀子·王霸》:"君者,论一相,陈一法,明一指,以兼覆之,兼照之,以观其盛者也。"杨倞注:"论,选择也。"而孔安国谓:"取其正实而切事者,别出为《论语》。"因此,"论语"应该是"经过选择整理的对话录"之意。② 这里的选择整理,显然是一种自觉的行为。当然,"论"为"选择"义,并不必完全否定先儒对于"论"的各种论说。我们毋宁说,"选择"之义,内蕴着"编纂""论次""讨论"的含义。也就是说,孔门弟子在编纂《论语》的过程中,对他们所保存和搜集到的各种有关孔子言行的原始记录进行过有目的的选择和加工。这种"选择"和"加工"是根据"语"类文献的形式进行的。

如果根据俞志慧先生对于先秦"语"类文献的分梳来看,《论语》之称"语"肯定与"语"类文献的流行有关。孔子本人抱着一种"立言"的志向,而孔门弟子对于老师的嘉言是格外在意的,所以他们对老师的言论,往往随时记录或事后补记,他们立志发愿编撰《论语》之时,也一定希望老师的言论能够风行于世,垂诸久远。而以"语"的形式对老师言论进行汇集和编撰,并且将

---

① 参见单承彬:《论语源流考述》,吉林人民出版社 2001 年版,第 12—16 页;唐明贵:《〈论语〉学的形成、发展与中衰——汉魏六朝隋唐〈论语〉学研究》,中国社会科学出版社 2005 年版,第 23—28 页;又见唐明贵:《论语学史》,中国社会科学出版社 2009 年版,第 43—49 页。陈桐生也认为,《汉书·艺文志》的时代最早,可能最接近原意。将"论"和"语"结合起来,就是"经过编纂的孔子师徒言论"。见陈桐生:《〈论语〉十论》,暨南大学出版社 2012 年版,第 2 页注 1。

② 赵纪彬云:"'论'有'整理''撰次'等义;'语'字谓'二人相等而说',有'论难''答述'等义;就字面直译,'论语'就是经过整理、撰次的对话,也就是'对话集'之义。"又云:"依次,则《论语》就是一部《孔门对话集》。"(赵纪彬:《〈论语新论〉导言》,《中国哲学》第 10 辑,生活·读书·新知三联书店 1983 年版,第 49、50 页。)

其书名定名为"论语",应该有着明确的造"语"意识在其中的。这个"造"并非伪造,而是指在形式上予以改造,即我们所谓的提炼。这正说明,我们今天通过《论语》所认识的孔子,是经过孔门弟子后学"塑造"的结果。这正是另外一种意义上的诠释。

如果《论语》书名的"论"为"选择"之义,则《论语》应该是选自"孔子家"之"语"中的材料。有学者曾经打比方说,如果说《论语》是"孔子语录",那么《孔子家语》则相当于"孔子文集"。① 当然,"文集"的说法并不妥帖。而日本学者太宰纯说:"《论语》之于《家语》,犹《春秋》之内外传也。"②另外,无论在规模上,还是在内容上,《家语》都要高出《论语》很多。仅从规模上讲,《论语》仅有一万六千字,而《家语》内容比《论语》多出四万余字。《家语》详于《论语》,所记全面,又有孔子言行的生动情节,与《论语》相比,显然更能全面展现孔子的思想与事迹。

另外,从《论语》简的形制亦可得到佐证。王充《论衡·正说篇》的一段话值得重视:

> 周以八寸为尺,不知《论语》所独一尺之意。……以八寸为尺,纪之约省,怀持之便也。以其遗非经传文,纪识恐忘,故以但八寸尺,不二尺四寸也。

我们至今没有发现先秦时期的《论语》竹简,但是却发现了汉代的竹简本《论语》,而且汉代文献中也记载了不少这样的信息。比如 1973 年在河北省定县八角廊发掘出土的定州竹简本《论语》,有简 620 多枚,残简居多。全简的长度为 16.2 厘米,约合当时的 7 寸。③

学者多以简长来衡定文献的地位。侯文华认为:"《论语》的简短,最根本

---

① 参见杨朝明:《新出竹书与〈论语〉成书问题再认识》,《中国哲学史》2003 年第 3 期。

② [日]太宰纯:《增注孔子家语序》,日本宽保二年(1742),嵩山房刻本,第 16 页。

③ 参见《定州汉墓竹简〈论语〉介绍》,载河北省文物研究所定州汉墓竹简整理小组:《定州汉墓竹简〈论语〉》,文物出版社 1997 年版,第 1 页。

的原因还是因为诸子之学在当时没有取得与当时的经典文献相等的地位,还只是非官方的民间文献。"①他将《论语》与郭店简中的《语丛》相提并论。这种认识其实是有问题的。当然,从古到今,都有关于简牍制度的论说,比如《仪礼·聘礼》贾公彦疏引郑玄注《论语序》,以为"《易》《诗》《书》《礼》《乐》《春秋》策皆二尺四寸,《论语》八寸策,《孝经》一尺二寸策",故后人多以为经为二尺四寸简,传则为八寸简。其实,至少战国时期是没有形成这样的规制的。根据骈宇骞、段书安二位编著的《二十世纪出土简帛综述》所附"战国楚墓书籍简牍长度一览表"和《秦汉书籍简册长度一览表》②,可知各种长度的简都有,比如郭店简《老子》,便有 32.3 厘米、30.6 厘米和 26.5 厘米等三种简长。郭店儒简中,《缁衣》《五行》《性自命出》《尊德义》和《六德》为 32.5 厘米,而《唐虞之道》《忠信之道》为 28.3 厘米,《语丛》最短,为 15 厘米。而在上博简中,《缁衣》则是 54.3 厘米,《孔子诗论》是 55.5 厘米,《鲁邦大旱》为 54.9 厘米,《性情论》则有 57 厘米。其他如《从政》《昔者君老》和《容成氏》则在 44.2 厘米上下。从汉代简册来看,银雀山汉墓的《孙子兵法》《六韬》等兵书是 27 厘米,《晏子》是 27.2—27.5 厘米;而阜阳双古堆汉墓的《诗经》简长仅 24—26 厘米。李学勤先生曾经指出:"关于竹简的形制,前人根据汉代记载,认为经、子或者诏令等等,各有规定的简长。现在从实物观察,汉初还不能说存在系统的定制。"③所以,尽管王国维先生在《简牍检署考》中认为简长有一定之规,但是根据考古实物来看,这一看法是值得商榷的。当然,郑玄和王国维的看法可能代表了汉代"大一统"时代的现象,但是在先秦时期,恐怕还没有这种统一的简长制度。也就是说,以简长定文献地位的认识可能是不正确的。学者普遍认为,战国时期的常规简一般为二尺简,秦汉时期通行的简长为一尺。过短所记字数不多,势必增加简数,编联和卷存都比较麻烦;而如果

---

① 侯文华:《先秦诸子散文文体及其文化渊源》,中华书局 2017 年版,第 42 页。

② 骈宇骞、段书安编著:《二十世纪出土简帛综述》,文物出版社 2006 年版,第 47—49 页。

③ 李学勤:《简帛佚籍与学术史》,江西教育出版社 2001 年版,第 4 页。

简长过长,则不宜于记录和阅读。可能古人根据实践经验不断调适,才将简长大体固定下来。因为这样的简长比较适中,所以才能够通行。

王充关于《论语》为八寸简的目的,有着明确的说法,即"怀持之便"。《论语》与其他儒家六经文献的性质不同,这与《论语》一开始的编纂目的与理念是密不可分的。《论语》本是孔门弟子后学用来纪念孔子,并且用作教材,当然更需要便于流通。这类似于今天的袖珍本,而不一定说明其文献地位不高,而是反映了其流通需求之大。

既然有了编纂目的(或动因),又确立了明确的编纂理念,那么在具体论纂的过程中,采取什么样的编纂原则呢? 通过上面的分析,我们可以得出几点结论:第一,精简性;第二,共识性;第三,权威性。

(三)《论语》的编纂方式

《论语》的编纂,取得了成功。正如文学史家给予的评论:"《论语》在驾驭语言文字方面的成绩,主要在于:第一,它在把孔子的原话删繁就简、压缩为提纲式的语言时,能够抓住其最主要之点,而且以很简明的方式传达给读者;第二,它的记录虽绝大多数都是纲要式的,但有时也能把谈话的过程、其间的某些动作、神态作简要的叙述。"[1]这样的成功,反映了《论语》编纂者的语言文字水平及其编纂水准。那么,这样一部从孔门弟子记录的大量的孔子言行文献中论纂编辑出的精简性、权威性的文本,在具体的操作过程中,孔门弟子及其后学采取了哪些具体的编纂方式呢?

关于《论语》的编纂方式,夏德靠先生有这样的归纳:一是黏合,二是扩充,三是原文移录,四是改造。[2] 虽然这样的分析,有助于推进我们对《论语》编纂方式的理解,但其具体的分析,恐怕存在很大的主观成分,很难说是接近

---

① 章培恒、骆玉明主编:《中国文学史新著》(增订本第二版),复旦大学出版社 2011 年版,第91页。

② 参见夏德靠:《先秦语类文献形态研究》,中华书局 2015 年版,第206页。

本真的。在这一方面,我们只能概括言之。

从《论语》文体上看,我们称之为"语录体"应该是大体不差的。如果细加区分的话,那么,至少可以分为三类,即格言体、对话体(或问对体)和事语体。① 也有学者分为四种类型。第一是格言体,即以"子曰"(包括以"曾子曰"等孔门弟子)为主的语录。这类格言,言简意赅,没有交代语言的背景。第二是对话体。第三是记事体,如《乡党》便是典型。第四是历史旧闻体,如《尧曰》篇,这些没冠以"子曰",应该算是附属品。② 其实,就整部《论语》而言,虽然言行并录,但十分显然的是记言的部分占据绝大多数。根据统计可知,记行的共46章,记言的则为405章,言行杂糅并记的有61章。其中,记言各章之中,格言体为267章,对话体为138章。格言体,从章数上讲占据了一半以上。所以,有学者认为,格言体是《论语》文本的基本架构。③ 这是没有问题的。

格言体,显然是最为简洁的孔子及孔门弟子的语录。格言体可以说渊源有自。那么,这些格言是怎么来的呢? 如果不予深究,很多读者会以为孔子平时说话、讲课都是这样的出口成格言。其实,这是一个美丽的误会。通过对上古文献中大量格言的分析可知,这些格言尤其是商周史官的格言都是经过长时期的观察、思考和提炼而成的。那么,《论语》中的"格言",又是怎样形成的呢? 我们认为,这些格言,应该是孔门弟子及其后学,对海量的孔子言行文献进行精简的结果。这个精简,一方面是指精心选择,选择那些"正实而切事"者;另一方面是指精心简化,删繁就简,保留最核心的语义。陈桐生先生指出:"格言的思想是孔子的,格言的形式则出于七十子后学之手。这样,《论语》的格言体语录就是出于孔子师徒的共同创造。"从这一点来说,孔门弟子后学对于孔子思想,便不仅是记录者和整理者,而且还是创造者或者塑造者。这也就

---

① 参见夏德靠:《先秦语类文献形态研究》,中华书局2015年版,第201页。

② 参见陈桐生:《〈论语〉十论》,暨南大学出版社2012年版,第44—45页。

③ 参见夏德靠:《先秦语类文献形态研究》,中华书局2015年版,第199页。

是孔门后学对孔子思想的诠释活动之一种表现。这种改造的具体做法,不外乎浓缩、删减和节选,同时予以精简化、凝练化与整齐化。比如"君子坦荡荡,小人长戚戚""君子和而不同,小人同而不和"等这些后世耳熟能详的章句,正是孔门弟子创造性转化的结晶。

当然,也有学者对这些毫无背景的格言的出现,提出了另外的看法。侯文华就认为,并非所有的格言体都是高度加工的结果,可能有些原始记录本身就十分简约。他说:"我们说《论语》记言的'趋简'特征,并不是说这些语录都是从一种繁杂的记录中经过删繁就简而来,有些语录在被记载之初可能就是相当简约的。相对于真实的谈话记录而言,它是高度的概括和凝练。孔门弟子有做笔记、随时记录的习惯……由于是随时记录,也就不太可能做长篇大论,这也使得《论语》呈现出简约记叙的特征。"[1]其实,这种看法是似是而非的。笔记的简短,与《论语》的"简约"是不能等同视之的。因为,一般情况下,临时的记录很难说是精确的,而毋宁说是片段的。我们都有过做课堂笔记的经历,如果没有专业的速记训练,恐怕一般人很难将听到的完全记录下来,而务必是简化的记录。这种简化,和文章的凝练不可同日而语。文章的凝练是通过多次润色加工而成的。笔记的简短,则是受到情势的限制,根本不可能做到"高度的概括和凝练"。所以,我们看到的《论语》的"简约"绝非原始记录的状态,而肯定出自高度的加工和凝练。正如扬之水所指出的:"《论语》大约多为直录,但其间却不能不经过剪裁乃至语言文字的锤锻。"[2]

夏德靠则主张《论语》的格言体,是第二次编纂时才出现的。他同意杨义先生的两次编纂说。认为第一次编纂是在孔子去世后,弟子庐墓期间;而第二次编纂则是曾子去世后,曾门弟子重编。夏德靠说:"从编纂角度来看,《论语》的两度成书自然影响到材料的处理。一般来说,第一次编纂由于'时间切近,情境宛然','不少情境中的与闻者犹在',特别是编纂者很多旧说原始笔

---

① 侯文华:《先秦诸子散文文体及其文化渊源》,中华书局 2017 年版,第 39—40 页。
② 扬之水:《先秦诗文史》,中华书局 2009 年版,第 83 页。

记的记录者,所以他们在利用原始笔记的时候,对于孔子或弟子言论的许多具体语境记忆犹新,在编纂过程中自然能够把原本储存在记忆中的东西用书面的形式呈现出来,这样就形成了《论语》中较完备的问对体及事语体。因此,在我们看来,《论语》的这些形态实际上是对原始笔记的扩充而形成的。当再次编纂《论语》时,情况有一些改变。此时孔门弟子已经凋尽,主要是再传弟子负责编纂,他们对原始笔记的具体语境不再像其师辈那样熟悉,这一点使他们在处理一些笔记时只能原文移录,并简单地冠以'子曰',从而形成格言体。"①

对于这一观点,我们也不敢苟同。"子曰"等格言体,绝非因为不明对话主体而进行的模糊处理。其实,"子曰"等格言体占据着《论语》章节的半壁江山,是其文本的基本架构,显然是有意为之的结果。夏德靠的推论,源于他对孔门弟子原始笔记的一种认知。他根据《论语·卫灵公》篇所载"子张问行"章,得出结论:"依据这个例证可以推论孔门弟子的原始笔记主要是以记载孔子及其弟子的言论为中心,而对于其背景往往是忽略的。"②但是,这一推论显然也是值得商榷的。我们考察大量的孔子言行文献可知,除了《论语》的格言体之外,大都记载着对话的主体。那么,这些背景资料是后来根据记忆的补充还是原本就存在? 我们根据孔子弟子有"退而记之"的习惯推测,这些翔实的对话过程,应该是对话之后,"退而记之"的结果。我们很难想象,时隔十几年、几十年之后,弟子们还能对各种对话的情境予以复原。

其实,"子曰"的形式,毋宁说是一种创新。过常宝先生曾经指出,《论语》的"子曰"承自《尚书》和金文的"王若曰"和春秋史官的"君子曰"。他认为:

---

① 夏德靠:《先秦语类文献形态研究》,中华书局 2015 年版,第 209 页。

② 夏德靠:《先秦语类文献形态研究》,中华书局 2015 年版,第 206 页。他又说:"严格说来,孔门弟子的笔记应该包括这样两个部分:一是孔子的话语,一般是以书面文献形式存在,当然也存在口头形式;二是对话的具体语境,这部分主要依赖记录者的记忆或口传。"这里的表述与上述看法稍有不同,容易产生歧异的理解。这里的"笔记"怎么会包括"口传"或"记忆"呢?

"'子曰'连用,只是一种文体的标志,是'王若曰''君子曰'传统在新的形势下的延续。"①

如果说,格言体是孔门弟子后学精简的结果,那么对话体和事语体是否为原始记录的移录呢?答案也是否定的。我们通过对《论语》与上博简的相关部分的考察,可以确知,《论语》中的对话体语录同样是经过编纂者的选择和加工而成的。从文章学的角度来看,《论语》要明显优于出土简帛。而对话体语录,恰恰是《论语》文学性最为突出的一部分。过常宝先生指出,"问对体作为亲炙孔子的证明,又有着确证自身在孔门中的地位的作用"②,所以这些对话体的具体背景绝不可能是后添加上去的。

综上,我们完全可以说,由孔门弟子后学对孔子言行文献论纂而成的《论语》,确实"创制"了一个在孔子去世后,可以凝聚孔门、团结孔门的权威文本。

(四)《论语》的领纂者

作为一个存续了几十年的学派,在孔子去世,失去了核心与领袖的情形下,他们出于对孔子的尊敬,对孔门的依恋,对孔门分化的担忧,必然要设法维护这个学派的团结和统一,以使孔门得以继续存在,使孔子未竟的事业得以继承和发扬。孔门弟子为此进行了努力。那么,如何维护孔门的团结和统一?其中一项重要的举措就是将孔子言行文献进行汇编整理,进而编纂为一部具有权威性的孔子语录精华本。

那么,谁将担负领纂这一重任呢?历代学者对《论语》的领纂者做了分析。从汉代以来,就有"仲弓、子夏等所撰定"说(《经典释文》引郑玄说)、"仲弓、子游、子夏等撰"说(《经典释文·论语缘起》引郑玄说)、"子夏等六十四人共撰"说(《论语崇爵谶》)、"仲弓之徒"说(《文选·辩命论》注引《傅子》)、"曾子弟子""曾氏之徒"说(柳宗元)、"有子、曾子门人所记"说(崔述)、"曾

---

① 过常宝:《先秦文体与话语方式研究》,中华书局 2016 年版,第 204 页。
② 过常宝:《先秦文体与话语方式研究》,中华书局 2016 年版,第 233 页。

子领纂"说(贾庆超)①、"德行、文学二科"编撰说(林存光、郭沂)②等。这些说法,都有一定道理,但是离事实可能有一定距离。

从《论语》的文本来看,大多数学者都认为,《论语》应该非成于一时,出自一人之手,蒋伯潜所谓"记述非一人,论纂非一次"③是也。历来,《论语》二十篇,被分为上论和下论两个部分。日本学者伊藤仁斋指出:

> 《论语》二十篇,相传分上、下,犹后世所谓正、续集之类乎? 盖编《论语》者,先录前十篇,自相传习,而又次后十篇,以补前所遗者,故今合为二十篇云。何以言之? 盖观《乡党》一篇,要当在第二十篇,而今嵌在中间,则知前十篇自为成书。且详其书,若曾点言志、子路问正名、季氏伐颛臾诸章,一段甚长;乃六言六蔽、君子有九思三戒、益者三友、损者三友等语,皆前十篇所无者。其议论体制,亦自不与前相似。故知后十篇乃补前所遗者也。④

近代中国学者蒋伯潜先生也持此说,他尝析论说:

> 前十篇为《上论》,九篇以记孔子之言为主,第十篇《乡党》则记孔子之日常生活及态度琐事。后十篇为《下论》,八篇亦以记孔子之言为主,第九篇《子张》,所记皆孔子弟子之言;第十篇《尧曰》,仅三章,并皆可疑……窃疑《上论》十篇为第一次论纂者,故以《乡党篇》殿之。《下论》九篇为第二次论纂者,故以《子张篇》殿之。《尧曰篇》则为后来读《论语》者所附记,后乃成为《论语》之一篇耳。

又说:

> 《上论》《下论》分二次论纂,纂《下论》时,去孔子更远,故《上

---

① 贾庆超:《曾子领纂〈论语〉说》,《东岳论丛》2003年第1期。
② 林存光、郭沂:《旷世大儒——孔子》,河北人民出版社2000年版,第221页。
③ 蒋伯潜:《诸子通考》,岳麓书社2010年版,第238页。
④ [日]伊藤仁斋:《论语古义》,转引自[日]藤塚邻著:《论语总说》,陈东译,国际文化出版公司2005年版,第8页。

论》纯粹,《下论》驳杂。①

这一看法,得到了现代众多学者的支持。如黄克剑先生,他便支持这种《论语》以《乡党》为界限,划分上下"编",为两次编纂的观点。② 黄怀信先生也认可二次编纂说。不过,他并不是以上论、下论来分编纂阶段。他认为:

> 《论语》最初纂辑,是由众弟子先各言所记、各述所知,然后就共知者进行讨论确定,再由原宪、曾参等专人负责记录下来的。讨论的目的,自然是为了避免失圣言之本真,达到"人人金允"。至于经讨论仍不能统一的,则各随所述。……由孔子弟子最初纂辑的《论语》,当包括今本前十五篇和第十七篇的基本内容(非完整的十六篇)。……所以,初辑本《论语》只能是一本大致以类相从的孔子语录,包括与弟子及君公的问对,以及描述孔子生活习惯举止行为的章节。那么,后之增订者所做的工作,也就可以知道:首先,增进了曾子语录及反映曾参临终之事的两章。……二,增进了包括有子、子夏、子游、子贡等在内的所有其他弟子的语录。……三,增附了今本第十六、十八、十九、二十篇的几乎全部内容。四,按照自己的思想理念对全书进行重新编排,包括分篇并冠以篇名,各篇首章做统一安排,内容及次序做简单调整。③

黄先生的这一分析,有合理的地方,也有推测不准确的地方。比如,他将《论语》的编纂分为初辑本与增订本,显然是可从的。不过,他认为《论语》初辑本包括前十五篇及第十七篇的基本内容的时候,他的理由是:"一个重要的证据,就是此十六章(应该是"篇"——引者注)基本上皆称'子'而不称'孔子'。"④这个论据,曾经为清人提出,并被后来的学者引为《论语》晚出的证据

---

① 蒋伯潜:《诸子通考》,岳麓书社 2010 年版,第 240—241 页。
② 黄克剑:《孔子与〈论语〉》,载《论语疏解》,中国人民大学出版社 2010 年版,第 21 页。
③ 黄怀信:《论语汇校集释·前言》,上海古籍出版社 2008 年版,第 9—11 页。
④ 黄怀信:《论语汇校集释·前言》,上海古籍出版社 2008 年版,第 10 页。

之一。而杨朝明先生就指出："从新发现的材料看,《论语》中孔子称谓的差异,有些可能是在传抄中形成的,并不能作为《论语》成书较晚的证据。今本《论语》后十篇中称'孔子'的地方,定州八角廊汉墓竹简本有的称'子'。如《阳货》篇:'子张问仁于孔子。孔子曰:"能行五者于天下,为仁矣。"'《尧曰》篇:'子张问于孔子曰:"何如斯可以从政矣?"子曰:"尊五美,屏四恶,斯可以从政矣。"'在简本中,以上两章中的'孔子'均称'子'。另外,今本《论语》称'子'的地方,竹简中有的则称为'孔子',说明《论语》中的称谓在抄写过程中会有一定变化。因此,《论语》的成书时间不能完全以此来判断。"①

而杨义在《〈论语〉还原初探》中,也呼应了《论语》经过两次编纂的说法。② 不过,在后来成书的《论语还原》中,他在原来说法的基础上,扩充为"三次编纂说"。他说:

> 第一次编纂在孔子初卒(鲁哀公十六年,公元前479年),六十四位弟子庐墓守心丧三年,因祭祀、追思触发编纂夫子言行录的心理契机。由仲弓牵头,子游、子夏协助,将众弟子回忆记录的大量简书,予以讨论、选择、润色、汇总,奠定了《论语》最初的格局。

> 第二次编纂,在三年守心丧结束后(鲁哀公十八年,公元前477年)众子弟开始分散,留在鲁国的弟子重启孔门,子夏、子张、子游等少壮派弟子,推举有若主持事务,并且对已经初步成稿的《论语》作了调整、修饰和增补。而且子游、子夏于这两次编纂都参与其中,维护了《论语》文本的连续性,这一点也很重要。二十篇左右的框架,于这一两年间,已见模样。

> 第三次编纂,在曾子死后(鲁悼公三十五年,公元前432年)不久。此时七十子已经凋零殆尽,曾门在鲁地成为最有实力的儒门学

---

① 杨朝明:《〈论语〉的成书及其文本特征》,载《论语诠解》,山东友谊出版社2012年版,第6页。

② 杨义:《〈论语〉还原初探》,《文学遗产》2008年第6期。

派,由孔子之孙子思,及乐正子春等曾门弟子,对《论语》进行实质性的增补重修,最终形成孔学以颜、曾为圣徒的道统脉络和篇章模样。①

杨义先生的上述结论,是根据其"篇章政治学"的逻辑,对《论语》内部证据的分梳及各种文献记载予以综合后,经过探幽烛微的条分缕析所得出的结论。应该说,这一看法有其合理性。其所谓"仲弓"首次主持编纂的说法,是一大创见。但是,我们的异议也恰恰在此。尽管郑玄、《傅子》在提及《论语》编纂时提到了仲弓,至于是否"领纂",恐怕还嫌证据不足。当然,我们并不排除仲弓在《论语》的初期编纂中发挥过重要作用。而他将子贡排除在《论语》的编纂主事者之外,恐怕也很武断。刘定一与杨义的看法正好相反,他认为,《论语》的前十篇就是在弟子守丧庐墓期间成型的,而子贡对于《论语》的贡献应该很大。他说:"三年期满,弟子们在孔墓前挥泪拜辞先师,揖别旧友,各道珍重。……《孟子》特别提到,子贡实在不忍离去,又折返,在孔墓边盖了茅屋再独居三年。这三年里想必承担着一项重大任务:面对竹简,完成《论语》最早版本的后期编辑加工。"②刘先生的这一推断,合乎情理。

我们以为,孔子言行文献的整理和编纂,开始于孔子去世之后,由孔门弟子中某人倡议,众弟子"共纪孔子之言""相与辑而论纂",同时又有众多弟子参与,而由某位或某几位出众弟子及再传弟子领纂而成。《论语》和《孔子家语》的编纂,都在其中。而就《论语》而言,其编纂应该分为两个阶段。《乡党》篇,位居上论之末,显然是初编本的末篇。③ 而第二阶段的编纂,是结集定本,除补充了后十篇之外,还在于篇章顺序及内在逻辑的调整及语言的润色等等。正如黄克剑先生指出的,"各篇既有隐在的命意贯穿其中,则不能设想其最终

---

① 杨义:《论语还原》(上),中华书局2015年版,第150页。

② 刘定一:《论语读本·前言》,天津人民出版社2018年版,第1页。

③ 当然,也有学者对此不以为然。如王博先生就指出,根据皇侃的记载,古论是以《乡党》篇居于《论语》的第二篇,那么所谓《乡党》作为书尾的看法就不会成立。但是,我们不能忘记,皇侃的表述里说的"篇内倒错不可具说",古论这一次序,恐怕不足为凭。

定稿出于不分主次的多人之手"①。其中,仲弓、子游、子夏等都可能发挥过重要作用,但是,综合所有信息来看,孔子言行文献尤其是《论语》的前期汇集,恐怕与子贡、有子密不可分。而后期汇集和整理,尤其是《论语》的编订,与曾子关系最为密切。其实,杨义先生的三次编纂说,可以笼统地概括为两次编纂,第一阶段的编纂是在孔子去世后的六年间,也就是子贡庐墓六年间。这一阶段可以涵括杨先生所谓两个阶段,我们可以设想,《论语》的编纂出于子贡等人的倡议,由众多弟子广泛参与,子贡(当然也不排除仲弓)发挥了主导作用,子游、子夏、曾子等具体负责整理;后来有子被短暂尊为"师",代替子贡发挥了领纂作用。第二阶段的编纂是孔子去世半个世纪左右,由曾子主导,最后由曾子弟子尤其是子思子竣其事。

这一推测,是由对《论语》及其他文献所反映的子贡、有子、曾子在孔门地位的分析中得来的。在孔子弟子中,颜子地位最高,可惜他先孔子而去。在孔子晚年的孔门之中,子贡、有若、曾子都有重要地位。这在一些古代典籍中都有所体现。

> 二三子三年丧毕,或留或去,惟子贡庐于墓六年。自后群弟子及鲁人处墓如家者,百有余家,因名其居曰孔里焉。(《孔子家语·终记解》)

> 昔者孔子没,三年之外,门人治任将归,入揖于子贡,相向而哭,皆失声,然后归。子贡反,筑室于场,独居三年,然后归。他日,子夏、子张、子游以有若似圣人,欲以所事孔子事之,强曾子。曾子曰:"不可。江汉以濯之,秋阳以暴之,皜皜乎不可尚已。"(《孟子·滕文公上》)

> 孔子葬鲁城北泗上,弟子皆服三年。三年心丧毕,相诀而去,则哭,各复尽哀;或复留。唯子赣庐于冢上,凡六年,然后去。弟子及鲁

---

① 黄克剑:《孔子与〈论语〉》,载《论语疏解》,中国人民大学出版社2010年版,第16页。

人往从冢而家者百有余室,因命曰孔里。鲁世世相传以岁时奉祠孔子冢,而诸儒亦讲礼乡饮大射于孔子冢。……故所居堂弟子内。(《史记·孔子世家》)

孔子既没,弟子思慕,有若状似孔子,弟子相与共立为师,师之如夫子时也。他日,弟子进问曰:"昔夫子当行,使弟子持雨具,已而果雨。弟子问曰:'夫子何以知之?'夫子曰:'《诗》不云乎:"月离于毕,俾滂沱矣。"昨暮月不宿毕乎?'他日,月宿毕,竟不雨。商瞿年长无子,其母为取室。孔子使之齐,瞿母请之。孔子曰:'无忧,瞿年四十后当有五丈夫子。'已而果然。敢问夫子何以知此?"有若默然无以应。弟子起曰:"有子避之,此非子之座也!"(《史记·仲尼弟子列传》)

从以上记载,我们可以做出如下一些推测:

首先,在孔子晚年,孔子对子贡最为倚重。如果纵观所有涉及孔子与孔子弟子的资料,我们可以说,颜子、子路和子贡这"孔门三杰"是孔子最为器重的学生。正如钱穆曾就颜子与子贡进行评论:"观孔子与回孰愈之问,见二人在孔门之相伯仲。"[①]只可惜,颜子与子路,皆先于孔子去世。所以,子贡就成了孔子晚年最为喜欢和倚重的弟子。据《礼记·檀弓下》,孔子看门狗死了,他吩咐子贡去埋掉。从这一件小事就可窥知师徒二人之亲密程度。据《孔子家语·终记解》和《史记·孔子世家》载,孔子临终前见的最后一人,就是子贡,并对他留下了一段"遗言"。孔子去世后,如何为老师治丧,因为无先例可循,令孔门弟子十分困惑。而此时,子贡提出,当年颜回和子路去世,夫子如丧其子,现在老师去世,我们应该如丧父一般。这是人类历史上,第一次确立了师生之间的丧服制度,进而完成了"师生"之伦理规范,使师生一伦,正式确立为中国古代社会的最为重要的伦理关系之一。弟子门人为孔子守三年之丧,而

---

① 钱穆:《孔子弟子通考》,载《先秦诸子系年》,商务印书馆2001年版,第81页。

子贡独独为老师守丧六年。可见,师徒之间感情弥笃,非常人所及。再从《孟子》书中所记"门人治任将归,入揖于子贡,相向而哭,皆失声,然后归",我们可以推测,在孔子刚刚去世之后的数年中,子贡在孔门之中,似乎占据了核心地位。因此,我们有理由推测《论语》编纂的倡议可能正是出自子贡。

李建国先生曾提出判断《论语》编纂主事者的条件,认为此人当为:第一,从学多年的及门弟子;第二,才能过人,世事洞明,人情练达足以服众;第三,与孔子过从甚密,情深义重;第四,服膺孔子,尊师重道,追捧其师,不遗余力;第五,具有聚众出书的物质条件。也就是说需要具有年辈资历,能力,威望,具有积极性,且有一定财力做基础,综合孔门弟子,在颜渊、子路先后去世的情况下,具此五项条件者,大概非子贡莫属。① 李先生的这一判断,与我们的认识是一致的。②

关于子贡在《论语》编纂过程中的作用,我们还可以找到几点其他证据。如果根据日本学者武内义雄的说法,今本《论语》是由以下三部分组成:《学而》《乡党》两篇为齐鲁二篇本;《为政》至《泰伯》七篇是河间七篇本;《先进》至《卫灵公》五篇加上《子张》《尧曰》两篇合计七篇是来自齐人相传的另一部独立的孔子语录。其中河间七篇本为曾子及思孟学派所传,时代最早;其次是齐人所传以子贡为中心的下论七篇,成书时间当在孟子以后。齐鲁二篇本是折中齐、鲁两大学派编纂而成,时间也在孟子以后。这些不同版本孔子语录的汇编便是古论二十一篇。今本《论语》正是在古论二十一篇的基础上演变而

① 李建国:《〈论语〉成书新探》,载北京师范大学人文宗教高等研究院、香港树仁大学中国语言文学系编:《2012 儒学国际学术研讨会论文集》,中国社会科学出版社 2016 年版,第 39 页。

② 杨义先生在《论语还原》中否定了子贡主持《论语》编纂的说法。他说:"从篇章占有数量而言,子贡条目之多,仅次于子路,那么最初主持《论语》编纂事务,会不会是条目众多的孔门名人子贡呢? ……因此,他并非没有可能承担《论语》编纂之资格和责任。……子贡的条目虽多,但褒贬参半。……子贡不是儒门的舵手,而是儒学的风帆。可以设想,《论语》编纂中,如果容纳子贡路线,儒学会更加博大;如果剔除子贡路线,儒学会变得更为纯粹。……子贡也许把身心全部投入孔子丧事和对同门庐墓守孝的安置中,'赐倦于学矣',对《论语》编纂,最初似乎不太上心,无意于过多的争执和博弈。"(杨义:《论语还原》,中华书局 2015 年版,第 119—127 页。)

来。他说:"下论七篇与上论中的两种《论语》相对照,可以发现二者有明显的不同。《先进篇》中汇集了众多孔门弟子之间的问答,中心人物为子贡。特别是《子张篇》的最后几章,通过叔孙武叔、陈子禽的对话,把子贡夸得比孔子还要伟大。这和上论河间七篇以曾子为中心形成鲜明的对比。"①由此看来,子贡在《论语》中的地位并不低。另外,据朱子《四书章句集注》,《公冶长》篇题下记载:"胡氏以为疑多子贡之徒所记云。"石永楙《论语正》也提出:"所谓《论语》者,实承汉儒更定之名,其正名当曰《孔子》,其著者,子贡,陈亢。"所以,杨义先生对子贡不可能参与《论语》编纂的看法,我们不敢苟同。从现有的迹象来看,我们很难排除子贡对于《论语》初次编纂的巨大影响。②

其次,继子贡而起的是有子。子贡虽然颇受孔子器重,自身也有非凡的能力,但是他在思想深度上,似乎不及很多同门。我们在韩非所提的儒家八派之中,没有发现子贡之儒,其实一点都不用奇怪。子贡虽然绝顶聪明,但是他的思想中具有现实主义、理性主义的特质,对于开宗立派、传道传经都不感兴趣。因此,他在孔门中的核心地位,也只能是特殊情况下的暂时状态而已。在孔子弟子为老师治丧完毕之后,他们提出拥立有若为新的"掌门人"。这一点,我们可以从上文引《孟子·滕文公上》的那段话中推测出来:

> 昔者孔子没,三年之外,门人治任将归,入揖于子贡,相向而哭,皆失声,然后归。子贡反,筑室于场,独居三年,然后归。他日,子夏、子张、子游以有若似圣人,欲以所事孔子事之。

对此,《史记·仲尼弟子列传》也有记述:

> 孔子既没,弟子思慕,有若状似孔子,弟子相与共立为师,师之如夫子时也。

---

① [日]武内义雄著,陈东译:《今本〈论语〉的构成》,载《正本清源——〈论语〉学研究学术研讨会论文集》,2017年12月,曲阜。

② 石永楙:《论语正·叙例》,中华书局2012年版,第10页。

从《论语》和《礼记》中,我们可以发现,有子留存下来的言语虽然不多,但是在理解和把握孔子的思想方面,却是十分深刻的。而且,根据文献记载,有子死,鲁国国君亲自吊唁。这显示了其在当时孔门中非同寻常的地位。《礼记·檀弓下》记载:"有若之丧,悼公吊焉;子游摈,由左。"我们知道,当年孔子去世,鲁国国君哀公是"诔之"的。两相对比,不难发现,有子之影响力之大。正如顾炎武《日知录》卷十四所云:"其为鲁人所重,又可知矣。"正因如此,当孔子弟子思慕恩师的时候,他们便推出有若,"欲以所事孔子事之"。《史记》所谓"有若状似孔子"并不是说有子长相与孔子相仿,就像孔子与阳货那样。南宋学者王十朋曾指出:

> 所谓"似圣人"者,盖必有子之学识于群弟子中有一日之长,其见道有似吾夫子焉。世儒以谓貌似孔子,其说陋矣。且有子之似夫子,而曾子有不逮焉者,曾子尝以"丧欲速贫,死欲速朽"为夫子之言,而有子不然之。曾子质诸子游,子游曰:"甚哉! 有子之言似夫子也。"子游之徒知有子似夫子素矣。所谓"似"者,必有如辨曾子之言之类,岂以貌似之故虚欲师事之耶? 虽然直似之耳,欲以事孔子事之则不可,故曾子不许之,而有子未尝居师之位也。说者谓不能答弟子之问遂见叱而退,盖好事者为之辞以诬有子耳。然世皆知颜子之后有曾子,而不知有子者,亦回、参之亚匹也。序《论语》者知之,故首记夫子之言,次记有子之言,又次记曾子之言,未必言之次第如是也,其必寓推尊之意焉。以谓夫子既没之后,其道可尊,其人可子,其言可法者,莫先乎有子、曾子也。[①]

这种说法自有其道理。但是,我们还想指出,有子之被推举,恐怕不会仅仅因为悟道甚深,堪于传道。很可能有若长期浸染于孔子影响之中,在举止动作或神态方面,与孔子有相似之处,这种形似与神似的结合,使得有子更容易引起

---

① (宋)王十朋:《梅溪集·梅溪前集》卷19《论语三说》,载《景印文渊阁四库全书》第1151册,上海古籍出版社1987年版,第291页上。

其他弟子的关注,进而公推其为孔门新掌门人。但是,有子的"新掌门"的位置却并没有坐多久。

再次,代替有子而起的孔门新核心,当是孔门中年纪比较小的曾子。上文引《孟子·滕文公上》的记载,就描述了这一过程:"他日,子夏、子张、子游以有若似圣人,欲以所事孔子事之,强曾子。曾子曰:'不可。江汉以濯之,秋阳以暴之,皜皜乎不可尚已。'"从上述记载可知,当子夏、子张、子游建议像师尊孔子那样师尊有若时,他们必须首先取得曾子的同意,显示了曾子非同一般的地位。然而,曾子却以涑丝的工序为喻,赞誉孔子之境界,如涑丝过程中,以江汉之水濯之,以秋日之阳暴之,方成明洁之素缟。① 他反对子夏等人将有若推至那样的地位。结果,有若这一新的"掌门人"由于未能得到曾子的认可而作废。因此,有子固然因为得到子夏、子张、子游等人的支持而暂时登上了"掌门人"的宝座,但是却引起了众弟子的疑虑。上引《史记·仲尼弟子列传》已经可见这一现象,为了明白起见,复录于此:

> 孔子既没,弟子思慕,有若状似孔子,弟子相与共立为师,师之如夫子时也。他日,弟子进问曰:"昔夫子当行,使弟子持雨具,已而果雨。弟子问曰:'夫子何以知之?'夫子曰:'《诗》不云乎:"月离于毕,俾滂沱矣。"昨暮月不宿毕乎?'他日,月宿毕,竟不雨。商瞿年长无子,其母为取室。孔子使之齐,瞿母请之。孔子曰:'无忧,瞿年四十后当有五丈夫子。'已而果然。敢问夫子何以知此?"有若默然无以应。弟子起曰:"有子避之,此非子之座也!"

弟子这样的"请教"很显然并非单纯的"请教",毋宁说是一种"试探"和"考验",结果有子"默然无以应",未能通过"考验",最后不得不离开"宝座"。其实,通过这则故事,我们不难从中发现曾子在当时的地位不同凡响。

曾子在孔门中的地位是特殊的。很多人通过《论语》得出"参也鲁"的深

---

① 参见张德付:《〈孟子〉"江汉以濯之,秋阳以暴之"句解》,《中国经学》第11辑。

刻印象,其实,"鲁"从另一方面来看,恰恰是笃实的反映。据说,孔子的嫡孙子思,就是受教于曾子的。这虽然是出于宋儒的后起之说,但是得到了文献与思想的印证。

我们从《论语》本身来看,在众多出现在《论语》中的孔子弟子中,颜渊、子路、子贡、子游、子夏、子张等皆称字,而只有有子、曾子被称为"子",显示出有子、曾子在孔门之中的地位,也彰显出有子、曾子与《论语》成书的密切关系。打开《论语·学而》,第一章是孔子语录,第二章是有子语录,第三章是孔子语录,第四章便是曾子语录。显然,这种编排,体现出编纂者的刻意安排,这是在突显有子、曾子在孔门中的位置。

但是,《论语》中,出现了关于曾子生命垂危时的情形,很显然,曾子不可能是《论语》的最终编纂完成者,这一重任要由其弟子来完成。

柳宗元曾提出是乐正子春、子思之徒为之的观点。他说:

> 或问曰:"儒者称《论语》孔子弟子所记,信乎?"曰:"未然也。孔子弟子,曾参最少①,少孔子四十六岁。曾子老而死,是书记曾子之死,则去孔子也远矣。曾子之死,孔子弟子略无存者矣。吾意曾子弟子之为之也。何哉?且是书载弟子必以字,独曾子、有子不然。由是言之,弟子之号之也。……今所记独曾子最后死,余是以知之。盖乐正子春、子思之徒与为之尔。"或曰:"孔子弟子尝杂记其言。然而卒成其书者,曾氏之徒也。"②

柳宗元的这一观点,得到二程和朱熹的肯定,在现代学者中也得到了回应。二程在柳宗元的说法启发下,提出"《论语》,曾子、有子弟子论撰,所以知者,惟二子不名"③。但朱熹却不承认有子弟子参与论撰。康有为继承了这一看法,

---

① 柳宗元所谓"曾参最少"的说法不够确切。在孔门之中,尚有比曾参更年轻者。不过,如果将柳氏的话理解为在孔门重要弟子中曾参在最少者之列,则是可以接受的。

② (唐)柳宗元:《论语辩二篇》,载《柳河东集》(一),中华书局1979年版,第110—111页。

③ 程树德:《论语集释》,中华书局1990年版,第10页。

他说:"《论语》二十篇,记孔门师弟之言行,而曾子后学辑之。"①其弟子梁启超基本上遵循了柳宗元和二程的看法:"窃疑纂辑成书,当出有子、曾子门人之手。"②杨伯峻先生认可柳氏说,他说:"《论语》的编定者或者就是这班曾参的学生。"③黄怀信先生以为,乐正子春可能是最佳人选④;而杨朝明先生则提出子思无疑是最为可信的最终领纂者。⑤ 我们认为,杨先生的看法可能更接近于历史实际。之所以这样说,是因为综合各种条件而言,在曾子弟子之中,乐正子春的地位无法与子思相提并论。尽管乐正子春真正继承并发扬了曾子的孝论,而子思则逐渐背离了曾子的这一思路,但也恰恰因为这样,子思成为曾子之后,在孔门更具影响力的领袖。

子思,名伋,是孔子之孙,伯鱼之子,春秋战国之际著名的思想家,儒家学派的重要代表人物。关于子思的生平,《史记》载之甚略。后世学者对此进行了不少探索,但仍存在不少失误。我也曾经对此有所探讨,提出了新的看法。通过综合比较各种记载,我们认为,子思之生卒年因史料不足,不能遽以论断。不过,可以大体推测一个范围:其生年当在公元前493—前486年之间,其卒年当在公元前412—前405年之间。

子思的师承问题,史籍中没有明确的记载。自从宋儒提出"孔—曾—思—孟"的"道统说"之后,子思师承曾子的说法便成为一种共识。不过,随着"道统说"的式微,人们对此表示了怀疑。子思师承再次成为争论不休的问题。

我们认为,子思从辈分上来说,属于孔子嫡孙,当为孔门再传。不过,子思曾经亲受业于孔子,只是年限不长。随着孔子的去世,子思也只能就学于孔子

① 康有为:《论语注·序》,中华书局1984年版,第1页。
② 梁启超:《要籍解题及其读法》,《饮冰室合集》第9册,中华书局1989年版,第2页。
③ 杨伯峻:《论语译注·导言》,中华书局1980年版,第29页。
④ 黄怀信:《论语汇校集释·前言》,上海古籍出版社2008年版,第13页。
⑤ 参见杨朝明:《论语诠解》,山东友谊出版社2012年版,第4—9页。

的诸位弟子。而在孔子弟子中,曾子与子游可能对子思的影响较大。

林乐昌先生曾指出:"子思之学,远源于孔子,近源为曾子和子游。"①蒙培元先生也认为,"子游很可能是思孟学派形成中的重要人物"②,梁涛先生对此表示赞同,并且指出,不应以非此即彼的思维方式,在曾子与子游之间取舍,实际上,曾子、子游等人都可能对子思有所教育、有所影响。我们认为,这种看法是比较正确的,因此是可取的。

那么,除了曾子、子游之外,是否还有其他的弟子对子思施加过教育和影响呢? 答案是肯定的。除了学者较为公认的曾子、子游之外,我们上面还提到了有子。其实,据《孔丛子・居卫》有子思"吾闻之子夏"的说法,而且子思学派善于诗学,则子夏对子思有所传授,亦属可能。另外,饶宗颐先生曾揭示简本《五行》有"重无"的思想,而据《礼记・孔子闲居》有孔子对子夏言"三无"之事,二者相通,则孔子这一思想当是子夏传于子思。蒙文通先生曾经指出:"然寻诸儒分为八之事,其一为子思氏之儒,儒之兼取法家,莫著于此。"③又云:"子思氏之儒,固援法而入于儒者也。"④而子夏又是公认的法家学派的源头之一,则子思与子夏之思想间存在巨大关联,又得一旁证。另外,通过对《忠信之道》《从政》等简帛文献的对比分析,我们推测,子思与子张之间也应当存在着师承关系。

子思作为孔子的嫡孙,地位特殊。而孔门弟子与孔子之关系,有"拟血缘"性,情同父子。孔子去世后,子思年幼,而伯鱼又先孔子卒,在这种情况下,孔门弟子担当起教育、培养子思的任务,实属自然之举。尤其是在孔子刚

---

① 林乐昌先生的观点发表于 2000 年 1 月 15 日陕西师范大学举办的"郭店楚简学术座谈会",参见韩旭晖《〈郭店楚简〉与早期儒家思想研究的新拓展》(《孔子研究》2000 年第 5 期)一文所作的会议纪要。

② 蒙培元:《〈性自命出〉的思想特征及其与思孟学派的关系》,载山东师范大学齐鲁文化研究中心、美国哈佛大学燕京学社编:《儒家思孟学派论集》,齐鲁书社 2008 年版,第 16 页。

③ 蒙文通:《古史甄微》,巴蜀书社 1987 年版,第 232 页。

④ 蒙文通:《古史甄微》,巴蜀书社 1987 年版,第 234 页。

刚去世的数年中,孔子的弟子大多在鲁为孔子服丧,他们教育年幼的子思乃是情理之中的事情。

而子思也不负众望,在战国早期占据了儒家群体的中心位置,是当之无愧的儒家领袖。正如梁涛先生所说:"子思不仅是早期儒学的关键人物,其所代表的时代在早期儒学发展中也处于一种枢纽的地位。子思之前,孔子吸收、总结尧舜三代的礼乐文化并加以创造、发展而形成的以仁、礼为核心的儒学思想,汇聚到子思这里,得到较为全面的继承;子思而下,这一丰富的儒学传统开始分化,出现向不同方向发展的趋势。从子思到孟、荀,是儒学内部深化同时也是窄化的过程,孟子、荀子分别从不同方向发展了孔子以来的儒学传统,使儒学的某些方面得到充分发展,变得深刻而精致,但对儒学的其他方面或有所忽略或出现偏差,因为并没有真正全面继承孔子以来的儒学传统。"[1]

因此,我们推测子思最后主持完成了《论语》的编纂,是有充分理由的。杨义就指出,"子思作为孔子之孙,具有修纂《论语》的责任、权利和能力"[2]。确实如此。在曾子身后,孔门后学中能够具有资格、威望和影响的,除了子思之外,不能有第二人。正如杨朝明先生所言:"这就出现了一个矛盾,一方面,《论语》出于曾子门人,阅读《论语》,其中厚重的曾子言行会给人留下深刻的印象,除了曾子门人,他人一般不会如此;另一方面,论者又指出,《论语》形成于孔门后学分化的背景之下,而孔门的严重分化又难以聚集这么多的材料。要解决这样的矛盾,合理的推论只能是众弟子将材料汇聚到一起,最后主要由一人进行整理、选辑、编订,而这位整理编订者应在孔门之中地位尊隆,而且是曾子门人。符合这种条件的人只有子思。"[3]

由孔安国《孔子家语后序》的说法可知,《孔子家语》是孔子弟子所共记的孔子遗说的较为原始的资料。正如杨朝明先生所指出的,《孔子家语》之称为

---

① 梁涛:《郭店竹简与思孟学派》,中国人民大学出版社 2008 年版,第 526—537 页。
② 杨义:《论语还原》,中华书局 2015 年版,第 112 页。
③ 杨朝明:《新出竹书与〈论语〉成书问题再认识》,《中国哲学史》2003 年第 3 期。

"家",其中记录孔子身世、生平,又有《本姓》叙述其家世源流,说明《孔子家语》属于"孔氏家学"的范畴。而《家语》与《论语》"并时"的情况表明,二者的整理与最终领纂者只能是子思。①

很自然,除了子思,其他的孔子弟子后学也会有孔子遗说的记录和整理。我们认为,先秦两汉典籍中凡单纯以"子曰"形式出现的记载,其中的"子"都是孔子,至今发现的材料还无一例外。以"子曰"为"孔子曰",这也是那时典籍记述的通例。有的书籍特别是个别诸子书假托孔子,所引述、介绍的孔子言行未必可靠,也不会是出于孔子弟子的记述,这是另一回事。除此之外,绝大多数都应当是孔子弟子传述下来的孔子言行文献。

(五)《论语》的内在逻辑

尽管《论语》出自孔门弟子及后学的精心选择、加工、润色和编纂,成为我国历史上最早的私学著述。但正因如此,其编纂也就显得十分原始和粗糙。因之才有学者不承认该书是经过选择、加工的编纂之作。在很多学者看来,《论语》一书只不过是孔子言论的随意堆砌,毫无编纂原则和体例可言。如明儒唐伯元就认为,"《论语》记言严谨,不敢增减一字,惟编次颇杂,其义易晦。使编次皆如《乡党》一篇,则《论语》可以无解"②。杨伯峻先生认为:"《论语》又是若干断片的篇章集合体。这些篇章的排列不一定有什么道理;就是前后两章间,也不一定有什么关联。"③更有这样的说法:"其分篇,无系统;其章次,无甚义理;其辞,每割截不完。"④这与当年王安石对《春秋》"断烂朝报"的批评如出一辙。然而事实果真如此吗?

其实,从南朝皇侃以来,一直有学者对《论语》之编辑体例有所探求。如

---

① 参见杨朝明:《〈孔子家语〉的成书与可靠性研究》,载杨朝明、宋立林主编:《孔子家语通解》,齐鲁书社 2009 年版,第 1—43 页。
② (清)黄宗羲:《明儒学案》卷 42《甘泉学案六》,中华书局 2008 年版,第 1003 页。
③ 杨伯峻:《论语译注·导言》,中华书局 1980 年版,第 26 页。
④ 石永楙:《论语正·叙例》,中华书局 2012 年版,第 9 页。

皇侃《论语义疏》、朱熹《论语集注》、邢昺《论语注疏》先后做了尝试。日本学者狩野直喜也指出:"大凡古籍的编纂,在篇目的顺序安排上往往寓有深意。《论语》就是如此。"①现代学者钱穆、方骥龄、杨朝明等对此作了进一步推绎。此外如幺峻洲先生认为:"《论语》的编排绝不是杂乱无章,但也不能说是井然有序……大体有脉络可寻。"②王博先生进而认为,"每一篇都不是随意地杂凑起来的,相反,它们都有明显的组织材料的痕迹"③。甚至有认为《论语》每一篇、每一章之间都是有联系的,如南怀瑾先生说:"我认为《论语》是不可分开的,《论语》二十篇,每篇都是一篇文章。我们手里的书中,现在看到文句中的一圈一圈,是宋儒开始把它圈断了,后来成为一条一条的教条,这是不可以圈断的。再说整个二十篇《论语》连起来,是一整篇文章。"④

近年来,越来越多的学者肯定了《论语》具有一定的内在逻辑。比如,姚中秋先生认为:"《论语》之编纂,旨在呈现孔子之全体,以为儒门共同权威,故其篇第、章次安排,必经众人切磋讨论、审慎编辑,且有大义寓于其中。"⑤曹印双先生更是详细论证了其中的逻辑关系,并指出:

> 《论语》二十篇,前十篇侧重探讨道如何化肉身的理论,即"道成肉身"。"道成肉身"过程,对个体生命来说,就是走入"大学"的觉悟过程。《论语》前十篇可以概括为:学习仁礼,关注授受,分言传、身教、身体、力行四科教学,以内圣外王之学践行修身、齐家、治国、平天下之旨。

> 《论语》后十篇侧重探讨肉身如何进行弘道实践,即"肉身弘

---

① [日]狩野直喜:《〈论语〉研究的若干问题》,载《中国学文薮》,周先民译,中华书局 2011 年版,第 112 页。

② 幺峻洲:《论语说解》,齐鲁书社 2003 年版,第 95 页。

③ 王博:《论〈论语〉的编纂》,载傅杰编:《论语二十讲》,华夏出版社 2009 年版,第 299 页。

④ 南怀瑾:《论语别裁》,复旦大学出版社 1990 年版,第 9 页。

⑤ 姚中秋:《〈论语〉篇第次序试说》,载《〈论语〉大义浅说》书首,中国友谊出版公司 2016 年版。

道"。《论语》后十篇可以概括为：走进信仰之门，践行中庸之道，节制立德，辨证言传，谋划力行，弘道立文。立场鲜明，因材施教，择优而仕，弘扬先进，谨守要诀。①

杨朝明先生也指出："《论语》有一定的思想主旨，有内在的严密逻辑，有'正实而切事'的突出特征。"②并指出："《论语》内在的严密逻辑就很清楚了。《论语》首篇围绕做人这一中心问题展开，以下各篇分别谈为政以德、守礼明礼、择仁处仁等，层层剥离，依次展开。"③《论语诠解》在每篇的概说中都对篇旨进行分析。尤其值得注意的是，该书对第 15—18 篇的分析："《论语》自第十五篇到第十八篇，从标题到内容似有一定的内在逻辑。……这四篇先后以诸侯、大夫、陪臣、逸民为落脚点，都通过齐家与修身，而最终的着眼点则都是治邦国、平天下，材料的组织表现了一定的层次性，其思想内涵符合早期儒家的基本理念。"④由此我们想到，这与《季氏》第二章孔子所谓"孔子曰：'天下有道，则礼乐征伐自天子出；天下无道，则礼乐征伐自诸侯出。自诸侯出，盖十世希不失矣；自大夫出，五世希不失矣；陪臣执国命，三世希不失矣。天下有道，则政不在大夫。天下有道，则庶人不议。'"有着内在的联系，可以说《论语》编纂者在试图以这样的编排顺序来突显孔子这一思想。

另外，对于《论语》中的重章问题，历来的解释基本上将之视为"窜乱"，或者编纂杂乱的证据。有学者从诠释学的角度对此提出了批评："'误植'等看法不可取；每一次重出处，其意义与上下文都有关联，这就足以表明重出是有意为之，而且更重要的是，当到重出处，读者的心情上自然就产生了回顾，这样，通过文本形式的细密编织，完成了对阅读行为的诱导，所以我说，经文重出

① 曹印双：《〈论语〉篇章逻辑探索》，载《正本清源——〈论语〉学研究学术研讨会论文集》，2017 年 12 月，曲阜。
② 杨朝明：《〈论语〉首章与〈孔子家语·屈节〉篇——孔子政治命运悲剧的两个诠释》，载庞朴主编：《儒林》第一辑，山东大学出版社 2005 年版。
③ 杨朝明：《新出竹书与〈论语〉成书问题再认识》，《中国哲学史》2003 年第 3 期。
④ 杨朝明：《论语诠解》，山东友谊出版社 2012 年版，第 324—325 页。

是节奏的一个'回弯处',在时见回流、时遇激溅的时候,我们更感受着气韵清和、景象阔大。"①在这里,研究者提出了一个"节奏"的问题,并且提出"节奏比结构更重要"的观念,启人深思。所以,连一些外国汉学家也体会到了这一点:"如果我们像两千多年间的七十代中国人那样深入细致地阅读《论语》的话,就会发现,《论语》其实具有高度的逻辑性,书中的许多部分是围绕特定的主题组织起来的。在我们根据各自的体会理解其意的时候,全书的结构也就水到渠成地自然浮现出来。"②

尽管我们认为,《论语》是有着一定的内在逻辑安排的,但是,毕竟这种逻辑是弱的,不是强的;是初步的,不是完善的。或者如杜维明先生所指出的,《论语》的安排并没有明显的线性顺序,而是一种总体思维的体现。"总体思维像一个圆圈,不论从什么地方切进去,都可以一窥全貌"③。但是,只要承认《论语》并非杂乱无章,那么,我们就应该理解孔门弟子后学在整理孔子言行文献方面,所作出的贡献;我们更要理解孔门弟子后学对于我们通过《论语》理解孔子所施加的影响。

我们通常径直将孔子称之为儒学的创立者。这似乎并无不对,但是却并不准确。其实,作为组成孔门集团的重要组成部分,孔门弟子及后学,也是儒学的创立者,或者说是儒学创立的重要参与者。应该说,孔子所创立的儒学,是孔门集团集体智慧的结晶。我们说,孔门后学与儒学的早期诠释,首先就应该明了孔门弟子及其后学对于孔子思想的"提问"之功,其次应该理解孔门弟子后学对于孔子言行文献的记录、整理,并非简单的文本编辑工作,而是一项巨大的文献创造活动,更是对儒学早期诠释的第一步。

杨义先生在《论语还原》中提出这样一个课题:"《论语》作为中华民族伟

---

① 丁纪:《序:作为读者和作为解释者》,载《论语读诠》,巴蜀书社 2005 年版,第 16 页。

② [美]安乐哲、罗思文:《〈论语〉的哲学诠释·导言》,余瑾译,中国社会科学出版社 2003 年版,第 11 页。

③ [美]杜维明:《体知儒学——儒家当代价值的九次对话》,浙江大学出版社 2012 年版,第 147 页。

大的文化启示录,蕴含着延续百世的文化根基的思想原创,蕴含着一批坚强活泼的生命是如何创造古老中国最重要的儒学宗脉,如何启动一种文化方式或一个学派的生成史,如何以特殊的编纂方式和价值取舍,建构了话外有话的深层意义,以及派内有派的发展可能性。所有这些,就是《论语》的生命原本之所在,就是这个古典学的研究重心。"①确实,孔子言行文献尤其是《论语》的编纂,其中"特殊的编纂方式和价值取舍",非常值得研究。因为,这里面蕴含着我们理解儒学的钥匙。如果无视《论语》编纂本身具有的特殊性,那么,我们就难以理解《论语》的面貌何以如此而非如彼。

在这里我们还是需要引入杨义先生提出的一个概念:"篇章政治学"。什么是"篇章政治学"? 杨先生的解释是:"所谓篇章政治学,就是篇章结构中突出什么、强调什么、隐含着什么行为政治学的密码。"②这一概念对于理解《论语》编纂具有极大的意义。正如杨义先生所说:"曾经不止一次发生变更的编纂主持者,无不以为自己最知'真孔子',最得孔子真传,因而通过篇章安排、组合、调配,以宣示或隐含自己所理解的儒学之道。由于孔门弟子已经隐含着如《韩非子·显学篇》所说的'取舍相反不同'的派别萌芽,这种篇章安排在寻找共识的同时,难免存在着博弈、竞争和妥协,存在着话语权的迎拒和协商。这不是谁在'塞私货'的道德问题,而是谁最能掌握和传承'真孔子'的价值认定的问题。"③

我们知道,孔子言行文献尤其是《论语》的整理与编纂,如果真如我们所推断的发轫于孔子去世之后的最初几年的话,那么,这种编纂必然包含着一种十分强烈的情感因素,或者说首先是怀念恩师、纪念恩师的情感需求占据了第一位,而寻求孔门的团结乃至教材的需求都应该是第二位的。所以,我们不能过分估计孔门弟子内部的分化。否则,《论语》就会被当作"孔门内部博弈"的

---

① 杨义:《论语还原》,中华书局2015年版,第63页。

② 杨义:《论语还原》,中华书局2015年版,第96页。

③ 杨义:《论语还原》,中华书局2015年版,第96页。

结果。这显然会造成对孔门的误解。

细读《论语还原》，我们发现，杨义先生显然"走得过远"，"凿之过深"，不免陷入"捕风捉影"的陷阱之中。正如陈桐生先生所批评的：

> 人类文明的创造与发展，需要有思想深沉、目光远大、超脱名利、无私奉献的人作为精神导师，需要有思想巨人为人类发展引领方向。这类人不会是世俗眼中不择手段地追名逐利的小精明，他们甚至带有几分傻气。孔子是这样的人，孔子教出来的弟子也大都是这样的人。正是因为有这样一批敢于担当、超越名利的孔门弟子，儒学才能不断发展，最终造就了与南亚印度文化、西亚伊斯兰文化，以及西方基督教文化比肩而立的东亚儒学文化。而在杨文中，《论语》的编纂者仲弓、子游、子夏、有若、乐正子春、子思等人，尽是孔子深恶痛绝的"喻于利""比而不周"的"小人儒"，他们一个个心机深刻、手段老到、精明世故、机关算尽，而编纂《论语》这一神圣事业，在杨文中成为一个名利的搏斗场，无论是谁编纂《论语》，都要借此机会大捞一把名利，先是替自己或宗师卡位，自己捞足了，再帮自己的亲友捞。读了杨文阐释的《论语》篇章政治学，真是令人毛骨悚然、不寒而栗。杨文阐释的篇章政治学，其实质是今人精于算计、追名逐利心理的反映，它遮蔽了《论语》和煦的道德阳光，贬低了仲弓、子游、子夏、有若、乐正子春、子思等人的道德品质，使《论语》变成一座阴森恐怖、鬼影憧憧的迷宫。①

尽管陈桐生先生是针对杨义先生的《〈论语〉早期编纂过程及篇章政治学》一文而发的，此后杨先生又推出了皇皇数十万言的《论语还原》，对陈先生的批评有所回应。但是，总的来说，陈桐生的批评是非常严厉的。我们认为，陈先生的批评有其合理性，杨义先生的论证过程确实存在很多"捕风捉影"的穿凿

---

① 陈桐生：《捕风捉影的〈论语〉早期编纂过程及篇章政治学——与〈论语〉早期编纂过程及篇章政治学〉一文商榷》，《孔子研究》2014 年第 5 期。

附会之处,过分夸大了"名利博弈"。但是,反过来看,陈桐生先生完全否弃了杨义说的合理的一面,否认了编纂者尤其是主事者对于《论语》编纂所产生的影响及《论语》的内在结构的逻辑性,走向了另一个极端。确如杨义所说:"任何编纂选择,都不会是'零价值'的,'零价值'只是不食人间烟火的说法。"①

我们的看法比较折中。尽管《论语》的编纂可能还谈不上系统的篇章学,但是并不意味着孔门弟子后学在编纂《论语》时没有一定的原则,同时,也不必排除领纂者对于《论语》编纂的主导作用。纯粹从道德的角度来看《论语》编纂,也未必合乎历史的真实。所以,杨义先生的某些分析是有其道理的。比如,他指出的几点:

> 首先,《论语》既然不是孔子亲自著述,而是由七十子或再传弟子回忆、口授、记录、整理而成,面对这种著述的间接性,就必须考虑到,记忆蕴含着遗忘,是将不值得保持的现象加以删除,而将有价值的现象加以储存的心理选择过程。根据记忆心理学的偏差与校正原理,这些记录整理出来的材料必然包含着七十子及再传弟子对夫子言行的选择性理解,折射着记录者的文化取向、价值选择、知识结构、情感权衡。

> 其次,谁负有编辑的主要责任,谁在权衡辨析中拥有话语权,这很重要,很关键。不应无视编纂自身是一种有价值的行为,它不是一种机械操演,而是在一定价值观下的评判、选择、组合和润色。不同的人处于编纂者的位置,就可能产生不同的文本形态,包括入选的条目和入选后的排序,这是编辑学和篇章学反复证明了的实情,甚至屡试不爽。

> 其三,既然论衡取舍时不能排除七十子后学的主观因素,也不能排除儒学派中有派的价值选择偏向,那么,就不能对没有入选《论

---

① 杨义:《论语还原》,中华书局2015年版,第127页。

语》的其他大概二十余万字的"子曰"材料,包括先秦经传、诸子的记录,汉代韩婴的《韩诗外传》,刘向编辑的《新序》《说苑》以及《孔丛子》、魏晋王肃注解公布的《孔子家语》,一味地斥之为"伪书"。选择意味着淘汰,一种有选择的淘汰;看不到淘汰,就看不清选择。有所谓"洙泗微言,多出《论语》之外",这些古籍可能多有早期材料,属于战国遗简,经过口传、转录、整理,其中有某些后世材料的渗入,也有不同学派的增删,存在着不同层面、不同角度上各有原委的真实,包括在论纂中被《论语》录入或刊落的真实。"编纂过"的真实,并不等同于原本存在的全部真实,而是一种经过人为选择和提升了的真实。这种真实具有相对性。①

总之,"编纂本身蕴含着深刻的哲学问题"②。《论语》及其他孔子言行文献的编辑与论纂,框定了我们对于孔子、儒学思想的理解,这一点是不容忽视的。一方面,《论语》是经过"选择"的,因此有很多"舍弃"。这一"选择"和"舍弃",本身就具有诠释学的意义。它本身就是一种塑造和建构的过程。我们今天读到的《论语》中的孔子形象,与结合《孔子家语》《易传》等其他孔子言行文献所理解的孔子形象有着巨大的差别。当后世将《论语》奉为经典,而逐步忽视其他的孔子言行文献的时候,孔子的形象被《论语》塑造和建构起来了。

蔡振丰先生对此有精到的分析,与我们的看法基本一致。他说,《论语》的材料虽然各有来源,但是其编成,极有可能是一人所为,否则"论语"之名,作为"论纂"之"论"便很难成立。他认为,《论语》的内容及形式,都应该是受到孔子"述而不作"的观念的影响。"述而不作"在形式上是叙述旧文,但在精神上却有新意。而《论语》一书在表面上也是叙述旧文,但如果它真是有意地被编成目前所见的样子,应可推测编者除了筛选能传达孔子精神的语料之外,

---

① 杨义:《论语还原》,中华书局 2015 年版,第 93—94 页。
② 杨义:《论语还原》,中华书局 2015 年版,第 82 页。

也会在其编次材料之中,尝试表达他所欲述说的孔子形象。换言之,《论语》编者对所要表达的孔子人格世界,如果不是出于编者自己的说话,也不是出于编者对材料的文字训解,那么他的述说就可能隐藏在对各种与孔子有关之材料的编序结构中。① 蔡先生所谓《论语》的最后编成,"极可能是一人所为"的看法,显然就是我们所主张的《论语》的领纂说。而他对《论语》编者受"述而不作"观念的影响的看法,极有启发意义。他所谓《论语》编者所欲表达的孔子形象,"隐藏在对各种与孔子有关之材料的编序结构中"的看法,更是卓识。这与过常宝先生曾经指出的:"《论语》是具有'回忆录'性质的作品。孔子的形象在追忆中被重新塑造、建构。"②这些看法,都是我们解读《论语》,理解孔子的钥匙。

---

① 参见蔡振丰:《〈论语〉所隐含"述而不作"的诠释面向》,载李明辉编:《儒家经典诠释方法》,华东师范大学出版社 2008 年版,第 108 页。

② 过常宝:《原史文化及文献研究》,中国社会科学出版社 2016 年版,第 250 页。

第二章　生命诠释：作为践履者的
孔门弟子

诠释学从诞生到今天的历史并不很长,但是诠释活动,却历史悠久。正如景海峰先生所指出的,"作为历史悠久、文典灿烂,又经学发达、擅长注释的文明形态,中华文化简直就是一部前后相继、代有解人的诠释史"①。诠释学虽然是西方传统中孕育出来的,但是我们可以建构中国的诠释学。近年来,诠释学,或曰解释学、阐释学,俨然成为一门显学。海外中国学者傅伟勋提出了"创造的诠释学",成中英提出"本体诠释学",黄俊杰则通过孟子学,深入挖掘了传统的经典诠释学;大陆学者如汤一介先生及景海峰先生都在呼吁并努力建构"中国诠释学(解释学)"。在这个过程中,越来越多的学者意识到,正如中西哲学存在巨大的差异一样,中西方的诠释学传统也截然异趣。当然,这并不是否认这两种诠释学传统的相通性。余敦康先生曾经明确地指出:"中国有中国的诠释学,西方有西方的诠释学,印度有印度的诠释学。每个宗教,如伊斯兰教也有伊斯兰教的诠释学。这是古今中外的普遍规律,诠释学是唯一的进路,逃避不了的。"②余先生的这一看法,实际上是值得商榷的。中国历史

---

① 景海峰:《中国诠释学的研究现状及前景》,载景海峰、赵东明:《诠释学与儒家思想》,东方出版中心 2015 年版,第 16 页。
② 余敦康:《诠释学是哲学和哲学史的唯一进路》,载梁涛主编:《中国思想史前沿——经典·诠释·方法》,陕西师范大学出版社 2008 年版,第 22 页。

上存在着丰富的诠释活动,形成了悠久的诠释传统,但并没有形成一种"诠释学"。所以,可以说诠释是哲学和哲学史的唯一进路,却不宜简单地说诠释学是唯一的进路。如景海峰先生所感慨的,"在中国历史上便只有注经方法的不断延伸和积累,而绝无能够脱离经学以独立成军的所谓方法学,小学始终是在经学的卵翼之下"①。不过,反过来说,我们认同余敦康先生对于中国有自己的诠释传统的看法。很显然,这一诠释传统是独具特色的。

从诠释学的角度来看,中国的诠释传统显然是经学诠释一家独大。而所谓经学诠释,无疑是一种对文本的理解,它往往被理解为一种语言、文字的活动。刘笑敢先生就坚持这一观点。他说:"所谓'诠释'二字也是中国自古有之,但是这里用来特指西方诠释学所说的诠释或解释(interpretation),是对一些晦涩难解的文本之意思、意含及意义(meaning, significance)所进行的严肃的诠释学探索,而不是一般的解释活动或任何一种随意的解释或解说。"②显然,刘先生是从哲学诠释学的角度立论的。但是,人们似乎忽视了另外一个极为关键的问题,那就是中国文化尤其是儒家文化,并不仅仅是一种学术传统,而更是一种生命学问,它强调人们对于道的实践、践履。因此,如果忽略了生命的践履这一更为深远的生命诠释传统,那么,我们就很难真正深入中国文化,理解或者诠释也就会大打折扣。其实,西方的当代诠释学,也越来越强调"理解"与"生命"的关系。

古典诠释学的重要代表人物,施莱尔马赫对于"理解"予以了新的理解。他认为,理解并不是对文本预先存在一个设定,更不是简单地附和或者印证文本,而是一种通过心灵的介入,来重新表达或重构作者的意向,以达到对于作者原初意见的理解。狄尔泰更是把生命哲学引入诠释学之中,这与他所建构的精神科学密切相关。在狄尔泰的精神科学的视域之下,"理解"是以生命来

① 景海峰:《中国诠释学的研究现状及前景》,载景海峰、赵东明:《诠释学与儒家思想》,东方出版中心 2015 年版,第 17 页。

② 刘笑敢:《诠释与定向——中国哲学研究方法之探究》,商务印书馆 2009 年版,第 34 页。

理解生命，以生命来解决生命问题。而生命从本质上讲是一种体验，体验又与表达和理解紧密相关。因此，精神科学的基本内容是对于体验、表达以及理解的考察和认识。所以，狄尔泰得出结论："人是诠释学的动物。"从狄尔泰的角度来看，诠释已经不仅仅局限于文本，而成了认识生命的方法和心灵交互化的基本途径。① 利科则认为："诠释学的任务就是重建全部各种活动，通过这些活动使作品从生活体验、实际行动与痛苦经历的暗淡背景中脱颖而出，由作者赠给读者，后者接受了作品，因此改变其实际行动。"②我们如果借用这句话，将之转换到先秦儒家中去，很显然，孔子所开创的儒学，正是他在对六经的诠释中，将六经所蕴含的意义"由作者赠给读者"，孔门弟子作为"读者"，"接受了作品，因此改变其实际行动"，那体现出来的，就不仅是孔门弟子后学对六经及孔子儒学思想的不断诠释与创新，更多的是直接影响到孔门弟子后学的生命理解和生命践履。

儒学是生命的学问，也是学问的生命。这一传统奠基于孔子和孔门弟子。我们应该意识到，孔子学问的核心是关于生命意义的学说，是一种意义的信仰，而孔子的一生恰恰是其生命意义学说、意义信仰的践履过程。在他的七十三年的漫长一生中，生命已经化作了学问，而学问也已经化作生命。孔子的生命之学，成德之学，除了需要进行理论的阐发和诠释之外，更重要的在于亲身的体知和体证。这可以视为儒家的一种思维方式。

孔子用生命展现了一个理想的人格形态，为儒家树立了人格典范。而两千多年来，真正能够亲身体验和感受孔子人格魅力的，只有他的及门弟子。孔门弟子，尤其是像颜子、曾子这样的"优入圣域"的人物，无不是因为亲见亲证夫子的圣人气象，为其所折服的。"七十子之服孔子"是"中心悦而诚服"，如

---

① 参见景海峰:《中国诠释学的研究现状及前景》，载景海峰、赵东明:《诠释学与儒家思想》，东方出版中心 2015 年版，第 21—22 页。

② Paul Ricoeur, *Time and Narrative*, Vol. I, translated by K. McLaughlin and D. Pellauer, University of Chicago Press, 1984, p.86.转引自景海峰、赵东明:《诠释学与儒家思想》，东方出版中心 2015 年版，第 26 页。

颜子所谓"仰之弥高,钻之弥坚,瞻之在前,忽焉在后。夫子循循然善诱人,博我以文,约我以礼,欲罢不能。既竭吾才,如有所立卓尔。虽欲从之,末由也已"(《论语·子罕》)。此后,孔门后学乃至整个儒家传统,无不强调生命的践履。因此,从诠释学的视野来看中国古代诠释传统的时候,就不仅要紧紧盯住经学的文本诠释、思想诠释,更要重视历代儒者对于经典所载之道的生命践履这一生命诠释维度。因此,如果说"中国思想史的发展是以不断地对原典进行重新诠释的形式开展的"①,那么我们可以说,儒学的发展就不仅仅是对原典的重新诠释,还包括对历代儒者的生命诠释。没有历代儒者对"人能弘道"的坚守,或通过对道的理解、对生命的自我理解,进而开展贯穿终生的生命践履、生命诠释,儒学就会单薄许多。对于儒家传统而言,甚至可以说言语的诠释远不如生命的践履来得重要。用句俗语来讲就是,说的远不如做的重要。正如殷鼎先生所指出的:"人在生活中解释人生,人又生活在解释与理解活动之中。解释与理解参与到生活的每一方面。所有的理解与解释行为,都是公开或隐蔽地在理解历史、文化、传统或现实中去谋求理解和解释人自身,理解因而同时是人的自我理解。"②

我们强调生命的诠释,重视孔门弟子通过自身生命的践履工夫,正是基于孔子之道的本质特征。孔子所开创的儒学思想,不同于西方那种以知识理论形态呈现的哲学体系,从本质上讲它是一种归本于人的身心性命、人格完善的实践智慧。这就决定了儒学的践履工夫和哲理诠释是必然统一的。因此,如果不重视道德践履工夫,而是将之摒除于哲学的诠释方法之外,那可以说是遮蔽了经典诠释的源头活水。明儒有"即工夫即本体"的话头,其所强调的就是道德践履工夫与超越的道德价值的不二而一。道德践履工夫是体证、呈现道德本体的唯一路径。在现代汉语中,我们还是经常使用"生命诠释"这样的说法,比如说某人用生命诠释了什么精神。这便是汉语受到中国文化特质影响

① 姜广辉主编:《中国经学思想史》第一卷,中国社会科学出版社 2003 年版,第 40 页。

② 殷鼎:《理解的命运——解释学初论》,生活·读书·新知三联书店 1988 年版,第 1 页。

的反映。确如安乐哲先生所说的那样，"孔门弟子也不是在简单地、'客观地'观察夫子的见解与客观世界的一致性的基础上理解、接受、修正或扬弃孔子的观点。与之相反，孔子的观点是实实在在地在日常生活中被感觉、被体验、被实践、被践履的"①。所以，我们要讨论"孔门后学与儒学的早期诠释"，当然离不开孔门弟子及后学对孔子、儒学的生命诠释这一维度。

第一节　生命的学问：儒学的体知和体证

中国哲学以"生命"为中心，这是现代新儒家的共识。马一浮先生《释学问》一文指出："学问却要自心体验而后得，不专恃闻见；要变化气质而后成，不偏重才能。"②梁漱溟先生主张孔门之学乃是"人生实践之学"③，他说："儒家孔门之学为体认人的生命生活之学，要在反躬修己的实践，不宜以哲学思想目之。"④而现代新儒家第二代代表牟宗三、徐复观、张君劢、唐君毅在《为中国文化敬告世界人士宣言》里有这样一种观点："心性之学，正为中国学术思想之核心。"⑤基于此，几位先生提出："中国由孔孟至宋明儒之心性之学，则是人之道德实践的基础，同时是随人之道德实践生活之深度，而加深此学之深度的。"⑥因此，"吾人之了解中国哲学思想，亦自始不当离哲学家之全人格，全生活，及其与所接之师友之谈论，所在之整个社会中之行事，及其文化思想之渊

---

① ［美］安乐哲、罗思文：《〈论语〉的哲学诠释·导言》，余瑾译，中国社会科学出版社2003年版，第5页。

② 马一浮：《宜山会语》，载《马一浮集》，浙江古籍出版社、浙江教育出版社1996年版，第58—59页。

③ 梁漱溟：《东方学术概观》，载《梁漱溟全集》（七），山东人民出版社1989年版，第330页。

④ 梁漱溟：《儒家孔门之学为体认人的生命生活之学》，载《梁漱溟全集》（七），山东人民出版社1989年版，第497—498页。

⑤ 牟宗三、徐复观、张君劢、唐君毅：《为中国文化敬告世界人士宣言》，载胡晓明、傅杰主编：《释中国》第四卷，上海文艺出版社1998年版，第2908页。

⑥ 牟宗三、徐复观、张君劢、唐君毅：《为中国文化敬告世界人士宣言》，载胡晓明、傅杰主编：《释中国》第四卷，上海文艺出版社1998年版，第2910页。

源,与其所尚论之古今人物等,而了解,亦彰彰明甚"①。这正是因为中国哲学乃是一种有关生命的哲学的缘故。牟宗三先生在《中国哲学十九讲》第一讲就开宗明义地提出"中国哲学的主要课题是生命",他说:

> 中国哲学,从它那个通孔所发展出来的主要课题是生命,就是我们所说的生命的学问。它是以生命为它的对象,主要的用心在于如何来调节我们的生命,来运转我们的生命、安顿我们的生命。这就不同于希腊那些自然哲学家,他们的对象是自然,是以自然界作为主要课题。②

牟宗三认为,这不仅儒家为然,道家也是如此,外来的佛教,亦还是如此。"二千多年来的发展,中国文化生命的最高层心灵,都是集中在这里表现。对于这方面没有兴趣,便不必讲中国哲学。对于以'生命'为中心的学问没有相应的心灵,当然亦不会了解中国哲学。以西方哲学为标准,在中国哲学里选择合乎西方哲学的题材与问题,那将是很失望的,亦是莫大的愚蠢与最大的不敬。"③在中国哲学中,成圣成佛的实践与成圣成佛的学问是合一的。这就是中国式或东方式的哲学。"它是以'生命'为中心,由此展开他们的教训、智慧、学问与修行。"④在牟先生看来,中国文化在开端发轫的地方就将着眼点放在了"生命"上,也正是由于对生命的重视、对生命的关心,才引出"重德"的传统。这就与古希腊的"尚智"的传统产生了歧异。关心我们自己的生命,就不能从知识上去讲,而只能从德性方面来讲。而从德性的角度来关心生命,不仅不同于知识的讲法,而且是更高一层的讲法。这就是"实践"的问题。所以,儒家的思想乃是致力于"开辟价值之源,挺立道德主体",在这一方面没有哪一家能

---

① 牟宗三、徐复观、张君劢、唐君毅:《为中国文化敬告世界人士宣言》,载胡晓明、傅杰主编:《释中国》第四卷,上海文艺出版社1998年版,第2901—2902页。
② 牟宗三:《中国哲学十九讲》,上海古籍出版社1997年版,第14页。
③ 牟宗三:《中国哲学的特质》,上海古籍出版社2007年版,第6页。
④ 牟宗三:《中国哲学的特质》,上海古籍出版社2007年版,第5页。

够超过儒家。

杜维明先生在此基础上提出了"体知"的观念。他根据张载"闻见之知"与"德性之知"的区分，提出了"德性之知"是一种体知的看法。在杜维明看来，"德性之知"是一种内在体证之知，是从事道德实践必备的自我意识。如果说闻见之知是经验知识，那么，德性之知则是一种体验、体知，虽然不能离开经验，但是不同于经验知识。① 他说，儒家的人学也可以称为体验之学。所谓"体验"是活生生的有血有肉的人所感受的具体经验。这种经验不仅给我们带来如人饮水冷暖自知的内在知识，而且能够发挥长期彻底的转化功能。体验之所以不同于一般的经验，正是因为它是体之于身的经验，而不是一般浮光掠影的印象。以此类推，体认、体察、体证、体会、体味、体玩、体究及体知和一般的认识、考察、证实、品尝及理解也大不相同。凡能"体之"的都是"知行合一"的表现，既能"知得真切笃实"，又能"行得明觉精察"，因为所体之于身的正是自家受用的分内事。② 这一观念的提出，对于深刻理解儒家道德实践具有极大的启发意义，它使儒家身心一贯、知行合一的精神豁然呈现。

新儒家的这一认识，得到了当代诸多学者的响应。李泽厚先生虽然多次批评现代新儒家的致思理路，但是在对孔子乃至中国思想文化特质的认识上是一致的。他指出，世俗中有高远，平凡中见伟大，这就是以孔子为代表的中国文化精神。这种文化精神以"即世间又超世间"的情感为根源、为基础、为实在、为"本体"。因为人的生存意义就在此"生"的世间关系中，是道德责任之所在，也是人生的归依所在。③ 黄克剑先生就不无感慨地赞叹："孔子的学

---

① 关于"体知"，可以参见［美］杜维明：《论儒家的"体知"——德性之知的涵义》，载《灵根再植——八十年代儒学反思》，北京大学出版社 2016 年版，第 140—153 页；［美］杜维明：《儒家"体知"传统的现代诠释》，载《儒家精神取向的当代价值(21 世纪访谈)》，北京大学出版社 2016 年版，第 161—177 页。

② 参见［美］杜维明：《从身、心、灵、神四层次看儒家的人学》，载《灵根再植——八十年代儒学反思》，北京大学出版社 2016 年版，第 103—104 页。

③ 参见李泽厚：《论语今读》，生活·读书·新知三联书店 2008 年版，第 31 页。

说是生命化了的,他的生命情调是他的学说的最直观也最浑全的展露。"①确实如此,孔子是一位生命在场的圣哲。而陈来先生则做了这样的概括:

> 中国哲学的传统非常重视实践智慧,可以说,实践智慧一直是中国哲学的主体和核心。儒家自孔子以来,更是强调哲学作为实践智慧的意义。儒家哲学思想的特点是:突出人的实践智慧,而不突出思辨的理论智慧;儒家的实践智慧始终是强调以道德为基础,从不脱离德性;同时,又突出体现在重视修身成己的向度,亦即个人内心的全面自我转化;最后,儒家哲学思想总是强调实践智慧必须化为实践的行动,达到知行合一的境界。②

陈来先生认为,这一传统从孔子创立儒学就开始了。以孔门为代表的早期儒家之所以会形成这一性格,那是因为"儒家始终关注个人的善、社群的善、有益于人类事务的善"③。陈先生下面这一判断,毫无疑问是准确的:儒家所展开的实践智慧主要的指向是修身、"做人"。如果借用《中庸》的话来说,希腊的实践智慧重在"成物",而儒家的实践智慧重在"成人"(to be a true person)。

这种儒家的实践智慧又可以用孔子"为己之学"的话予以概括。所谓"为己",就是"己"的发展、转化。美德的培养和精神修炼,都是以"成己"为宗旨的。因此,这毫无疑问地可以昭示儒家之学的特点,那就是偏重于实践,以实践为落脚点,而这个实践的中心则是个人也就是"己"这个主体的心性修养、道德养成、人格提升。

子贡曾经提到过一个非常值得玩味的比喻。根据《荀子·法行》的记载,有个叫南郭惠子的人问子贡:"夫子之门何其杂也?"子贡的回答是:"君子正身以俟,欲来者不距(拒),欲去者不止。且夫良医之门多病人,檃栝之侧多枉

---

① 黄克剑:《由"命"而"道":先秦诸子十讲》,线装书局 2006 年版,第 70 页。
② 陈来:《论儒家的实践智慧》,《文汇报》2016 年 9 月 30 日。
③ 陈来:《论儒家的实践智慧》,《文汇报》2016 年 9 月 30 日。

木,是以杂也。"孔门何以庞杂?子贡的解释里用了两个比喻:"良医之门多病人,隐栝之侧多枉木"。孔子好比是良医,孔门弟子则是病人;孔子好比隐栝,而孔门弟子则是枉木。与子贡的比喻相似的另外一则故事,也可以帮助我们理解孔子与孔门弟子之间的这种关系。《孔子家语·子路初见》记载子路与孔子第一次见面时的对话,其间尚不免有一种紧张。原文如下:

> 子路见孔子。子曰:"汝何好乐?"对曰:"好长剑。"孔子曰:"吾非此之问也,徒谓以子之所能,而加之以学问,岂可及乎?"
>
> 子路曰:"学岂益也哉?"孔子曰:"夫人君而无谏臣则失正,士而无教友则失听。御狂马不释策,操弓不反檠。木受绳则直,人受谏则圣。受学重问,孰不顺哉?毁仁恶士,必近于刑。君子不可不学。"
>
> 子路曰:"南山有竹,不揉自直,斩而用之,达于犀革。以此言之,何学之有?"孔子曰:"括而羽之,镞而砺之,其入之不亦深乎?"
>
> 子路再拜曰:"敬而受教。"

这一故事反映的是孔子要劝子路从己受学的曲折过程。由此可知,"学问"在孔子这里,绝非一般的知识,而是有关"修身"成为"君子"的实践智慧。或者用宋明儒的话来讲,这是一种"德性之知"而非"闻见之知"。正如李泽厚先生所指出的,孔学儒家的学,主要指现实的实践行为,而非书面的诵读研究。他强调,孔门之学,是一种行为优于知识,行为先于语言的广义之学。① 何以见得?因为孔子所谈论的恰恰也是子贡"隐栝"与"枉木"的问题。孔子说"木受绳则直",引出"人受谏则圣",显然是认为每个人都会如自然之枉木必须经过后天的加工才能变直,成为木材一样,也必须经过"学问"和"受谏"的过程才能成为"君子"或"圣"。但是子路却颇为自信地认为自己并非枉木,而是"不揉自直"的"南山之竹"。孔子并未反驳,反而顺势诱导,人不应该像竹木一样停留在"直"的境地,而应该进一步"加工深造",可以使自己"入之深",即境

---

① 李泽厚:《论语今读》,生活·读书·新知三联书店2008年版,第39页。

界更高一层。当这样一番论辩之后,子路幡然醒悟,再拜而受教。这样,子路从一个"性鄙,好勇力,志伉直"(《史记·仲尼弟子列传》)的"卞之野人"(《尸子》),投身孔门,开始了"圣贤"的成长之旅。

我们单看子贡的"良医"与"病人"之喻,确乎发自其本人的体会与体验,因此具有较强的可靠性,使我们可以借由这一比喻去认识孔子与弟子之间的关系。

孔门弟子投入孔子门下,当然并不会没有利禄方面的考虑,但是其中的贤者,恐怕都是出于自我成长的需要。作为"病人",七十子应该都有自己的人生病痛——对生命的困惑和疑问,对理想与现实的纠结,对人生意义的迷茫,对生命价值的忧虑,乃至对义利之辨的困扰,等等。而孔子作为"良医",显然并不能通过一个思辨的药方就解除这些"病人"的病痛。我们通过对《论语》的考察,就会发现七十子的困惑与疑问,包括"问仁""问孝""问行""问政"等等,都并非纯粹的知识问题,而是实践问题。而孔子的每一次回答,都不是"定义"式的。即以孔子对"仁"的回答为例,"他对'仁'的指点是多角度的,每一次都切近提问者的生命状态,以取譬、举例的方式从某一方面入手予以点拨"①。而这种通过言语的方式来点拨,也是不得已而为之的方式。因为,在孔子那里,"仁"的浑全意味,只能靠心领神会,通过生命体验来理解、来呈现,而绝不能通过纯粹的思辨和知识化手段来理解。其实,后来的读者通过《论语》的经典阅读,所能体会到的,也不纯粹是知识,而是"每个生命个体都可以思接千古,与圣人展开直接的'交谈'与'对话',融化经典的神圣性于凡俗的日常生活之中,来体证生命的独特意义,从而与经典所凝聚的共识和普遍性同在"②。

我们可以说,孔子之教,乃是一种"教化"。景海峰先生指出:"教化是儒学之本,是儒家人物之'天职',也是儒家思想中最为核心的内容。"③我们曾

---

① 黄克剑:《由"命"而"道":先秦诸子十讲》,线装书局 2006 年版,第 71 页。
② 景海峰:《经典诠释与当代中国哲学》,商务印书馆 2016 年版,第 24 页。
③ 景海峰、赵东明:《诠释学与儒家思想》,东方出版中心 2015 年版,第 196 页。

经指出,据《说文》,"教,上所施下所效也"。南宋毛晃《增韵》:"凡以道业诲人谓之教,躬行于上风动于下谓之化。"所谓教化,即教而化之,是希冀以春风化雨的方式使人为"成人",这是一种精神的造就与陶冶,是一种人格的形塑,即思想脱离蒙昧与偏曲,心灵得以安顿,生命呈现意义,政治运行有序,社会达至和谐,这便是孔子"人文化成"之王道政治理想。教化不是外在的,不是强加于人的,而是建基于人之自我成长的内在需求的。教化与自我成长密不可分,它构成了一种精神的回环运动。可以说,教化这一"精神回环","既是生命主体特有的感知与践履的内在活动,又是人类精神的普遍性通过特殊的传递方式呈现其永久价值的外在标尺,它是一个永不停歇、永无止境的过程"①。这正与西哲伽达默尔关于教化的理解有异曲同工之妙:人需要教化,人是以教化的方式存在的。在教化中不断脱离动物性而向着普遍的人性提升。人类教化的一般本质就是使自身成为一个普遍的精神存在。② 孔子"述而不作",以承继和发扬先王之道为理想,删订六经,并以之为载体,阐发诠释出儒家的教化深义,形成"六经之教"。"经典的传习,所重在教养教化"③;"儒家经典就是儒家企慕圣境的心灵记录"④。

由此应知,孔门之学,作为一种为己之学,重在本己心灵的安顿,其管钥在于体知与体证。刘宗周尝云:"圣贤只就眼前道理,即身证学问,而万物一体之意,随大小广狭,即以自见。如人一身,或得一体,或具体而微,而斟酌于元气之周施,上天下地、往古来今,尽在此间。此是洙泗家风。"⑤所谓体知,就是

---

① 景海峰、赵东明:《诠释学与儒家思想》,东方出版中心 2015 年版,第 194 页。

② 参见[德]伽达默尔:《真理与方法》(修订本),洪汉鼎译,商务印书馆 2007 年版,第 22—23 页。

③ 李景林:《教化的哲学——儒学思想的一种新诠释》,黑龙江人民出版社 2006 年版,第 2 页。

④ 黄俊杰:《试论儒学的宗教性内涵》,载《东亚儒学史的新视野》,华东师范大学出版社 2008 年版,第 87 页。

⑤ (明)刘宗周:《论语学案》(二),载《刘宗周全集》(一),浙江古籍出版社 2007 年版,第 335 页。

指以身家性命来体验、感知于道;所谓体证,就是以身心灵神合一的方式验证于道。正如景海峰先生所说,对于儒学的涵育,"实在离不开个体生命融入社会生活的工夫,在动静语默之间、洒扫应对之际,特别是人伦日用之中,对个人亲历事件细心地加以体味";"在本质上,它是生活性、伦常性和社会性的。"① 正如陈淳所解释的那样:"凡日用间千条万绪,各一一精察其理之所以然,而实践其事之所当然,然后合万理为一理。"②儒家的体知与体证之学,既关乎理论,更重在实践,辨别是与非,更验证善与恶,是追求"明理"与"处事"的高度统一。③ 只有把握了这一康庄大道,对于儒家之学、儒学之道,才会有真正的理解。而这种体知与体证,反过来也可以说是对儒学之道的一种诠释方式。今天,我们透过《论语》《大学》《中庸》《孟子》等经典,可以发现"孔子成德之教(仁教)中其独特的生命智慧方向之一根而发,此中实见出其师弟相承之生命智慧之存在地相呼应"④。下面,我们就以"四书"等为主,来考察孔门弟子"相承之生命智慧之存在地相呼应"这一儒学诠释之路径。

第二节　颜子之好学

由孔子开启的儒家生命之学,本质上是一种与希腊"认知性哲学"不同的"引导性哲学"。认知性哲学追求的是"什么",而引导性哲学探究的则是"如何"。前者导向以认识论和方法论为基础的理论建构,而后者则导向以存在(自我或世界)的转化为目标的引导性立场。⑤ 在孔子的影响下,中国文化走出了一条不同于欧洲和印度的中国文化之路。孔子弟子在亲受孔子教诲之下,以其个人的生命成长,践履了孔子思想,诠释了孔子学说的意义。

---

① 景海峰、赵东明:《诠释学与儒家思想》,东方出版中心 2015 年版,第 204 页。
② (宋)陈淳:《北溪字义》,中华书局 1983 年版,第 32 页。
③ 参见景海峰、赵东明:《诠释学与儒家思想》,东方出版中心 2015 年版,第 214 页。
④ 牟宗三:《心体与性体》(上),上海古籍出版社 1999 年版,第 17 页。
⑤ 参见陈畅:《理学道统的思想世界》,上海书店出版社 2017 年版,第 282 页。

司马迁在《史记·孔子世家》中说:"孔子以《诗》《书》《礼》《乐》教,弟子盖三千焉,身通六艺者七十有二人。"在《仲尼弟子列传》开篇又说:"受业身通者七十有七人。"这里的"身通"一词很值得玩味,"通"在中国哲学里是一个极为重要的范畴。通,含有感通、融通等不同意涵。这里显然是融会贯通之义,但是也不能忽视其中所包含的感通之义。这里的"六艺"并非指"礼乐射御书数"等"技艺"性的"小六艺",而是指《诗》《书》《礼》《乐》《易》《春秋》六经之"大六艺"。对于经典之"通",显然少不了"感通"之意涵。七十子之徒,能够登堂入室,对于经典有所"通",则对于孔子之道更有所"通"。只不过,七十子之徒毕竟天资禀赋、气质个性各有差异,其所"通"的层次与境界也便会参差不齐。《论语》中有所谓"四科十哲"之说:"德行:颜渊,闵子骞,冉伯牛,仲弓。政事:冉有,季路。言语:宰我,子贡。文学:子游,子夏。"这一说法人皆称字,并非"子曰",应该是孔门弟子中的一个较为普遍的共识。当然,"十哲无曾"也为后儒留下了一大公案。由此所谓"四科"可知,孔门高弟,也是各有优长。这一点,我们还可以通过《孔子家语·弟子行》参互理解。

《孟子·公孙丑上》曾经记载孟子师徒关于圣人的对话,弟子问:

> 昔者窃闻之:子夏、子游、子张皆有圣人之一体,冉牛、闵子、颜渊
>
> 则具体而微。敢问所安。

孟子对此只淡淡地说了一句:"姑舍是。"并未置可否。对此,我们无法揣测孟子的态度和看法。不过,从后面"乃所愿,则学孔子"的话来看,恐怕上述这些孔门高弟并未入得了孟子的法眼。但是由"昔者窃闻之"一句观之,其为早已流传的说法。由这一分判而论,"子夏、子游、子张"是各得"圣人之一体",是比较偏的,而冉伯牛、闵子骞和颜子,则是"具体而微",显然已经得孔子之"全",只不过体量不足而已。由此观之,此三子的"生命实践"层次和境界显然要高于子夏诸人。这一点,也呼应了《论语》"四科"的说法。"德行"科的弟子显然高于其他诸科。其实,我们可以从此推测一下,得出以下结论,那就是政事科的冉有和子路,言语科的宰我与子贡,显然都是得"圣人之一体"的,

是有所偏失的。正如朱子所谓:"德行,得之于心而见于行事者也";"德行是个兼内外、贯本末、全体底物事,那三件,各是一物见于用者也。"①不过,《孟子》下文还有一句:"宰我、子贡、有若,智足以知圣人。"能够"知圣人",显然不是"智力"的问题,而是就"闻道"而言的。我们即以子贡为例。子贡在孔门中是仅次于颜子的高弟之一。孔子曾经将之与颜子并提,结果子贡非常有自知之明地说:"赐也何敢望回?回也闻一以知十,赐也闻一以知二。"(《论语·公冶长》)其实,正如钱穆先生所说:"观孔子与回孰愈之问,见二人在孔门之相伯仲。"②正如前章所论,子贡在孔门中的地位并不低。他得到孔子的垂青,也非无由。孟子所谓"智足以知圣人"是也。《孟子·公孙丑上》记载子贡与孔子的一段对话:

> 昔者子贡问于孔子曰:"夫子圣矣乎?"孔子曰:"圣则吾不能,我学不厌而教不倦也。"子贡曰:"学不厌,智也;教不倦,仁也。仁且智,夫子既圣矣!"

子贡的说法绝非谀媚之词。从"学不厌,智也;教不倦,仁也"的说法看,子贡确乎算是"智足以知圣人"的。但是,即便如此,子贡与颜子的差距也是显而易见的。

世所公认,颜子在孔门弟子中居于"首席",也因为如此,虽然他"不幸短命死矣",也没有留下任何著述,但是仍然稳居儒家道统之中。从汉至唐,颜子都是以孔子弟子代表的身份出现的,所以颜子得以与孔子并称"孔颜"。到了宋明,随着理学的兴起,颜子的道统地位更加不可动摇。二程曾经这样评论儒家的三位圣人:

> 仲尼,元气也;颜子,春生也;孟子,并秋杀尽见。仲尼无所不包;颜子示"不违如愚"之学于后世,有自然之和气,不言而化者也;孟子则露其材,盖亦时然而已。仲尼,天地也;颜子,和风庆云也;孟子,泰

① (宋)黎靖德编:《朱子语类》(三),中华书局1986年版,第1010页。
② 钱穆:《孔子弟子通考》,载《先秦诸子系年》,商务印书馆2001年版,第81页。

山岩岩之气象也。观其言,皆可见之矣。仲尼无迹,颜子微有迹,孟子其迹著。孔子尽是明快人,颜子尽岂弟,孟子尽雄辩。①

　颜、孟之于圣人,其知之深浅同,只是颜子尤温淳渊懿,于道得之更渊粹,近圣人气象。②

由此可见,在程子心目中,孟子的境界尚不如颜子。曲阜颜庙前西侧有一道石坊,上书"优入圣域"四字,作为对颜子的赞誉。我们知道,孔子之教乃成德之教,而成德是以"优入圣域"为鹄的,"域"在这里并不单单表示与道德性相关联的一个场所,一个由"论"所形成的公共空间,更是一种由实践而来的境界、一种圣贤气象。③ 颜子之所以能够"优入圣域",端赖其"工夫"。学界一般把"工夫论"视为宋明儒学的特有,认为先秦时期儒家尚未发展出工夫论。不过,根据王正先生的考察,先秦儒家的"工夫论"不同于宋明儒学"工夫论"之处是,前者包含得更广,后者内涵则比较狭窄。王正认为,先秦儒学的广义工夫论至少包括三个方面内容:其一是道德的体认、践行与内在超越,其二是知识的获得与实际致用,其三是技能的习得与现实运用。而狭义的工夫论则是指内圣方面的。这也是我们一般意义上的工夫论。④ 一般而言,所谓工夫,它是指人自觉地在生命中实践心性本质的努力。⑤ 这种生命践履的工夫,显然不同于一般的知识的学习和哲理的思辨,它的重点在于体认、证知,倾向于内在的领悟与体验。孔子所谓"下学而上达",其所谓学即此学,其所谓达,乃是达于"知天",即进入圣域,显见这是生命的体知之学。孟子所谓"尽心—知性—知天",其所谓"知"也是体知。而孟子用一"尽"字,则更是凸显了内在心

---

① (宋)朱熹、吕祖谦编,(宋)叶采集解:《近思录》卷14,上海古籍出版社2010年版,第348页。

② (宋)程颢、程颐:《二程遗书》,上海古籍出版社2000年版,第198页。

③ 陈畅:《理学道统的思想世界》,上海书店出版社2017年版,第306页。

④ 参见王正:《先秦儒家工夫论研究》,知识产权出版社2015年版,第1—3页。

⑤ 段吉福:《从儒学心性论到道德形上学的嬗变:以唐君毅为中心》,上海古籍出版社2014年版,第21页。

灵的工夫,不是靠思辨所能获得的。这正是儒家哲学以生命为中心,高度肯定人的生命价值与意义,高扬人的道德主体性的表征。

颜子何以能够实现孔子所谓"下学而上达"? 这一命题,其实早已有人注意并试图予以解决。北宋大儒胡安定在太学执教,曾向诸生提出了一道命题:"颜子所好何学论?"程颐就此题写下一篇宏论,载于《河南程氏文集》卷八《伊川先生文四》。程伊川开篇破题道:"圣人之门,其徒三千,独称颜子为好学。夫《诗》《书》六艺,三千子非不习而通也。然则颜子所独好者,何学也? 学以至圣人之道也。"①我们知道,胡安定此题,源自《论语》。《论语·雍也》载:"哀公问:'弟子孰为好学?'孔子对曰:'有颜回者好学,不迁怒,不贰过。不幸短命死矣,今也则亡,未闻有好学者。'"《先进》又载:"季康子问:'弟子孰为好学?'孔子对曰:'有颜回者好学,不幸短命死矣,今也则亡。'"伊川对此的答案是"学以至圣人之道"。接着,他解释道:

> 凡学之道,正其心,养其性而已。中正而诚,则圣矣。君子之学,必先明诸心,知所养,然后力行以求至,所谓自明而诚也。故学必尽其心。尽其心,则知其性,知其性,反而诚之,圣人也。②

在这里,伊川指出了儒门的工夫论,是所谓"自明而诚",是明心、正心、养性,然后力行,最后达到诚的境界,也就是成圣的境界。在伊川看来,孔子是"生而知之""自诚明"的圣人,颜子和孟子是"学而知之"。只可惜,天不假年,颜子"不幸短命死矣",因此,"颜子之与圣人,相去一息"③。颜子只差一点就达至孔子所达到的圣人境界了。也就是说,颜子的工夫路径是正确的,只可惜因为去世过早而不能臻于化境。最后,伊川说:"不求诸己而求诸外,以博闻强记巧文丽辞为工,荣华其言,鲜有至于道者。则今之学,与颜子所好异矣。"④

---

① (宋)程颢、程颐:《二程集》(上),中华书局 2004 年版,第 577 页。
② (宋)程颢、程颐:《二程集》(上),中华书局 2004 年版,第 577 页。
③ (宋)程颢、程颐:《二程集》(上),中华书局 2004 年版,第 578 页。
④ (宋)程颢、程颐:《二程集》(上),中华书局 2004 年版,第 578 页。

由此可见，在伊川眼中，颜子之所好、之所学，乃是达至圣人的正学。用今天的话来说，这是一种内在的生命体知、体证之学，而非外在的博闻强记、摆弄辞藻。

其实，颜子的境界，显然已经极高，与孔子"未达一间"而已！这是其他孔门弟子所不及的，因此，颜子才能得到孔子"独称好学"的殊荣。伊川之所以对颜子如此看重，这与宋明儒对内圣工夫的重视分不开。牟宗三先生认为，"内圣外王"一词虽然出自道家的《庄子》一书，但是"以之表象儒家之心愿实最为恰当"①。所谓"内圣"，就是内而在于个人自己，自觉地做圣贤工夫，也就是道德实践，以发展完成和挺立其德性人格。而所谓"外王"，就是外而达于天下，行王者之道，属于政治理想。在牟先生看来，"内圣"工夫是人人可为的，即孟子所谓"求则得之，舍则失之"，是"求之在我者"，只要想做就可以做到的；而"外王"则是"求之有道，得之有命"的，并非人人皆有条件去实现。既然如此，"求之在我者"才能看作儒家之最内在的本质。当然，儒家内圣的道德践履又与一般宗教不同，并不完全退缩在个人之成德领域为满足，而是"不能与政治划开"，所以，政治方面的追求也可以看作儒家本质之一面。很显然，宋明儒虽然并未割裂"内圣外王"，但是其特重"内圣"一面则无可异议。②而宋明儒家的最大贡献就在于通过突显"内圣"，强调"成德之教"，而彰显了孔子在中国文化中的开创者地位。在宋明儒者那里，"儒之为儒必须从王者尽制之外部的礼乐人伦处规定者进而至于由圣者尽伦之'成德之教'来规定，方能得其本质，尽其生命智慧方向之实"③。这显示了宋明儒学之为"新儒学"之"新"的所在。

"内圣"之学，在孔门显然以颜子为最高。《论语·先进》所录"四科十哲"，德行科以颜渊为首。我们可以通过文献来一窥颜子践履工夫之层次、德

---

① 牟宗三：《心体与性体》（上），上海古籍出版社1999年版，第4页。
② 参见牟宗三：《心体与性体》（上），上海古籍出版社1999年版，第4—7页。
③ 牟宗三：《心体与性体》（上），上海古籍出版社1999年版，第13页。

性修为之境界。

首先,颜子是极为聪慧之人。孔门之中,以子贡为"智德"之代表,然而夫子问子贡:"汝与回也孰愈?"子贡当即回应:"赐也何敢望回?回也闻一以知十,赐也闻一以知二。"(《论语·公冶长》)这里虽然不免有子贡自谦之成分,但也足见子贡对颜子佩服得五体投地,毫无相互轩轾之意。颜子之心存慧根,乃是他对于道的体证与体知。尤其是颜子与孔子的"相遇",可谓儒学史上最重要的一段佳话。先知觉后知,先觉觉后觉,颜子之慧根被孔子所点醒所启悟。孔颜师徒一同走在践仁祈圣的生命践履之路上,可谓真正的同道。

其次,颜子对孔子之道、之言、之教"无所不说(悦)"。以此聪慧之人,对于孔子之教,却是一番"无所不悦"的表现。这"无所不悦",说明颜子对于孔子之生命、之思想领悟之透彻且心领神会、无不信服,故而"悦"。由此可知,颜子于夫子之道,庶几乎契应神髓、全面认可、毫无质疑。故程子认为此是"与圣人同尔"[1]之故。这与宰我、子路等不断质疑夫子,显然有天壤之别。当然,颜子这种对孔子之教的"不违",在世俗智者看来,恐怕有些"愚"的意味。所以,孔子说:"吾与回言终日,不违如愚。"然而,这只不过是表面现象。故而孔子接着评论道:"退而省其私,亦足以发。回也不愚。"(《论语·为政》)朱子对此的解释是:"私,谓燕居独处,非进见请问之时。发,谓发明所言之理。"[2]李泽厚先生对此表示了不同看法。他说:"颜回在《论语》中的形象总是这样的'愚'、默、神秘。"[3]所以,他将这一句翻译为:"回头来看他的行为等等,却使我也受到启发,回是一点也不笨呀!"虽然我们认为,这样的翻译不一定错,但是朱子的诠释更符合此处的语境。朱子引用了其师李侗的话更透辟地诠释了颜子的精神:"颜子深潜纯粹,其于圣人体段已具。其闻夫子之言,默识心融,触处洞然,自有条理。故终日言,但见其不违如愚人而已。及退省

---

① (宋)程颢、程颐:《二程遗书》,上海古籍出版社2000年版,第167页。

② (宋)朱熹:《四书章句集注》,中华书局1983年版,第56页。

③ 李泽厚:《论语今读》,生活·读书·新知三联书店2008年版,第67页。

其私,则见其日用动静语默之间,皆足以发明夫子之道,坦然由之而无疑,然后知其不愚也。"①颜子的工夫在于"默而识之",故程子云:"颜子默识,曾子笃信,得圣人之道者,二人也。"②

其三,颜子对夫子之道践履"不惰"。"力行近乎仁"对于为己之学而言,意味着仅仅有高度的认可还不够,必须对所认可的真理、道理进行力行。而在此方面,颜子无疑又是踏踏实实的一个人。颜子不仅对孔子之道"心有所通,性有所系,道有所契",而且能够做到"欲罢不能"。孔子说:"语之而不惰者,其回也与!"(《论语·子罕》)这与上引"吾与回言终日"是一个意思。师生之间能够"言终日",做到"语之而不惰者",正是师生十分相契的表现。言默之间,心灵相通,故能终日。朱子引范氏曰:"颜子闻夫子之言,而心解力行,造次颠沛未尝违之。如万物得时雨之润,发荣滋长,何有于惰,此群弟子所不及也。"③由此可见"体道之勇,莫如颜子"④。又载孔子评价颜子:"惜乎! 吾见其进也,未见其止也。"(《论语·子罕》)这与孔子批评冉有的"今女画"(《论语·雍也》),形成鲜明的对比。朱子注:"颜子既死而孔子惜之,言其方进而未已也。"⑤这正与颜子自谓"欲罢不能"相符合,体现其学之不厌、奋进不怠、力行不息的精神,正是其"优入圣域"的保障。

其四,颜子践履的工夫是"克己复礼为仁"。《论语·颜渊》首章记载:

> 颜渊问仁。子曰:"克己复礼为仁。一日克己复礼,天下归仁焉。为仁由己,而由人乎哉?"颜渊曰:"请问其目。"子曰:"非礼勿视,非礼勿听,非礼勿言,非礼勿动。"颜渊曰:"回虽不敏,请事斯语矣。"

---

① (宋)朱熹:《四书章句集注》,中华书局1983年版,第56页。
② (宋)程颢、程颐:《二程遗书》,上海古籍出版社2000年版,第166页。
③ (宋)朱熹:《四书章句集注》,中华书局1983年版,第114页。
④ (明)刘宗周:《论语学案》(三),《刘宗周全集》(一),浙江古籍出版社2007年版,第405页。
⑤ (宋)朱熹:《四书章句集注》,中华书局1983年版,第114页。

这一章非常重要。朱子将之视为"传授心法切要之言",显然是认为这一章包含了儒门践仁的工夫要旨。仁,是孔子思想之最核心主旨。孔子并未给仁以明确的定义,而是随机指点。宋明理学家从"天理人欲"之辨出发诠释本章。如朱子曰:

> 仁者,本心之全德。克,胜也。己,谓身之私欲也。复,反也。礼者,天理之节文也。为仁者,所以全其心之德也。盖心之全德,莫非天理,而亦不能不坏于人欲。故为仁者必有以胜私欲而复于礼,则事皆天理,而本心之德复全于我矣。归,犹与也。又言一日克己复礼,则天下之人皆与其仁,极言其效之甚速而至大也。又言为仁由己而非他人所能预,又见其机之在我而无难也。日日克之,不以为难,则私欲净尽,天理流行,而仁不可胜用矣。

朱子又引用程子的话来佐证自己的意见:

> 非礼处便是私意。既是私意,如何得仁? 须是克尽己私,皆归于礼,方始是仁。①

此处所引大概是小程子的话。明道亦以"私"训己,他说:"克己则私心去,自然能复礼,虽不学文,而礼意已得。"②明儒刘宗周亦云:"就其井然不渝处识是礼,就其杂然拘蔽处识是己。盖天理、人欲之别名也。"③在刘宗周看来,"'克己复礼'者,撤尽气拘物蔽之障,而复还先天继善之良"④。刘宗周在解释"四勿"时说,"非礼勿视、听、言、动者,心存于视、听、言、动之时而不动于己私之谓也"⑤。很显然,刘宗周是以"私"来诠释"己"的。他还说:"分己礼而对立,

① (宋)朱熹:《四书章句集注》,中华书局1983年版,第132页。
② (宋)程颢、程颐:《二程遗书》,上海古籍出版社2000年版,第68页。
③ (明)刘宗周:《论语学案》(三),《刘宗周全集》(一),浙江古籍出版社2007年版,第430页。
④ (明)刘宗周:《论语学案》(三),《刘宗周全集》(一),浙江古籍出版社2007年版,第430页。
⑤ (明)刘宗周:《论语学案》(三),《刘宗周全集》(一),浙江古籍出版社2007年版,第431页。

其要归于克复而为仁,是虞廷之训也。"①故他称这一章是"孔门授受第一义"
"万世儒学之极规"。②

对此,李泽厚先生极为反对。他说,宋明理学则以"灭人欲"(克己)和"存
天理"(复礼)对此作心性哲学解。将"礼"等同于"理",将"己"读作"人欲"。
在李泽厚看来,这种直接把"克己复礼"归结为道德克胜私欲的心性问题,虽
深入一层,却未免狭隘。李泽厚的这种观点,在现代学者中颇多同道。不过,
我们认为,现代人对于宋明儒的"存天理,灭人欲"之说,有颇多误解。这里的
关键是"人欲"在宋明儒那里是有特指的,也就是它不是泛指人的欲望,而是
指那些违背了"天理"的过分的欲望。正常合理的欲望正是"天理",超出了这
个合理的范围的才是"人欲"。所以,宋明儒所谓"存天理,灭人欲",并非宗教
的那种禁欲主义③,而是一种合理的"节欲主义"。尽管什么样的欲望属于
"天理",恐怕随着时代的变迁会有争议,但是这一立场本身并无不妥。李泽
厚指责程颐、朱子把"礼"等同于"理",这也是一种误解。

朱子的注释说:"礼者,天理之节文。"也就是说,礼,是理的表现。其实,
这种将"礼"与"理"联系起来的观点,早在孔子那里就出现了。《礼记·仲尼
燕居》曰:"子曰:礼也者,理也;乐也者,节也。君子无理不动,无节不作。"在
孔子那里,"礼"正是"理"的体现。那些不合乎"理"的"礼",自然在损益的范
围之内了。李泽厚认为,礼及理是通过种种礼仪实践活动而非思辨、语言、心
性追求而建立的。其实,礼及理,当然不是靠着语言、思辨建立的,但却并非与
心性无关。在这里,李泽厚显然并没有体会到宋明儒学的妙处。

---

① (明)刘宗周:《论语学案》(三),《刘宗周全集》(一),浙江古籍出版社 2007 年版,第
431 页。

② (明)刘宗周:《论语学案》(三),《刘宗周全集》(一),浙江古籍出版社 2007 年版,第
431 页。

③ 历史学家何炳棣先生在诠释"克己复礼为仁"时,就倾向于将"克己"视为一种禁欲主
义,认为这种做法是压迫、净化和消解私欲。见其《"克己复礼"真诠》,《二十一世纪》1991 年第 8
期。这种看法,显然是有问题的。

李泽厚对"克"和"己"的诠释,采取了更早的马融的看法,训为"约",克己即约束自我。钱穆先生也持"约束"说,认为本章前后两个"己"不能训为二解,皆当作"身"来解释,因此,所谓克己就是约身。① 这一解释乃是古训,属于汉学的见解,清人便反对宋明儒的看法,而复归于汉。以此而论,克己是指约束自己的身即外在行为,即后面所谓"视、听、言、动"四个方面。关键在于,"己"是否必须是一个意涵? 程树德先生就认为,"同一'己'字而解释不同,终觉于义未安"②。因此,他赞同清儒的看法。

不过,我们认为,"克己"与"由己"说的"己"显然不是一回事,或者说,分别指向了"己"的两个维度。在儒家看来,"自己"一方面具有"道德理性",属于"道德主体";另一方面又属于"修身""反思"的对象。儒家将人心分为"道心"与"人心"。必须将二者合观,才能把握其全义。正如明儒唐伯元指出:"知由己,然后能克己,能克己,然后能复礼。"③清儒简朝亮《论语集注补正述疏》曾引述这样一种观点:"复礼曰克己,胜己之人欲也。为仁曰由己,从己之天理也。"就指出了"己"并非一个意涵。只有在明白了"己"的两个维度之后,"由己"与"克己"才能融通。检阅古籍,我们发现其实元代的袁俊翁早已有了上述的看法,他在《克己由己复礼非礼二己字二礼字同异》一文中做了详尽的辨析:

> 此章章旨,若专以二"己"字、二"礼"字论之,则二"己"字有不同,二"礼"字无以异。若以克己由己之工夫而论,则二"己"字不免为异中之同;以复礼非礼之气象而论,二"礼"字不免有同中之异。

---

① 不过,钱穆先生对"克己"的解释在其著作中并不统一。例如,《中国思想史》第六讲《孔子》中,提到"克己"时,夹注云:"克,克也,胜也。把自己私的一面克去,莫要让它放肆。是克己。"见钱穆:《中国思想史》,九州出版社 2011 年版,第 17 页。该书初版于 1952 年,1977 年作者重校再版。而其《论语新解》撰著于 1963 年。

② 程树德:《论语集释》(三),中华书局 1990 年版,第 818 页。

③ (清)黄宗羲:《明儒学案》(修订本)卷四十二《甘泉学案六》,中华书局 2008 年版,第 1004 页。

何以言之？上"己"字与"礼"字对言，则此"己"字属乎私；下"己"字与"人"字对言，则此"己"字出于正。上下二"礼"字则皆指天理言之而无异旨。此夫人之所共知也。然究其立言之旨，二"己"字皆是就学力上说来，试即学力究之，克己者自治之谓，由己者自任之谓。盖皆求其在我而已也。二"礼"字皆是向天理中提出，试即天理推之，复礼者统言天理本然之体，非礼者特言天理当然之则。盖不免有显微精粗之间也。要之，由己之己，善也；克己之己，本非善，以克己言之则亦善矣。复礼之礼，正也；非礼之礼，本亦正，以非礼言之，则不正矣。学者惟能以非礼为戒，则自足致复礼之效；惟能以由己为心，则自足成克己之功。互而观之，克己乃所以制其非礼，由己乃所以求其复礼。反复玩味，会异为同，究其功用，一而已矣。他日颜渊仰钻瞻忽之叹，尝谓夫子博我以文，约我以礼。合而言之，此二"我"字，盖能以由己为心，而成克己之功矣。此一"礼"字，盖能以非礼为戒，而致复礼之效矣。宜乎！夫子赞易之复，独称其庶几；论心之仁，独称其不违。良有以夫！嗟乎！颜渊问仁一章，曰己曰礼，固可观颜子入道之门。颜渊喟叹一章，曰我曰礼，又可见颜子造道之域。颜何人哉，希之则是。[1]

袁氏对于本章"克己""由己"及"复礼""非礼"之间的异同，辩证条贯，既能道出其中的差异，又能见到其间的联系。他说："上'己'字与'礼'字对言，则此'己'字属乎私；下'己'字与'人'字对言，则此'己'字出于正。"又谓："要之，由己之己，善也；克己之己，本非善，以克己言之则亦善矣。复礼之礼，正也；非礼之礼，本亦正，以非礼言之，则不正矣。"与我们的看法正好相合。其实，即使训为"约束""抑制"，那么这个"己"也不是"由己"的那个"己"。"为仁由己"，显然强调的是"己"作为道德主体的一面，是予以高度肯定的，这是与"人"相对的，而不是

---

① （元）袁俊翁：《四书疑节》，载《景印文渊阁四库全书》第 203 册，上海古籍出版社 1987 年版，第 759—760 页。

那个需要约束的对象。"克己"则与"复礼"相对,"己"是指那个不合于"礼"的"己",也就是"私欲"。因此,宋儒对于"克己"的诠释,并无不妥。

黄怀信先生也认为,对"克"的两种解释都是可以成立的。① 陈来先生的新著《孔子·孟子·荀子——先秦儒学讲稿》对"己"的"双重性"作了分析。他说:

> "己"也是一个很重要的概念,有双重性。一方面"己"为"修"的对象,"正"的对象,这个意义上的"己"是个人利益、欲求、主观立场的综合;另一方面"己"又是实践的主体性,"为仁由己"。②

陈先生这一看法与我们一致,再次佐证了我们对这一问题的思考。

不过,杜维明先生虽然也将"克"训为胜,但是他不认可宋儒将"己"等同于私欲的看法,他指出:"己就是没有经过内省反思的身心状态(并不必然是坏的私欲,只是没有打磨完善);所以克己就是要有内在的精神磨炼,让内在心灵变得和谐有序的状态。这时候依然是自己,但已经是与克之前的'己'不同。这种磨炼是一种成长,而不是禁欲,也就是有序地成就各种欲望和诉求,并不是要把欲望取消,这是根本的差别。"③杜先生的这一剖析,我们是基本赞同的。他指出了"克己"是指向正面的成长,而不仅仅是消极的克制。这是富有卓识的洞见。不过,似乎杜先生对宋明儒的"天理人欲"说,也和李泽厚、何炳棣等先生一样,将其视为"禁欲主义",这是我们所不敢苟同的。

其五,颜子能够做到"其心三月不违仁"。依照颜子的性格,当孔子指出践履的工夫路向是"克己复礼为仁"时,并在具体指示了"四勿"的条目之后,颜子所谓"回虽不敏,请事斯语"的答复,一定是能够认真落实的。正如朱子所谓"颜渊闻夫子之言,则于天理人欲之际已判然矣,故不复有所疑问,而直

---

① 参见黄怀信主撰:《论语汇校集释》(下),上海古籍出版社 2008 年版,第 1065 页。

② 陈来:《孔子·孟子·荀子——先秦儒学讲稿》,生活·读书·新知三联书店 2017 年版,第 41 页。

③ [美]杜维明:《建构精神性人文主义——从克己复礼为仁的现代解读出发》,载《否极泰来——新轴心时代的儒家资源》,北京大学出版社 2016 年版,第 332 页。

请其条目也"①。很明显,颜子了悟孔子的教诲乃是一种生命践履工夫,是一种体证体悟之学,所以必须"事",即去做,而非仅限于一种"头脑风暴"。正是这种踏实的践履,才能真正突显"克己复礼为仁"之效。据《论语·雍也》载孔子的话:"回也,其心三月不违仁,其余则日月至焉而已矣。"程子对此诠释道:"三月,天道小变之节,言其久也,过此则圣人矣。不违仁,只是无纤毫私欲。少有私欲,便是不仁。"程子认为,只要超过了三个月,就可以超凡入圣了。朱子引尹氏的话说:"此颜子于圣人未达一间者也,若圣人则浑然无间断矣。"②《中庸》曾经记载孔子的话:"回之为人也,择乎中庸,得一善,则拳拳服膺而弗失之矣。"可与此章相参证。正如程子所谓"颜渊事斯语,所以进于圣人"③。这里的"心",其实就是人的主体意识,或者说是指人的内在的德性状态。当然,这里的"心"也与上文分析的"己"一样,具有两个维度。借用《尚书·大禹谟》关于"道心""人心"的概念,可以更深地理解此处的"心"。"人心""道心"本是一心,或者准确地说,代表了"心"的两个维度:一个是欲求欲望之心,这是所谓"人心",代表了人的动物性的一面;另一个是追求天理天道之心,此所谓"道心",代表了人的精神性的一面。如果知觉从耳目之欲上去,便是人心;反过来,如果知觉从义理上去,便是道心。虽圣人不能无人心,故须"克己复礼"工夫;虽小人不能无道心,故可"为仁由己"。因此,"其心三月不违仁",一方面指人的道德主体的"道心";另一方面又隐含着"惟危",需要克制的"人心"。我们知道,"心性论"虽然是儒家之血脉,但是孔子论仁虽多,谈心的地方却极少。故而这一处极为重要。正如梁启超先生所言:"《论语》称颜子'其心三月不违仁',为儒家后来讲心的起点。仁为儒家旧说,心为后起之说,心仁合一,颜子实开端绪。"④

① (宋)朱熹:《四书章句集注》,中华书局 1983 年版,第 132 页。
② (宋)朱熹:《四书章句集注》,中华书局 1983 年版,第 86 页。
③ (宋)朱熹:《四书章句集注》,中华书局 1983 年版,第 132 页。
④ 梁启超:《儒家哲学》,上海人民出版社 2009 年版,第 119 页。

其六,颜子"三月不违仁"的体现就是"不迁怒,不贰过"及"无伐善,无施劳"。《中庸》载孔子说:"仁者,人也。"仁是人之所以为人的内在本质。因此,按照孟子的说法,"仁"并非"外铄"而来,乃是"我固有之",所以,孔子才会说:"我欲仁,斯仁至矣。""为仁由己,而由人乎哉?"因此,孔子的仁学,就是希望每个人意识到内在于自己生命的"仁"之端倪或根芽,通过"克己复礼"的工夫,使得"仁"能够不断地被觉悟、被追求,最后凸显彰显出来。颜子的践履工夫,便成功诠释了孔子这一思想。

"不迁怒,不贰过"是孔子对颜子的肯定。康有为认为,"不迁怒,不贰过,皆克己之学"①。"喜怒哀乐"是人之情绪,对于情绪的节制,是"克己"工夫的重要内容。何晏《集解》云:"凡人任情,喜怒违理,颜渊任道,怒不过分。迁者,移也。怒当其理,不移易也。不贰过者,有不善未尝复行也。"②此将"情"与"道"对立而言,任情则易于"违理","违理"就是"任道"的对立面,合乎道理的"情"才是值得称道的。此是颜子好学之证。然而,何谓"不迁怒"?何谓"不贰过"?宋儒的解释与汉儒并无不同。对于"不迁怒",何晏以"怒当其理,不移易也"③为训,程颐以"喜怒在事,则理之当喜怒者也,不在血气则不迁"④为解,二者的训解皆以"当理"为说。对于"不贰过",皇侃以"凡情有过必文,是为再过",而有过未曾不知,"知则不复文饰以行之,是'不贰'"⑤为诠,程颐则以"有不善未尝不知,知之未尝复行"⑥为释,张载则训为"慊于己者,不使萌于再"⑦。朱子则以"怒于甲者,不移于乙;过于前者,不复于后"⑧为解,十分简约,只是对于"迁"的解读与何晏、皇侃、程颐等稍有差异,不过二者的训

① 康有为:《论语注》,中华书局 1984 年版,第 72 页。
② (南朝梁)皇侃撰,高尚榘校点:《论语义疏》,中华书局 2014 年版,第 126 页。
③ (南朝梁)皇侃撰,高尚榘校点:《论语义疏》,中华书局 2014 年版,第 127 页。
④ (宋)朱熹:《四书章句集注》,中华书局 1983 年版,第 84 页。
⑤ (南朝梁)皇侃撰,高尚榘校点:《论语义疏》,中华书局 2014 年版,第 126 页。
⑥ (宋)朱熹:《四书章句集注》,中华书局 1983 年版,第 84 页。
⑦ (宋)朱熹:《四书章句集注》,中华书局 1983 年版,第 84 页。
⑧ (宋)朱熹:《四书章句集注》,中华书局 1983 年版,第 84 页。

解其实是可通的。对此,明儒刘宗周的诠释则更为周详,其云:

> 学莫要于治心。心之体发而为喜怒哀乐,各中其节。心有不存,而七情先受其蔽矣。七情之蔽,惟怒易乘,故颜子之学于惩忿得其大者。凡怒缘感生,而随感以观理,若有一定之域。然试就天理分数检出入之倪,即动些子,亦是迁。此际更无强制法可施,惟颜子学以克己,直能克去此血气之私而毫不妄溢,其发也,适还其可怒之理而已,何迁之有?只此是心体浑然完复时,几于无过矣。苟有过,未尝不知,知之未尝复行也,何贰之有?以怒徵其常心,以过徵其暂时,时时保任,时时剥换,一日而超凡证圣无难。此其好学之力,诚有非他人所敢望者。寻常说惩忿,说改过,人人理会得,只不迁不贰,是颜子独步精神,故夫子叹之。[1]

诚如刘宗周所说,"寻常说惩忿,说改过,人人理会得",这是稍有理性的人,都会明白的浅显道理,但是"理会得"却不一定能做到。儒家之学,"不离日用常行内",可是却"直造先天未画前",看似极其平常,但"平常即伟大",并非人人能够做到,尤其是时时刻刻做到的。故刘宗周称此是"颜子独步精神","非他人所敢望"。

除了"不迁怒,不贰过"之外,颜子还能以"无伐善,无施劳"为志愿。对于"无伐善,无施劳"的解释,古往今来也有不同。孔安国对此的解释是:"自无称己善也","无以劳事置施于人也"。[2] 朱熹的解释有所不同:"伐,夸也。善,谓有能。施,亦张大之意。劳,谓有功。"[3]在朱子看来,"无伐善,无施劳"是一个意思,就是不自夸能,不自居功。不过,朱子还引用了另一种解释,就是将"劳"训为"劳事",即孔安国的解释。他认为,这种解释"亦通"。还有人将

---

① (明)刘宗周:《论语学案》(二),载《刘宗周全集》(一),浙江古籍出版社2007年版,第340页。

② (南朝梁)皇侃撰,高尚榘校点:《论语义疏》,中华书局2014年版,第122页。

③ (宋)朱熹:《四书章句集注》,中华书局1983年版,第82页。

"伐"解释为"败坏",则是牵强之说。

当然,"不迁怒,不贰过"与"无伐善,无施劳",都并未臻至化境。程子云:"若颜子之非礼勿视、听、言、动,不迁怒贰过者,则其好之笃而学之得其道也。然其未至于圣人者,守之也,非化之也。假之以年,则不日而化矣。"①又云:"颜子不自私己,故无伐善;知同于人,故无施劳。其志可谓大矣,然未免出于有意也。至于夫子,则如天地之化工,付与万物而己不劳焉,此圣人之所为也。"②又云:"颜子所言不及孔子,'无伐善,无施劳',是他颜子性分上事。孔子言'安之,信之,怀之',是天理上事。"③即便如此,在孔门贤弟子中,颜子则是最近乎圣人之道者,孟子所谓"具体而微"者是也。宋儒程明道云:"学者当学颜子入圣人为近,有用力处。"④

第三节　孔颜乐处

梁漱溟先生认为,孔子最重要的观念是仁,最昭著的态度是乐。⑤ 这真是对孔子之道透彻的体知。"仁"与"乐",一个是道德生命的本体,一个是道德生命的发用,二者是一种体用关系。这种"乐"绝非一种普通的情感,而是道德生命的呈现。李泽厚精辟地指出:"此乐即是仁,乃人生境界,亦人格精神。"⑥他将儒家这种最高最大的乐的宗教情怀置于这个世界的生存、生活、生命、生意之中的观念,称为情本体。是否如此,姑且勿论。但是他将乐与仁及其与人的生命的密切关联性揭示出来,则无疑是一种洞见。通过生命的践仁

---

① (宋)朱熹:《四书章句集注》,中华书局1983年版,第84—85页。
② (宋)朱熹:《四书章句集注》,中华书局1983年版,第82—83页。
③ (宋)程颢、程颐:《二程遗书》,上海古籍出版社2000年版,第137页。
④ (宋)程颢、程颐:《二程遗书》,上海古籍出版社2000年版,第69页。
⑤ 参见梁漱溟著,李渊庭、阎秉华整理:《梁漱溟先生讲孔孟》,中华书局2014年版,第27页。
⑥ 李泽厚:《哲学纲要》,北京大学出版社2011年版,第61页。

而呈现乐的境界,并非易事。正因为颜子好学,终于克己复礼为仁,其修身之境界,庶几乎优入圣域,后世得以孔颜并称,备受后儒赞颂仰慕。

颜子践仁工夫,受到后儒的交口称赞。至宋儒,更是津津乐道,将"孔颜乐处"为践履工夫的境界追求。据《二程遗书·二先生语二上》所记语录云:"昔受学于周茂叔,每令寻颜子、仲尼乐处,所乐何事。"①然周敦颐对于孔颜乐处之理解,却书缺有间,未得其详。我们只能从其《通书》中略窥一二。周敦颐《通书·颜子第二十三章》云:

> 颜子一箪食,一瓢饮,在陋巷,人不堪其忧,而不改其乐。夫富贵,人所爱也。颜子不爱不求而乐乎贫者,独何心哉?天地间有至贵至富、可爱可求而异乎彼者,见其大而忘其小焉尔。见其大则心泰,心泰则无不足,无不足则富贵贫贱,处之一也。处之一则能化而齐,故颜子亚圣。②

朱子认为,这所谓"至贵至富、可爱可求"的,就是"孔颜乐处"。这种境界,是不能用"言语解会"的,而只能靠着"深思而实体之"。这是一种生命的体知体证,不是哲理的思辨。根据二程的说法,是周茂叔"每令寻孔颜乐处,所乐何事",可见这是周敦颐的践履体证之所得,而化为指引后学入德之门径。再根据黄庭坚对其之评价,我们可以确知,周敦颐确乎于此有所得。黄氏谓:"人品甚高,胸怀洒落,如光风霁月。廉于取名,而锐于求志;薄于徼福,而厚于得民;菲于奉身,而燕及茕嫠;陋于希世,而尚友千古。"③这种境界不庶几与颜子一致吗?然而,周敦颐关于"孔颜乐处"之诠释,我们仅见于此,故朱子尝感慨道:"然所以指夫仲尼、颜子之乐,而发其吟风弄月之趣者,亦不可得而悉闻矣。"④

人或以为,周敦颐的"吟风弄月""胸怀洒落,如光风霁月"是"仙风道

---

① (宋)程颢、程颐:《二程遗书》,上海古籍出版社2000年版,第66页。

② (宋)周敦颐著,谭松林、尹红整理:《周敦颐集》,岳麓书社2002年版,第42—43页。

③ (宋)周敦颐:《周敦颐集》附录《宋史·道学传·周敦颐传》,中华书局1990年版,第87页。

④ (宋)朱熹:《通书后记》,载(宋)周敦颐:《周敦颐集》,中华书局1990年版,第49页。

气",或以为"其哲学含有道家气味也"(陈荣捷语),虽是皮相之见,但并非无由。其实,孔颜乐处本身,确乎有似于庄子的逍遥之乐。但是,我们认为,庄子之学,可能恰恰出于颜氏之儒,而并非孔颜受到道家之影响。近代国学大师章太炎先生曾提出了庄子与颜氏之儒的关系问题。他说:

> 儒家之学,在《韩非子·显学篇》说是"儒分为八",有所谓颜氏之儒。颜回是孔子极得意门生,曾承孔子许多赞美,当然有特别造就。但孟子和荀子是儒家,记载颜子的话很少,并且很浅薄。《庄子》载孔子和颜回的谈论却很多。可见颜氏的学问,儒家没曾传,反传于道家了。《庄子》有极赞孔子处,也有极诽谤孔子处;对于颜回,只有赞无议,可见庄子对于颜回是极佩服的。庄子所以连孔子也抨击,也因战国时学者托于孔子的很多,不如把孔子也驳斥,免得他们借孔子作护符。照这样看来,道家传于孔子为儒家;孔子传颜回,再传至庄子,又入道家了。至韩退之以庄子为子夏门人,因此说庄子也是儒家。这是"率尔之论,未尝订入实录"。他因为庄子曾称田子方,遂谓子方是庄子的先生。那么,《让王篇》也曾举曾原、则阳、无鬼、庚桑诸子,也都列名在篇目,都可算做庄子的先生吗?①

章先生发现了庄子对于颜子有赞无弹,指出"颜氏的学问,儒家没曾传,反传于道家了",这无疑是一种卓识。但是他认为"道家传于孔子为儒家;孔子传颜回,再传至庄子,又入道家了",却说得不够确切。自然,孔子曾经受到老子的影响,故孔子思想中亦有"无为"思想,但却不宜说"道家传于孔子为儒家",因为孔子之儒学,其主要渊源在于周公,在于六经,而不在老子。说庄子是儒家,固然不当,但说庄子与颜子有一定的思想关联,则并非无稽之谈。而郭沫若先生的评论似乎更为公允:

> 我怀疑他(指庄子)本是"颜氏之儒"。……庄子是从颜氏之儒

---

① 章太炎讲演,曹聚仁整理,汤志钧导读:《国学概论》,上海古籍出版社 1997 年版,第32 页。

出来的,但他就和墨子"学儒者之业,受孔子之术"而卒于"背周道而用夏政"一样,自己也成立了一个宗派。①

　　庄周并不曾自命为"道家",《说剑篇》虽然是假托,但他的后学说他"儒服而见(赵)王",可见他们的一派依然是自命为儒者。《田子方篇》里面又有一段寓言,说庄子见鲁哀公,哀公说"鲁多儒士,少为先生方者",这是说庄周也是儒士,然而方法不同。儒之中本来也有多少派别,在孔子当时已有"君子儒"与"小人儒";在荀子口中则有所非难的"贱儒"或"俗儒"。庄门虽自命为儒士而要毁儒,那是丝毫也不足怪的。②

除此之外,钱穆先生也认为,"庄子思想,实仍沿续孔门儒家,纵多改变,然有不掩其为大体承续之痕迹者。……若谓庄子思想,诚有所袭于孔门,则殆与颜氏一宗为尤近"③,"要之庄子关于人生哲学之理想,必有与孔子颜渊一脉相通之处"④。唐君毅先生也指出:"庄子之学与颜回之学,明有相契应之处。"⑤李泽厚先生更是深刻地指出:"庄子虽以笑儒家、嘲礼乐、反仁义、超功利始,却又仍然重感性,求和谐,主养生,肯定生命,所以它与孔门儒学倒恰好是由相反而相成的,即儒、道或孔、庄对感性生命的肯定态度是基本一致或相同相通的。所以,'比较起来,在根本气质上,庄子哲学与儒家的"人与天地参"的精神仍然接近,而离佛家、宗教以及现代存在主义反而更为遥远。'"⑥综上可知,庄子的"道家气味",与儒家尤其是与颜子实在有着极为相通之处。深得颜子之学

---

　　① 郭沫若:《十批判书·庄子的批判》,载《郭沫若全集·历史编》(2),人民出版社1982年版,第190、197页。

　　② 郭沫若:《十批判书·庄子的批判》,载《郭沫若全集·历史编》(2),人民出版社1982年版,第197—198页。

　　③ 钱穆:《庄老通辨》,生活·读书·新知三联书店2002年版,第148页。

　　④ 钱穆:《庄老通辨》,生活·读书·新知三联书店2002年版,第152页。

　　⑤ 唐君毅:《孔子在中国历史文化的地位之形成》,载《中华人文与当今世界补编》,广西师范大学出版社2005年版,第289页。

　　⑥ 李泽厚:《华夏美学·美学四讲》(增订本),生活·读书·新知三联书店2008年版,第96页。

影响的周敦颐,其思想有所谓"道家气味",不亦宜乎? 当然,说颜子有"道家气味"显然是以后说前,其实我们反过来应该说,庄子深得"孔颜乐处"之气象。那么,周敦颐显然也是深得"孔颜乐处"之气象的,据文献记载,朱熹的老师李侗"每诵此言,以为善形容有道者气象"①。这"有道者气象",非指道家会象,而是指周敦颐"得道""有道",这正是儒家所极力追求的生命境界。

这孔颜乐处,均出自《论语》。孔子之乐见于《述而》:

> 子曰:"饭疏食饮水,曲肱而枕之,乐亦在其中矣。不义而富且贵,于我如浮云。"

颜子之乐见于《雍也》:

> 子曰:"贤哉,回也! 一箪食,一瓢饮,在陋巷。人不堪其忧,回也不改其乐。贤哉,回也!"

对于孔子之乐,程子曰:"非乐疏食饮水也,虽疏食饮水,不能改其乐也。不义之富贵,视之轻如浮云然。"程子的说法显然是有见地的。孔子之乐,并非乐于困顿、贫乏,若是那样,无疑是一种病态心理,而是困顿与贫乏也无法撼动的初心,不能改变其所乐。程子又曰:"须知所乐者何事。"②这里程子已经点出了"孔颜乐处,所乐何事"的命题。朱子则说:"圣人之心,浑然天理,虽处困极,而乐亦无不在焉。"③明儒刘宗周说:

> 圣人日用动静,莫非天理。以天为体而不系于物,则常乐矣。圣心之天不可见,就乐地而见,故曰乐天。此乐不必在疏水、曲肱中,只就疏水、曲肱中拈起亦在。看圣人此等气象,分明浩浩无边。浮云富贵,正是乐中滋味觑破时作此眼界,曰不义云。④

---

① (宋)朱熹、吕祖谦编,(宋)叶采集解:《近思录》卷14,上海古籍出版社2010年版,第355页。

② (宋)朱熹:《四书章句集注》,中华书局1983年版,第97页。

③ (宋)朱熹:《四书章句集注》,中华书局1983年版,第97页。

④ (明)刘宗周:《论语学案》(二),载《刘宗周全集》(一),浙江古籍出版社2007年版,第365页。

可见，刘宗周对孔子之乐的看法，与程朱相一致。李泽厚则对宋明理学的看法，有认同，有批评。他说："'乐'什么？某种准宗教的心理情感状态也。……它高于任何物质生活和境界本身，超乎富贵贫贱之上。而此语的诗情画意，更使人流连不已，千古传诵。说它为审美境界，固宜。"他接着指出："问题在于'七情之正'与这种'天人之乐'的关系。理学将二者截然划开甚至对立，将前者视同仇敌。近代自然人性论相反，斥后者为神秘迂腐，片面发展前者。两皆失之。'孔颜乐处'固然指'天人之乐'，即孟子所谓'上下与天地同流'之乐，但并不贬低或排斥'七情之正'的世俗之乐，如孟子所谓'得天下英才而教育之'的'乐'、'独乐乐与众乐乐'之'乐'，等等。"①

对于颜子之乐，程子曰："颜子之乐，非乐箪瓢陋巷也，不以贫窭累其心而改其所乐也，故夫子称其贤。"这与对孔子之乐的解释如出一辙，是真切的。又说："箪瓢陋巷非可乐，盖自有其乐尔。其字当玩味，自有深意。"②这里也是提醒读者要玩味其中的深意。在别处，程子又曰："若颜子箪瓢，在他人则忧，而颜子独乐者，仁而已。"③

对于程子所谓周茂叔之教，朱子则谓："程子之言，引而不发，盖欲学者深思而自得之。今亦不敢妄为之说。"④刘宗周对此感慨道：

> 茂叔教人，每令寻孔、颜乐处，所乐何事？此个疑案，后人鲜开消得，一似指空花、踏幻影，无有是处。程子说不是贫，又不是道；朱子又说未尝不是道，若有极口道不出者，毕竟是何事？此事不从言说得，不从妙悟得，学者须实学孔、颜之学始得。孔、颜乐处，即是孔、颜学处。子曰："不怨天，不尤人，下学而上达，知我者其天乎！"何不乐

① 李泽厚：《论语今读》，生活·读书·新知三联书店2008年版，第219—220页。
② （宋）朱熹：《四书章句集注》，中华书局1983年版，第87页。
③ （宋）程颢、程颐：《二程集》（上），中华书局2004年版，第352页。
④ （宋）朱熹：《四书章句集注》，中华书局1983年版，第87页。

之有? 善乎,王心斋氏之言曰:"学然后乐,乐然后学。学即乐,乐即学。天下之乐无如此学,天下之学无如此乐。"然则孔、颜之乐也,乃其所以合于愤也与?①

对颜子之乐,李泽厚同样不满意于宋明理学家的诠释。他在诠释"回也,其心三月不违仁"时指出,"仁"在这里可能指的是某种具有神秘性的人生最高心理状态,怀疑"仁"即是宋明理学宣讲的"孔颜乐处"。这种境界是瞬间把握、稍纵即逝、难以长久保持的,可以用禅宗的"瞬间永恒感"来理解。孔颜之乐,不是乐贫困。这是儒家与某些宗教之大不同。基督教认为,贫困、受难、痛苦体现了上帝意旨,因以受之为乐,甚至刻意寻求苦难虐待自己,以此来获得拯救与超升。儒学不是这样,其最高境界是这种"天人合一"的神秘快乐。不过,他依然批评宋明理学将"世俗情感"与"天人之乐"对立起来。② 在诠释"箪食瓢饮"一章时,他引用了马王堆帛书《五行》的话予以参证。《五行》曰:"君子无中心之忧则无中心之智,无中心之智则无中心之悦。无中心之悦则不安,不安则不乐,不乐则不德。"李泽厚先生认为,这里的"乐"并不脱离感性和心理,"但是这种快乐已经是一种经由道德而达到的超道德的稳定'境界'"③。

李泽厚借用人类学、宗教学等知识,进一步拓展了对"孔颜乐处"的诠释。他曾经提出一个著名的命题"乐感文化",以与西方的"罪感文化",日本的"耻感文化"相比较。他指出,"乐"在中国哲学中实际具有本体的意义。这种"乐"是以身心与宇宙自然合一为旨归的,其实质是审美的而非宗教的。④ 在李泽厚先生看来,孔子、颜子这种"乐",既是对外在世界的实践性的自由把握,又是对人道、人性和人格完成的关怀。它既是人的自然性的心理情感,同

①　(明)刘宗周:《论语学案》(二),载《刘宗周全集》(一),浙江古籍出版社 2007 年版,第346 页。

②　李泽厚:《论语今读》,生活·读书·新知三联书店 2008 年版,第 179—180 页。

③　李泽厚:《论语今读》,生活·读书·新知三联书店 2008 年版,第 183 页。

④　李泽厚:《中国古代思想史论》,生活·读书·新知三联书店 2008 年版,第 329 页。

时又已远离了动物官能的快感,而成为心灵的实现和人生的自由,其中积淀、融化了人的智慧和德行,成为在智慧和道德基础上的超智慧、超道德的心理本体。这是人生,也是审美。这种"乐"是一种"仁的最高层次"①。李泽厚的看法是深刻的。孔子儒学,没有对彼岸世界的追求,强调人的世俗生活与宇宙的相通性,因此更加肯定生命、强调世俗、重视实用、重视情感。李泽厚甚至把"情本体"视为乐感文化的核心。② 并以此反对宋明理学与现代新儒家以"心性为本"的传统认知。对此,非本书论域,且置不论。

当然,相对于孔子之乐,颜子之乐也依然"微有迹"。正如刘宗周所言:"颜子之乐,从忧上勘出,正是工夫得力时。以夫子之乐观之,犹带许多辛酸味在。"③不过,即便如此,由于"回无气质之病而好学不惰,纯粹精微",故能够"优入圣域,近于道矣"。④

对于颜渊对孔子思想之理解、诠释,除了如此之生命践履的身体诠释之外,亦可见诸言论。在《孔子家语·三恕》中有孔子与颜子、子路、子贡等关于"仁"与"智"的对话:

> 子路见于孔子。孔子曰:"智者若何? 仁者若何?"子路对曰:
> "智者使人知己,仁者使人爱己。"子曰:"可谓士矣。"
>
> 子路出,子贡入。问亦如之。子贡对曰:"智者知人,仁者爱
> 人。"子曰:"可谓士矣。"
>
> 子贡出,颜回入。问亦如之。对曰:"智者自知,仁者自爱。"子
> 曰:"可谓士君子矣。"

---

① 李泽厚:《华夏美学·美学四讲》(增订本),生活·读书·新知三联书店 2008 年版,第57 页。

② 李泽厚:《实用理性与乐感文化》,生活·读书·新知三联书店 2005 年版,第 55 页。

③ (明)刘宗周:《论语学案》(二),载《刘宗周全集》(一),浙江古籍出版社 2007 年版,第 365 页。

④ (明)刘宗周:《论语学案》(三),载《刘宗周全集》(一),浙江古籍出版社 2007 年版,第 424 页。

子路、子贡与颜子不同的回答,并不能说明孰是孰非,而只能表示对仁、智诸德体会的境界不同。显然,在这里孔子更加赞赏颜子。我们看到,子贡的回答与孔子对樊迟的答语完全一样,而孔子只是给子贡一个"可谓士矣"的评价,显然在孔子看来,这还不算对仁和智的深度理解和体认。而颜子所答"智者自知,仁者自爱",表面看起来层次不高,实际上却是极为深刻的见解。何谓"仁者自爱"?高华平先生认为其重心是主张"仁者"之"仁爱"应由己及人、由近及远,即《中庸》所谓"仁者人也,亲亲为大",或《孟子·尽心下》所谓"仁者以其所爱及其所不爱"①。我们认为,这一看法尚未达颜子思想的内里,虽然其说必然包含"由己及人、由近及远"的意思,但是这尚非根本所在。我们认为,颜子所谓"仁者自爱",不仅符合孔子"为己之学"的教诲,而且更能把握到修身之道的真谛。"自爱"绝非沽名钓誉,也非出于追求所谓修身立德等目标,而是自然真诚之情感流露,是内蕴于己、非待外求的真正的为己之学。正如冯友兰对颜渊所乐何事的解说所云:"圣人之乐是他的心境自然流露……他不是乐道,而是自乐。"②其"爱"也是"自爱",也是"心境之自然流露"。而"自爱"才是仁者之真正的根基所在。"自爱"也必然会蕴含"爱人"一层含义。

第四节　曾子之笃实弘毅

孔门之中,除颜子外,唯曾子最为笃实,其于孔子之道的生命践履工夫,亦可为代表。在前章我们曾经说过,曾子在孔门中的地位是特殊的。据传统说法,《孝经》是曾子所作;而据程朱的说法,《大学》是曾子所作。更重要的是,《论语》的编纂也与曾子有莫大关系。所以,一方面曾子能够通过构建自己的义理体系来发展诠释儒学;另一方面,他也能在生命的践履上有深刻体证,以

---

① 高华平:《颜渊之学及〈庄子〉中的颜渊》,载方勇主编:《诸子学刊》第4辑,上海古籍出版社2010年版,第136页。

② 冯友兰:《中国哲学简史》,北京大学出版社1996年版,第247—248页。

生命诠释孔子思想。其义理的诠释，我们后面专门去谈，此处仅从生命诠释的角度予以抉发。

首先，曾子性"鲁"。《论语·先进》曾有一段评论孔门弟子的话："柴也愚，参也鲁，师也辟，由也喭。"这段话未表"子曰"，《四书章句集注》引吴氏曰："此章之首，脱'子曰'二字。"又说："或疑下章子曰，当在此章之首，而通为一章。"①这一推测很有见地。从对此四子称名来看，理应是孔子之语。孔子对四位弟子的评价，都是指出其"病"。前面我们曾经提到子贡的一个比喻："良医之门多病人。"孔子对门下弟子的性格、气质了解透彻。正如程树德引《四书诠义》所云："有其病则有其善，愚者必厚重，鲁者必诚朴，辟者才必高，喭者性必直，此皆圣门气质有偏而未为习染所坏者。"②鲁，质胜文之谓也。程子曰："参也竟以鲁得之。"③正所谓"有其病则有其善"。"鲁"之病在鲁钝，然从另一方面来看，恰恰是笃实的反映，所谓"鲁者必诚朴"。"鲁却正是他一般病，但却尚是个好底病。就他说，却是得这个鲁底力。"④"曾子鲁钝难晓，只是他不肯放过，直是捱得到透彻了方住；不似别人，只略绰见得些小了便休。……惟曾子更不放舍，若这事看未透，真是捱得到尽处，所以竟得之。"⑤可见，鲁虽是病，只要善加利用，则能反过来成为优势。程子又曰："曾子之学，诚笃而已。圣门学者，聪明才辩，不为不多，而卒传其道，乃质鲁之人尔。故学以诚实为贵也。"⑥可以传孔子之道者，首推颜子。然而颜子"早死"，让孔子颇有"天丧予"之感。幸有鲁直诚朴之曾子，能传夫子之道。

朱子在《大学章句序》中有所谓"三千之徒，盖莫不闻其说，而曾氏之传独

① （宋）朱熹：《四书章句集注》，中华书局1983年版，第127页。
② 程树德：《论语集释》（下），中华书局2013年版，第898页。
③ （宋）朱熹：《四书章句集注》，中华书局1983年版，第127页。
④ （宋）黎靖德编：《朱子语类》（三），中华书局1986年版，第1018页。
⑤ （宋）黎靖德编：《朱子语类》（三），中华书局1986年版，第1018页。
⑥ （宋）朱熹：《四书章句集注》，中华书局1983年版，第127页。

得其宗"①之说,虽不免有所夸饰,却也并非无根无据的谰言。由于曾子为人谨慎,性格内敛,但同时柔中有刚,"弘毅"之气,浩然可见。刘宗周所谓"鲁者担荷甚力",可谓得之。朱子对曾子的"真积力久"的工夫给予极高的评价:"只从日用间应事接物上积累做去,及至透彻,那小处都是自家底了。"②他衡论孔门弟子:"如子贡后来见识煞高,然终不及曾子。如一唯之传,此是大体。毕竟他落脚下手立得定,壁立万仞! 观其言,如'彼以其富,我以吾仁','可以托六尺之孤','士不可以不弘毅'之类,故后来有子思、孟子,其传永。孟子气象尤可见。"③因此,曾子之"鲁",恰恰是成就其境界的最得力处。

也许,正是由于曾子更加忠诚于孔子,长期活动于鲁地,才形成颇具影响,且颇有孔门正宗地位的"洙泗学派"④,而且又得享高寿,所以他在孔门之中,具有特殊地位。

其次,曾子重"内省"工夫。梁漱溟先生曾经将古今东西方学术分为四类:"一曰科学技术,二曰哲学思想,三曰文学艺术,四曰修持涵养——简称修养。"⑤在他看来,儒学被当作哲学来认识理解是不妥当的,应该属于"修持涵养"之学。他说:"此特指反躬在自己身心生活上日进于自觉而自主,整个生命有所变化提高的那种学术。其中有知识,有思想,却主要得之向内的体认,还以指导乎身心生活。因其学问大有别于处理外在事务者,从而名之曰修持,曰涵养,曰证悟。"⑥而综括儒家修身之学,可以"为己之学"四字概括。

---

① (宋)朱熹:《四书章句集注》,中华书局1983年版,第2页。
② (宋)黎靖德编:《朱子语类》(六),中华书局1986年版,第2354页。
③ (宋)黎靖德编:《朱子语类》(六),中华书局1986年版,第2354页。
④ 参见李学功:《洙泗之学与西河之学——孔子殁后的儒家道路》,《齐鲁学刊》1991年第4期;王钧林:《中国儒学史·先秦卷》,广东教育出版社1998年版,第169—170页。
⑤ 梁漱溟:《东方学术概观》,载《梁漱溟全集》(七),山东人民出版社1989年版,第365页。
⑥ 梁漱溟:《东方学术概观》,载《梁漱溟全集》(七),山东人民出版社1989年版,第366—367页。

儒家"为己之学"最切要的是"反"的工夫、"思"的工夫。这个"反""思"就是"反求""反省""反思"。孔子对此极为重视,相关论述很多。比如:"君子求诸己,小人求诸人。""内省不疚,夫何忧何惧?""见己过而内自讼""见贤思齐""君子有九思"等等。我们在郭店简《成之闻之》等简帛文献中,发现大量类似"反诸己""求之于己"的话,显然是对孔门"反思"精神的继承。孟子亦云:"行有不得,反求诸己。"

人与动物最大的区别,就是人具有一种道德自觉,他能够通过"反求诸己"的方式,来发现自身的不足,进而改过自新。"求诸己"这种对自我的反省意识,人性之光辉,道德生命之庄严高贵,皆赖此而呈现,故乃是修身的起点。如果缺乏"反省"意识,那么道德主体便无法挺立。我们都知道,孔子谈"思",说"君子有九思",已经提出了"思"的工夫论,而孟子说:"心之官则思。"讲"思则得之,不思则不得"。其实,孔孟之间的曾子也非常强调"思"。《大戴礼记·曾子立事》记载:"君子之于不善也,身勿为能也,色勿为不可能也;色也勿为可能也,心思勿为不可能也。"这里的思,便是反思。可见,曾子对"心"的"反思"功能有了认识。思正是内省体察的工夫。"思则得之",唯有在反思上做工夫,反观内照,才能发现自身之"病",进而对症下药。反己才能克己,克己才能复礼,复礼才能为仁。仁之修养,必以反省反思为起点。曾子还提出"君子思仁义"(《大戴礼记·曾子立事》),即以仁义来反观自己,并突出人的道德主体意识。在这一方面,孔门之中,曾子最有心得。

《论语·学而》载曾子之语曰:"吾日三省吾身:为人谋而不忠乎?与朋友交而不信乎?传不习乎?"朱子称此为"为学之本"。曾子在修身的内省工夫上,开拓出了儒家"内在超越"之路,这条路经由子思、孟子而发扬光大。所以,曾子可以作为儒家"内向"转化的、强调内省精神的代表。他把生命的内省作为一种生活方式。其实,恰恰就是通过一种道德的生命践履,来诠释孔子思想。侯外庐等先生曾经对曾子的内省路线予以批评,认为这一路线恰恰是孔门真正精神萎缩的表现。① 对此,我们并不认同。曾子继承孔子之仁学,在修身思想和实践上有继承有创新,并启迪了后来的思孟学派,而思孟学派的这一传统经由宋明儒学而更光大之。当然,同样是一种反省工夫,同样具有一定的宗教性色彩,儒家的"内省"工夫与西方基督教所注重的"忏悔"工夫不同,它没有原罪意识,它并不以自我完全否定为准则,而是以一种更为积极的态度来进行自我提升。正如李泽厚先生所说的那样,从乐感文化的立场上看,儒家是以一种更为肯定的、更为积极的情感色调来解述和规范之。② 儒家没有西方那种借助于超越的绝对来获得救赎的冲动,而是在道德主体的意识下从事自我完善的工夫。

第三,曾子的"守约"工夫。内省的修身工夫,主要落实为"守约"。康有为即以"守约"为曾子之学的特点。但是他对守约之学的评价不高,其原因大概是对此内省与守约理解不透。"曾子守约"的说法源自孟子。《孟子·公孙丑上》:

> 北宫黝之养勇也,不肤挠,不目逃,思以一豪挫于人,若挞之于市朝。不受于褐宽博,亦不受于万乘之君。视刺万乘之君,若刺褐夫。无严诸侯。恶声至,必反之。孟施舍之所养勇也,曰:"视不胜犹胜也。量敌而后进,虑胜而后会,是畏三军者也。舍岂能为必胜哉? 能无惧而已矣。"孟施舍似曾子,北宫黝似子夏。夫二子之勇,未知其孰贤,然而孟施舍守约也。昔者曾子谓子襄曰:"子好勇乎? 吾尝闻大勇于夫子矣:自反而不缩,虽褐宽博,吾不惴焉;自反而缩,虽千万人,吾往矣。"孟施舍之守气,又不如曾子之守约也。

孟子这段话,是针对公孙丑"不动心有道乎"的提问而发的。孟子将两位勇士与孔门两位高弟进行了联系和比较。他说:"孟施舍似曾子,北宫黝似子夏。"朱子认为北宫黝"盖刺客之流,以必胜为主,而不动心者也",孟施舍"盖力战

① 参见侯外庐、赵纪彬、杜国庠:《中国思想通史》(一),人民出版社2011年版,第174页。
② 参见李泽厚:《论语今读》,生活·读书·新知三联书店2008年版,第36页。

之士,以无惧为主,而不动心者也"。① 尽管孟子说"夫二子之勇,未知其孰贤",但紧接着又下了一个结论:"然而孟施舍守约也。"下面,孟子又就勇的问题,引述了曾子的言论,然后得出结论说:"孟施舍之守气,又不如曾子之守约也。"孟施舍与北宫黝相比,属于"守约";然而当与曾子相比时,又成了"守气",曾子才是真正的"守约"。显然,"守气"是低于"守约"的一个层次。这说明在孟子看来,子夏不如曾子,其不如之处正在于"守约"上。我们知道,子夏属于孔门文学科高弟,以"博学而笃志,切问而近思"的"道问学"工夫,成就了其对后世儒家经学的开创之功;而曾子则以"三省吾身"的"尊德性"工夫,开启了儒家向内转向的内圣之学。

根据孟子的说法,又可以推知,"守约"并非一固定所指的工夫,而是一种可以不断加强的工夫。那如何理解"守约"呢?约者,一也,"守约"就是"守一"或"守中"。曾子之守约其实就体现在"自反"上:"自反而不缩,虽褐宽博,吾不惴焉;自反而缩,虽千万人,吾往矣。"这里的"缩"是什么?据清儒的说法,缩,直也,义也。缩就是合乎义。也即是说,曾子"自反"的标尺是"义"。这与《大戴礼记·曾子制言中》所载曾子之语"君子思仁义"是一致的。孟子曰:"守约而施博者,善道也。"孟子所谓"守约",接近于孔子所谓"吾道一以贯之"。"自反"也是孟子的工夫论,这个"自反"就是道德主体经过内在良知的省察的工夫。曾子这种"守约"的工夫,就是慎独。张新民先生指出,一个依据深层反省开发出内在道德资源的人,当然会感到做人的庄严自信;一个经过慎独工夫而内省无过无愧的人,必然也会生出弥纶宇宙的道德大勇。②

第四,曾子的"慎独"工夫。毫无疑问,慎独是儒家修身的法门之一。梁漱溟先生曾经强调:"孔门修己之学一了百当,慎独之外更无他事。原吾人生

---

① (宋)朱熹:《四书章句集注》,中华书局 1983 年版,第 230、231 页。
② 参见张新民:《良知·内省·自律——中国传统道德精神与现代人格三题》,《贵州社会科学》1995 年第 6 期。

命固自天地万物一体,慎独工夫到家天地万物都收进来,何莫非分内事乎。"①
慎独是一种道德的自觉工夫,是道德主体紧扣着道德意识而发出的。反过来
说,道德主体必须通过慎独的工夫来呈现。但是,慎独的工夫论,在孔子那里
确实没有提出。直到《大学》《中庸》才明确提出来。"《大学》《中庸》两篇所
以谓此学极重要典籍者,即在其揭出慎独工夫,率直地以孔门学脉指示于
人。"②我们知道《大学》据宋儒言乃是曾子所传,我们认为《大学》当是曾子门
人所撰,不过其思想当源于孔子和曾子一脉。那么,曾子有无慎独工夫呢? 梁
漱溟先生指出:"《论语》中不见慎独一词,然颜子、曾子所为兢兢者应不外此
工夫。""颜子悟之最早,继之者其为曾子乎。"③牟宗三先生也敏锐地发现:
"慎独这个观念孔子没讲,孟子也没讲。如果你要追溯这个观念的历史渊源,
那当该追溯到谁呢? 当该是曾子。慎独是严格的道德意识,在孔门中道德意
识最强的是哪一个? 就是曾子。"④确实如此,《大学》引曾子的话说:"十目所
视,十手所指,其严乎!"很明显是一种强烈的道德自觉意识,这种道德自觉正
是慎独工夫的真实体验。正如梁漱溟先生所指明的:"在东方古书中被看作
哲学的那些说话,正是古人们从其反躬向内的一种实践活动而来⋯⋯在这里
你要插入讲话,就得亦经一番修养实践工夫再来讲。"⑤曾子的这一段话,应该
就是如此得来的体证之知。曾子的慎独工夫,我们还可以一段资料来印证。
《礼记·檀弓上》记载:

> 曾子寝疾,病。乐正子春坐于床下,曾元、曾申坐于足,童子隅坐
> 而执烛。童子曰:"华而睆,大夫之箦与?"子春曰:"止!"曾子闻之,

　　① 梁漱溟:《试论晦庵朱子在儒家学术上的贡献兼及其理论思维上的阙失》,载《梁漱溟全集》(七),山东人民出版社1989年版,第466—467页。

　　② 梁漱溟:《东方学术概观》,载《梁漱溟全集》(七),山东人民出版社1989年版,第334页。

　　③ 梁漱溟:《东方学术概观》,载《梁漱溟全集》(七),山东人民出版社1989年版,第335页。

　　④ 牟宗三:《中国哲学十九讲》,上海古籍出版社1997年版,第77页。

　　⑤ 梁漱溟:《读熊著各书书后》,载《梁漱溟全集》(七),山东人民出版社1989年版,第757页。

瞿然曰:"呼!"曰:"华而睆,大夫之箦与?"曾子曰:"然,斯季孙之赐
也。我未之能易也。元,起易箦。"曾元曰:"夫子之病革矣,不可以
变,幸而至于旦,请敬易之。"曾子曰:"尔之爱我也不如彼。君子之
爱人也以德,细人之爱人也以姑息。吾何求哉?吾得正而毙焉,斯已
矣。"举扶而易之,反席未安而没。

这段记载反映的是曾子临终之前"易箦"的故事。与生命比起来,"箦"是否合
礼,似乎并不重要。曾子在意这些细枝末节,似乎道德意识过于强烈,不够中
道。然而,从慎独的角度而论,便可以理解了。礼者,理也。君子应该"克己
复礼为仁",而不应该"姑息"。合乎礼地死去,叫"得正而毙",如此才能"心
安理得",不留遗憾。孔子仁学,突出强调一个"安"字。"得正"是曾子临终的
遗愿。唯有如此,才能心安。故曾子批评曾元:"君子之爱人也以德,细人之
爱人也以姑息。"这正是一种"死而后已"的精神。

刘宗周尝谓:"曾子学问最朴实,到底无跌磕破绽。他行一寸,得一寸。"①
这一评价十分到位。《泰伯》载:"曾子有疾,召门弟子曰:'启予足!启予手!
诗云:"战战兢兢,如临深渊,如履薄冰。"而今而后,吾知免夫!小子!'"曾子
在临终之前,依然反躬自省,战战兢兢,可见"曾子一生精神,息息反躬,循顶
至踵,彻体承当,都无放过处"②。真实地落实践履了"死而后已"的生命
承诺。

第五,曾子体认孔子之道。

《论语·里仁》载孔门一段"故事":

子曰:"参乎!吾道一以贯之。"曾子曰:"唯。"子出。门人问曰:
"何谓也?"曾子曰:"夫子之道,忠恕而已矣。"

①　(明)刘宗周:《论语学案》(二),载《刘宗周全集》(一),浙江古籍出版社2007年版,第
382页。
②　(明)刘宗周:《论语学案》(二),载《刘宗周全集》(一),浙江古籍出版社2007年版,第
382页。

这个故事,颇类似禅宗"拈花微笑"的典故。孔门师弟,一曰一唯之间,心有灵犀之状尽显。其共同点是,都涉及了"传道""传法"等事关学派根本的大事。曾子用"夫子之道,忠恕而已矣"来解释孔子"一贯之道",颇有见地。此章的诠释分歧极大,争议不断。宋明理学的大儒如二程、朱子、陆象山都肯定曾子的传道之地位,但是也有很多人对此予以否定。古往今来,对于"忠恕"与"一贯"之间的关系,诠释甚夥。赞成者有之,质疑者有之。这时的曾子年纪尚轻,以他并不颖悟的资质能否体知夫子之道呢? 很多学者以此来质疑之。我们从曾子"唯"的行为来看,他对孔子所谓一贯之道,应该是心领神会、默识心通的,故并未请益。而孔子随之"出",也未作申论,似乎孔子也认为曾子的"唯"对之全有领悟,故并未多言。如苏轼所推论,"师弟子答问,未尝不唯者。而曾子之唯,独记于《论语》,吾是以知孔子之妙传于一唯。枘凿相应,间不容发,一唯之外,口耳皆丧"①。

其次,忠恕是"二"还是"一"? 忠恕是否真是孔子所谓"一以贯之"的那个"一"呢?《中庸》有一句孔子的话,"忠恕违道不远"。论者以为,这正好可以佐证曾子的"忠恕"并非孔子所谓的"道"。因为孔子说,"违道不远"。这里的"违"并非违背之义,而是"近道"的意思。换句话说,孔子的意思是"忠恕离着道很近"。理解这句话,不能够用概念诠释,而应该从践履工夫上去理解。我们知道,孔子所谓的"道"或者"仁"都不是一种哲学概念,而是一种践履境界。也就是说,忠恕作为工夫,是接近于道的,可以通达于道,因此是正确的路径。只要加以践履,即可达道。这并非表述忠恕与道之间的区别,而是强调其间的相通。所以,《中庸》的这句话并不足以否定曾子之说,反而可以佐证之。

那么,孔子所谓"一",曾子所诠释的是"二",岂不矛盾? 这个"一"是什么? 学界通常的理解或者说共识是"仁"。我们知道,"仁"作为孔子思想的核

---

① （宋）苏轼:《跋荆溪外集》,载（明）茅维编,孔凡礼点校:《苏轼文集》(5),中华书局1986年版,第2061页。

心所在,弟子请教多方,但是孔子所答亦皆不同。因为,"究竟意义上的仁可以由圣人的生命境界得以展现。然而,生命境界具有主观体验性,不是可以传递的知识,非深造自得者不能为言。因此,对一以贯之的仁者境界,最好的诠释只能是指点追问者达到此境界,而不是仅客观地分析仁是什么"①。那么,当门人问曾子的时候,曾子的回答显然也不能从概念的分析上去讲仁,而只能指点达到此境界的方法和路径。曾子所谓的"忠恕之道"恰恰是为仁之方。所以,"曾子不以仁诠释'一以贯之',而是由工夫而诠释境界恰是因为对仁学有深刻的理解"②。这一点,其实苏东坡早已有所觉察。他虽然认为,"忠恕"不是"道",但他认为并非曾子对孔子之道未悟,只是面向的对象使他无法准确地说出。苏轼说:"一以贯之者,难言也。虽孔子莫能名之。故曾子'唯'而不问,知其不容言也。虽然,论其近似,使门人庶几知之,不亦可乎?曰:非门人之所及也,非其所及而告之,则眩而失其真矣。然则盍亦告之以非其可及乎?曰:不可。门人将自鄙其所得而劳心于其所不及,思而不学,去道益远。故告之以忠恕,此曾子之妙也。"③这正是苏轼的高明之处。他发现了用"忠恕"诠释"一贯之道",乃曾子的不得已。如果从概念上讲,"仁"自是"仁","道"自是"道","忠恕"自是"忠恕"。但是,从践履工夫上论,"忠恕"与"仁""道"实在是一致的。

宋明理学家据此认为,曾子传夫子之道"独得其宗",但是叶适对此不以为然,作《总述讲学大旨》,对宋明理学家所谓道统说大加批评。牟宗三先生对此专门予以论衡。在谈到曾子是否传孔子之道时,牟先生说:"凡道之传与技艺之传不同,此是真实生命之事。师生相承只是外部之薰习,若夫深造自得,则端赖自己。然大端方向亦必有相契,方能说传,否则倍师叛道,不得云

---

① 董卫国:《忠恕之道与孔门仁学——〈论语〉"忠恕一贯"章新解》,《现代哲学》2016年第4期。

② 董卫国:《忠恕之道与孔门仁学——〈论语〉"忠恕一贯"章新解》,《现代哲学》2016年第4期。

③ 曾枣庄、舒大刚主编:《三苏全书》(三),语文出版社2001年版,第184页。

传。生命之事至为殊特,亦至为共通。若能相契,则前后相辉,创造即重复,所谓其揆一也。有引申,有发展,有偏注,有集中,然而不碍其通契。此之谓传。夫孰谓如鹦鹉学语,一模一样,计较量之多少,语之似不似,然后谓之传与不传耶? 曾子根据孔子之仁教,确有其深造自得者,此即道德意识之加强是。"①

康有为在《论语注》中也对曾子极力批评。他赞成叶适对曾子未闻道、不传道的看法。他认为,曾子之学的特点在于"守约"。他说:"曾子终身盖以孝谨自守者,今《大戴礼·曾子》十篇,率皆守身之言,其宗旨在此,其力行亦在此。"②在康有为看来,曾子之学的层次不高,虽然属于孔子之学的一部分,但是"偏"的。宋儒说曾子是"孔子正传",是"大谬"。他说:"《论语》即辑自曾门,而曾子之学专主守约。观其临没郑重言君子之道,而乃仅在颜色容貌辞气之粗;乃启手足之时,亦不过战兢于守身免毁之戒。所辑曾子之言凡十八章,皆约身笃谨之言,与《戴记·曾子》十篇相符合。……曾门弟子之宗旨学识狭隘如彼,而乃操采择辑纂之权……其必谬陋粗略,不得其精尽,而遗其千万,不待言矣! ……《论语》只为曾门后学辑纂,但传守约之绪言,少掩圣仁之大道,而孔教未宏矣。故夫《论语》之学实曾学也,不足以尽孔子之学也。"③侯外庐等先生也批评曾子说:"抹煞实践与感觉,斤斤于容貌辞气,求远于鄙倍,战战兢兢于日三省自身,陷入神秘的唯心主义。"④

那么,曾子是否传孔子之道且"独得其宗"呢? 孔子之学,"仁学"也。我们知道,孔子弟子问仁者甚多,然对于"仁"之体认与担当,唯曾子有之。《泰伯》载曾子之语曰:"士不可以不弘毅,任重而道远。仁以为己任,不亦重乎? 死而后已,不亦远乎?"曾子慨然以"仁为己任",其"弘毅"精神,圣门罕匹。对此,即使批评曾子的康有为也不得不由衷赞美。他说:"曾子之言皆守身谨约

---

① 牟宗三:《心体与性体》(上),上海古籍出版社 1999 年版,第 221 页。
② 康有为:《论语注·泰伯》,中华书局 1984 年版,第 109 页。
③ 康有为:《论语注·序》,中华书局 1984 年版,第 1—2 页。
④ 侯外庐、赵纪彬、杜国庠:《中国思想通史》(一),人民出版社 2011 年版,第 174 页。

之说,惟此章最有力,真孔子之学也。其得成就为孔学大派,皆弘毅之功,力肩孔道仁为己任也,易簀不昧,死而后已也。曾子盖能行而后言者,虽守约亦可法矣。"①康有为由此章评价说:"惟此章最有力,真孔子之学也。"而李泽厚的解释是,曾子的这一切表现,乃是"宗教性道德"的反映。李先生认为,颜子与曾子所传乃是孔学的宗教性道德,这一传统被宋明理学所发扬,形成了道统。但是他也不同意现代新儒家认为这一脉为中国文化精髓和命脉的立场。②颜、曾所传的宗教性学派的特点是:"一方面强调严格要求、恪守小节,同时也要求在从小节做起的各种礼仪制度中,树立起刚强不屈的伟大人格。这伟大人格的建树以及各种道德行为的可能,并不是凭一时的勇敢、情绪、意气,而是从小处做起的长期锤炼的成果。"③

曾子在孔门之中,紧随颜子之后,是以自身生命的转化与提升为鹄的,以弘毅之精神,以仁为己任,生命不息,修身不止,其学得窥孔子内圣之学的堂奥,并经由子思、孟子而光大之。对此,学人多有论说。如朱子引谢氏之说:"诸子之学,皆出于圣人,其后愈远而愈失真。独曾子之学,专用心于内,故传之无弊,观于子思孟子可见矣。"④李景林先生也指出,"曾子之说,实就忠恕而生发开去。曾子学说之要,乃以忠恕之道,贯乎'孝'德而为其本,由此转向内在省思之途。此一路向,既下开思孟一系,亦远开宋明理学之先。以后儒家所言心、性、情、才、气的思想系统,皆与此相关"⑤。罗新慧亦言:"虽然曾子学说中的道德范畴未能超越孔子思想体系,并且没有抽象和概括出新的命题,但是作为孔、孟两大思想高峰的中介,曾子思想却是当之无愧的。"⑥只是,他之孝

---

① 康有为:《论语注》,中华书局 1984 年版,第 112 页。

② 参见李泽厚:《论语今读》,生活·读书·新知三联书店 2008 年版,第 244—245 页。

③ 李泽厚:《论语今读》,生活·读书·新知三联书店 2008 年版,第 248 页。

④ (宋)朱熹:《四书章句集注》,中华书局 1983 年版,第 48 页。

⑤ 李景林、王觅泉:《简帛文献与孔子后学思想之内转趋势》,《社会科学战线》2011 年第 6 期。

⑥ 罗新慧:《曾子研究》,商务印书馆 2013 年版,第 6 页。

论,由于过分夸大孝之作用,甚至代替了仁在儒学中的核心地位,发展出"孝本论",在理论上对孔子孝思想的诠释,虽然有所加深,但是却走偏了。

清儒崔述认为:"盖曾子于孔门,年最少而学最纯,故孔子既没,后学多宗曾子者。圣道之显多由子贡;圣学之传多由曾子;子贡之功在当时,曾子之功在后世。"①曾子老寿,一生下足了内省工夫、践履工夫,其对孔子之道的体证应该是与日俱增的,对孔子之道的理解也是日渐精纯的。

综上可知,颜子、曾子作为孔门杰出弟子,能够领悟、体证孔子之道,并通过自身的生命践履予以落实。如梁漱溟所言:"儒家修学不在屏除人事,而要紧工夫正在日常人事生活中求得锻炼。只有刻刻慎于当前,不离开现实生活一步,从'践形'中求其所以'尽性',惟下学乃可以上达。"②

---

① (清)崔述:《洙泗考信余录》卷一,载顾颉刚编订:《崔东壁遗书》,上海古籍出版社1983年版,第373页。

② 梁漱溟:《儒佛异同论》,载《梁漱溟全集》(七),山东人民出版社1989年版,第160页。

第三章 孔门后学与儒家天道天命观的早期诠释

孔子是中国思想史上第一个有体系的思想家,他所创立的儒学是一套整全的思想体系。崔大华先生指出:孔子思想由三个既相互联系,又有所区别的层面构成,即超越层面的"天命",社会层面的"礼"和心性层面的"仁"。这三个层面构成了一个十分周延的人生范围和哲学领域。① 我们认为,如果细加区分,可以说儒学至少涵括天道观和天命论、人性论、修身论、政治论等四个层面或四大领域。正是因为儒学是一套整全的思想体系,所以才会在后来的中国历史上成为文化的主流形态。当然,这种制度化的儒学,乃是在先秦之后的历代不断制度化的结果,儒学的早期形态则是一种"思想"的存在,是一种"教义"。儒学从孔子创立,到成为战国时代之"世之显学",首先是"教义"不断诠释、逐步完善的结果。换句话说,正是由于孔门弟子后学的不断诠释,才会形成体系庞大的儒学,并在与诸子百家的争鸣过程中逐渐胜出。宋儒陆九渊曾指出:"夫子以仁发明斯道,其言浑无罅缝,孟子十字打开,更无隐遁。"②美国汉学家史华慈对于孔门师徒之间的思想或哲学继承关系做了很好的阐述:

---

① 参见崔大华:《儒学引论》,人民出版社 2001 年版,第 23—39 页。
② (宋)陆九渊:《象山语录·语录上》,载《陆九渊集》卷三十四,中华书局 1980 年版,第398 页。

"始祖自己很少是一个一心想建立一种严格条理化的体系的学院哲学家,在大多数情况下,他只不过是为一种他必须说出来的强大的观念所支配的人。他不一定关心他所说的全部内容的相互一致性;而且在许多问题上,他的思想可能是意义丰富而模棱两可的。其中可能隐藏着使他伟大的一个秘密。他一般也不在意与他的思想并不紧密接触的现实的方方面面。通常是那些传人承担了保卫这种思想而反对故意挑战的义务,他们必须试图将这种思想与始祖漏述的经验的那些方面联系起来。"①

我也曾经指出:"作为儒学的奠立者,作为儒学之源,孔子思想博大精深,然而又具有初创者的复杂性和混沌性,丰富性和多歧性,这就为其门人后学向不同的方向发展提供了更大可能。而作为孔子思想的第一批接受者,孔门弟子本身就具有十分庞杂的特征,这又为儒学之分化提供了条件。"②如果没有孔门弟子后学的不断诠释,儒学也就无法真正得以展开。圆润而混沌的孔子思想需要从各个层面予以诠释。

但是,很显然孔门弟子和后学,在总体上并没有也无法超越孔子。《孟子·公孙丑上》有这样的评论:"子夏、子游、子张皆有圣人之一体,冉牛、闵子、颜渊则具体而微。"这说明,孔门弟子要么各执一端,要么虽然能够较为全面地继承孔子却无法整体超越。只有到了孟子和荀子,儒学才真正出现了另外两座高峰。他们在内圣与外王两个方面,分别作出了极富深度的诠释,基本奠定了后世儒学发展的两个路向。当然,纵使孟子和荀子对孔子的儒学思想进行了部分维度的深化,也很难说他们就整体超越了孔子。庞朴先生对此现象也有论述:"大思想家之所以为大,不仅在于他提出的问题异常深刻,思人之所不敢思,发人之所未曾发,而且往往也由于他涉及的问题异常广泛,触及人类知识的方方面面。他所达到的思想上的深度与广度,标志着那个时代所

①　[美]史华慈:《儒家思想中的几个极点》,载许纪霖、宋宏编:《史华慈论中国》,新星出版社2006年版,第48页。

②　宋立林:《"儒家八派"的再"批判"》,曲阜师范大学博士学位论文,2011年,第34页。

可能达到的深度与广度,非一般人之力所能及。所以,一位大思想家一旦故去,他的弟子们,纵以恪守师说为务,其实所能做到的,往往是各守一说各执一端,举一隅而不以三隅反,像粉碎了的玉璧一样,分崩离析以去。历史越是靠前,情况越是如此。"①庞先生的看法略有悲观之嫌,但我们还是不能忽略孔门弟子和后学们虽然未必全面、未必深刻的诠释对儒学发展所作出的贡献。孔门弟子后学的儒学诠释,虽然若隐若现,但毕竟是孟子和荀子思想深度的一个基础,这是我们不能忽略的。正所谓"不积跬步,无以至千里"(《荀子·劝学》)。

第一节　孔子的天道观与天命论

在现代学术体系建立以来的很长一段历史时期内,很多学者是不承认孔子有形而上学的思想的。如果说黑格尔那稍显尖刻的批评是可以原谅的话,那么中国学人也不从中国思想本身来理解,而是以西方哲学为标尺来丈量中国思想,"裁长补短",并对孔子形而上学思想予以否定,则有些不可原谅。如果我们理解了孔子思想中关于天道、天命的论说,就不会得出上面那样鲁莽的结论了。

长期以来,人们研究孔子多以《论语》为唯一可信资料,这几乎是一种共识。很多学者认为,凡与《论语》不合者皆是伪作,不可据以研究孔子思想。比如梁启超先生认为《论语》中的"孔子是现实主义者,不带宗教色彩",而《易传》中的孔子则带有宗教家色彩,其中所表现的"阴阳"等玄学意味多,故与《论语》相冲突,从而认定"孔子的书以《论语》为最可信,则不能信《系辞》"②。其他学者也认为《论语》中的孔子不讲形而上,而《易传》中则充满形上的意

---

① 庞朴:《孔孟之间——郭店楚简中的儒家心性说》,载《庞朴文集》第2卷《古墓新知》,山东大学出版社2005年版,第15页。

② 参见廖名春:《中国学术史新证》,四川大学出版社2005年版,第150页。

味,所以不可能为孔子之言。这就导致了包括孔子论《易》在内的众多材料被否弃,孔子的形上学思想的资料被湮没。其实,谈论孔子的天道观和天命论,自然不能离开《论语》,但是,其他文献所载孔子言行文献,也是不能无视的。尤其是《易传》"为一言'天道'之书。孔子关于'性与天道'的形上学理论,主要表现在《易传》中"①。所以,要了解孔子的天道观和天命论,首先就需要对文献及其记载有正确的定位和理解。

一、"夫子之言性与天道"章疏解

《论语》中其实也不是没有对于天道、天命思想的论说,只是人们举一而废百,对很多材料视而不见罢了。而导致以上误解的,恰恰起源于对《论语》"夫子之言性与天道"一章的误解。《论语·公冶长》记载:

> 子贡曰:"夫子之文章,可得而闻也;夫子之言性与天道,不可得而闻也。"

对于这一句话的理解,自古以来就存在着很大分歧。以流行最广的杨伯峻先生的《论语译注》为例,他对该章的理解就是"孔子不讲天道"②。再比如李泽厚先生《论语今读》,就将这句翻译为"老师讲人性和天道,却是听不到的呀"。他认为,哲学家都爱谈高深的大题目,至今如此,大讲 Being、"超越"、"本真存在"、"活泼泼的实存而有"等,而轻视经验性的日常生活。其实,没有这个"非本真"的穿衣吃饭的日常生活,又哪来那高深莫测的"本真"的"有"? 这也就是我们常说的"如何活"在"活的意义"等等之前。孔子很少讲这些大题目,宁肯多讲各种具体的"仁""礼","道在伦常日用之中",这才是真正的"性与天命"。但后儒有误以为孔子及其得意门生中有某种秘诀心传、神秘体验者。③

---

① 李景林:《教养的本原:哲学突破期的儒家心性论》,北京师范大学出版社 2009 年版,第31 页。

② 杨伯峻:《论语译注》,中华书局 1980 年版,第 47 页。

③ 参见李泽厚:《论语今读》,生活·读书·新知三联书店 2008 年版,第 157 页。

李泽厚的这一批评，其对象显然是宋明儒尤其是现代新儒家。

我们认为，若孔子无"性与天道"的思想和言论，子贡则不会提及"性与天道不可得而闻"。从语法上看，"夫子之言性与天道"，显然意味着孔子是言"性与天道"的，只不过是"不可得而闻"。学者对"不可得而闻"的理解，分歧也很大。一般认为，这意味着"听不到""未尝得闻"。如韩星先生即认为："这说明，孔子'性与天道'之说是子贡得未曾闻，并不是孔子得未曾言。"①其实，这也是一种误解。

很多学者已经指出，这里的"闻"除了听闻的含义之外，更应该是"知闻"或"闻知"。② 也就是说，子贡所谓"不可得而闻"，是子贡无法知解、了悟孔子的天道天命说。③ 也就是说，这一章的含义，并非说孔子不言、罕言性与天道，而是孔子之言性与天道过于高深，子贡难以理解。这一理解，较之于认为孔子不言"性与天道"的看法，自然是更为合理的。但是，我们却认为，孔子不仅言性与天道，而且子贡也了悟了孔子之言性与天道。

程子说："此子贡闻夫子之至论而叹美之言也。"朱子进而指出："文章，德之见乎外者，威仪文辞皆是也。性者，人所受之天理；天道者，天理自然之本体，其实一理也。言夫子之文章，日见乎外，固学者所共闻；至于性与天道，则夫子罕言之，而学者有不得闻者。盖圣门教不躐等，子贡至是始得闻之，而叹其美也。"④从马王堆帛书《要》篇来看，子贡确实曾一度对于孔子好《易》不理解。

《要》篇中，有"夫子老而好《易》，居则在席，行则在橐"的记载。而且又记子贡之语："夫子它日教此弟子曰：'德行亡者，神灵之趋；智谋远者，卜筮之蘩（繁）。'赐以为然矣。以此言取之，赐缗行之为也。夫子何以老而好之乎？"

① 韩星：《走进孔子》，福建教育出版社 2017 年版，第 45 页。
② 参见李学勤：《孔子之言性与天道》，载《通向文明之路》，商务印书馆 2010 年版，第 253 页。
③ 参见蔡仁厚：《孔孟荀哲学》，学生书局 1984 年版，第 107—108 页。
④ （宋）朱熹：《四书章句集注》，中华书局 1983 年版，第 79 页。

表明孔子早年确实不曾好《易》，并且反对卜筮。对于子贡的疑问，孔子解释说：《易》，我后其祝卜矣，我观其德义耳也。……史巫之筮，乡（向）之而未也，好之而非也。后世之士疑丘者，或以《易》乎？吾求其德而已，吾与史巫同涂而殊归者也。"孔子在晚年之所以好《易》，实际上是因为他逐渐发现《易》独特的表达方式所呈现的天道观念，恰恰是对自己一生性命思想的印证。从《要》篇可知，孔子对《易》的关注在于"德义"，只不过这里的"德义"并非"仁义"之德，而是"天理天道"之德，也就是"宇宙人生的超越性普遍原则"①。

如果将帛书《要》篇与《公冶长》所记子贡之言联系起来进行思考，我们认为有可能正是在《要》篇所记孔子向子贡大讲《易》等"性与天道"的情况下，才发出"不可得而闻"的叹美之辞。可见，孔子并非不言"性与天道"，孔子思想博大精深，非仅一现实主义者所能涵盖。正如张心澂先生所说："非孔子无性与天道之学也，特不如其伦理政事之常对人言耳。……盖稍涉高远者，皆不常言之。其高远之哲学如'一贯'之道，'大同'之说，非得其人不道也。'一贯''大同'皆与《易》道相通，不能谓孔子之学与《易》道无关也。"②这一看法是深刻的。

"性与天道"在司马迁的《史记·孔子世家》中表述为"天道与性命"，实际上说明天道与性、命之间的内在关联。这从《中庸》《孟子》那里可以清晰地看出这一点。其实，在孔子这里，也已经初露端倪。儒家对天道、天命的关注，并不是对宇宙自然世界本身感兴趣，像西方的哲学家那样探索宇宙奥秘，形成自然哲学。儒家对于天道、天命的观照，实际上是为人道寻找形上学的根据。所谓"推天道以明人事"是也。正如李景林先生认为的："《论语》以'性与天道'连言。孔子的心、性观念，贞定于天命、天道之基础。"③所以，子贡作为孔

_____

①　李景林：《教养的本原：哲学突破期的儒家心性论》，北京师范大学出版社 2009 年版，第36 页。

②　张心澂：《伪书通考》，上海书店出版社 1998 年版，第 73 页。

③　李景林：《教养的本原：哲学突破期的儒家心性论》，北京师范大学出版社 2009 年版，第31 页。

门高弟,其地位仅次于颜子,他对于孔子晚年之前的人性与天道学说应该有比较充分的了解。正是有了一番比较之后,他才有所谓"夫子之言性与天道,不可得而闻也"的感慨。这句话是说孔子对于"人性"与"天道"的思想开辟了一个全新的思想进路,而与前人有着本质的不同,足以令弟子们大开眼界。① 不过,牟宗三先生认为,"性与天道"并不是孔子所开辟的思路,他所开辟的思路是"仁与圣"的思路。② 他引了《诗经》和《左传》的话来证明孔子以前就有天命天道下贯于人而为性的老观念。他认为早在《烝民》《维天之命》等时代,已经"开启了性命天道相贯通的大门"③。我们认为,这些思想当然是孔子以前就有的,但是如果不经过孔子的诠释,便难以代替意志之天、人格神的观念而成为中国文化天道观的主流形态。

冯友兰先生曾综括"天"之五义。他指出:"在中国文字中,所谓天有五义:曰物质之天,即与地相对之天。曰主宰之天,即所谓皇天上帝,有人格的天、帝。曰运命之天,乃指人生中吾人所无奈何者,如孟子所谓'若夫成功则天也'之天是也。曰自然之天,乃指自然之运行,如《荀子·天论篇》所说之天是也。曰义理之天,乃谓宇宙之最高原理,如《中庸》所说'天命之谓性'之天是也。《诗》《书》《左传》《国语》中所谓之天,除指物质之天外,似皆指主宰之天。《论语》中孔子所说之天,亦皆主宰之天也。"④汤一介先生则将"天"的含义概括为三种:"在中国历史上,'天'有多种含义,归纳起来至少有三种含义:(1)主宰之天(有人格神义);(2)自然之天(有自然界义);(3)义理之天(有超越性义、道德义)。"⑤

冯友兰对孔子所说之天为主宰之天的认识,应该是错误的。对此,蒙培元

---

① 参见樊彩萍:《〈论语〉辨惑三则》,《孔子研究》1999年第2期。

② 参见牟宗三:《中国哲学的特质》,上海古籍出版社2007年版,第27页。

③ 牟宗三:《中国哲学的特质》,上海古籍出版社2007年版,第23页。

④ 冯友兰:《中国哲学史》(上),华东师范大学出版社2000年版,第35页。

⑤ 汤一介:《论"天人合一"》,载《汤一介集》第五卷《在儒学中寻找智慧》,中国人民大学出版社2014年版,第54—55页。

先生经过细致分析指出,孔子所谓的"天"有四种含义:一为意志之天;二为自然之天;三为命定之天;四为义理之天。① 其实,也就是说,冯友兰所概括的五种之天(将物质之天与自然之天不复区分,统称为自然之天),在孔子这里都是涵括的。

意志之天,是西周之"天"的主要内涵,为孔子所继承所保留,但是已非孔子论天的主旨所在。孔子论天,虽然有天的四种含义,但是其重点是命定之天与义理之天。前者即天命论,后者即天道观。

从天道的角度论天,《诗经》中就已出现。如《大雅·烝民》:"天生烝民,有物有则。民之秉彝,好是懿德。"《周颂·维天之命》:"维天之命,於穆不已。於乎不显,文王之德之纯。"这两处"天"虽然看上去有"天生""天命"字眼,好像是从命定、意志主宰义上来说天,其实仔细推敲就会发现,这里的两处"天"都是就天道来说的,代表形上实体,属于"形上天",或说是"义理天"。

哲学史家劳思光先生曾指出:"关于'形上天'观念,有两种说法最为流行:一说以为'形上天'观念属于孔子后的道家思想,其根据是孔子不言天道,而道家思想中之'道',即属'形上天'。另一说则以为形上天观念乃儒家之'正统'思想,因此将儒学之根源上推至极远之古代,而认为此种'形上天'观念即是孔子学说之中心、儒学精神之中心。严格论之,此二说均不确。因为我们一方面知道周初有此种'形上天'观念,则不可说形上天观念必在孔子后之道家思想中方出现;另一方面,我们确知孔子至孟子一系的先秦儒学,确以道德主体性为中心,并不以'形上天'为最高观念,而且孔孟说中,就理论结构看,亦完全无此需要。因此,我们亦不可说'形上天'是孔孟哲学的观念。换言之,'形上天'必不是先秦儒学的中心所在。进一步说,孔子为最早建立儒学理论的人,孔子既无形上天理论,则孔子前纵有形上天之想象,亦不能算作儒学原有的观念。"②

① 参见蒙培元:《蒙培元讲孔子》,北京大学出版社2005年版,第33—37页。

② 劳思光:《新编中国哲学史》(一),广西师范大学出版社2005年版,第61页。

劳先生的这段评判，并不能说完全正确。"形上天"当然不能算是孔孟儒学的中心观念、最高范畴，但是却不能反过来说，"孔孟说中，就理论结构看，亦完全无此需要"。因为，劳先生认为，孟子的性善说是不需要天来作根据的，而《中庸》则是成书于汉初的文献，因此在先秦儒学尤其是孔孟学说中，形上天是无须存在的。这一点，我们不能认同。孔子当然没有像后来的宋明理学家那样高度重视天道论，但也并非反宋明理学的顾炎武所说孔子罕言天、命、性、仁。顾炎武鉴于明亡之教训，归咎于心性学。他痛切地说："窃叹夫百余年以来之为学者，往往言心言性，而茫乎不得其解也。命与仁，夫子之所罕言也；性与天道，子贡之所未得闻也。性命之理，著之《易传》，未尝数以语人。……是故性也，命也，天也，夫子之所罕言，而今之君子之所恒言也。"①其实，孔孟的哲学结构是需要天道和天命论来支撑的，而且孔子对于天道、天命等并非不言、罕言，而是慎言，表明他对于天道、天命之重视。

劳思光反对讲"形上天"是先秦儒学之中心思想，除了针对宋明儒学之外，其实际的批评对象是牟宗三等现代新儒家。不过，在这一点上，应该说劳思光对于儒学之体认，显然不如牟宗三，也就无法认识到"天"在孔孟哲学中的作用。牟宗三先生就反对将"道德论"与"宇宙论"割裂开来以认识儒家。他指出："孟子所讲的是根据孔子的仁来讲性善，他讲性善固然直接是说明道德，但是儒家讲性善这个性并不拘限于道德，讲仁也不拘限于道德。儒家并不是只讲应当(ought)而不涉及存在的问题。他这个仁是封不住的，尽管这一点在孔子、孟子不很清楚。孔子不是哲学家，他讲道理不是以哲学家的态度来讲，他对于形上学也没有什么兴趣，对于存在、宇宙论这一套圣人是不讲的，或者说他不是以哲学家的态度讲。但是，圣人尽管不讲这一套，然而他的insight、他的智慧可以透射到存在那个地方。通过哪个观念可以透射到存在

---

① （清）顾炎武：《与友人论学书》，载《顾炎武全集》（二十一），上海古籍出版社2011年版，第92—93页。

呢? 就是'天'这个观念。"①他还指出,"天"这个观念是从夏、商、周三代以来就有的,传到孔子的时候固然孔子重视讲仁,但是对于"天"孔子并没有否定。儒家走了和西方的基督教不同的路,但是却并不能撇开"天"这个形上存在而论仁论性。"儒家有个天来负责存在,孔子的仁和孟子的性是一定和天相通的,一定通而为一,这个仁和性是封不住的。"②这个天道具有超越的意义,"天道高高在上,有超越的意义。天道贯注于人身之时,又内在于人而为人的性,这时天道又是内在的(immanent)"③。确实,牟宗三等新儒家也承认,孔孟儒学是以道德主体性为主,但是牟宗三却不承认可以否定形上的存在也就是天来谈仁谈性。他认为:"主体和天可以通在一起,这是东方文化的一个最特殊、最特别的地方,东方文化和西方文化不同最重要的关键就是在这个地方。"④这就是我们习常所论的"天人合一"。

牟宗三的弟子蔡仁厚接续师说,进一步展开了论述。蔡仁厚先生说:"性与天道,都是客观的自存潜存,天道是超越的存有,性是内在的存有。而孔子并不同于希腊式的哲人,他并没有对这客观的自存潜存费其智测(这亦本非智测所能尽),而是把这存有面暂且撇开,而开辟了另一面——仁智圣;这是从'智测'而转到'德行'。孔子的心思,不是向'存有'以表现智测,而是向'践仁'以表现德行。他没有以智测入于'幽',而是以德行开出价值之'明'、开出其生命之光。这里当然有智,但却不是智测,而是德性生命的莹彻与朗照:它上达于天即契合了天的高明,它下接于地即契合了地的博厚,它接于日月即契合了日月的光明,它接于四时即契合了四时之生长收成,它接于鬼神即契合了鬼神之感应吉凶。在德性生命的朗照(智)与朗润(仁)之中,他彻通了物我内外与生死昼夜,彻尽了超越的存有(天道)与内在的存有(性),使他们

---

① 牟宗三:《中国哲学十九讲》,上海古籍出版社 1997 年版,第 72 页。
② 牟宗三:《中国哲学十九讲》,上海古籍出版社 1997 年版,第 73 页。
③ 牟宗三:《中国哲学的特质》,上海古籍出版社 2007 年版,第 20 页。
④ 牟宗三:《中国哲学十九讲》,上海古籍出版社 1997 年版,第 75 页。

一起彰显而挺立、朗现而贞定。这一切都不是智测与穿凿，所以不必多在言词中讲说'性与天道'，而'性与天道'尽在其中（在生命的契会与证知中）。但这是孔子在圣证中所达到的，局外人如何能从言词中加以领会？子贡所以有'夫子之言性与天道，不可得而闻'之叹，这才是最深最真实的原故。"①

蔡仁厚对于孔子之言性与天道的解读，真切地把握到了儒学对于存在或存有的立论意义。这种立论意义，并非思想架构的需要，而是德性之本来面目，德性可以上达、可以遥契，而不必也不能割裂。这是一种典型的天人相通的思想，也是儒家的一大思维方式。

张岱年对此分析道："天人相通的学说，认为天之根本性德，即含于人之心性之中；天道与人道，实一以贯之。宇宙本根，乃人伦道德之根源；人伦道德，乃宇宙本根之流行发现。本根有道德的意义，而道德亦有宇宙的意义。人之所以异于禽兽，即在人之心性与天相通。人是禀受天之性德以为其根本性德的。"②

陈来先生曾经指出，在西周时代，天命论虽然依然穿着神学的外衣，但是开始缓慢地向秩序和命运的方向发展。"秩序的观念逐步凝结为'天道'的观念，而命运的观念则仍旧依存于'天命'观念之下来发展"③。这一看法是深刻的。发展到春秋末期的孔子时代，他所谓的"天"，到底包含着怎样的含义呢？是天道观还是天命论？我们在前人基础上加以分析。

应该明确，天道观与天命论是两个既相联系，又不等同的概念。天道观的出现晚于天命论。天，是中国古代最重要的观念之一，由此推衍出两个范畴：一个是天道，一个是天命。过去，我们经常混淆天、天道、天命。对此，马振铎先生指出："天命是中国哲学的重要概念。学者，包括作者本人，过去一般把天命当作一个具有本体论意义、与天道类似的客观范畴，这是对天命概念的误

---

① 蔡仁厚：《孔孟荀哲学》，学生书局1984年版，第109页。
② 张岱年：《中国哲学大纲》，江苏教育出版社2005年版，第177页。
③ 陈来：《古代宗教与伦理——儒家思想的根源》，北京大学出版社2017年版，第226页。

解。其实天道、天命两个概念相互关联，其涵义却有所不同。其不同处在于天道是一个纯客观范畴，'天道远，人道迩。非所及也，何以知之？'（《左传》昭公十八年）'天行有常，不为尧存，不为桀亡。'（《荀子·天论》）这些都说明天道自然，与人事无关。但天命却是一个天人关系范畴，天命必须与人事有关，必须是天对人的'命'（朱熹《中庸章句》：'命犹令也。'），天不'命'于人、与人事无关，就不能称之为'天命'。不懂得'天道'是一个纯客观范畴，天命是一个天人关系范畴，把二者混淆，甚至认为孔子的天命观是唯物主义的天道观，在理论上会导致一系列错误。"①这一分析无疑具有廓清迷雾的重要意义。在儒家这里，天道固然是一个纯客观范畴，但是却与人道有着密切的关系。孔子将天道与人道结合起来，并不是天道对人道的控制和命令，而是人道对天道的效法，这就是孔子的"则天"思想。所以，在孔子这里，天的含义具有复杂性。天，既有对殷周天命观的继承，也有对殷周天命观的突破，既有天道观，也有天命论。

二、孔子所言"天道"

孔子之前，天道观念在西周已经出现，在春秋时代得到了进一步的发展，这为孔子的天道观奠定了基础。学者根据《左传》《国语》等文献资料，梳理出春秋时代的天道观大体有三种含义：其一是继承了殷商时代的宗教性的命运；其二是继承了周初的道德之天；其三是自然主义的天。②

在《论语》中，"天道"只出现一次，但是如果不局限于字面而考察的话，我们会发现，孔子论天道的地方就不止一处了。当然，除了《论语》之外，孔子关于天道的思想还见于《孔子家语》《大戴礼记》，尤其是今帛本《易传》之中。

我们先看《论语》。孔子曾经提出一种"为学"的路向，即"下学而上达"

① 马振铎：《仁·人道——孔子的哲学思想》，中国社会科学出版社1993年版，第195页。
② 参见陈来：《古代思想文化的世界》，北京大学出版社2017年版，第83—88页。

（《论语·宪问》）。皇侃对此的解释是："下学,学人事。上达,达天命。"[1]其实,这里的"上达"是否一定指天命,恐怕还不好说。不过,这个"上达"肯定是指向天的,当然可能是指天道,也可能是指天命。《论语·阳货》载:

> 子曰:"予欲无言。"子贡曰:"子如不言,则小子何述焉?"子曰:
> "天何言哉? 四时行焉,百物生焉,天何言哉?"

郭沫若认为,"看了孔子这句话便可以知道孔子心目中的天只是自然,或自然界的理法,那和旧时的有意想行识的天是不同的"[2]。这个看法是有问题的。当然,孔子此处所言之"天"虽然有"不言"的用词,却不能理解为"主宰之天",也就是郭沫若所说的"旧时的有意想行识的天",而是天道。这里的"不言"实际上就是"天道"自然呈现的某种"言",这是需要体证和体悟的。但是,这里的"天"也绝非郭沫若所谓"只是自然",即不纯是自然之天,其中一定蕴含着义理之天的含义。刘述先在系统考察了《论语》有关天道、天命的论说后指出,孔子这里的"无言之教是孔子彻底突破传统的新观念"。因为"天在这里已经完全没有人格神的特征,但却又不可以把天道化约成为自然运行的规律"[3]。陆玉林也认为,孔子的天不是西周时代的人格神,也不是春秋时代所强调的"主吉凶祸福的天道",而是某种与性命、道德相联系的必然性。[4] 这与我们的看法完全一致。这里显然反映出孔子"则天"的思想,即人应该学习和效法天道而行。刘述先先生还进一步指出,"子贡在触发孔子对于天道的阐发所扮演的角色实在功不可没。我到现在才骤然理解到,原来孔子对子贡的无言之教恰正是孔子之言天道不可得而闻的答复,天道之默运是不可以通过言语来表达的。正因为子贡在言语方面有天赋,乃不免事事期望都能得到清

---

① (南朝梁)皇侃撰,高尚榘校点:《论语义疏》,中华书局 2013 年版,第 379 页。
② 郭沫若:《先秦天道观之进展》,载《郭沫若全集·历史编》第 1 册《青铜时代》,人民出版社 1982 年版,第 359 页。
③ 刘述先:《论孔子思想中隐涵的"天人合一"一贯之道》,载《儒家哲学研究:问题、方法与未来开展》,上海古籍出版社 2010 年版,第 156 页。
④ 参见陆玉林:《中国学术史·先秦卷》,人民出版社 2004 年版,第 103 页。

楚明白的答复,独独在对天的理解,孔子是以一种不答复的方式——所谓'遮诠'——来答复了子贡的问题,害得我们后世花了许多工夫去猜一个不需要猜的谜"①。他通过对今帛本《易传》与《论语》的对照,发现了不仅《易传》是讲天道的,而且"《论语》本身就隐含了一条'天人合一'一贯之道兼顾超越与内在的'两行之理'的思路"②。这一发现是非常重要的。

　　　　子在川上,曰:"逝者如斯夫! 不舍昼夜。"(《论语·子罕》)

《子罕》中的这一章,尽管未出现"天"的字眼,但对于川流之水的感慨,显然也是对天道的一种体认。孔子对天道的体认,影响到他对人道的建构。除了对道要有生命的体认和体证进而实现自我的完成之外,更需要将天道的原则下贯到人间社会,贯彻到伦理、政治领域。因为,天道代表了一种理想、代表了一种秩序、代表了一种规则。所以,孔子赞美古代的圣王尧,认为尧的"成功"源自他的"则天"。《论语·泰伯》记载:

　　　　子曰:"大哉尧之为君也! 巍巍乎! 唯天为大,唯尧则之。荡荡

　　乎! 民无能名焉。巍巍乎! 其有成功也;焕乎,其有文章!"

这是孔子将天道与社会政治联系起来的一种体现。"唯天为大",这里的"天"之"巍巍乎",有自然之天的意思,也不排除其中有意志之天的成分,但是其中最主要的含义还是义理之天。陈来先生曾经分析春秋时代的"天道"观念,他认为,当时就已经有了两条发展的线索:其一是人文主义的,体现在对天的道德秩序的意义的强调;其二是自然主义的,突出对天的自然法则的意义的延伸。③ 孔子这里所谓的"天"显然是"人文主义"的,是强调"道德秩序"的,也就是我们所谓的"义理之天"。因为如果没有"义理"之成分,是无法"则"的。这种"则天"的思想,还可以从下面的一章得以略窥。《论语·为政》载:

----

① 刘述先:《论孔子思想中隐涵的"天人合一"一贯之道》,载《儒家哲学研究:问题、方法与未来开展》,上海古籍出版社 2010 年版,第 161—162 页。

② 刘述先:《论孔子思想中隐涵的"天人合一"一贯之道》,载《儒家哲学研究:问题、方法与未来开展》,上海古籍出版社 2010 年版,第 164 页。

③ 参见陈来:《古代思想文化的世界》,北京大学出版社 2017 年版,第 81 页。

子曰:"为政以德,譬如北辰,居其所而众星共之。"

"北辰"是自然之天的一部分,因此,从孔子对"北辰"与为政的关系可以反映出他的天道观。这里的"北辰",虽然也有自然之天的含义,但是主要含义仍然是义理之天。换句话说,在孔子这里,"天",本身就不是纯粹的自然物,这种自然物背后一定蕴含着某种规则、道理乃至价值,或者自然之天本身呈现出了一种规则、道德和价值。这种"义理之天"是在主宰之天的含义逐渐弱化之后的变异或转化。从主宰义到义理义的"天"的转化,体现了人本主义逐渐升腾的趋势。

在《孔子家语》中,我们也能窥见孔子对天道的看法。如《大婚解》载:

公曰:"何谓成其亲?"

孔子对曰:"君子者也,人之成名也。百姓与名,谓之君子,则是成其亲为君而为其子也。"孔子遂言曰:"爱政而不能爱人,则不能成其身;不能成其身,则不能安其土;不能安其土,则不能乐天。"

公曰:"敢问何能成身?"

孔子对曰:"夫其行己不过乎物,谓之成身,不过乎,合天道也。"

公曰:"君子何贵乎天道也?"

孔子曰:"贵其不已也。如日月东西相从而不已也,是天道也;不闭而能久,是天道也;无为而物成,是天道也;已成而明之,是天道也。"

公曰:"寡人且愚冥,幸烦子之于心。"

孔子蹴然避席而对曰:"仁人不过乎物,孝子不过乎亲。是故仁人之事亲也如事天,事天如事亲,此谓孝子成身。"

这里孔子与哀公的对话之中,明确提出了天道。而天道的可贵之处在于"不已",其表现是"日月东西相从而不已","不闭而能久","无为而物成"和"已成而明之"。如果就前三个表现来看的话,这里的天道好像仅仅是自然之天,其实,如果看到"已成而明之"就会发现,其实这里的"天"也绝非纯粹的自然天道,而是包含义理和德性在内的。值得注意的是,孔子这里有"乐天""事天"的说法,王肃注曰:"天,天道也。"孔子在这里将"事亲"与"事天"联系起来,可见,孔子的天道观与伦理密不可分。

《孔子家语·哀公问政》有一段记载与《中庸》是重文,但是略有不同。其中一大差异就是,《哀公问政》保留了"天道敏生"的说法。

> 哀公问政于孔子。孔子对曰:"文武之政,布在方策。其人存,则其政举;其人亡,则其政息。天道敏生,人道敏政,地道敏树。夫政者,犹蒲卢也,待化以成,故为政在于得人。取人以身,修道以仁。仁者,人也,亲亲为大;义者,宜也,尊贤为大。亲亲之杀,尊贤之等,礼所以生也。礼者,政之本也。是以君子不可以不修身。思修身,不可以不事亲;思事亲,不可以不知人;思知人,不可以不知天。……"

"天道敏生"的说法,显然与《易传》"天地之大德曰生"是一致的。之所以说"思知人,不可以不知天",是因为天道与人道是内在一致的。

《执辔》篇又载孔子对闵子骞讲治国之道:"治国而无德法,则民无修,民无修则迷惑失道。如此上帝必以其为乱天道也。苟乱天道,则刑罚暴,上下相谀,莫知念患,俱无道故也。"这里保留着"上帝"的说法,显然是意志之天的一种残余,不过,既然上帝与天道分开而论,显然这里的天道,更多的是"义理之天",所体现的是秩序义。

《郊问》记载孔子向鲁定公解释郊祭之礼,明确提出:"万物本于天,人本乎祖。郊之祭也,大报本反始也,故以配上帝。天垂象,圣人则之,郊所以明天道也。"这与《论语》所记孔子的"则天"思想是一致的。"天垂象",显然这个"天"不是纯粹的自然之"天",这个"象"也不是单纯的自然之"象",这个"象"意味着一种规则、秩序和价值,因此才需要圣人去"则之"。

《礼运》在解释"礼"的起源时,同样提出了类似的看法。孔子说:"夫礼,先王所以承天之道,以治人之情,列其鬼神,达于丧祭、乡射、冠昏、朝聘。故圣人以礼示之,则天下国家可得以礼正矣。"作为人文建制的礼,是先王"承天之道"来"治人之情"的,可见,人对天道的领会和学习,必然包含着规则、秩序和价值的含义。后文所谓"夫礼必本于太一,分而为天地,转而为阴阳,变而为四时,列而为鬼神",也是着眼于"太一"所代表的宇宙秩序。因此,孔子强调要"达天道、顺人情之大窦"。

《正论解》记载孔子对楚昭王的赞誉:

> 孔子曰:"楚昭王知大道矣,其不失国也,宜哉。《夏书》曰:'维彼陶唐,率彼天常,在此冀方。今失厥道,乱其纪纲,乃灭而亡。'又曰:'允出兹在兹',由己率常,可矣。"

孔子这里所谓"大道"一定与"天道"密切相关,甚至就是指"天道"。下引《夏书》中有"天常"一词,后有"厥道",先后联系起来可知,这里的"道"就是"天常",也就是"天道"。这里的天常,虽然不免意志之天的含义,但其主要内涵还是"义理之天"。"维彼陶唐,率彼天常"正是《论语》中孔子所谓"唯天为大,唯尧则之"。"由己率常",意思就是"以身则天",遵循天道之规则、秩序,进而体现出天道之价值,唯有如此才能不至于灭亡。

总体来看,《孔子家语》对天的论说要比《论语》为多。《论语》中对天的论说,以天命论为主,多为对殷商意志之天与命定之天的残留和转化,对于"义理之天"的强化,是一种新的趋势。虽然《孔子家语》对天的论说也有天命论的成分,但这种"义理之天"的用法,则占了主要部分。而且与《论语》中"义理之天"的观念是一致的。过去,学界长期怀疑《孔子家语》的可靠性,随着大量出土文献的面世和研究的深入,我们发现对于《孔子家语》绝不能以伪书视之,它确实是孔子弟子后学记录整理的孔子言行文献,虽"记得不纯",但大抵"不离夫子本旨"。将这些材料统而观之,就会对孔子的天道观有新的认识。

孔子这样一种兼具"自然之天"与"义理之天"的"天道观",我们还可以透过《大戴礼记》的记载,予以佐证。在《大戴礼记·曾子天圆》篇中,曾子有这样一段话:"参尝闻之夫子曰:天道曰圆,地道曰方,方曰幽而圆曰明。明者,吐气者也,是故外景;幽者,含气者也,是故内景。故火日外景,而金水内景。吐气者施,而含气者化,是以阳施而阴化也。阳之精气曰神,阴之精气曰灵。神灵者,品物之本也,而礼乐仁义之祖也,而善否治乱所由兴作也。"《曾子天圆》是《曾子十篇》之一,其中明确记载"闻之夫子"显然是孔子所论。至于孔子之语包括哪些内容,学者有不同看法。但是至少"天道曰圆,地道曰方"一句肯定是孔子之言。从后文的论述来看,由天道而幽明,由幽明而阴阳,由阴阳而神灵,而将"神灵"定义为"品物之本",是"礼乐仁义"等人道之"祖",关乎社会政治的"善否治乱"。从中我们可知,孔子对天道的看法,绝不仅是一种纯粹"自然之天",其中必然蕴含着一种秩序义。

孔子天道观,最集中地体现在《易传》之中。近现代学术史上,学界的主流是否定《易传》与孔子的关系的。但是,经过金景芳、李学勤、吕绍纲、廖名春等先生的考证,《易传》不仅与孔子密不可分,在一定意义上甚至可以说《易传》在思想上属于孔子。即使退一步,我们也还是应该承认,《易传》中的"子曰"部分是孔子思想的反映。赵法生先生在对帛书《易传》的《要》篇进行分析之后认为,在《周易》形上思想的冲击和影响下,孔子晚年对"天"的看法发生了重要的改变。由早年的"罕言"天道,到晚年的"好"言天道。也就是说由天命论转向了天道观。他说:"孔子以前的宇宙观体现在他的天命观上,本质上是一种人格主宰神的宇宙论。"①在孔子的天道观中,天的人格主宰色彩进一步淡化,天是作为大化流行的主体与道相结合的,这样天就具备了普遍而必然的形上实体的意义。之所以会发生这样一种转变,目的在于孔子急需为人道寻求一个坚实的形上学根基。尽管我们不同意赵先生所谓"孔子以前的宇宙观体现在他的天命观上,本质上是一种人格主宰神的宇宙论"的看法,但是他对孔子晚年转向天道观,以建立其思想的形上学根基的认识却是很精到的看法。确实,如果不理解孔子晚年思想的转变,我们就很难理解在孔子之后,孔

---

① 赵法生:《孔子"晚而喜易"与其晚年思想的变化》,《哲学研究》2012年第2期。

门弟子及后学突然开始大谈性与天道,正如我们在传世文献如《中庸》,出土文献如《性自命出》《五行》等所看到的那样。

在《易传》之中,除了标明"子曰"的部分外,我们认为《大象传》与孔子的关系非常密切,或者可以说,《大象传》为孔子所作的可能性极高。廖名春先生针对高亨等先生《彖传》早于《象传》的说法,进行了细致的剖析,最后证明至少《象传》中的《大象传》要早于《彖传》。他认为,很可能《大象传》就是孔子在鲁太史氏所藏《易象》的基础上作的,正如孔子在《鲁春秋》基础上"作"《春秋》一样。① 我们比较赞同这一看法。

《大象传》的特点就是,对六十四卦卦象的解释。这种解释,一望而知就是一种观"象"比"德"的思维,其中不仅涉及道德修养,而且更重要的是体现了孔子及儒家的德治主义政治哲学。如:

《乾》	天行,健。	君子以自强不息。
《坤》	地势,坤。	君子以厚德载物。
《屯》	云雷,屯。	君子以经纶。
《蒙》	山下出泉,蒙。	君子以果行育德。
《需》	云上于天,需。	君子以饮食宴乐。
《讼》	天与水违行,讼。	君子以作事谋始。
《师》	地中有水,师。	君子以容民畜众。
《比》	地上有水,比。	先王以建万国,亲诸侯。
《小畜》	风行天上,小畜。	君子以懿文德。
《履》	上天下泽,履。	君子以辨上下,定民志。
《泰》	天地交,泰。	后以财成天地之道,辅相天地之宜,以左右民。
《否》	天地不交,否。	君子以俭德辟难,不可荣以禄。
《同人》	天与火,同人。	君子以类族辨物。
《大有》	火在天上,大有。	君子以遏恶扬善,顺天休命。
《谦》	地中有山,谦。	君子以裒多益寡,称物平施。

① 参见廖名春:《〈周易〉经传与易学史新论》,齐鲁书社 2001 年版,第 81 — 106、154 — 156 页。

续表

《豫》	雷出地奋,豫。	先王以作乐崇德,殷荐之上帝,以配祖考。
《随》	泽中有雷,随。	君子以向晦入宴息。
《蛊》	山下有风,蛊。	君子以振民育德。
《临》	泽上有地,临。	君子以教思无穷,容保民无疆。
《观》	风行地上,观。	先王以省方观民设教。
《噬嗑》	雷电,噬嗑。	先王以明罚敕法。
《贲》	山下有火,贲。	君子以明庶政,无敢折狱。
《剥》	山附于地,剥。	上以厚下安宅。
《复》	雷在地中,复。	先王以至日闭关,商旅不行,后不省方。
《无妄》	天下雷行,物与无妄。	先王以茂对时育万物。
《大畜》	天在山中,大畜。	君子以多识前言往行,以畜其德。
《颐》	山下有雷,颐。	君子以慎言语,节饮食。
《大过》	泽灭木,大过。	君子以独立不惧,遁世无闷。
《坎》	水洊至,习坎。	君子以常德行,习教事。
《离》	明两作,离。	大人以继明照于四方。
《咸》	山上有泽,咸。	君子以虚受人。
《恒》	雷风,恒。	君子以立不易方。
《遁》	天下有山,遁。	君子以远小人,不恶而严。
《大壮》	雷在天上,大壮。	君子以非礼弗履。
《晋》	明出地上,晋。	君子以自昭明德。
《明夷》	明入地中,明夷。	君子以莅众用晦而明。
《家人》	风自火出,家人。	君子以言有物而行有恒。
《睽》	上火下泽,睽。	君子以同而异。
《蹇》	山上有水,蹇。	君子以反身修德。
《解》	雷雨作,解。	君子以赦过宥罪。
《损》	山下有泽,损。	君子以惩忿窒欲。
《益》	风雷,益。	君子以见善则迁,有过则改。
《夬》	泽上于天,夬。	君子以施禄及下,居德则忌。
《姤》	天下有风,姤。	后以施命诰四方。
《萃》	泽上于地,萃。	君子以除戎器,戒不虞。
《升》	地中生木,升。	君子以顺德,积小以高大。
《困》	泽无水,困。	君子以致命遂志。

《井》	木上有水,井。	君子以劳民劝相。
《革》	泽中有火,革。	君子以治历明时。
《鼎》	木上有火,鼎。	君子以正位凝命。
《震》	洊雷,震。	君子以恐惧修省。
《艮》	兼山,艮。	君子以思不出其位。
《渐》	山上有木,渐。	君子以居贤德善俗。
《归妹》	泽上有雷,归妹。	君子以永终知敝。
《丰》	雷电皆至,丰。	君子以折狱致刑。
《旅》	山上有火,旅。	君子以明慎用刑而不留狱。
《巽》	随风,巽。	君子以申命行事。
《兑》	丽泽,兑。	君子以朋友讲习。
《涣》	风行水上,涣。	先王以享于帝,立庙。
《节》	泽上有水,节。	君子以制数度,议德行。
《中孚》	泽上有风,中孚。	君子以议狱缓死。
《小过》	山上有雷,小过。	君子以行过乎恭,丧过乎哀,用过乎俭。
《既济》	水在火上,既济。	君子以思患而豫防之。
《未济》	火在水上,未济。	君子以慎辨物居方。

六十四卦的《大象传》格式整齐划一,都是先解释卦象。卦象,显然是对宇宙之中、天地之间的由八卦所象征的自然现象的抽象,是所谓"天道"的范畴。由"推天道以明人道"的思维影响,《大象传》在分析了卦象之后,就是对人的要求。这里的"人"并非指向所有人,而是"有位者",然而还可以细分。从形式上大体可以分为两类:以"君子以"和"先王(大人、后)以"领起的两类条目。根据学者的分梳,这两类条目分别体现了孔子对统治者道德范型的建构和制度设置的思考。① 我们综合考察即可明白,《大象传》所谓的 53 个"君子"是"位—德"的君子,是周代君子的通常用法,它指有位者,而有位者也是

---

① 参见张艳芳:《〈周易·大象传〉——孔子及其后学的治世理想诉求》,《孔子研究》2011年第 5 期。

有德者,而不是儒家后来所突出的"德—位"的君子。这反映了《大象传》时代的早出。而其中出现的以7个"先王"、2个"后"、1个"大人"、1个"上"为领起的条目,更是非常明显地指向了最高的"在位者"。"后"字作"君"也是《大象传》早出的证据之一。显然,这里体现出的是儒家德治主义的政治哲学。而它背后所反映的思维方式则是《四库全书总目提要·易类》所谓"《易》之为书,推天道以明人事者也"。

张艳芳指出,《大象传》在以天道说人事的同时,突出了孔子对执政者君子人格的持守和对圣人德治境界的追寻。若将《周易》六十四卦比作一个自在自为的完整领域的话,《大象传》就是孔子及其弟子以这片土地为依托而建构的儒家政治上的"理想国",充分体现了孔子及其后学的治世理想诉求。① 这一分析是到位的。这与《论语》中的基本观点是完全一致的,也体现为"则天"的观念。故我们可以将之视为孔子对天道的探索。这里的"天道"是对自然规律的认识吗? 有学者认为,《易传》讲的天道,是指自然规律。② 我们认为,这种认识是片面的。正如我们多次指出的,"天道"一定是在自然天道观的基础上加入了义理的内容。

有学者对《易传》所反映的孔子的天道思想进行了归纳和总结。马振铎先生认为,《易传》在先秦儒学发展史中占有极为重要的地位,为儒学的发展作出重大贡献。这贡献主要不是它阐述了圣人怎样作《易》以及怎样根据《易》理避凶就吉、治国平天下,而是提出了泛道德主义天道观。但是,他将《易传》归为孟子之后的作品,而主张孔子不言天道、孟子少言天道,《易传》言天道,就是为了回应道家自然主义天道观,并为性善论提供形上学本体论根据。③ 马先生认为,《易传》的天道不是天地生养万物时所遵循的规律或法则,

①　参见张艳芳:《〈周易·大象传〉——孔子及其后学的治世理想诉求》,《孔子研究》2011年第5期。

②　参见梁韦弦:《易学考论》,黑龙江人民出版社2005年版,第192页。

③　参见马振铎:《仁·人道——孔子的哲学思想》,中国社会科学出版社1993年版,第248页。

而是"天地化生万物本身以及在天地化生万物时所体现出来的'天地之心'（《复卦·彖》）或'天地之大义'（《家人·彖》）"①。因此可以说，《易传》的天道观是道德化的天道，因此天道不是纯粹的自然规律，而是客观化了的道德律。其实，马先生对于《易传》时代的错误认识，使他将孔子的道德化的天道观，误置于战国后期、末期，从而无法准确把握孔子的天道观。

在今帛本《易传》中，我们可以发现孔子的天道观，是对《周易》本身思维方式的一种继承和发展，将天、地、人打通而观。有学者对此进行了总结，提出其中包含着多种含义，其一是阴阳之道，其二是损益之道，其三是化生之道。②这一归纳基本上是周全的。可以说，在今帛本《易传》中所反映的孔子的天道观，是一种超越自然天道观的道德义理天道观。试看如下几则。

在今本《系辞下》中引用孔子之语："子曰：'乾坤其《易》之门邪？乾，阳物也；坤，阴物也。阴阳合德，而刚柔有体，以体天地之撰，以通神明之德。'"这与《大戴礼记·曾子天圆》中曾子所说"闻之于夫子"的那段话十分类似，更与《易传》的"一阴一阳之谓道"的观点相符。而在帛书《易传》中出现了与上引《系辞下》几乎相同的一段话："子［曰］：'《易》之要可得而知矣。《乾》《坤》也者，《易》之门户也。乾，阳物也；坤，阴物也。阴阳合德而刚柔有体，以体天地之化……'"（帛书《衷》）在同一篇，孔子又说："《易》之义萃阴与阳，六画而成章。"（帛书《衷》）这里，孔子把"阴阳"称为《易》之"义"即主旨。而将代表阴阳的《乾》《坤》卦视为《易》之"要"。从天地的"大化流行"来理解《易》，反映的是孔子对天道之"德"的体认。帛书《要》篇，记载孔子戒门弟子曰："故《易》有天道焉，而不可以日月生辰尽称也，故为之以阴阳；有地道焉，不可以水火木金土尽称也，故律之柔刚；有人道焉，不可以父子、君臣、夫妇、先后尽称也，故要之以上下。"这是天地人"三才"之道的反映，与《周易·说卦》

---

① 马振铎：《仁·人道——孔子的哲学思想》，中国社会科学出版社1993年版，第249页。

② 参见王国雨：《试论孔子晚年的天道观——以"晚而喜易"为视角》，《国学学刊》2016年第1期。

所称"立天之道曰阴与阳,立地之道曰柔与刚,立人之道曰仁与义,兼三才而两之"显然是详略不同的同一段话。

我们曾经指出,在帛书《缪和》中有孔子论《易》之语:"凡天之道,壹阴壹阳,壹短壹长,壹晦壹明。夫人道仇之。""仇"字之释,从赵建伟,训为"合"。此句言天道有其对立转换的规律,如阴阳、短长、晦明的互相转换正是天道的体现。而人道当合于天道,亦有其"利达显荣"与"困"之互相转换、辩证统一。因此古之"伯王之君"皆深谙此道,因"困"而得"达"。在讲到《谦》卦时,孔子从天道、地道、鬼神之道与人道四个层面总结了"谦"之四益与"盈"之四损,进而提出"谦之为道也,君子贵之"的主张。这同样体现着人道效法天道的观念。①

《缪和》中又记孔子说:"天之道,崇高神明而好下,故万物归命焉;地之道,精博以尚而安卑,故万物得生焉;圣君之道,尊严睿智而弗以骄人,谦然牝德而好后,故[天下归心焉。]《易》曰:谦,亨,君子有终。"实际上,重视谦德又是和孔子重视《损》《益》两卦分不开的。在帛书《要》篇、《孔子家语》、《韩诗外传》、《说苑》等文献中都记载了孔子占卦得《损》《益》二卦之事,文辞大体相同。孔子强调"损益之道,不可不察",认为其中蕴含着天地人"三才"之道。而对损益之道的深刻理解在《孔子家语·三恕》"孔子观欹器"的记载中有着深刻的体现:"宥坐之器,虚则欹,中则正,满则覆。……聪明睿智,守之以愚;功被天下,守之以让;勇力振世,守之以怯;富有四海,守之以谦。此所谓损之又损之之道也。"《韩诗外传》卷三亦载此事而文辞有异。通过对比两段记载,我们可以发现,这两处记载都涉及"聪明睿智,守之以愚"等一段,虽然文辞有异,但思想相通,而在《缪和》篇,"子"在论《谦》卦时也说了基本相同的话。这些材料当视为"同源材料"。由此可见孔子重视谦德是其来有自,且是一贯的。② 这些文献无不显示出孔子"推天道以明人道""人道法天道"的"天人合

---

① 参见宋立林:《〈缪和〉〈昭力〉与孔子易教》,《周易研究》2010 年第 6 期。
② 参见宋立林:《〈缪和〉〈昭力〉与孔子易教》,《周易研究》2010 年第 6 期。

一"的"则天"思想。

今本《易传·系辞》中,保留了23条"子曰"材料,其中孔子专门对卦爻辞予以诠释的有19条之多,往往都是根据易之理而阐发修德立身的思想和智慧。比如:子曰:"天下何思何虑? 天下同归而殊涂,一致而百虑,天下何思何虑? 日往则月来,月往则日来,日月相推而明生焉。寒往则暑来,暑往则寒来,寒暑相推而岁成焉。往者屈也,来者信也,屈信相感而利生焉……穷神知化,德之盛也。""穷神知化"是孔子所强调的"盛德",这里的"神"与"化"都是指天地化生万物之神奇功能,人应该对此有充分的把握和透彻的理解,这样才有助于德之提升。所谓"日往则月来,月往则日来,日月相推而明生焉。寒往则暑来,暑往则寒来,寒暑相推而岁成焉",正是对天道之四时运转的描述,"这与《论语·阳货》'天何言哉,四时行焉,百物生焉,天何言哉'一章是可以相互注解的,均是孔子对天道运行不已和生物不息功能的揭示和肯定"[①]。其中并无神秘化的色彩,并非意志之天,乃是自然之天的规则、秩序,这种规则与秩序本身就呈现出某种价值与意义,因此人必须对此有充分的把握和透彻的理解。"孔子于《易传》所言天道,乃即阴阳和合所形成的宇宙万物之生化历程中显。……天道既是一超越(形上)的原则,又是一创化生成的原则。"[②]在孔子这里,天道,并不是"实体"的概念,而是"作用"的观念。也就是说,孔子尚未把"天"作为实存的本体来对待,而只是就其大化流行之用以彰显价值本体。李景林先生即认为,"孔子所谓'道',虽为一超越的统一性、普遍性,但非一超绝的实体"[③]。这就消解了殷商时期"天"所具有的人格神意义,从根本上无法生发出基督教那种超绝的造物主的意识来。

---

① 王国雨:《试论孔子晚年的天道观——以"晚而喜易"为视角》,《国学刊》2016年第1期。

② 李景林:《教养的本原:哲学突破期的儒家心性论》,北京师范大学出版社2009年版,第66页。

③ 李景林:《教养的本原:哲学突破期的儒家心性论》,北京师范大学出版社2009年版,第64页。

也有学者认为,孔子的天道并不是本体论的天道观,而是天文学天道观。如林桂榛先生指出,天道就是天体运行的轨迹,而不是形而上学的本体。而《易传》正是这一天道观的体现。① 我们认为,孔子当然有天文学的知识,其所谓的天道当然有"自然之天"的含义,但却并不因此而否定"天"所蕴含的规则、秩序与价值的意味。如果仅仅停留在"自然之天"的角度,那么很难理解孔子之天人学。

孔子对于"性与天道"的全新诠释进路,其实就在于他将人性与天道联系起来进行思考,并赋予"天"以义理、价值。《孟子·告子上》记载:"《诗》曰:'天生烝民,有物有则。民之秉夷,好是懿德。'孔子曰:'为此诗者,其知道乎!'"孔子对于《诗经·大雅·烝民》的诠释,强调了"天"之"有物有则"与"民"之"好是懿德"之间的关系,也就是说,天生民,而赋予人以天所本有的规则、秩序和价值,而人性所蕴含之德,也源于上天所赋予,因此人成为一个道德的生命,禀受了价值和意义。这其实是在努力为儒家的人学奠定了形上学的根据。这也就是孔子在晚年要谈天道的原因。如牟宗三先生所分析的那样,"在中国思想中,天命、天道乃通过忧患意识所生的'敬'而步步下贯,贯注到人的身上,便作为人的主体。因此,在'敬'之中,我们的主体并未投注到上帝那里去,我们所作的不是自我否定,而是自我肯定(self affirmation)。仿佛在敬的过程中,天命、天道愈往下贯,我们的主体愈得肯定,所以天命、天道愈往下贯,愈显得自我肯定之有价值。表面说来,是通过敬的作用肯定自己;本质地说,实是在天道、天命的层层下贯而为自己的真正主体中肯定自己"②。这也正是儒家与基督教走了不同道路的原因。在中国,"超越"的天道观念与内在的心性贯通起来,为儒家道德观念的确立奠定基石。

由此可以看出,孔子对于天道的关注,并不在于天道本身,而在于通过天

---

① 参见林桂榛:《天道天行与人性人情——先秦儒家"性与天道"论考原》,中国社会科学出版社 2015 年版。

② 牟宗三:《中国哲学的特质》,上海古籍出版社 2007 年版,第 15 页。

道来确立人道即人类社会的法则。当然,孔子对于人道的理解,也离不开天道。诚如余敦康先生所指出的,"中国人从来没有脱离人而去单纯地探索天的问题,也从来没有脱离天去专门探索人的问题,由此而形成了一种以天人关系为主题的学术传统和思维方式。此二者的关系,重点在人而不在天"[1]。信哉斯言!

三、孔子的天命论

天道观与天命论是两个不同的哲学范畴,但是它们之间又有着千丝万缕的联系,并不能截然分开。一个侧重"规则""规律""秩序",属于"常",是可以归纳、认知和把握的,归于"道"的范畴;一个倾向于"主宰""命运""使命",这里不强调"常",而突出"无常""偶然",并无规律可言。尤其"命运"是无从把握的。但是,它们都强调人的主观能动性。人可以认识天道,则法天道,推天道以明人事;人虽然对命运无可奈何,但是可以承担使命。孔子讲的"天"有的时候侧重于"义理之天",有的时候则侧重于"主宰之天""命运之天",有的时候则难解难分、相互扭结。我们只是为了分析的方便,而将之划为两个范畴予以探析。

如果说,天道与天命作为两个范畴来对待是合理的话,那么,《论语》中所说的"命"又是什么? 它与天道、天命是什么关系呢?

关于孔子所说的"命"和"天命"是否为一个范畴,徐复观先生对此有一个影响很大的观点。他说:

《论语》上凡单言一个"命"字的,皆指运命之命而言。[2]

孔子的所谓天命或天道或天,用最简洁的语言表达出来,实际是指道德的超经验的性格而言。因为是超经验的,所以才有其普遍性、永恒性。因为是超经验的,所以在当时只能用传统的天、天命、天道

---

① 余敦康:《中国哲学的起源与目标》,首都师范大学出版社 2016 年版,第 109 页。
② 徐复观:《中国人性论史·先秦篇》,九州出版社 2014 年版,第 76 页。

来加以征表,道德的普遍性、永恒性,正是孔子所说的天、天命、天道的真实内容。①

在徐复观先生那里,天道、天命是同一个意思的概念,可以通用。而"命"与"天命"则属于两个不同的概念,不可混淆。他认为:"生死、富贵、贫贱、利害等都是命。'知命'的意思,是知道这些事情乃属于命,乃属于'不可求'的。知道这些东西是不可求的,便不必枉费心思,而能'从吾所好'。所以'不知命,无以为君子'。'为君子'的'为'字,即是'克己复礼为仁'的'为'字,乃是用工夫去作的意思。……换言之,孔子乃至孔门弟子,对于命运的态度,是采取不争辩其有无,也决不让其影响到人生合理的生活,而只采取听其自然的'俟命'的态度,实际上是采取互不相干的态度。但《论语》上若提到与天相连的'天命''天道',则与上述的情形完全相反,而出之以敬畏、承当的精神。这是说明孔子对于春秋时代道德法则化了的'天',虽然不曾再赋与以明确的人格神的性质;但对孔子而言,这种道德法则,并非仅是外在的抽象而漠然的存在;而系有血有肉的实体的存在。"②

他还说:"孔子'五十而知天命'的'知',是'证知'的知,是他从十五志学以后,不断地'下学而上达',从经验的积累中,从实践的上达中,证知了道德的超经验性。这种道德的超经验性,在孔子便由传统的观念而称之为天、天道、天命。"③他进一步指出:"'下学而上达'的'上达',指的正是由十五志于学而至知天命。不了解到这里,便不能理解孔子何以对鬼神采的是彻底的合理的态度,而对于天、天命,却带些神秘的感觉。孔子所感到的这种生命与天命的连结,实际即是性与天命的连结。所以子贡曾听到孔子把性和天道(命)连在一起说过。性与天命的连结,即是在血气心知的具体的性质里面,体认出它有超越血气心知的性质。这是在具体生命中所开辟出的内在的人格世界的

①　徐复观:《中国人性论史·先秦篇》,九州出版社 2014 年版,第 79 页。
②　徐复观:《中国人性论史·先秦篇》,九州出版社 2014 年版,第 77—78 页。
③　徐复观:《中国人性论史·先秦篇》,九州出版社 2014 年版,第 79 页。

无限性的显现，要通过下学而上达，才能体认得到的；所以在下学阶段的人，'不可得而闻'。……孔子五十所知的天命，乃道德性之天命，非宗教性之天命，……他的知天命，乃是对自己的性、自己的心的道德性，得到了彻底的自觉自证。"①

徐复观先生的这一看法，也遭到了不少学者的质疑。比如刘述先先生就认为，徐复观对于"天命"与"命"的区分，"这样的观察是敏锐的，但我要指出的是，天命的来源固然是来自天，命的来源也还是同一个天，这由子夏从孔子那里听来的两句话所谓'死生有命，富贵在天'可以得到明证。这样我们既有可以理解的内在于我们生命的天命，也有不可以理解的同样来自于天的外在的命运。必须结合这两方面的体证，才能真正把握到知命的深刻的含义"②。李景林先生也指出，徐复观将"命"视为与人"不相干"的对象，"则所谓超越性原则，终仍是外在于人的抽象设定，与宗教性的价值实现方式无殊"。因为"只有当人真正认识到'命'非人力所可与，而又能以道德的抉择把之转变成为人自身行为的内在界限时，'天命'作为道德原则才能对我具体地显现出来。超越的原则由是可经由人内心之体证而成为一具体的原则"③。

徐先生的这一看法，是否正确呢？我们需要从《论语》本身找证据。《论语·子罕》开篇"子罕言利与命与仁"这一章，古往今来有多种不同的诠释。有人据此认为，孔子对于"命"也是"罕言"的。其实这句话应该断句为："子罕言利，与命与仁。"与，是赞许义。孔子对于"仁""命"当然并不"罕言"，孔子言"仁"之多，世所周知。孔子言"命"，在《论语》中也并不罕见。《论语》中谈到"天道"的不多，但是论"命"和"天命"的地方却不少。孔子对于"命"或"天命"的理解，也迥异于前人与时人，展示出其新的思路。

---

① 徐复观：《中国人性论史·先秦篇》，九州出版社 2014 年版，第 81 页。

② 刘述先：《论孔子思想中隐涵的"天人合一"一贯之道》，载《儒家哲学研究：问题、方法与未来开展》，上海古籍出版社 2010 年版，第 168 页。

③ 李景林：《教养的本原：哲学突破期的儒家心性论》，北京师范大学出版社 2009 年版，第 53 页。

其实,徐复观先生关于"命"与"天命"的区分,虽然准确地发现在孔子天命观之中,既有对运命之"命"的"俟命"态度,又有对天赋之"命"的超经验性的体认以成就仁德这样两层次的内涵。但将"天命"与"命"严格区分开来,确实存在漏洞,如果揆之于《论语》的材料本身,我们就会发现孔子对"天"、"天命"与"命"并没有做到严格的区分。其实,如果区分"天命"与"命",尚不如将天命与天道进行区分,更易于了解孔子的天道观与天命论。

孔子所谓"天命""命"的含义,并不是完全统一的,其中有的保留着西周以来的神学意义上的天命思想,也有一些地方则赋予了新的含义,即徐复观先生所谓"天命"的意义。后儒对孔子天命观的理解也不一致。汉儒强调"天命"的"命定""运命"的一面,如皇侃所谓"天命,谓穷通之分也"①。宋儒则强调其中的"天赋之理"的一面,如朱熹所谓"天命,即天道之流行而赋于物者,乃事物所以当然之故也"②。清儒又将之分为"禄命"与"德命",如刘宝楠所谓:"天命者,《说文》云:'命,使也。'言天使已如此也。《书·召诰》云:'今天其命哲,命吉凶,命历年。'哲与愚对,是生质之异,而皆可以为善,则德命也。吉凶、历年,则禄命也。君子修其德命,自能安处禄命。"③可见,历代儒者的理解并不相同。对此,马振铎先生有过一个精彩的分梳。他认为,孔子的天命观念,包含着两个层面:一个是主宰义天命,这是对殷周天命论的继承;一个是赋予义天命,这是孔子的新诠释。其中所谓"赋予"是指天赋予人以德及使命。④周海春也强调,孔子所说的"命"基本上是一个"告""呼""命名"与"使命""命运"高度统一的概念,其核心意义是"使命"。对天命的知,也就是对自我的责任与使命的认知。⑤

① （南朝梁）皇侃撰,高尚榘校点:《论语义疏》,中华书局 2013 年版,第 26 页。
② （宋）朱熹:《四书章句集注》,中华书局 1983 年版,第 54 页。
③ （清）刘宝楠:《论语正义》（上）,中华书局 1990 年版,第 44 页。
④ 参见马振铎:《仁·人道——孔子的哲学思想》,中国社会科学出版社 1993 年版,第197—201 页。
⑤ 参见周海春:《〈论语〉哲学》,中国社会科学出版社 2013 年版,第 279 页。

　　因此,孔子所谓"不知命,无以为君子"与"五十而知天命"并不是两个层面上的含义,而是内在一致的。徐复观先生认为:"若《论语》上单语的'命'字,与复语的'天命'一词无别,则孔子的知天命,乃在'四十而不惑'以后的五十岁,这如后所述,孔子在人格知识上的成就,已快到顶点的时候了。而对一般人,却把这种知天命,只作为用工夫去作君子的第一步,这如何可以说得通?前面引的子夏答复司马牛的话,也是同样的意思。"①

　　对徐复观先生的"命"与"天命"之不同的看法,我们认为,第一,孔子对于天命的理解,是经过自己"下学而上达"的层层工夫逐渐体认到的。他对天命的认知,应该包含着两个层面的含义,其一是对天命之运命义的理解,其二是对天命之赋予义的理解。而当他说"不知命,无以为君子"的时候,其实将他经由个人体认而得到的这一认识告诉人们。此所谓"先知觉后知"。这其中并无矛盾。其实,朱熹也曾有过这样的看法。据《朱子语类》卷四记载,有学生问:"'不知命'与'知天命'之'命'如何?"朱子的回答是:"不同。'知天命',谓知其理之所自来。譬之于水,人皆知其为水,圣人则知其发源处。如'不知命'处,却是说死生、寿夭、贫富、贵贱之命也。"②看来,这与徐先生的看法是一致的。徐先生受朱熹的启发亦未可知。不过,《四书或问》卷七中还有另一段记载:学生问:"然则命有二乎?"朱子回答说:"命一也。但圣贤之言,有以其理而言者,有以其气而言者。以理言者,此章之云是也;以气言者,穷达有命云者是也。"③可见,朱子对"天命""命"的理解是全面的,既见其异,又见其同。

　　第二,恰恰是子夏对司马牛的答复出现了"命"与"天"的对举,显示二者之间的联系,而非区别。然而,徐复观先生在引用这一段话时,却将"富贵在

---

　　① 徐复观:《中国人性论史·先秦篇》,九州出版社 2014 年版,第 77 页。

　　② (宋)黎靖德编:《朱子语类》(一),中华书局 1986 年版,第 79 页。

　　③ (宋)朱熹:《论语或问》(二),载《朱子全书》(六),上海古籍出版社、安徽教育出版社 2001 年版,第 642 页。

天"用省略号代替了。① 这便有故意隐瞒反证的嫌疑了。

在《论语》中,论述主宰义、运命义的"天命""天""命"的地方有不少。如《雍也》载:

> 子见南子,子路不说。夫子矢之曰:"予所否者,天厌之! 天厌之!"

《先进》篇记载:

> 颜渊死。子曰:"噫! 天丧予! 天丧予!"

另外,《八佾》篇:"获罪于天,无所祷也。"《子罕》篇:"吾谁欺? 欺天乎?"冯友兰先生认为,这里所说的"天",就是主宰之天。他说:"从这些话看起来,孔丘所说的天,基本上仍然是当时的传统的宗教所说的天、帝或上帝,是宇宙的最高主宰者。"②侯外庐等先生曾经指出:"孔子言'天'之处,大都用惊叹语或追问语,这显明地是在最后穷究有意志的根本动力。"③果真如此吗? 这里的几处"天"看似指主宰义的"天",我们当然可以将之视为孔子对殷周之主宰天的继承和保留。不过,有一点需要注意,这里的"天"并不一定意味着孔子真的相信"天"具有人格神的性质,能够主宰人。李泽厚认为,《雍也》"天厌之! 天厌之!""这章指天发誓不过情急之辞,并不足以证明或否定什么"。④ 田昌五也认为,"欺天乎"的说法也不过如当今俗语所说"骗鬼去吧",是不必拉到宗教天命论这条纲上来讨论的。他还认为,"天丧予"这是一句人在极度悲痛时的呼天号地之语。⑤ 其实,上面的几处"天"也应该作如是观。不过是在感情激越状态中的赌咒、悲叹和感叹罢了。正如我们生活中依然会以天发誓,以天感慨。其实,孔子对于鬼神也好,对于天命也好,往往采取既不肯定也不直接

---

① 参见徐复观:《中国人性论史·先秦篇》,九州出版社 2014 年版,第 77 页。

② 冯友兰:《中国哲学史新编》(上),人民出版社 1998 年版,第 172 页。

③ 侯外庐、赵纪彬、杜国庠:《中国思想通史》(一),人民出版社 2011 年版,第 139 页。

④ 李泽厚:《论语今读》,生活·读书·新知三联书店 2008 年版,第 200 页。

⑤ 参见田昌五:《孔子的天道观》,《山东大学学报》1991 年第 3 期。

否定的实用理性的态度。这造成了后人对孔子天命观的误解。

《论语》中单论"命"的，如《雍也》篇记载：

> 伯牛有疾，子问之，自牖执其手，曰："亡之，命矣夫……"

《宪问》篇记载：

> 子曰："道之将行也与？命也。道之将废也与？命也。公伯寮
> 其如命何！"

这里的"命"，显然是运命之命，是人所无法左右的。同上面的"天"一样，也是在情感激越状态中发出的感慨与喟叹。这也并不表示孔子对于命就采取了一种认可的态度。对此，上博简《鲁邦大旱》可以提供一则例证。该简文开篇云：

> 鲁邦大旱，哀公谓孔子："子不为我图之？"孔子答曰："邦大旱，
> 毋乃失诸刑与德乎？唯［正刑与德］之何哉。"①

从简文看，孔子将"鲁邦大旱"这一天灾的原因归于"失诸刑与德"，显然是一种天人合一甚至是天人感应的思维模式。那么，孔子的这一回应是否代表了孔子真的认为人的德行会影响到自然现象呢？我们认为，恰恰相反，孔子这里实际上是利用当时天命观念的流行而借机警示鲁哀公，这是出于限制君主权力、引导其施行德政的政治考量，与汉代董仲舒倡导"天人感应"的初心是一致的。下文说：

> 孔子曰："庶民知说之事鬼也，不知刑与德。如毋爱圭璧币帛于
> 山川，政刑与……"

由于简文残损，我们无法知道孔子这段话的全貌，但大体能明了孔子的意思，即庶民相信鬼神，对于天灾都相信是上天、鬼神导致的，而不能归之于政府在"刑与德"方面的偏失。所以，孔子建议鲁哀公，一方面要不吝惜圭璧币帛来

---

① 简文的释文采用了廖名春教授的意见。参见廖名春：《试论楚简〈鲁邦大旱〉的内容与思想》，载朱渊清、廖名春主编：《上博馆藏战国楚竹书研究续编》，上海书店出版社 2004 年版，第102—106 页。

祭祀山川,以稳定民心;另一方面要纠正施政中的偏失和错误。可见,祭祀山川是一种"百姓以为神,君子以为文"的措施,目的在于安定民心。而真正的要害在于"正刑与德"。但是,孔子弟子对于孔子的这一看法,并不认同。下文接着说:

> 出,遇子贡,曰:"赐,尔闻巷路之言,毋乃谓丘之答非与?"子贡曰:"否,抑吾子如重命其与? 如夫正刑与德,以事上天,此是哉! 如夫毋爱圭璧币帛于山川,毋乃不可。……"孔子曰:"乌呼! ……公岂不饱粱食肉哉也? 抑无如庶民何!"

子贡对于孔子观点的不同看法,正与前文所论子贡质疑孔子老而好易若合符节。子贡是一位理性主义者,所以他赞同孔子"正刑与德"的主张,但是反对祭祀山川的主张。子贡认为孔子"重命"即敬畏天命,这是子贡对孔子的天命思想的一种观察,应该说这一看法是有根据的。孔子确实主张知天命、畏天命。但是,这里的"命",显然是指天命中那种具有主宰义的"命"。其实,孔子对此的态度是不明确的,既不能说孔子的天命观中没有一点神学的宗教成分,也不能说孔子就笃定地相信主宰之天。孔子虽然还在谈天命、谈鬼神,可以理解为一种"神道设教"的教化手段。而从子贡"正刑与德,以事上天,此是哉"的话来看,子贡这里的"事上天"实际是一种"则天"的主张。即不是通过宗教方式影响上天,而是通过道德的方式回应上天。

主宰之天、运命之天的用法,意味着天与人之"分",正如纯粹的自然之天也意味着天人之分一样。但是,儒家的主流是"天人合一"。因为孔子对天命贯注了新的内涵,即"赋予义"的天命。如果说,天道还意味着天与人的贯通停留在"则天"的层面,那么,天命则意味着天与人具有了内在的贯通,天人合一才真正落实下来。李景林先生认为:"天、道,是从法则的意义言天。命或天命,则主要强调的是天与人的关系。"①这一看法是正确的。法则,是人应该

---

① 李景林:《教养的本原:哲学突破期的儒家心性论》,北京师范大学出版社 2009 年版,第46 页。

把握和效法的,即"则天";天命于人,则天人关系是内在的,是无可逃脱的。那么,如何对待天命,就有两种态度。

运命,即意味着某种限定性、偶然性及不可把握性,这是人力所无法干预、无法左右的,在这方面人无任何自由可言。或者说,这正是人的有限性所决定的。那么,孔子的态度就是"俟命"。《中庸》引子曰:"君子居易以俟命。"可以为证。孔子一生命途多舛,面对困厄,孔子的态度是:"君子固穷,小人穷斯滥矣。"(《论语·卫灵公》)《庄子·人间世》说:"知其不可奈何而安之若命,德之至也。"在这一点上,儒家和道家有相似之处。但是,这并非消极的宿命论,因为,孔子的天命论中贯注了新的成分,即天是赋予人以天职或使命的。儒家放弃了对不可捉摸、不可控制的行为后果的关注,而致力于承担起天所赋予的使命。天命也就从限制转化成了赋予,从消极变成了积极。甚至可以说,对于"运命"之消极的不关注,也意味着对"运命"的积极担负,也就是说,无论后果如何,我们都予以积极接纳,不会为了改变运命而放弃天赋之使命。这一点,对于塑造士人的君子人格具有极深刻的影响。

因此,孔子在自述人生历程时才说:"五十而知天命。"(《论语·为政》)即意味着他意识到自己的天赋使命,也意味着他自觉地担负起运命之限制。故他才郑重地说:"不知命,无以为君子也。"(《论语·尧曰》)

田昌五认为,孔子的天命观,是"天之历数"的一种自然之化,不是什么造物主制作出来的。天之历数并不是或不仅仅是天文历法,而是指天地运行之理。用传统的说法,即所谓天地之心是也。这是一种无形无声的强大力量,它像人的神经中枢一样,支配着天地运行和人世间的活动,是任何力量都不能与之抗拒的。简单地说,天之历数即后世所说的"天数"或"气数",就是孔子所言"天命"有别于传统宗教天命论的地方。他在用天之历数改造传统天命论时,把作为人格化的至上神的天老爷无意中扬弃掉了。[①] 其实,田先生对于孔

---

① 参见田昌五:《孔子的天道观》,《山东大学学报》1991 年第 3 期。

子天命观的认识,是与天道观混在一起的。这种具有一定神秘性的"天之历数",是由天文学、星相学发展出来的一种介于神学与科学之间的数术之学。我们认为,孔子所谓的天道、天命,当然有数术的知识背景,但是他所指的绝非"气数"之类的东西。

有些学者认为,孔子的天命观就是一种神学的天命观,孔子所谓"天"是一种宗教的神学之天。如赵法生先生近年来撰写多篇论文阐发这一观点。他对 20 世纪学术界力图将孔子天命观理性化的致思倾向进行了反思与批评。在赵先生的理解中,孔子所谈到的天具有如下功能:首先,天是政权转移和文明兴衰的决定者。其次,天是个人德性与智慧的赋予者,又是人生个体命运的决定者。再次,天是一切自然现象的决定力量。复次,天不可欺。最后他总结说:"把孔子关于天的各种说法综合加以考察,去体会孔子的天的意蕴,我们便发现孔子的天是宇宙之主宰,是政权变更、文明盛衰、个人德性、富贵穷达以及自然变化的终极原因,其主宰作用涉及自然与人事各个方面,可以说是无所不包,无所不能,无远弗届。因此,孔子的天依然是宗周的主宰之天,是宇宙万化背后的决定力量,是一个决定着社会、自然与人生命运的至上神。"①

对于这样一个具有超越意义的宗教性的神圣之天,孔子既没有采取西方基督教那样的外在超越之路,也并非思孟学派及宋明儒那种内在超越之路,这一路径,赵法生称之为"中道超越"之路。在这种"中道超越"中,"孔子的天基本上是一个至上的道德神,是一切自然、社会、人事背后的决定力量,是牟宗三所说的人格神。从性质和功能上,孔子的天命位于自然和社会之上。在孔子那里,天命总是在人力的极限处显示其力量,而孔子总是在这种特定情形下对之发出深沉的呼吁和感叹。对于孔子而言,天命主要是情感与信念所寄托的对象而不是理智的对象。因此,它不能被解构为自然的力量或者法则,因为它不是有限的,而是无限的,类似于奥托所说的无限的神圣者。"②我们认为,虽

---

① 赵法生:《孔子的天命观与超越形态》,《清华大学学报》2011 年第 6 期。
② 赵法生:《孔子的天命观与超越形态》,《清华大学学报》2011 年第 6 期。

然不能说孔子的天命观中没有神学的宗教成分，但是却已经相当淡化了。崔大华先生就指出，在孔子这里，天命已经不是信仰的对象，而是通过生活经验、思想经历的积累来认识或体验的对象，进而通过道德实践，内化为人的道德本性。① 刘笑敢先生也指出："孔子积五十年之生活经验才体验出所谓命，孔子所谓命仍是天命，但已不是神的意志，而是指人力所无可奈何的事。"② 只不过，我们对孔子所谓的"天命"仅仅指对人力无可奈何的事的认识不能认可。

关于孔子的"知天命"，李泽厚先生曾有过极为深刻的分析。他说："'天命''命''立命''正命'，孔、孟屡言及，如何解说，恐非易事。其中有多种含义。'莫之致而至者，命也'，即非人力所能主宰。……但确是包括孔孟在内的儒学共同精神，即人生活在无可计量的偶然性中，却绝不失其主宰。这才叫'知天命'。'夭寿不二，修身以俟之，所以立命'，'知命者不立乎岩墙之下；尽其道而死者，正命也'（《孟子·尽心上》），这种'立命''知命''正命'都指人对自己命运的决定权和主宰性，而绝非听命、任命、宿命，这也才是'知天'。从而'知天命''畏天命'便不释为外在的律令或主宰，而可理解为谨慎敬畏地承担起一切外在的偶然，'不怨天不尤人'，在经历各种艰难险阻的生活行程中，建立起自己不失其主宰的必然，亦即认同一己的有限，却以此有限来抗阻，来承担，来建立，这也就是'立命'、'正命'和'知天命'。'五十而知天命'着意在这种承担和建立的完成，即一己对'命运'的彻底把握。这大概一般非五十岁左右难以实现。总之，认识并安宁于一己存在之有限性，仍强自建立，并不悲观、焦虑，或作徒劳之无限追求，此种中国式的'知命''顺命'的情感'超越'，似有异于西方。"③ 这一看法与刘述先先生的看法几乎是一样的。

刘述先先生这样说："我一直感到不明白的是，为什么孔子要等到五十才知天命，如果天命指的是天给予我们的禀赋，像《中庸》'天命之谓性'所说的

---

① 参见崔大华：《人生终极的理性自觉——儒家"命"的观念》，《孔子研究》2008 年第 2 期。
② 刘笑敢：《庄子哲学及其演变》，中国社会科学出版社 1988 年版，第 129 页。
③ 李泽厚：《论语今读》，生活·读书·新知三联书店 2008 年版，第 59 页。

那样。随着马齿徒增,我才慢慢体证到,一直要到五十这样的成熟的年龄,才能以实存的方式体验到有限的个体生命的命限的真实性。借用宋儒的术语来说,必同时体现理命(天命的禀赋)与气命(外在的命运)两个方面才能真正'知天命'。我们接受了自己只是个有限生命的事实,而就在自己不可掌握的命限以内,发扬自己内在的禀赋,努力行道,至死方休,求仁得仁,亦何怨焉!"①这与我的看法是一致的。"知天命"就在于认识到"天命"的两重性:一方面是不可左右的偶然性、有限性的运命;另一方面是天所赋予的使命及禀赋,缺了其中任何一个都不足以算是"知天命""知命"。所以,我们认为,徐复观先生对于"天命"与"命"的区分是成问题的。

在《论语·尧曰》的末章,孔子提出:"不知命,无以为君子也。不知礼,无以立也。不知言,无以知人也。"正如《论语》的首篇首章具有特殊的意义一样,《论语》的末篇末章同样不可忽视。这表明在编纂《论语》的孔门弟子和后学看来,这意味着整部《论语》的"结论"所在。我曾提出,整部《论语》的主题是"以学养成君子,君子修己安人"。修养做君子,就必须"知命";而"修己安人"则必须有所立,必须知人。所以,"不知命,无以为君子",对于理解《论语》而言,其分量一望可知。

对于"不知命,无以为君子",李泽厚先生解释说:"就是说不懂得、不认识外在力量的这种非可掌握的偶然性(极其重要),不足以为'君子'。就人生总体来讲,总被偶然性影响着、支配着,现代社会生活更是如此。如何注意、懂得、认识、重视偶然性,与偶然性抗争(这抗争包括利用、掌握等等),从而从偶然性中建立起属于自己的'必然',这就是'立命''造命'。因此不是盲目顺从、无所作为、畏惧以至崇拜偶然性,而恰恰是要抓紧、了解和主动适应偶然性。……人可以自己'立命''正命''造命',这才算是'知命',这也才显示出

---

① 刘述先:《论孔子思想中隐涵的"天人合一"一贯之道》,载《儒家哲学研究:问题、方法及未来开展》,上海古籍出版社 2010 年版,第 168 页。

人的主体性的崇高强大。"①所以,孔子才会说:"人能弘道,非道弘人。"在"有限性"中创造"伟大",才是真正的"知命"。这里的"知",就如王阳明所谓"知而不行,只是未知"之知。按照王阳明的看法,"知是行的主意,行是知的功夫;知是行之始,行是知之成。若会得时,只说一个知已自有行在,只说一个行已自有知在"(《传习录》卷一)。对于天道、天命的"知",其中,必然包含着对天命的"行"。

由此可见,孔子的天命论虽然有继承于西周天命论的成分,但是却予以了极大的突破。原来的天命实际上是专指上天对政权拥有者的"命",是一种"君权神授"理论,尽管它格外强调"天子"之德,即"以德配天",但是这种天命是特指的,不是普遍意义上的。孔子将天命的范围,从帝王扩展到所有人,可以说是天命的一次解放。从一个角度可以说,人皆有"天命",且不论这个"天命"的内涵是什么,这反映了孔子天命论中所蕴含的"平等"观念,不能不说这是思想的巨大进步。

除了要"知天命",孔子还强调"畏天命"。《论语·季氏》记载:

> 孔子曰:"君子有三畏:畏天命,畏大人,畏圣人之言。小人不知天命而不畏也,狎大人,侮圣人之言。"

这里的"畏",非畏惧义,乃敬畏义。在殷商时期,人们对于天或天命,显然是持一种宗教的态度。牟宗三先生曾经指出:"宗教的情绪并非源于忧患意识,而是源于恐怖意识。恐怖或怖栗恒为宗教的起源。""惧怕必有所惧的对象,而恐怖则不必有一定的对象,它可以整个宇宙为对象,甚至超乎一切对象,故人面对苍茫之宇宙时,恐怖的心理油然而生。宇宙的苍茫,天灾的残酷,都可引起恐怖的意识。耶教视人皆有原罪,在上帝跟前卑不足道,更视天灾为上帝对人间罪恶的惩罚,带着原罪的人们在天灾之中,只有怖栗地哀求宽恕,故耶

---

① 李泽厚:《论语今读》,生活·读书·新知三联书店 2008 年版,第 571 页。

教的根源显为典型的怖栗意识。"①然而,孔子所谓的"畏天命",却绝非在天命面前怖栗,而是由忧患意识而生之敬畏。敬畏乃敬之极致。

这种"敬畏"感,有没有宗教色彩呢?徐复观先生对此持否定态度。他说:"日人狩野直喜博士认为孔子之所谓天、天命、天道,皆是宗教的意义,而不应附以哲学的意义,这恐怕与《论语》整个的精神不合。"当然,他也承认,孔子对于"天、天命,却带些神秘的感觉"②。他说:"孔子对于天、天命的敬畏,乃是由'极道德之量'所引发的道德感情;而最高的道德感情,常是与最高的宗教感情,成为同质的精神状态。"③尽管如此,他还是将之归入"道德感情",而非"宗教感情"。

与之不同,牟宗三先生明确将之视为宗教意识。他说:"知天的知,必然引生敬畏的意识,敬畏是宗教意识。"他虽然不赞同把天命、天道视为形上实体,"孔子所说的'知我其天','知天命'与'畏天命'的天,都不必只是形上实体的意义。因为孔子的生命与超越者的遥契关系实比较近乎宗教意识。孔子在他与天遥契的精神境界中,不但没有把天拉下来,而且把天推远一点。虽在其自己生命中可与天遥契,但是天仍然保持它的超越性,高高在上而为人所敬畏。因此,孔子所说的天比较含有宗教上'人格神'(Personal God)的意味。而因宗教意识属于超越意识,我们可以称这种遥契为'超越的'(Transcendent)遥契。否则,'知我其天'等话是无法解释的。我们可以说,在孔子的践仁过程中,其所遥契的天实可有两重意义。从理上说,它是形上的实体。从情上说,它是人格神。而孔子的超越遥契,则似乎偏重后者"④。在牟宗三先生看来,只有到了《中庸》才出现"内在的遥契"。牟先生分析说:"超越的遥契是严肃

---

① 牟宗三:《中国哲学的特质》,上海古籍出版社 2007 年版,第 12—13 页。
② 徐复观:《中国人性论史·先秦篇》,九州出版社 2014 年版,第 79、81 页。
③ 徐复观:《中国人性论史·先秦篇》,九州出版社 2014 年版,第 81 页。
④ 牟宗三:《中国哲学的特质》,上海古籍出版社 2007 年版,第 33—34 页。

的、混沌的、神圣的宗教意味,而内在的遥契则是亲切的、明朗的哲学意味。"①但是,杜维明先生则从《中庸》解读出来"宗教性"。

我们认为,牟宗三先生将孔子的遥契天道天命视为"超越的遥契",视为一种宗教意识,和徐复观先生将孔子的"知天命""畏天命"视为"道德感情"之"极",各有所见,但又皆绝对化了。其实,天,在孔子那里,肯定仍保留着比较原始的宗教意味、人格神的含义,但是,孔子已经开始消除"人格神"之天,更多保留一种"义理之天"的超越意味。在这种对"义理之天"的知和畏中,所产生的道德情感,确乎近似一种宗教情感,但又不完全相同。或者可以说,孔子所谓"天""天命"虽然已经不再是宗教意义上的"人格神",但是却仍保留了"宗教性"(religiousness)。彭国翔曾指出,"用儒家传统甚至整个中国传统文化自身中'天''人'这两个核心观念来说,如果'天'象征着宗教性而'人'象征着人文性,那么,儒家传统最为基本的特征就是:儒家的'天人之际'不会像西方近代的主流思想那样在'宗教'与'人文'之间建立非此即彼的二元对立关系,而是在肯定'天'与'人'之间具有本体论的一致性(所谓'天人合一'即就此而言)这一前提下,承认现实层面的'天'与'人'之间存在的紧张,由此而始终谋求'天'与'人'之间的动态平衡"②。确实如此,儒家的主流是"天人合一",而非"天人相分",也就是说儒家并没有像西方基督教传统的"神人二分"和近代人文主义的"人神二分"那样的传统,孔子对于"性与天道"的态度,蕴含着一种对于天道的沉思与敬畏。儒家将超越性、神圣性与世俗性、凡俗性打通了,即芬格莱特所谓孔子"即凡而圣"。儒家对于超越的天道、天命的寻求,乃是为人类终极的意义奠定一个本体论的依据。

《孔子家语·本命解》有这样一段记载:

鲁哀公问于孔子曰:"人之命与性何谓也?"孔子对曰:"分于道,

---

① 牟宗三:《中国哲学的特质》,上海古籍出版社 2007 年版,第 34 页。
② 彭国翔:《儒家传统:宗教与人文主义之间》,北京大学出版社 2007 年版,第 11 页。

谓之命；形于一，谓之性；化于阴阳，象形而发，谓之生；化穷数尽，谓

之死。故命者，性之始也；死者，生之终也。有始，则必有终

矣。……"

这段记载又见于《大戴礼记·本命》。鲁哀公与孔子的对话，发生在孔子生命的最后几年。这时候，孔子对于"性与天道"或"命"与"性"的理解已经达到了一个高度，恐怕也已经并非保持过去那种"罕言"的状态，而是变成了"与命与仁"的态度。所以，鲁哀公向孔子请教这一人人关心但又"难言"的问题。在孔子看来，"命"是从"道"那里分化出来的，是从属于道（天道）的，"性"是"形于一"，其意思是人的形体所内蕴的唯一本质，就是人性。而"性"与"命"的关系是"命"是"性之始"，也就意味着，若没有"分于道"之"命"，则"性"就没有着落。"人之命"，就是一种"有生有死"的限定性。所以，"人之性"中也就必然包含着这种"有始有终"的"命"。换句话说，人性中除了具有天道所"命"的"性"，还有必然的"限定"。如果我们相信这段话果真出于孔子，那么，这完全可以视为孔子之言"性与天道"的佐证。

第二节　孔门后学对孔子天道观的早期诠释

先秦时期，天人关系，经历了一个由"天人相贯"到"天人相通"的转变。① 所谓"天人相贯"，就是天道下贯到人而成人道；这里的天既有主宰义，又有超越义。而"天人相通"则是指，天的主宰义弱化，而超越义进一步强化，人作为主体也更加具有能动性，人可以由内在的心性之道德践履工夫而通于天道，所谓"下学而上达"，这已经是一个双向的过程。前者强调天的"下贯"，后者突出人之"上达"。孔子的天道观与天命论，正处在这个转变的过程中，或者说正是孔子促进了这一转变。

---

① 参见麻尧宾：《〈大学〉、〈中庸〉天人范式议论——以朱子疏释为关键的视域》，《哲学研究》2011 年第 5 期。

孔子对天的看法,具有二重性,这也为此后孔门弟子后学在这一方面的分歧埋下了伏笔。徐复观先生曾将孔子之后,孔门关于"性命思想"分为三大派。第一派就是从曾子、子思到孟子的一派。这一派是顺着天命由上向下落,由外向内收;下落到自己的心上,内收到自己的心上,由心所证验的善端以言性善;更由尽心,即由扩充心的善端而向上升、向外发,在向上升的极限处而重新肯定天命,在向外发的过程中而肯定天下国家。这一派是孔门的正统派。第二派是以《易传》为中心的一派。这一派的特点,在坚持性善这一点上,与前一派相同。但以阴阳言天命,则与前一派不同。这一派因阴阳观念的扩展,对尔后的人性论,产生了很大影响。第三派是以礼的传承为中心的一派。……此派思想,以荀子为顶点。此派后起的人,虽矫正了荀子性恶之偏,但在这一系统之下所谈的道德,始终是外在性的道德。① 徐先生的这一分析,精细入微,可谓的论。如果从天道与天命两分的角度来看,孔门后学有的沿着天道论的方向不断前进,有的沿着天命论的方向深入拓展。前者以《易传》为代表,后者以思孟学派为代表。荀子也基本上是天道论的路数,只不过与《易传》的性善说不同,他强调的是自然之天,不具有道德意义。同时,郭店楚简及上博简中,也有不少相关材料,让我们得以窥见孔孟之间有关天道论、天命论的未知信息。

一、《易传》的天道观

《易传》的成书时代,学术界分歧很大。随着马王堆帛书的出土,有关孔子与《易》的关系,一度成为学界讨论的热点。经过李学勤、廖名春、丁四新、刘大钧等先生的考证和阐释,孔子"老而好《易》"的记载不容否定,孔子传《易》亦实有其事。至于,传统所谓"孔子作《易传》",可以做这样的理解:第一,《易传》虽非成书于一时一人之手,但可以肯定是孔门弟子、后学在孔子易

---

① 参见徐复观:《中国人性论史·先秦篇》,九州出版社2014年版,第179—180页。

学思想的影响下逐渐形成的,体现了孔门的天道哲学和道德学说。第二,
"作"不应该理解为今天的"学术著作的撰著",而应该从广义上来理解,也就
是廖名春先生所主张的,《易传》在思想上属于孔子。当然,这句话容易引起
误解。如果稍微谨慎一点说,至少《易传》中所保持的"子曰"是孔子的思想,
其他则是对《易传》所载"子曰"及那些不见于《易传》的孔子易学观念的新
诠释。

前文我们曾将《大象传》视为孔子的思想的反映,来考察孔子的天道观。
那么,后于《大象传》的《彖传》显然属于孔门后学了。如果说,《大象传》更侧
重于政治,其论卦象只不过是一种借由天道来推明人道,那么《彖传》则有更
多对天道本身的诠释。其他如《系辞》等更是如此。《易传》中所涉及的
"道",包括了天道、地道、鬼神之道及人道。前三者都是人道所法则的"权威
对象",尤其天道更是居于最高的位置,但是仔细辨析就会发现,《易传》的核
心还是"人道"。天道、地道、鬼神之道无不是为了论证"人道"而存在的。所
以,郭店简《语丛一》有"易,所以会天道、人道者也"之说。

《乾卦·彖传》曰:

> 大哉乾元,万物资始,乃统天。云行雨施,品物流形。大明终始,
> 六位时成。时乘六龙以御天。乾道变化,各正性命。保合大和,乃利
> 贞。首出庶物,万国咸宁。

毫无疑问,《乾卦·彖传》是《彖传》中最为重要的一段。这里强调,"乾元"也
就是天之地位之崇高,功能之强大。天地之间的万物,无不受到"乾元"的支
配。而天道的变化,使得宇宙间的万物各得正其性命,最终宇宙秩序和谐,人
间秩序安宁。"乾道变化"强调"变化",这是《易传》的一贯主张。其核心也
正是"生生之谓易"的"生生"之道,是宇宙的大化流行、生生不已。将"乾道变
化,各正性命"与《中庸》对照,我们会发现,这句话与"天命之谓性,率性之谓
道"是一致的。其不同在于,《乾卦·彖传》不像《中庸》专门谈"人性",而是
就宇宙间的万物之性而论。

《系辞》对于天道的诠释，也是建立在对"子曰"即孔子思想的基础上的。当然，如果我们不像吕绍纲先生那样，将《系辞》视为孔子作品的话①，那么，我们就能够发现孔门后学在天道观上对孔子的进一步诠释。

《系辞上》有一段非常关键的话：

> 天尊地卑，乾坤定矣。卑高以陈，贵贱位矣。动静有常，刚柔断矣。方以类聚，物以群分，吉凶生矣。在天成象，在地成形，变化见矣。是故刚柔相摩，八卦相荡，鼓之以雷霆，润之以风雨；日月运行，一寒一暑。乾道成男，坤道成女。乾知大始，坤作成物。乾以易知，坤以简能；易则易知，简则易从；易知则有亲，易从则有功；有亲则可久，有功则可大；可久则贤人之德，可大则贤人之业。易简而天下之理得矣。天下之理得，而成位乎其中矣。

这一段先讲"天尊地卑"，从天道之象说起，继而谈"刚柔""变化"，"雷霆""风雨""日月""寒暑"无一不是自然天道的现象，但是其落脚点还是"贤人之德"。其中间的环节就是"乾道"和"坤道"，其特点是"易"与"简"。从"天道"到"天下之理"，这是本段的论述思路。二者之间的关联就是"道"的同一性。

> 《易》与天地准，故能弥纶天地之道。仰以观于天文，俯以察于地理，是故知幽明之故；原始反终，故知死生之说；精气为物，游魂为变，是故知鬼神之情状。与天地相似，故不违；知周乎万物，而道济天下，故不过；旁行而不流，乐天知命，故不忧；安土敦乎仁，故能爱。范围天地之化而不过，曲成万物而不遗，通乎昼夜之道而知，故神无方而《易》无体。（《系辞上》）

《易》之道，是由"仰以观于天文，俯以察于地理"而来，显然是祛除了殷商天命论的神秘的宗教色彩，反映了孔门在对天道的认识上，更加理性化。"幽明""死生""鬼神"都不再是原来宗教的色彩，而是"旧瓶装新酒"的一种说法，是

---

① 参见吕绍纲:《〈周易〉的哲学精神——吕绍纲易学文选》,上海古籍出版社2005年版,第180页。

对天地法则变幻莫测的神秘性的一种描述。同时,也是对作为"卜筮之书"的《周易》的一种"义理化转向",使《周易》从"卜筮"走向了"哲学"。通过《易》道,人可以认识和把握天地之道,因为《易》之道,可以"弥纶天地之道",是"与天地准""范围天地之化"的。认识和把握了天地之道,人(圣人)就可以做到"不违""不过""不忧""能爱"了,这样,《易》道就将天地人贯通为一。所以后文说,《易》之为书也,广大悉备,包括了天道、地道、人道。而这种贯通天地人"三才"之道的《易》道,目的在于对天道、地道的把握,然后指导人道。"知崇礼卑,崇效天,卑法地",明确提出"效""法"天地的主旨。而《乾·文言》更是提出"与天地合其德,与日月合其明,与四时合其序,与鬼神合其吉凶",显然是彻底融会的宇宙生命智慧。

> 一阴一阳之谓道,继之者善也,成之者性也。仁者见之谓之仁,知者见之谓之知,百姓日用而不知,故君子之道鲜矣。显诸仁,藏诸用,鼓万物而不与圣人同忧,盛德大业至矣哉! 富有之谓大业,日新之谓盛德。生生之谓易,成象之谓乾,效法之谓坤,极数知来之谓占,通变之谓事,阴阳不测之谓神。(《系辞上》)

通过"阴阳"概念来诠释"道",突出的是一个"变化"和"生生"。这样的"阴阳变化之道"当然是从宇宙天地来谈的。但是,紧接着就是"人道"的规定。"继之者善也,成之者性也"。这里的"善"是一种道德的肯定,与下文的"显诸仁"的"仁"同义。"善",就意味着价值。从阴阳变化、生生不已中发现了"价值",不仅发现,而且要"继之"才能"善","成之"才是"性"。正如徐复观先生所说的那样:"作《易传》的人,有'继之者善也'这一句的点醒,便顿觉宇宙间一切皆朗澈和谐,所生生者不仅是物质,而实际也是价值。"[1]当然,徐复观先生认为,这里的"善""性"都不是专门就"人"而言,是值得商榷的。其实,这段话的目的不在于或者说不仅仅在于揭示宇宙的阴阳变化之规律,而是为人

---

[1] 徐复观:《中国人性论史·先秦篇》,九州出版社2014年版,第187页。

类的生命寻求价值根源。天地"生生"的"不言之教",正是孔门所彰显的宇宙法则。这"生生"就是"仁",就是"善",就是"德"。

二、《中庸》的天道观

毫无疑问,孔门弟子后学在易学的角度,对天道的认识更为深化了。通过挖掘和诠释天道,为人道奠立了价值根源。这一思路,在汉代得到进一步光大,甚至成为主流。但这种天道与人道的关系,尚处于外在的关联上。人们当然可以通过"比德"的方式来确立"性善",但毕竟隔了一层。徐复观先生曾经专门申说这一看法。他指出,有了人格神作为归依,或者以某种形式的形上性的东西作为媒介,好像使天人关系变得更为具体,更易于把握和理解。但究其实际就会发现,这却无形中增加了一种障碍。之所以如此说,是因为如果不是从内心证验上言道德,而是绕在外面通过人格神的信仰,或者哲学的思辨来推论道德,那么道德往往容易落空。因此,徐复观说:"《易传》之言性命,《中庸》的言性命,虽同出于孔门,并且是同一思想结构;但《易传》却于性与命之中,介入了阴阳的观念,便在不知不觉之中,却划分了某一限界,发生了不同的影响。"[1]确实,儒家人性论的主流"性善论"是通过"内在化"的思路完成的,那不是在天道观的影响下,而是对孔子天命论的进一步发展的基础上实现的。

不过,在子思的《中庸》那里,天道与天命的观念是并存的。"天命论"当然是《中庸》首章的核心,暂置不论。在第 12 章有"诗云:'鸢飞戾天,鱼跃于渊。'言其上下察也。君子之道,造端乎夫妇,及其至也,察乎天地"一段,这里引《诗经·大雅·旱麓》篇,正如朱子所谓"子思引此诗以明化育流行,上下昭著,莫非此理之用,所谓费也。然其所以然者,则非见闻所及,所谓隐也"。又引程子的话,说:"此一节,子思吃紧为人处,活泼泼地,读者其致思焉。"[2]"活泼泼地",正是天道大化流行之状。显然,这一节乃是就天道而论人道。对

---

① 徐复观:《中国人性论史·先秦篇》,九州出版社 2014 年版,第 197 页。
② (宋)朱熹:《四书章句集注》,中华书局 1983 年版,第 23 页。

此,吕留良在《四书讲义》中评论说:"《中庸》特下'夫妇'二字,不是泛然,天地者,造物之大夫妇也,故曰'天地缊缊,万物化醇,男女构精,万物化生',又曰'有天地然后有万物,有万物然后有男女,有男女然后有夫妇,有夫妇然后有父子,有父子然后有君臣,有君臣然后有上下,有上下然后礼仪有所错',道理次序如此,圣人功用亦如此,宇宙感应变化云为无不由此,故曰'一阴一阳之谓道'。《中庸》特于此章提出此意,下章即指子臣弟友,与《易传》之理相会,昭然可见也。"①吕氏很精确地把握到了本章与《易传》之天道观念的相通之处,很有见地。

《中庸》的天道观,在第 20 章以后有显著的表现。徐复观先生将《中庸》分为上下篇,他将第 1 章至第 20 章前半段("道前定则不穷"止)定为上篇,第 20 章下半段至第 33 章定为下篇。但是,其中的第 16 章至第 19 章及第 28 章乃是"礼家所杂入",可以剔除在外。他指出,《中庸》的上篇乃出自子思。下篇是"紧承《中庸》之上篇而发展的","在编成的时间上,既在上篇之后,在孟子之前","上下两篇,断不可混而为一",但是"上下篇的思想,实在是一贯的"。"《中庸》下篇之所谓诚,也正是以仁为内容,下篇虽然只出现两个仁字……但全篇所言之诚,实际皆说的是仁。"②而王志跃则进一步指出:"《中庸》之诚以仁为内容,但这个仁不是孟子思想体系中的仁,在孟子那里仅仅是一种内在伦理规范,而是《易传》'一阴一阳之谓道'的天道'显诸仁,藏诸用'之仁。"③他还说:"《易传》所强调的天道是一阴一阳两种对立力量的交互作用所推动的运动及其规则,能够顺着这一运动变化的即是善,人与万物从天道变化中获得了自己的本质。从某些意义上来说,《中庸》所谓'天命之谓性'也就是《易传》的观念,它可以说是从《易传》发展而来的。"④尽管我们不能同意

---

①　(清)吕留良:《四书讲义》(下),中华书局 2017 年版,第 526 页。

②　徐复观:《中国人性论史·先秦篇》,九州出版社 2014 年版,第 137 页。

③　王志跃:《〈中庸〉二题》,载《中国哲学》第 17 辑,岳麓书社 1996 年版,第 241 页。

④　王志跃:《〈中庸〉二题》,载《中国哲学》第 17 辑,岳麓书社 1996 年版,第 235 页。

王先生将《中庸》的时代后置于秦汉之际的看法,也不同意他关于《易传》包含道家思想的看法,但是他强调《中庸》与《易传》的关系这一说法,很有道理。这里我们又可以看出《中庸》天道观与《易传》的相通之处。

如第 20 章:"诚者,天之道也;诚之者,人之道也。诚者,不勉而中,不思而得,从容中道,圣人也。诚之者,择善而固执之者也。"将"诚"视为天道,而"诚之"视为人道。这是儒家"天人关系"论的一个经典表述。那么,这个论述从上下文看,应该视为"子曰"的内容。朱熹在《中庸章句》中说:"章内语诚始详,而所谓诚者,实此篇之枢纽也。又按:《孔子家语》亦载此章,而其文尤详。"①徐复观认为,《孔子家语》是王肃伪造之书,这里多出的"公曰"等都是王肃增饰的结果。故认为朱子的认识是上了王肃的当。② 但是,徐先生在这里却轻信了清儒的伪书说,经过我们的研究,《孔子家语》之可靠性应该不成问题。廖名春先生亦指出:"事实上,先秦这些文献,出于孔子不同弟子之手,其记载有详有略,本属正常。"他认为,《家语·哀公问》比《中庸》多出"公曰"的记载,孔门弟子若是凭空"硬加上",难道就不费事吗? 又何以取信于同门? 所以,与其相信"增饰"说,还不如承认孔门弟子所记,原来就有详略不同。③由此可知,"诚者,天之道也;诚之者,人之道也"是孔子的说法,换句话说,子思对于诚的关注,可以说导源于孔子。这与《易传》所展现的孔子思想有相通之处。只不过,真正开展对诚的哲学探索的是子思,这显示了子思对孔子思想的新诠释。

"诚"是什么? 朱熹说:"诚者,真实无妄之谓,天理之本然也。"④朱子将"诚"解释为"真实无妄",将之视为天理的本然状态。这是理学家以天理训天道的诠释。但"真实无妄"的训释在廖名春先生看来过于浅薄。他引用徐复

---

① (宋)朱熹:《四书章句集注》,中华书局 1983 年版,第 32 页。
② 参见徐复观:《中国人性论史·先秦篇》,九州出版社 2014 年版,第 98 页。
③ 参见廖名春:《出土简帛丛考》,湖北教育出版社 2004 年版,第 38 页。
④ (宋)朱熹:《四书章句集注》,中华书局 1983 年版,第 31 页。

观先生以仁释诚的意见,认为,"诚"就是最真实的无妄之仁。① 毫无疑问,"诚"是《中庸》下篇的核心观念。这个"诚"既是天之本体、天之实然状态,又是连通天人之管道。王夫之说:"曰'命'、曰'性'、曰'道'、曰'教',无不受统于此一'诚'字。于此不察,其引人入迷津者不小。"②也有学者认为,诚是"天之体"与"天之用"两者的统一。③

而"诚之"作为"人之道",朱子说:"诚之者,未能真实无妄,而欲其真实无妄之谓,人事之当然也。"④这显然是从天道与人道的统一处来讲"诚"的。因为"圣人"也是"诚"。《中庸章句》讲"圣人之德,浑然天理,真实无妄,不待思勉而从容中道,则亦天之道也"⑤。从"圣人"作为人的角度来看,人之诚可以同于天。

所以,"诚之"就是一种工夫,通过"诚之"的工夫,达到"诚"的状态,以此实现与天道的同一。这就是天人的贯通,在第 22 章有清晰的表述。第 22 章:"唯天下至诚,为能尽其性;能尽其性,则能尽人之性;能尽人之性,则能尽物之性;能尽物之性,则可以赞天地之化育;可以赞天地之化育,则可以与天地参矣。"这一章,从尽己性、尽人性、尽物性层层推进,这是孔子所无的观念,然后谈到"参赞天地"。陈荣捷先生在谈到《中庸》的"诚"时说:"联结天人合一的性质是'诚','诚'意指诚实、真理或实在。这个观念在《中庸》里讨论得颇为详尽,它既有心理学的、形上学的,也有宗教的含义。诚不只是心态,它还有股动力,无时无刻地在转化万物、完成万物,将天人联结到同一的文化之流中。因为它是神秘的,所以也是超越的。"⑥也有一些学者和陈荣捷一样认为,

---

① 参见廖名春:《出土简帛丛考》,湖北教育出版社 2004 年版,第 39—40 页。

② (清)王夫之:《读四书大全说》,载《船山全书》第 6 册,岳麓书社 2011 年版,第 998 页。

③ 参见吴凡明等:《〈中庸〉诚说探析》,《湖南大学学报》2000 年第 4 期;张亚宁:《〈中庸〉"诚"的思想》,《孔子研究》2009 年第 6 期。

④ (宋)朱熹:《四书章句集注》,中华书局 1983 年版,第 31 页。

⑤ (宋)朱熹:《四书章句集注》,中华书局 1983 年版,第 31 页。

⑥ 陈荣捷:《中国哲学文献选编》,江苏教育出版社 2006 年版,第 106 页。

"诚"具有宗教色彩,其实,我们认为这里的"诚",兼具本体与工夫,其中并无多少宗教色彩,尽管我们可以从宗教性的角度来诠释"诚"。

第26章云:"故至诚无息。不息则久,久则征,征则悠远,悠远则博厚,博厚则高明。博厚,所以载物也;高明,所以覆物也;悠久,所以成物也。博厚配地,高明配天,悠久无疆。如此者,不见而章,不动而变,无为而成。"这里与《易传》所谓"天尊地卑"义通,高明者,"尊"也;博厚者,"卑"也。所谓"天行健,君子以自强不息","地势坤,君子以厚德载物",所谓"崇效天,卑法地",皆是高明、博厚之义。天地之变化有"隐微"却又"不见而章",天地若恒,却又"不动而变",天地若无主动之施为却又"无为而成"。

该章接着说:"天地之道,可一言而尽也:其为物不贰,则其生物不测。""不贰",就是"诚";"不测",就是"神"。这里的"神"与《易传》所谓的"神"是一致的,都不具有宗教色彩。"天地之道:博也,厚也,高也,明也,悠也,久也。"这是对天地之道的性质的描述,也无神学的特征,正是自然之天所昭示出来的,因此,这里的天地之道,是从自然之天的意义上来谈的。只不过,这个自然之天,也内蕴着秩序、规则与价值,因此也同时是义理之天。南宋理学家陈淳解释道:"诚字本就天道论,'维天之命,於穆不已',只是一个诚。天道流行,自古及今,无一毫之妄,暑往则寒来,日往则月来,春生了便夏长,秋杀了便冬藏,元亨利贞,终始循环,万古常如此,皆是真实道理为之主宰。……此《中庸》所以谓'其为物不贰,则其生物不测'。"①陈淳这里的"主宰"只是说天道的背后有一个"真实道理"在发挥作用,类似于"本体",而不是主宰义的天。

下文所谓"今夫天,斯昭昭之多,及其无穷也,日月星辰系焉,万物覆焉。今夫地,一撮土之多,及其广厚,载华岳而不重,振河海而不泄,万物载焉。今夫山,一卷石之多,及其广大,草木生之,禽兽居之,宝藏兴焉。今夫水,一勺之多,及其不测,鼋鼍、蛟龙、鱼鳖生焉,货财殖焉。"足以证明,《中庸》对于天的

---

① (宋)陈淳:《北溪字义》,中华书局1983年版,第33页。

认识,更多不是从"天命"的角度来谈,而是从"天道"的角度而论的。徐复观先生认为,"诚者天之道也"是就人完全实现了天命之性而言的。他认为,这里的天之道"实等于'天之命'"。这个看法,是站不住脚的。从天地山川的"生物"功能来看,这正是《易传》所谓"天地之大德曰生"的观点。

该章下文的"诗云:'维天之命,於穆不已。'盖曰天之所以为天也。'於乎不显!文王之德之纯!'盖曰文王之所以为文也,纯亦不已"也是圣人配天的意思。程子说:"天道不已,文王纯于天道,亦不已。纯则无二无杂,不已则无间断先后。"[1]纯就是诚,不已就是无息,这正是天道之本然。而圣人如文王亦能"不勉而中,不思而得,从容中道",故亦"诚"也。

第30章论孔子之圣:"仲尼祖述尧舜,宪章文武;上律天时,下袭水土。辟如天地之无不持载,无不覆帱,辟如四时之错行,如日月之代明。万物并育而不相害,道并行而不相悖,小德川流,大德敦化,此天地之所以为大也。"毫无疑问,这里同样以"天地之道"的视野来赞誉孔子之圣德。所以不论是天时,还是水土;不论是四时,还是日月,都说明圣人对于天道之"法则"。"小德川流",让我们联想到《论语·子罕》所载:"子在川上,曰:'逝者如斯夫!不舍昼夜。'"很可能这里的"小德川流"是受孔子之语启发而来。"大德敦化"则可能与《易传》"天地之大德曰生"有关。

所以,《中庸》与《孟子》虽然都可以归入"内在超越"之路,但是其中还有一个大不同,那就是《中庸》所谓"超越"之天,并不全是"内在"的,更多时候,《中庸》是从天道观的层面去理解"天",这反而与《易传》更有相通之处。这也正是《中庸》本身的复杂之处。萧萐父先生深刻地认为"《易传》与《中庸》,义理互通"[2]。欧阳祯人先生进而精准地指出,《中庸》全书的思想都与《周易》的"大哉乾元"一章紧密相关。"《中庸》基于古老的五行学说,融入《周易》的'乾元之天'创生万物的思想,参赞天地,化育万物,都是要解决人之所

---

[1]　(宋)朱熹:《四书章句集注》,中华书局1983年版,第35页。
[2]　萧萐父:《吹沙二集》,巴蜀书社2007年版,第95页。

以为人的大本大原、终极关怀的根本问题,都是要解决现实的政治管理使人的个性和个体价值得到充分实现的根本问题。"①也有学者指出,《中庸》在万物本原及道与天地人的关系问题上的学说是忠实于先秦儒家传统的。在道与天地人的关系问题上,《中庸》讲"天地之道""人之道""天命之谓性,率性之谓道""道不远人""可离非道",道总是在天地人之中,而不在其外、其上、其先。② 这一看法是对的。不过,"天命之谓性"这一句却不能算在其中。但是,该作者又进而指出,这里的"道"并非指规律,而是方式之义。这里的"天"和"人"也不是指实体的自然之天和人类之人,而是自然而然与人为的意思。虽则别出心裁,但是却谬以千里,不足为凭。

天道观,意味着天是客观的,但同时又是有秩序、规则与价值的,是融合了自然之天与义理之天的天。它不强调天对人的宰制,也不强调天对人的赋予,而是强调天与人的相通。这种相通,不是汉代董仲舒"天人感应"的相通,而是"秩序、规则与价值"的相通。或可以说,正是因为人需要为人类的价值寻找一个超越的根据,所以才"塑造"了"天",赋予自然之天以价值和意义。南宋学者陈淳有深刻的论述:"'诚者,天之道'。《章句》所谓'本然'者是也。以人道相对言之,'诚之'乃人分上事。天道流行,赋于人,而人受以为性,此天命之本然者,即诚也;人得天命之本然,无非真实,如孩提知爱,及长知敬,皆不思不学而能,此即'在人之天道也'。"③也就是说,诚,作为天道,是人才能觉悟到的,只有对人而言才有意义。如果没有人,也就无所谓诚不诚的问题。换句话说,只有人才有"诚"与"不诚"的矛盾,所以,一方面只有人才可能"不诚",但反过来说,也只有人才能自觉地去"诚之"。当然,从发生学的角度可以理解为天道是人道的产物,正如神是人的产物一样,但是从诠释学的角度,

---

① 欧阳祯人:《思孟学派新论》,孔学堂书局 2017 年版,第 41 页。

② 参见程宜山:《〈中庸〉诚说三题》,《孔子研究》1989 年第 4 期。

③ (元)景星:《中庸集说启蒙》,载《景印文渊阁四库全书》第 204 册,上海古籍出版社 1987 年版,第 1058 页。

则不能如此理解。因为,一旦人从自身的体证之中发现了天道,那么天道也就不能被视为人的产物;反过来,人应该在天道的指引下行动,以成就自己,并合乎天道。有学者从现象学的视野中观察天道与人道之关系:"人的'诚之'虽然可以敞开'天道之诚',但'天道之诚'并不因而就是'诚之'的作品,相反,'诚之'活动本身却又未尝不在始终受到'天道之诚'的指引,尽管指引着'诚之'活动的'天道之诚'一开始也许是'不言之诚',尚没有被'诚之'者看作'诚'。当然,对生命而言,'天道之诚'对'诚之'的指引,也不是现成的,它总是对有准备的、倾听天道的生命敞开自身。"①

其实,不论是孔子,还是孔门后学,他们对于天的论说,并不是关注天道本身,因而没有发展出宇宙论,也没有发展出自然哲学,他们所关心的是"究天人之际",是要"推天道以明人事"。这一立场在儒家内部是一贯的。

第三节 孔门后学对孔子天命论的早期诠释

前文论及,孔子的"天命论"包含着两个方面的含义,一个是运命之命,一个是天赋使命。运命之义的"天命论",我们可以从郭店楚简《穷达以时》来看孔门后学的新诠释;天赋使命的"天命论",我们则可以从《中庸》《性自命出》《成之闻之》等郭店楚简及《孟子》那里发现孔门后学所作出的新诠释。

一、郭店简《穷达以时》中的"时命观"

郭店楚墓竹简,主要以儒家、道家文献为主,该墓的下葬时间大概是在白起拔郢之前,所以墓的年代应该在公元前 278 年之前,而随葬的竹简的撰著年代应该更早,所以学者们推测不会晚于公元前 300 年。这也就意味着,郭店简的年代不会晚于孟子。因此,学者称这批郭店儒简是孔孟之间的链环。我们

---

① 陈赟:《以人道显天道:论〈中庸〉诚的思想》,《齐鲁学刊》2008 年第 2 期。

正可以借此一窥孔门后学对于孔子思想的新诠释。

在郭店儒简之中,有一篇《穷达以时》。这一篇,张立文先生改称《天人》。① 该篇简长26.4厘米,同样简制的还有一篇《鲁穆公问子思》。这一篇的作者是谁? 学者有很多推论。有一部分学者认为该篇应该是孔子的作品,而大部分学者将之归于子思学派。廖名春先生首先提出,《穷达以时》应该是孔子的作品。他说:"'有天有人,天人有分。察天人之分,而知所行也矣',不禁使我们想起了《荀子·天论》'明于天人之分'的名言。但这不能说简文出于《荀子》,因为《荀子·宥坐》明言上述言论是孔子之语。《韩诗外传》卷七有与《荀子·宥坐》相通的记载,也说是'孔子曰'。因此《穷达以时》当出于孔子。不称'孔子曰',当与体裁、来源有关。《荀子·宥坐》、《韩诗外传》卷七是传记之属,来源于孔子弟子的记载。同为一事,弟子所记载各有侧重,故大同而小异。而《穷达以时》属于专论,可能是孔子自作,故不称'孔子曰'。"② 赞同廖先生的有刘祖信、涂宗流、陈来、郑刚等。但很多人对此保留意见。张立文先生主张该篇出于孟子晚年,或者是孟子之后的作品。③ 姜广辉先生提出,《穷达以时》应该属于子思的作品。④ 李景林先生提出:"《鲁穆公问子思》与《穷达以时》竹简形制相同。《鲁穆公问子思》应属子思之书无疑。《穷达以时》言'天人之分',然此天人之分,非荀子天人之义。其中言'遇不遇天也,动非为达也','穷达以时'乃天命之所在,为人'动非为达','穷达以时,德行一也','君子''反己'而已,表现的是孔子的天命论,亦当为子思绍述

---

① 参见张立文:《〈穷达以时〉的时与遇》,载《中国哲学》第20辑,辽宁教育出版社1999年版,第217页。

② 廖名春:《荆门郭店楚简与先秦儒学》,载《中国哲学》第20辑,辽宁教育出版社1999年版,第44页。

③ 参见张立文:《〈穷达以时〉的时与遇》,载《中国哲学》第20辑,辽宁教育出版社1999年版,第220页。

④ 参见姜广辉:《郭店楚简与〈子思子〉——兼论郭店楚简的思想史意义》,载《中国哲学》第20辑,辽宁教育出版社2000年版。

孔子之意。"①这一看法,得到众多学者的认可。而有的学者则认为,《穷达以时》是子思所记孔子言论,如郭沂、杨朝明等,所以既是研究子思学派的文献,也是探究孔子思想的资料。② 而郭齐勇先生则认为,《穷达以时》与《论语》有密切关系。《论语·卫灵公》载:"在陈绝粮,从者病,莫能兴。子路愠见曰:'君子亦有穷乎?'子曰:'君子固穷,小人穷斯滥矣。'"《穷达以时》很可能就是这一章的"传",或者是对孔子厄于陈蔡的评论与发挥。③ 我们认为,说这一篇是《论语》的传恐怕未必合适,但说对孔子厄于陈蔡事件的评论与发挥,则比较近于历史的真实。而李松儒则认为,《穷达以时》并不是一篇专门的著作,而是孔子所述,后由子思所作,再后因多人辗转相传附益而成。这一看法虽然有推测的成分,但是大体上应该是可信的。因为,虽然这篇文献与传世文献如《孔子家语》《荀子》《韩诗外传》等的文本有相近之处,但是毕竟该篇并不是一篇叙述文章,而接近于议论,近似于一篇专论。总之,《穷达以时》是在孔子思想的基础上的一种新的诠释。

张立文先生认为,《穷达以时》讲穷达,与孔孟强调主体内在道德修养和道德行为趋向有别,强调外在的"时"的理念,道德修养与道德行为并不能制约穷与达。④ 但是,果真如此吗? 我们认为,张先生的这一看法存在着理解的偏差。固然,《穷达以时》这一篇没有突出道德主体应该如何修德。但是,这可能是和这一篇主题相对集中有关。也就是说,因为这是一篇专论穷达与天命、天时关系的文献,所以对于道德主体的看法没有讲,但这并不意味着该篇与孔子会有多大不同。如果细加观察,可以发现,《穷达以时》的结语"君子敦

① 李景林:《从郭店简看思孟学派的性与天道论——兼谈郭店简儒家类著作的学派归属问题》,载《郭店楚简国际学术研讨会论文集》,湖北人民出版社 2000 年版。
② 参见杨朝明:《从〈穷达以时〉看孔子的时遇思想》,载刘大钧主编:《儒学释蕴》,上海古籍出版社 2007 年版。
③ 参见郭齐勇:《出土简帛与经学诠释的范式问题》,《福建论坛》2001 年第 5 期。
④ 参见张立文:《〈穷达以时〉的时与遇》,载《中国哲学》第 20 辑,辽宁教育出版社 1999 年版,第 219 页。

于反己"，恰恰不是听命于天，而是强调人的"反己"，也就是道德主体的自我反思、自我修养。

也有学者通过对郭店楚简尤其是《穷达以时》的分析，提出孔子的天命观与郭店楚简的天命观有着本质的不同。陈晨捷提出，在周代主流的天命观是"德命观"；而战国时代流行的看法则是"时命观"。前者认为"天"是能够赏善罚恶的宇宙主宰，而人只要积善修德便可得天命眷佑，德福必然一致，天命的涵摄范围包括自然变化、社会运作甚至人的德性。后者尽管也承认"天"的道德性与对人世的支配地位，但"天"的人格神色彩日益淡薄，"天"的意志转而表现为更客观、更具自然性的社会时势，时势不以人的意志、德行与智慧为转移，德福未必一致。紧接着他分析说，孔子虽然已经发现了"时"，而且在晚年对"德命论"产生了怀疑，但是孔子论"时"仍然逃不出"德命观"的范畴。可见，陈晨捷是将孔子的天命观归纳为"德命观"，将《穷达以时》的天命观归纳为"时命观"。德命观与时命观的区别在于，对前者而言，人的德性修养是德命一致的充分条件，有德必有福；而在后者中，德性修养只是必要条件，不是充分条件，大德有可能受命，无德也未必失命。① 陈先生进而分析说，孔子晚年已然出现由德命观向时命观过渡的趋势，其本身之遭际则是促使德命观向时命观转变的催化剂。时命观不仅能够更好地解释何以孔子大德却不受命，而且能够说明为何在"争于气力"的诸侯争霸局势中，德性并不显明的齐桓、晋文却能成就霸业。而真正完成这一转变的是竹简《穷达以时》。果真如此吗？我们对照《穷达以时》和孔子的天命论进行比较。

《穷达以时》开篇云："有天有人，天人有分。察天人之分，而知所行也矣。有其人，无其世，虽贤弗行矣。"直接提出了观点："有天有人，天人有分。"通常认为，"天人相分"的思想是荀子的首创，所以曾有不少学者认为，这一篇与荀子学派有关系。但是，郭店楚墓的年代直接决定了该篇一定早于荀子，所以不

---

① 参见陈晨捷：《"德命"与"时命"：孔子天命观新论》，《东岳论丛》2018 年第 2 期。陈文原文中"充分条件""必要条件"颠倒，应该是笔误，据文义改正。

可能属于荀学的作品。而且,这种表面的相似,实际上却隐藏着巨大的鸿沟。荀子的"天人相分",是建立在自然之天的观念之上的。而这里的"天"却并非自然之天。荀子的"天"是"不为尧存,不为桀亡"的,而《穷达以时》的"天"则是会影响到人的命运的。所以,这个"天"更接近于运命之天的含义。这里的意思是说,天和人各有"分界",天与人各有自己的职分、作用。下文"察天人之分"的"分"应该是"职分"的意思。即明察哪些属于人的范围,哪些超出了人的范围而要归之于天。只有这样才能"知所行",即明白人应该如何去行动。所以,这里的"天",不是绝对的主宰,也不是纯粹的自然,而是人力所不能控制、所无法把握的命运。这种"天",能够对人的命运产生巨大的影响。所以,简文又将"天"称为"世"或"时"。这个"世"或"时"是什么? 庞朴先生认为:"它不是穹庐的苍苍,也不是人格的天王,或者义理的原则、无为的天成;而是运气,是人们所无从预知也不能控制而不得不受其支配的超人力量,是或忽然来去或周期出没的机会,是得之则兴失之则衰却无可挥招的条件,是人们战战兢兢俯仰其中赖以生息的环境;因而当时尊之曰天,一种特定意义的天。这种意义的天,用我们现在的概念来说,其实就是社会环境、社会条件、社会机遇,或者简称之曰社会力。"①庞先生的这一分析,是全面的。但是将之归为"社会力",反而不利于对"时""世"的把握。

　　简文另外一个重要的观点是:"遇不遇,天也。"这句话与《孔子家语》《荀子》等所载孔子之语近似。《荀子·宥坐》:

　　　　夫遇不遇者,时也;贤不肖者,材也。君子博学深谋不遇时者多矣。由是观之,不遇世者众矣,何独丘也哉! ……夫贤不肖者,材也;为不为者,人也;遇不遇者,时也;死生者,命也。

《孔子家语·在厄》篇所载略有不同:

　　　　夫遇不遇者,时也;贤不肖者,才也。君子博学深谋而不遇时者,

――――――――――

　　①　庞朴:《孔孟之间——郭店楚简中的儒家心性说》,载《中国哲学》第20辑,辽宁教育出版社1999年版,第27页。

众矣,何独丘哉! ……为之者人也,生死者命也。

其所同者,在于都提出了"遇不遇者,时也"的观点。所不同者,在于《孔子家语》所载不像《荀子》那样啰唆。"时",就是指机遇、时遇,与《穷达以时》的"天"内涵是一致的。"遇不遇者,天也",强调的也是"人"所不能左右的那些外在的力量,这就是"天"的含义。很显然,如果结合"遇不遇者,时也",那么这里所谓的"天"显然就不是主宰之天,而是时运之天。这与《孔子家语》下文"不遇世者"的"世"是一样的。"时""世"说的是一回事。接下来,《孔子家语·在厄》又讲:"为之者人也,生死者命也。"前一句是说,人能弘道,非道弘人,强调人的主观能动性。孔子主张"知其不可而为之",就是不论现实的条件如何,一个人也要为了弘道而去不断努力。所以,"为之",所彰显的是孔子的"积极有为"的精神。孔子不会像《论语》中的隐者长沮、桀溺、荷蓧丈人、接舆那样"避世",因为孔子有着强烈的入世取向,"鸟兽不可与同群,无非斯人之徒与而谁与!"这是孔子的自白,也是孔子的宣言。孔子虽然对天下无道失望,但是他没有选择"隐",而是选择了"仕",选择了"周游列国",通过对诸侯游说,力图劝诫各国君主能够"尊"其道,进而使天下由"无道"变为"有道"。除了这样一种"救世""淑世"的信念使孔子"为之"之外,还在于孔子对于"人"的理解。在"天"面前,"人"应该如何作为? 孔子显然已经突破了西周"主宰之天"的牢笼,不再像先人那样在"主宰之天"的宰制之下,当然孔子也并不否定"天"所具有的那种"权威性",孔子将"天"的形上的超越性凸显出来,将之塑造出一种价值根源的意义来。"天命"的观念,由是包含了两种相反相成的含义。其一是天之限定的运命,其二是天赋使命。正是在这一显得矛盾重重的"天命论"里,糅合了孔子对古老天命论的改造。人面对着"天",一方面是受到外在力量限制的有限存在,甚至人的"生命"也是有"时间"限制的,那就是"有生必有死",生命的概念,本身就意味着"生"有"死"作为限制。同样,人的"降生"也具有"偶然性",并非人力所能左右。所以,"生"与"死"都是命。一方面人又有着天所赋予的使命,不可推卸的人生任务,这就是人必须有所作为的内在根据和内在动力。所以,人必须"为之"。但是"为之"未必"成之"。成与不成,非人力所能左右,只能归之于时运。这与孟子所谓"若夫成功则天也"是一致的。这是我们从《孔子家语·在厄》中解读的孔子的"天命论"。这种对于"时"的强调的"天命论",有学者将之归纳为"时命观"。①晁福林先生认为:"孔子的时命观念核心内容在于时、命二者。时中有命,命中有时,时与命虽各自有所侧重,但总的来看,两者则是相融相合的。"②所以,孔子、儒家所认可的态度就是"尽人事而听天命""尽德命而任时命"。因此,儒家的天命论肯定不会走向"宿命论",听任命运的摆布,而是积极地去承担天赋的使命,当经过努力而无法成功时,也不会陷入自我怀疑和对价值的怀疑。显然,这是一种积极的人生态度,它塑造了后世儒家的基本品格。

晁福林先生认为,"时命"实际上就是一种"运动起来的天命"。一方面,"时命论"打破了笼罩性的"天",在时命论中,人是主动的,反而天是被动的,"天命却在被动地运动着,或多或少地给人们提供时遇、机遇,供人们所选择给人以一定的自由选择的余地"③。他关注的已经不是天命的绝对,而是人的相对的自由。另一方面,时命显然已经表现着"天命"的不公。这就为人们反思、质疑和否定"天命"打开了大门。晁先生的这一分析是精到的。

《穷达以时》所谓的"遇不遇者,天也",显然就是《孔子家语·在厄》等传世文献中的"遇不遇者,时也"的另外一种表述,二者并无不同。所以,简文认为:"有其人,无其世,虽贤弗行矣。苟有其世,何难之有哉?"这里"有其人"的"其人"并不是泛指,而是特指那些有贤德的人。按理说,有贤德的人,应该有所"遇",发挥更大的作用,获得应有的地位与名誉。所以,从一般的"德福一致"的角度而论,人们会有此期待。但是,通过总结历史的经验,简文认为

---

① 参见晁福林:《"时命"与"时中":孔子天命观的重要命题》,《清华大学学报》2008 年第 5 期。

② 晁福林:《"时命"与"时中":孔子天命观的重要命题》,《清华大学学报》2008 年第 5 期。

③ 晁福林:《"时命"与"时中":孔子天命观的重要命题》,《清华大学学报》2008 年第 5 期。

"世"却是"其人"能够"行"的前提条件。如果"无其世","虽贤弗行"。简文列举了若干个历史的实例以为说明。所以,这里的"世"就是指"时"而言。这一看法,在《唐虞之道》中也得到了阐释。该篇简文中有"圣以遇命,仁以逢时",显然也是将人的"遇不遇"归结于"时命"。

简文最后提出:"穷达以时,德行一也。"这是非常明显地提出,尽管人之穷达是要受制于时或者天的,但是正确的态度应该是不管穷达,人都应该一如既往地修身进德,行为贞定。因为,"动非为达也,故穷而不怨;隐非为名也,故莫之知而不吝"。人之作为,其最终目的不是为了"达",而是为了"道",所以,处"穷"就不会"怨"。也就是说,对于人而言,人生的价值追求不在于达,而在于道。既然如此,外在的穷达,也就不会影响人之德行。该篇最终的结论是"君子敦于反己",强调为己之学。

我们可以总结并分析一下上面所引学者提出的"德命论"与"时命论"的观点。如果依据以上学者德命论与时命论的定义,那么我们看孔子是否是"德命论"者。其实,孔子虽然尊崇天,提出"知天命""畏天命",但并不说明孔子依然承认天的主宰性。孔子所谓"命"或"天命"并不仅仅关注"运命"问题,也就是"德福一致"问题。其实,所谓的"知天命"也就意味着对"德福一致"有了正确的认知。所以说,孔子对于所谓的"德命论"恐怕早就产生了质疑。孔子的"天命论"从"德福"问题上看,主要是"时命论",即"德福不一"是正常的,因此孔子并不把人生目标定位于"德福一致",而是"为己之学"。

另外,孔子的"天命论",显然也并非"时命论"所能概括。因为,更重要的是,在"时命论"之外,还有"使命论",也就是说人从"天"那里获得了使命,就应该努力去完成使命,实现"天命"。这恐怕是更为积极的"天命论"。因此,"德命论"与"时命论"的划分,恐怕会遮蔽孔子的"天命论"更为精华的部分。

这样一种"时命论"在孟子、荀子及荀子后学那里都有继承。比如《孟子·公孙丑上》记载,公孙丑对于文王德昭才高却"百年而后崩,犹未洽于天下"充满疑问,孟子引用了齐人"虽有智慧,不如乘势;虽有镃基,不如待时"之语进行了解释,将原因归结于时运不至。荀子也重视"时",认为人应"与时屈伸"(《荀子·不苟》)、"与时迁徙"(《荀子·非相》)。这与《易传》的观点可谓完全一样。面对自己的处境,孟子说:"吾之不遇鲁侯,天也。"(《孟子·梁惠王下》)荀子的弟子则解释荀子"所存者神,所过者化,观其善行,孔子弗过","宜为帝王",但却"不及孔子"时,也将原因归结为"孙卿不遇时"(《尧问》)。可见,先秦儒家对此是一脉相承的。

二、郭店简《性自命出》与《中庸》《孟子》中的"性命论"

孔子的"天命论"中,按照马振铎先生的看法,除了"主宰义天命"的维度之外,还有一个"赋予义天命"的维度。不过,这个"赋予义天命"包含了哪些内容? 我们与马振铎先生的看法不同。他认为,在孔子那里,"赋予义天命"包括"天赋之德"与"天赋使命"。孔子说:"天生德于予。"表示天赋予我德性。但是我们认为,孔子所谓"天生德于予"并不意味着孔子认为自己的"德性"是上天所赋予的,孔子这句话未必有什么深意,只不过是在遭到桓魋的迫害的紧急情况下的感慨。按照李泽厚的话来说,"其实这不过一句普通壮胆的话罢了"①。确实,正如"天丧予""欺天乎"等等,都未必有什么深意一样,这句话也不必解读为孔子负有某种神秘使命或具有某种神秘的圣性。当然,这里不排除孔子这句话中,包含着这样的一种逻辑,即由某种责任感而生的历史使命感,从而设信有某种客观法则规律在,即此种"壮胆的话"的由来,用以自勉自励。② 这与"斯文在兹"的意思是一样的。这里并不意味着"德由天赋"。但是,马振铎先生在分梳"主宰义天命"与"赋予义天命"时,将后者的意思界定为"义理之天"赋予人以"善性"。③ 这对于"赋予义天命"而言是可以

---

① 李泽厚:《论语今读》,生活·读书·新知三联书店 2008 年版,第 227 页。
② 参见李泽厚:《论语今读》,生活·读书·新知三联书店 2008 年版,第 227 页。
③ 参见马振铎:《仁·人道——孔子的哲学思想》,中国社会科学出版社 1993 年版,第 197 页。

的，但是就孔子的"赋予义天命"说而论，则是错误的。因为，在孔子那里，"天赋善性"的说法，并没有出现。所以，我们认为，孔子的"天命论"，除了"运命"或"时命"的维度之外，还有一个"使命"的问题。而到了《中庸》、郭店简和《孟子》，那个赋予义天命中，"使命"论逐渐转变为"命性论"。所谓"命性论"，就是说人的性是由天所赋予的。但是根据语言习惯，我们还是将之改称为"性命论"。这样，儒家的性善论思想真正找到了形上的依据。这是对孔子人性论思想的进一步诠释和发展。

郭店楚简作为"由孔子向孟子过渡时期的学术史料"，其价值如何估量都不过分。因为，在孔子之后，儒学出现了分歧，向不同的路径发展，大体而言，如庞朴先生所指出的，不外乎向内求索和向外探寻两大路向。而郭店简则属于向内派。就天人关系而言，《易传》讲天道，是儒家向外探寻的典型；而郭店简则代表了另外一种路向。庞朴先生认为，郭店简谈论的"天"，其着眼点不是天道观，而是天命论。这是独具慧眼的认识。这种天命论与天道观的不同在于，天道观的"天"，是以一种外在于人的姿态为人立则，向人示范，而天命论的"天"，则是"天"进入人心形成人性，直接给人以命令和命运。庞先生这一分梳，十分精到，与我们前面的分析和结论是一致的。唯一值得商榷的是，没有将"时命"与"使命""性命"分别开来。《语丛一》中有"有天有命，有地有形"，"有天有命，有物有名"，就是强调天之命的作用。

郭店简的"性命论"思想，主要体现在《性自命出》一篇。《性自命出》是郭店儒简中篇幅最长、内容最重要的一篇。李零先生认为，该篇分为相对独立的上下篇。而上博简也有一篇《性情论》，与该篇内容几乎一致，应该是同一篇文献的不同传本。李零先生建议更名为《性》，廖名春先生建议改称《性情》。①

《性自命出》的作者是谁呢？李学勤先生认为，郭店简的出现，使我们看到"孔孟之间"的儒学强烈的理论性、哲学性的趋向。简中《缁衣》《五行》已

---

① 参见李零：《郭店楚简校读记》（增订本），中国人民大学出版社2009年版，第135页。

可证实出自子思,其余《性自命出》等篇也与之有密切联系。这些著作的特性,又告诉我们《大学》《中庸》同样出于这一派学者,为思孟学派的研究开辟了与近代流行观念不同的新境界。① 显然,李学勤先生是倾向于属于子思一系的。李天虹先生也支持这一观点。② 而按照姜广辉先生的意见,更是直接判定是属于《子思子》的,因为简文不如《中庸》凝练,所以应该是子思早年的作品。蒙培元先生也认为该篇是思孟学派的作品,至于具体的作者,他提出了三种可能,其一是子思之前的子游,其二是子思本人,其三是子思的弟子,也就是孟子的老师。但是以子思的可能性最大。③ 而陈来先生则主张,《性自命出》可能是孔子直接门人的作品,这个直接门人是谁? 陈先生认为,其中一个可能是子游。但是,由于没有文献记载子游有文献传世,所以又将之归于子游一系,具体的可能就是其传人公孙尼子。④ 其实,我更倾向于子思说。因为子思与子游也有着一定的师承关系。关于子思之师承,传统上有师事曾子说,郭沫若等提出师事子游,子游、子思、孟子为一系的说法。梁涛先生也认为,子游与子思有颇为密切的关系,将二者作为一系。⑤ 所以,这篇文献,可能是子思早年受子游影响而成的。但无论如何,它是早于《中庸》的。

当然,《性自命出》的内容涉及的面非常多,不仅是关于天命论的,或者说,天命论只占其中的一小部分,它的重点是论述性情关系。但是其论述的结构确实是"天—命—性—情—道"的模式,与《中庸》的"天—命—性—道—教"的论说模式虽不尽相同,但确有相通之处。

---

① 参见李学勤:《郭店竹简研究的新进展——读梁涛〈郭店竹简与思孟学派〉》,《光明日报》2008 年 10 月 11 日。

② 参见李天虹:《郭店竹简〈性自命出〉研究》,湖北教育出版社 2003 年版,第 4 页。

③ 参见蒙培元:《〈性自命出〉的思想特征及其与思孟学派的关系》,载山东师范大学齐鲁文化研究中心、美国哈佛大学燕京学社编:《儒家思孟学派论集》,齐鲁书社 2008 年版,第 31 页。

④ 参见陈来:《竹帛〈五行〉与简帛研究》,生活·读书·新知三联书店 2009 年版,第 77、64 页。

⑤ 参见郭沫若:《十批判书·儒家八派的批判》,载《郭沫若全集·历史编》第 2 册,人民出版社 1982 年版,第 131 页;梁涛:《郭店竹简与思孟学派》,中国人民大学出版社 2008 年版,第 37—39 页。

《性自命出》的开篇有一段这样的表述："性自命出，命自天降。道始于情，情生于性。始者近情，终者近义。"①这一表述，很容易让人想到《中庸》的第一章："天命之谓性，率性之谓道，修道之谓教。"竹简的整理者已经指出了这一点，大多数学者也认可这一推断，只是有的学者认为，正是通过《性自命出》，我们才会发现以前宋儒对《中庸》的诠释存在着问题。那么，应该如何看待《性自命出》的天命观呢？

蒙培元先生认为，这里的命，就是天命，性就是人性，这反映出一种性命合一的思想，也就是天人合一的思想。在他看来，这句话的意思显然是指，"天是最高存在，但是，天绝不是在人之外、高高在上、主宰人的命运的绝对主体，而是通过命授人以性，使人成其为人的。对人而言，天是亲切的、亲近的，是有价值意义的"②。蒙培元认为，"命自天降"是自然的降生，是一种生命创造，不是有一个神在那里发布命令，要人如何如何；也不是对象式地命令人，应当具有某种性。命就在性中，性就是命的实现，这才是"性自命出"的真正含义。这与《中庸》"天命之谓性"在表述上虽然不同，但是意思是一样的。只是《中庸》的表述更加直接，使人容易理解为天命就是性。其实，从语法的角度看，这种性命关系，只能理解为命与性的授受关系，不能将二者完全等同，认为命就是性。换句话说，命对于性，是一种给予的关系，不是作用力的关系，当天将命给予人的时候，就成为人的性，而不是天从外部作用于人。这"性自命出"，是由命转化为性，这样人便成了价值主体。

陈来先生的看法有所不同。他指出，"性自命出，命自天降"当然是指性出于命，命来自天，可以理解为"天命为性"。不过，这里并没有性善论的意思。只是说性是天赋的，天赋的就是性。另外，陈先生还认为，《性自命出》与《中庸》还有一个不同。那就是在《中庸》中"命"是动词，表示"命令"，"不是

---

① 李零：《郭店楚简校读记》（增订本），中国人民大学出版社 2009 年版，第 136 页。
② 蒙培元：《〈性自命出〉的思想特征及其与思孟学派的关系》，载山东师范大学齐鲁文化研究中心、美国哈佛大学燕京学社编：《儒家思孟学派论集》，齐鲁书社 2008 年版，第 17 页。

以独立的存在论环节,而是天的一种活动和表达方式"①。当然,根据朱熹的解释,这里作为"命令"义的"命",可以训为赋予。但是,在《性自命出》中,"命自天降","降"的意思相当于《中庸》的"命",也就是赋予的意思。因此可以看出,《性自命出》中,"命"本身就是由天命论赋予而来的,具有一定独立的存在意义。

陈来先生与蒙培元先生在对"命"的理解上是一致的。蒙先生曾经指出,《性自命出》中存在"以生言性"的倾向,因此"性自命出,命自天降"就是"生命和生命的创造",而且不仅仅是人的生命的问题,而是"指自然界的生命创造"②。但同时也指出,生也就是生命,是一个整体,但也包含着不同的层次,而且其中包含着价值的内容。陈来推断,这里的"命"也具有生命的意思。总而言之,"性自命出,命自天降"是说:"性根于生命躯体,而生命是天所赋予的。"③陈来先生关于"命"为"生命"的看法,与李天虹的看法近似。她指出,"《性自命出》的核心在于人性,在于人道,它讲命,强调的应该是其生命的内涵,因为全文的重点'性'要由生命所从出"④。认为这里所说的是生命的起源问题。丁为祥先生也持这一看法。⑤ 我认为,这一推断恐怕是有问题的。虽然,"命"作为一个有独立意义的存在,其中一定包含着生命这一维度的含义,但是既然与"性"相连接,便不会指生命而言,而一定是指向"性命"的维度。因为,说"人性"从"生命"而来,显然不合于逻辑。因为,人性是生命之内在的本质,一个是形而上者,一个是形而下者。而"命自天降",由这个"降"字来看,"降命",依然是赋予义,而不是生成义。这个"命"最好理解为"天命"。所以,尽管该篇中具有以生言性的倾向,但是这"性自命出,命自天降"也不会

---

① 陈来:《竹帛〈五行〉与简帛研究》,生活·读书·新知三联书店 2009 年版,第 87 页。
② 蒙培元:《〈性自命出〉的思想特征及其与思孟学派的关系》,载山东师范大学齐鲁文化研究中心、美国哈佛大学燕京学社编:《儒家思孟学派论集》,齐鲁书社 2008 年版,第 19—20 页。
③ 陈来:《竹帛〈五行〉与简帛研究》,生活·读书·新知三联书店 2009 年版,第 88 页。
④ 李天虹:《郭店竹简〈性自命出〉研究》,湖北教育出版社 2003 年版,第 65 页。
⑤ 参见丁为祥:《命与天命:儒家天人关系的双重视角》,《中国哲学史》2007 年第 4 期。

是在探究生命的起源问题,而是在探究人性的起源问题。

与《性自命出》相比,《中庸》显然更加凝练。廖名春先生比较了二者的异同之后,指出:"《中庸》'天命之谓性'说应是对简文'性自命出,命自天降'的归纳和提炼。"①那么,相较而言,《中庸》的天命论思想在"性命论"的层面上来说,应该是更为深刻的。虽然,我们不必再像侯外庐等前辈学者那样,将"天命之谓性"等视为宗教神学思想,但是其中确实反映了"天命与人性的合一"②的思想。

对于这一章的理解,古往今来,可以说异说纷纭。汉学系统里,郑玄在《礼记·中庸》注中说:"天命,谓天所命生人者也,是谓性命。"孔颖达疏曰:"'天命之谓性'者,天本无体,亦无言语之命,但人感自然而生,有贤愚吉凶,若天之付命遣使之然,故云'天命'。"③在宋学系统的解释中显然更具有理学的特征。朱熹在《中庸章句》中这样诠释:"命,犹令也。性,即理也。天以阴阳五行化生万物,气以成形,而理亦赋焉,犹命令也。于是人物之生,因各得其所赋之理,以为健顺五常之德,所谓性也。"④对于郑玄、孔颖达及朱熹的诠释,邹晓东进行了剖析和批判。他认为,这些注疏都犯了一个"以教定性"的毛病,是一种循环论证。⑤ 这一批评是深刻的。那么,如果天或者天命不是本体论意义上的,那么是怎样的含义呢?

我们通观《中庸》就会发现,其人道、圣道的阐发,是以天道为核心的超越性信仰为根据的。在《中庸》这里,天道并不是虚空悬隔于外,而是贯彻天地人万物,与人事万物之间存在法则的根本精神相通。⑥ 正是这样,《中庸》的

①　廖名春:《郭店荆门楚简与先秦儒学》,载《中国哲学》第 20 辑,辽宁教育出版社 1999 年版,第 59 页。

②　侯外庐、赵纪彬、杜国庠:《中国思想通史》(一),人民出版社 2011 年版,第 341 页。

③　(唐)孔颖达:《礼记正义》(下),载李学勤主编:《十三经注疏》(标点本),北京大学出版社 1999 年版,第 1422—1423 页。

④　(宋)朱熹:《四书章句集注》,中华书局 1983 年版,第 17 页。

⑤　参见邹晓东:《〈中庸〉首章:本体论误区与生存论新解》,《孔子研究》2018 年第 1 期。

⑥　参见任锋:《天人、治教与君子:〈中庸〉经义解析》,《天津师范大学学报》2014 年第 4 期。

"天道观"与"天命论"才是打通的。"天命之谓性"的"天"应该不是主宰义的天，那么是不是一种形上的义理之天呢？应该说，"天命之谓性"，脱胎于宗教之天，所以这个"天"具有超越性；但同时又与客观的自然之天的天道观念内在相通，因而只能是形上的义理之天。杜维明先生认为，"天命之谓性"的说法，不能不说是受到了三代以来天命信仰的影响，从意识的深处承认存在着一个有意愿又眷顾人间事务的最终裁定者。① 李景林先生认为，这里的天不是静态的天。"第一，它乃本天道生物之义言天与人物之性的关系"，"第二，'天'就其存在的意义说，是一物质之天。"然本篇又以"诚"来状天道、人性，那么，相对于人道的天道，必然具有"善"的法则或道德法则的含义。② 这都表明了天的意涵的复杂性。

但同时，"天命之谓性"的"性命论"所展示的天人关系，与天道观之下的天人关系并不一样。"天命之谓性"，突出了"性"（有人认为这里的"性"，包括万物之性，不仅是指人性，③但是我们认为这里的"性"，从下文的道、教的角度来分析，应该是指人性）的超越性来源，也就为人性找到了一个形上的超越根据。这就意味着，人与天的关联不是外在的，而是内在的。徐复观先生认为，"天命之谓性"，是确定每个人都是来自最高价值实体——天——的共同根源；每个人都秉赋了同质的价值；因而人与人之间，彻底是平等的。④ 因此，这在人类历史上具有极重要的地位。经由这一命题，我们可以打通"性命论"与"使命论"，因为既然"人性"是天所赋予的，那么，"成己"的过程，人性实现的过程，也就是完成上天"使命"的过程。

我们前面分析过《中庸》的"天道观"，如果仔细分析，《中庸》的天命论阐

---

① 参见杜维明：《中庸：论儒学的宗教性》，生活·读书·新知三联书店 2013 年版，第 6 页。

② 参见李景林：《教养的本原：哲学突破期的儒家心性论》，北京师范大学出版社 2009 年版，第 171 页。

③ 参见李景林：《教养的本原：哲学突破期的儒家心性论》，北京师范大学出版社 2009 年版，第 172 页。

④ 参见徐复观：《中国人性论史·先秦篇》，九州出版社 2014 年版，第 107 页。

述得并不多,甚至可以说就在开篇的第一句"天命之谓性",但这一句却不能小觑。因为,这凝练的几个字,将孔子关于天命的思想予以了实质性的推进。按照丁为祥先生的看法,这一推进主要表现在明确将天命落实为人性,从而为儒家的天命观确立了坚实的主体基础,使人性与天命成为一种互相规定而又可以相互诠释的存在。我们一般认为,"天命之谓性",是为人性找到了形上的根据,丁为祥先生则指出,这一句还意味着为天命论确立了主体继承。"《中庸》实际上是以人性之超越的善揭示了儒家天命观的确切内涵。也就是说,天之命于人者,形式上虽然表现为人之性,实质上即是善;性与善或者说本善之性就是人所秉承的天命,也是人之为人的本体依据。"①确实,尽管《中庸》尚未明确提出"人性善"的主张,但是结合全文可以看出,其中"性善论"已经呼之欲出了。

"性善论"的提出是孟子最大的思想贡献之一。而孟子之所以有此认识,也与其"性命论"思想密切相关。孟子在孔子和《中庸》天命论的基础上,进一步区分了"性"与"命"的不同。《孟子·万章上》记载:

> 莫之为而为者,天也;莫之致而至者,命也。匹夫而有天下者,德必若舜禹,而又有天子荐之者,故仲尼不有天下。继世以有天下,天之所废,必若桀纣者也,故益、伊尹、周公不有天下。

这里的"天"与"命",其实就是命运之命。天是"莫之为而为",命是"莫之致而至",这里虽然有主宰义,但根本上说是一种命运义,天命是一种人力无法抗拒的客观形势或偶然性。这与孔子的天命论对"命运"之理解并无不同。这与《穷达以时》的立场也非常相近。从这个意义上说,孟子的天命论好像没有什么新意。不过,从下面的一段文字当中,我们发现孟子对于命运义的天命论是有所深化的。《尽心上》记载孟子说:"莫非命也,顺受其正。是故知命者不立乎岩墙之下。尽其道而死者,正命也。桎梏死者,非正命也。"在这里,孟

---

① 丁为祥:《命与天命:儒家天人关系的双重视角》,《中国哲学史》2007 年第 4 期。

子提出命有"正命"与"非正命"的不同。这也就意味着,命虽然是人力所无法左右的,但是人并不能将所有的结果归于命。因为,人是有能动性的。只有当人们遵照道而行,最后的结果才能归于命,这才是真正的命;而当人们放弃了自己的天赋之德、天赋之命,为非作歹、胡作非为而遭遇到惩罚和不良后果,则不能归于命。这就使得天命论不至于堕落为宿命论,同时为人的修身、行道确立了天命论根据,确保人道与天命的本质一致性。

其实,孟子天命论的创新之处,在于他将性与命作了区分,从而为儒家的人性论、修身论奠定了基础。《尽心下》有一段著名的话:

> 孟子曰:"口之于味也,目之于色也,耳之于声也,鼻之于臭也,四肢之于安佚也,性也,有命焉,君子不谓性也。仁之于父子也,义之于君臣也,礼之于宾主也,智之于贤者也,圣人之于天道也,命也,有性焉,君子不谓命也。"

梁涛先生认为,孟子的"性命之分"的思想受到《穷达以时》"天人之分"思想的影响。[①]　确实,性与命的区分,反映的也是天与人的区分。将性归于人,归于我,而将命委之于天,天人各有其分,性命则应有不同的对待。在这里,孟子将《易传》"性命"连称、《中庸》"天命之谓性"等的"命"与"性"的统一打破了,而是强调了"性"与"命"的对立。同时,也是对当时流行的性命论的辨正。"口之于味也,目之于色也,耳之于声也,鼻之于臭也,四肢之于安佚也"当然也是"人之性",不过这是一种自然的生物性情欲本能,这种本能欲望的实现,却是需要各种外在条件的。因此,从自然人性论角度来看,这些属于性的东西,是"求在外者",因此孟子将之剥离于"人性"之外;而"仁之于父子也,义之于君臣也,礼之于宾主也,智之于贤者也,圣人之于天道也",虽然也受到外在时遇的影响,但是却是"求在我者",是人禀受的天之使命,也是人之职分所在,所以孟子将之定义为"性"。因为,在孟子看来,真正的性,应该是我固有,

---

① 参见梁涛:《郭店竹简与思孟学派》,中国人民大学出版社 2008 年版,第 454—455 页。

非外铄的，显然"在我者"意思就是"我固有"。正是在这种天命论的基础上，孟子进而提出"求在我者"的命题。《尽心上》说："孟子曰：'求则得之，舍则失之，是求有益于得也，求在我者也。求之有道，得之有命，是求无益于得也，求在外者也。'"根据性、命的区分，孟子强调"求在我者"，也就是要尽性。

不过，孟子对于"性"与"命"虽然作了区分，但是并不意味着二者之间是隔绝的，其实，"性"与"命"，在孟子那里还是既有统一又有差异的。所以，孟子主张："尽其心者，知其性也。知其性，则知天矣。存其心，养其性，所以事天也。夭寿不二，修身以俟之，所以立命也。"(《孟子·尽心上》)从这一章，我们可以明白，孟子将"心"—"性"—"天"统一起来，也就是说，孟子认为人性是源自于天的。显然，这里的"天"，并不是主宰义的"天"，而是义理之天，是道德的形上实体。这与"天命之谓性"的思想是一脉相承的，只是更加明确化了。对待这样的"天"，需要"事"。"事天"一词保留着宗教的色彩，但实际上不过是"旧瓶装新酒"罢了。在孟子这里，所谓"事天"就是"尽心养性"，没有一点宗教神学的色彩。

孟子这里还提出一个"立命"的主张。"命"是运命，但又不仅仅是运命。我们需要结合孟子"正命"的思想来理解"立命"。不管是运命义，还是赋予义，命都不是一个预成性的概念，而是需要根据人的努力来"实现"、来"确立"。就赋予义而言，人之天命，当然是人的道德抉择、道德自主的结果，是靠着不断修身、行道来呈现的；而就运命义来看，人之天命，也不是宿命，而是需要人"尽心"的努力之后才能确定的。

总而言之，孔子之后，孔门弟子与后学对孔子的天命论进行了新的理解和诠释。有的侧重于对"命运"之天命的阐释，发展了孔子的"时命论"；有的则对"赋予义"之天命进行了深化，提出了"性命论"，其中既包含着人性由天所命的命题，也包含着如何正确对待"时命"的深刻主张。

儒学是"天人之学"，从孔子以来的两千多年，一代代的儒家在用智慧与生命思考和体证着天道与天命，"究天人之际"，是儒家恒在的追求。毫无疑问,孔子对天命和天道的思考,确立了儒家天人之学的基本方向。而孔门弟子后学对孔子天道观和天命论的不断阐发和诠释,则拓展了儒家天人之学的视域与维度,为后来儒家的天道观的进一步发展和完善打下了坚实的基础,也为儒家人性论、心性论找到了形上学的本源和根据。

第四章　孔门后学与儒家人性论的早期诠释

　　古今中外的思想家、哲学家,对于人的了解,都需要对人性的理解和把握。英国哲学家休谟说:"一切科学对于人性总是或多或少地有些关系,任何学科不论似乎与人性离得多远,它们总是会通过这样或那样的途径回到人性。"①对人性问题的关注,在中国哲学史上较之西方有过之而无不及。举凡于中国哲学稍有了解之人,便能体会人性论在中国哲学史尤其儒家思想史上之基础性地位。张岱年即曾指出,对于人性论之注重是中国哲学的特点之一。②故此,古往今来之大哲硕儒无不对此一问题格外关注。现代新儒家将"心性之学"视为"中国之学术文化之核心"③,徐复观尤将中国文化定位为"心的文化"④。徐复观以为:

　　　　人性论不仅是作为一种思想,而居于中国哲学思想史中的主干地位,并且也是中华民族精神形成的原理、动力。要通过历史文化以了解中华民族之所以为中华民族,这是一个起点,也是一个终点。文

---

① ［英］休谟:《人性论》,关文运译,商务印书馆 1980 年版,第 6—7 页。
② 参见张岱年:《中国哲学大纲》,昆仑出版社 2010 年版,第 186 页。
③ 徐复观:《论文化》(一),九州出版社 2014 年版,第 272 页。
④ 徐复观:《中国思想史论集》,九州出版社 2014 年版,第 293—302 页。

化中其他的现象,尤其是宗教、文学、艺术,乃至一般礼俗、人生态度等,只有与此一问题关连在一起时,才能得到比较深刻而正确的解释。①

基于对人性论在中国思想史上的重要地位的认识,徐复观写下了专著《中国人性论史·先秦篇》。在徐复观看来,性善论实际上是儒家人性论的正统和主流。这一传统从孔子,经《中庸》,到孟子始告完成。徐氏的这一看法,与牟宗三的看法一致。牟先生认为,性善论"是儒家人性论之积极面,亦是儒家所特有之人性论"②。新儒家这一看法,并没有得到现代学者的普遍认可。

陈来先生就认为,孟子的性善论在先秦儒学中反而是独特而少有的,先秦主流的儒家人性论是自然人性论。他在《郭店楚简与儒学的人性论》一文中说:"郭店楚简重要的意义之一,就是证明了先秦早期儒学对'人性'问题的主流看法并不是性善论,或者说还没有形成性善论的观念。"③陈鼓应先生也持相似的看法。他说:"分析儒简的人性思想,我们发现孟子的性善之说非主流,告子'生之谓性'的自然人性论,方是儒简人性思考的主轴。……儒简自然人性论的呈现则彰显出,由孔子'性相近,习相远'以降,历经告子'生之谓性'、庄子'性者,生之质'以及荀子'不事而自然'一系的自然人性观点,方是古代哲学人性思想的主轴。"并且说:"儒简的人性论,乃告子'生之谓性'的自然人性观。"④梁涛先生、李友广先生都支持这一观点。

由此看来,考察从孔子到孟子的儒家人性论的发展、演变,把握儒家人性论的内在理路,才能真正看清孟子人性论对于孔子人性论的诠释的历史意义和价值。

---

① 徐复观:《中国人性论史·先秦篇·序》,九州出版社 2014 年版,第 2 页。

② 牟宗三:《心体与性体》(上),上海古籍出版社 1999 年版,第 185 页。

③ 陈来:《郭店楚简与儒学的人性论》,载庞朴主编:《儒林》第一辑,山东大学出版社 2005 年版。

④ 陈鼓应:《郭店楚简所呈现的重要哲学问题——关于儒道竹简"改写古代哲学史"的另类观点》,《九州学林》创刊号,复旦大学出版社 2003 年版。

第一节　孔子的人性论

我曾指出，人性论是中国哲学的核心命题之一，儒家尤为强调和关注。对于"人性"问题，从西周初年即已开始萌芽，《逸周书》所存文献中有很多后世儒家人性论思想的源头。不过，真正意义上的人性论研究，是从孔子开始的。① 不过孔子的人性论，相对来说，既简略又模糊，《论语》中只有一句"性相近也，习相远也"，另外还有子贡所说："夫子之言性与天道，不可得而闻也。"这句话同样启人疑窦，后世歧解纷纭。不过，从传世文献和出土文献的记载中，我们还是可以大体分析出孔子人性论的特点的。②

孔子关于人性的看法如何？由于文献记载的缺略，学者自古以来就有许多不同的意见，争论至今仍不能止息。反过来，孔子作为儒家开创者之思想的混沌性、复杂性、纯朴性，都为孔门后学从不同角度予以诠释和发展预留了空间。这也就是后来儒分为八、多元嬗变的内因。但是，反过来说，孔子思想虽然有很多观念未能展开论述，却也不能忽略其思想有内在的方向性，所以如何判定孔门后学对孔子思想的诠释是继承和发展，还是偏离了孔子思想，首先还是要辨析孔子思想。就人性论而言，我们势必先把握住孔子人性论思想，才能进一步考察孔门后学对儒家人性论的诠释问题。

孔子关于人性的说法，从字面上看《论语》实在只有《阳货》篇的一句："性相近也，习相远也。"但是，我们如果细加考察，就会发现，孔子对于人性问题

---

① 杨朝明先生对《逸周书》中的某些篇章如"周训"所蕴含的儒家人性论思想渊源进行过考察。见其《"周训"：儒家人性学说的重要来源》，载《儒家文献与早期儒学研究》，齐鲁书社2002年版，第97—118页。陈桐生先生原来否定孔子有人性学说，认为孔子那个时代不可能有深入思考人性问题的条件，儒家人性论是战国时期由孔子的弟子和再传弟子开创的。见其《〈孔子诗论〉研究》，中华书局2004年版。不过后来他改变了看法，认为中国人性论的真正开创者是春秋末年的孔子。见氏著《孔子的人性论》，《中国文化研究》2010年夏之卷。

② 参见宋立林：《儒家八派形成因缘考》，载杨朝明主编：《孔子学刊》第4辑，上海古籍出版社2013年版，第121页。

的思考,在《论语》及其他文献中尚有不少。下面,我们对此加以梳理。

我们先来分析"性相近,习相远"。先儒的理解,其实不如今人的看法之平实、周全。这里的性,显然是就人性而论,而非通论人物之性。对于人性的关心,源于孔子对人之关注。近人曾经比较中西印文化之差异,有谓古希腊人对于宇宙自然较有兴趣,印度人对于神比较有兴趣,而中国人的关注点则在人。所以,古希腊有宇宙论、自然哲学并催生西方之科学;印度有宗教;而中国人则长于道德伦理之学。儒家尤其关注人之成长、完善,故孔子倡导之仁学,又被学人称为"人学""成人之学"。对人性之探究,乃人学题中应有之义。当然,对人性探究的不断深化,其第一步则为将人与万物区分开来。所以,只有到了孔子,人性的问题才成其为问题。傅斯年先生在《性命古训辨证》一文中,经过对先秦文献及金文资料之梳理,得出结论,古文献中之"性"字大都作"生"字解,只有到了《论语》,"性"字才能看作本字。也就是说,只有到了孔子,"性"字才真正出现并加以使用,在思想上进行了探究。换句话说,孔子之前,人们对于"生""性"是不分的,即使有所谓"性"的意识,也不脱离生的观念。这就是所谓"即生言性",是一个古老的传统。

孔子所谓的"性相近",虽然是简单的三个字,但是其所包蕴的含义却不可轻忽。王弼曾有过精彩的阐述,他说:"孔子曰:性相近也。若全同也,相近之辞不生;若全异也,相近之辞亦不得立。今云近者,有同有异,取其共是。无善无恶则同也,有浓有薄则异也,虽异而未相远,故曰近也。"①金景芳等先生也指出:"第一,从人之性对犬之性牛之性来看,人与人为同类,所以说'相近'。'相近'表明人有共性。第二,从人类自身来看,人与人虽属同类,但智愚壮羸万有不同。所以应当说'相近',不应当说相同。这表明人又有个性。总之,二者都是指人的自然性而言。"②由以上的分析可知,孔子对于人性的理解,已经将人与其他生物加以区分,即明确了人之为人的类性。这是人性论应

---

① （魏）王弼著,楼宇烈校释:《王弼集校释》（下）,中华书局1980年版,第632页。

② 金景芳、吕绍纲、吕文郁:《孔子新传》,长春出版社2006年版,第97页。

有的第一步。对此,我们可以从《论语》中得到佐证。《论语·微子》记载孔子在周游列国途中与隐士之间的立场冲突。孔子反对"辟地"之"隐",其理由是:"鸟兽不可与同群,吾非斯人之徒与而谁与?"虽然本章并非论人性,但是我们不难从中窥见孔子意识中对人间世与禽兽之不同的把握,此即孟子"人禽之辨"之先声与?另外,《为政》所记孔子答子游问孝之语:"今之孝者,是谓能养。至于犬马,皆能有养。不敬,何以别乎?"也能隐约感受到孔子对人与禽兽之差异的理解。这都可视为孔子明确人性为人之不同于禽兽之类性的例证。

今人的看法与王弼、金景芳的认识一致,也就是说,孔子所谓"性相近",是同中有异或大同小异。金景芳先生更是将"性"界定为自然性,用"智愚壮羸"来解释"性",并不是他一个人的意见,而是很占主流意见的看法。晚近李友广关于先秦人性论的探讨,也如此主张。他认为,"相近"实际上是就人在未进入社会、未与社会发生实质性联系以前的生命实质与存在状态而言的,主要涉及的是人的自然性。① 但是是否恰当,我们认为需要商榷。

对此,徐复观先生提出了不同的看法。他说:"我觉得'性相近也'的'相近',应当与《孟子·告子上》'牛山之木'章'其好恶与人相近也者几希'的'相近',同一意义。朱元晦对《孟子》此处的解释是'好恶与人相近,言得人心之所同然也',这是对的。"②徐复观对于朱熹以来将性理解为气质之性的看法进行了剖析,指出从气质之性是无法得出"相近"的结论的。只有从"血气心知之性的不同形态中,而发现其有共同之善的倾向",才可以说"性相近"。③唐君毅先生也认为,孔子的"性相近"应该包含着孟子所谓"同类相似""圣人与我同类"的含义,而性皆善之义。④ 我认为,这一认识是深刻的。下文再详

① 参见李友广:《先秦儒家人性论的演变——以郭店儒简为考察重点》,陕西人民出版社2014年版,第81页。

② 徐复观:《中国人性论史·先秦篇》,九州出版社2014年版,第70—71页。

③ 参见徐复观:《中国人性论史·先秦篇》,九州出版社2014年版,第82页。

④ 参见唐君毅:《中国哲学原论·原性篇》,中国社会科学出版社2005年版,第8页。

细论述。

对于"习相远",金景芳先生认为,"习相远"的"'习'则不然。'习'是指人的社会性"①。这个看法也是占据主流的看法。习,意味着后天的习染。也就是说,孔子认为,人的先天的本性虽然差不多,但是由于后天的习染不同而产生了巨大的差距。唐君毅先生也指出:"今若就孔子之将'性相近'与'习相远'对举之旨以观,则其所重者,盖不在克就人性之自身而论其为何,而要在以习相远为对照,以言人性虽近,而由其学习之所成者,则相距悬殊。""孔子不重人性之为固定之性之旨,而隐涵一'相近之人性,为能自生长而变化,而具无定限之可能'之旨者也。"②作为教育家的孔子,对于人的后天习成非常重视。他不仅强调学和习,还强调:"少成则若性也,习惯若自然也。"(《孔子家语·七十二弟子解》。《大戴礼记·保傅》亦载,作"少成若天性,习惯之为常"。)

孔子所谓"性相近,习相远",实际上不过是要揭示出一个真理,人与人在自然欲望方面不会因为后天的习染而产生根本性的差异,正如禽兽不会出现"习相远",反而在精神价值的追求上会因为习染而相远。正如赵明所说的,"先秦儒家所讨论的'性'之确切所指,在不否定人作为动物性生命存在的自然欲望的正当性的同时,更侧重于揭示人的精神价值意义上的欲求,而人对精神方向的价值渴求同样是'相近'的,但'习''学''事'的自觉性程度的确会导致人与人之间的'相远'和不同"③。人性之所以区别于禽兽之性,恰恰在于他能够"习相远",其社会性的实现程度因习染而不同,这是动物所不具备的,因为动物只有本能。所以,"从人禽之辨说,人类之性'相近'之因,亦即其可以'相远'之因"④。

---

①　金景芳、吕绍纲、吕文郁:《孔子新传》,长春出版社 2006 年版,第 97 页。

②　唐君毅:《中国哲学原论·原性篇》,中国社会科学出版社 2005 年版,第 9 页。

③　赵明:《先秦儒家政治哲学引论》,北京大学出版社 2004 年版,第 24 页。

④　李景林:《教养的本原:哲学突破期的儒家心性论》,北京师范大学出版社 2009 年版,第 57 页。

也有学者结合《论语·阳货》"子曰:唯上知与下愚不移"一章来谈孔子的人性论,认为孔子所说的"习相远"是专就"中人"而言的。其实,"唯上知与下愚不移"的话,本来就不是就人性而论。若将二者牵混在一处,必定会产生孔子人性论的误解。其实,宋儒刘敞针对柳宗元"人之性必善,然则孔子所谓上智与下愚可乎"的质疑,而回应道:"可,智愚非善恶也。"清儒陈澧对此指出:"智愚与善恶,判然不同,而永叔不能分,宜为原父所折也。"①

对于孔子的人性论,学界大体有几种判断:其一,孔子不以善恶言性;其二,孔子是性善恶混论者;其三,孔子是性恶论者;其四,孔子是性善论者,至少是隐性的性善论者。

第一种意见在今天学界占据了主流。其实,清代的戴震就曾指出:"孔子但言相近,意在于警人慎习,非因论性而发,故不必直断曰善欤!"②今人张岱年先生亦持类似看法:"孔子所谓性,乃与习相对的。孔子不以善恶讲性,只认为人的天性都是相近的,后来的相异,皆由于习。"③陈来先生说:"孔子的性相近说明显地不是指性善而言。"④赵法生先生也说:"春秋时期已经流行开来的性的思想,其基本倾向当是'以生论性',尚没有性善论的思想。"⑤这当然也就包括孔子的人性论而言了。李友广指出,对于孔子所言的人性,尽管已经包含着性善、性恶两种人性论的走向,但它尚未以善恶来论之,他所强调的是后天教育的重要性。⑥

第二种意见较为少见。明确持此说者有冯兵,他认为,孔子的人性论中既有善的因素,也有恶的因素。他指出:"孔子的人性思想中,'恶'的自然属性

---

① (清)陈澧:《东塾读书记》卷3,载《陈澧集》(二),上海古籍出版社2008年版,第46页。
② (清)戴震:《孟子字义疏证》,中华书局1982年版,第30页。
③ 张岱年:《中国哲学大纲》(下),昆仑出版社2010年版,第208页。
④ 陈来:《竹帛〈五行〉与简帛研究》,生活·读书·新知三联书店2009年版,第29页。
⑤ 赵法生:《孔子人性论的三个向度》,《哲学研究》2010年第8期。
⑥ 参见李友广:《先秦儒家人性论的演变——以郭店儒简为考察重点》,陕西人民出版社2014年版,第74页。

是人性的基础,使其具备了生物的普遍性;'善'的社会属性则是对自然属性的伦理升华,使人之为人成为可能,是人之为人的根本特征。因此,孔子善恶混存的人性观是自然属性与社会属性的辩证统一。"①不过,他对于孔子人性观中的恶的分析,是逻辑推导的结果。他由孔子"克己复礼为仁"的主张分析得出结论说,"这充分说明,孔子已认识到了人性具有不合于'礼'而争利逐欲之'恶'的潜在因素,其人性观同样有着荀子人性恶的倾向,因此才特别强调克制个人本性中的'恶',并将其纳入'礼'的规制之下"②。这个"逻辑"是否站得住脚呢? 我们下面一并评论。

第三种意见也比较少。将孔子定性为性恶论者,绝对算是石破天惊的观点,也是最缺乏说服力的观点。曹大中、阿城是其中的代表。曹大中撰有《孔子性恶辨》③一文。阿城在《洛书河图:文明的造型探源》一书中说,孔子是性恶论者。④ 其论据与第二种看法是一样的。对此,我们需要稍加辨析。

"克己复礼"并不意味着孔子认为人性中有恶或者说是恶的。人当然会作恶,但这是不是属于人性的范畴,是需要厘清的。孔子当然还没有像宋儒那样区分天地之性与气质之性,但是,孔子恐怕也不会承认人性之恶。孔子当然是主张以礼去约束人们。但是,这个礼,"在孔子已转化为人所固有的德性及德性的表征,'复礼'是恢复人所固有的德性以显露人之所以为人的价值"⑤,即便承认"克己复礼"是对人的自然欲望的克制与约束,也不意味着礼是违逆人性的。因为所谓"克己"的主体还是人自己,而不是外在的天、地、君、亲、师。如果说人性恶,那么人为什么会出现"克己"的主体意识? 如黄宗羲批评的那样:"不知如果性恶,安有欲为善之心乎? 即此有欲为之心,已足验人心

---

① 冯兵:《论孔子善恶混存的人性观》,《哲学研究》2008 年第 1 期。
② 冯兵:《论孔子善恶混存的人性观》,《哲学研究》2008 年第 1 期。
③ 参见曹大中:《孔子性恶辨》,《湖南师范大学学报》1986 年第 6 期。
④ 参见阿城:《洛书河图:文明的造型探源》(修订本),中华书局 2015 年版,第 144 页。
⑤ 徐复观:《释〈论语〉中的"仁"》,载《学术与政治之间》,九州出版社 2014 年版,第 297—298 页。

之善矣。"①孔子所谓"为仁由己",恰恰可以说明他承认人具有这种"为仁"的人性基础。

不论是性恶,还是性中含恶,认为恶是人性中必不可少的部分,都会导致一个后果,那就是无法为人的教化提供内在的根据,"克己复礼"变得不可能,荀子所谓"化性起伪"也同样不可能,同时也背离了儒家的基本立场。

第四种意见,也就是认为孔子是性善论者,这一观念在宋明儒那里是普遍的。比如,王阳明说:"夫子说'性相近',即孟子说'性善',不可专在气质上说。若说气质,如刚与柔对,如何相近得?惟'性善'则同耳。人生初时善原是同的,但刚者习于善则为刚善,习于恶则为刚恶;柔者习于善则为柔善,习于恶则为柔恶,便日相远了。"(《传习录》卷二)到了近现代新儒家的徐复观先生亦持这一看法。徐复观先生通过对孔子的仁及性与天道的融合来理解孔子的人性论。徐复观先生指出,孔子是从自己具体生命中所开辟出的内在的人格世界,而他人则仅系概念性的构造。孔子既然认定仁乃内在于每一个人的生命之内,则孔子虽未曾明言仁即是人性,但实际上是认为人性是善的。在孔子,善的究极便是仁,则亦必实际上认定仁对于人之所以为人的最根本的规定,亦即认为仁是作为生命根源的人性。② 唐君毅先生也认为,孔子所谓性相近应当包含着孟子所谓"同类相似""圣人与我同类"的意思,因此也就包含着性皆善之义。③ 日人三浦藤作、今人李翔海先生与徐、唐二先生的看法相同。④ 在今人当中,游唤民先生是明确主张孔子是性善论者的。⑤ 他对孔子

---

① (清)黄宗羲原撰,全祖望补修:《宋元学案》(一),中华书局1986年版,第36页。

② 参见徐复观:《中国人性论史·先秦篇》,九州出版社2014年版,第90页。

③ 参见唐君毅:《中国哲学原论·原性篇》,中国社会科学出版社2005年版,第8页。

④ 三浦藤作说:"孔子虽未明言性之善恶,然暗中实承认性善说。"([日]三浦藤作:《中国伦理学史》(上),张宗元、林科棠译,山西人民出版社2015年版,第37页。)李翔海说:"儒家的人性善论创自孔子。"又说:"综合孔子的思想,这里的'相近'只能是指向人性善的。"(李翔海:《内圣外王:儒家的境界》,江苏人民出版社2017年版,第57—59页。)

⑤ 参见游唤民:《论孔子的"性善论"及在其学说中的地位》,《湖南师范大学社会科学学报》2004年第3期。

是人性善论者进行了较为全面的论证,对我们很有启发。本书在其基础上加以阐释。

还有一些学者虽然不认为孔子是性善论者,但是其人性思想中蕴含着人性善的倾向。郭海燕认为,孔子没有明言人性之善恶,他强调人的本质是仁,与其说是一种性善论,毋宁说具有引人向善的意义。① 郭的看法虽然与徐不同,但是也认为孔子对人性的理解是倾向于善的。陈荣捷虽然不认为孔子是性善论者,但是他还是承认"孔子的观念中最多只蕴含着:人性是善的"②。李存山先生认为:"孔子没有以善恶言性。"又说:"孔子所说的'性相近'不可能是指人的性恶相近,而是说人的善或向善的本性相近。"③张茂泽先生认为,孔子不是从经验的现实的人来谈论人性。"孔子的人性论,就这样在事实上成为非经验实证科学的人性论,而成为一种克服、超越、包容前者在内的形而上学的人性论,一种十分重视人性善的内涵的人性论"。尽管他不主张单纯就善恶论孔子的人性论,但还是指出:"尽管如此,从孔子讨论人性的宗旨看,从他大力提倡仁爱、德政,批判小人人格等看,他的人性论,依然是倾向于人性善说的。这个倾向,成为后来所谓'孔孟之道'的人性论渊源。"④

我的看法是,孔子尽管没有明言人性是善的,但是综合其思想体系和相关资料,我们认为孔子对于人性的看法,是"隐性的性善论"。"隐性"意味着孔子没有明言人性是善的。这一方面说明孔子还没有明确的用善恶定义人性的意识,体现了孔子思想的纯朴性和混沌性;另一方面也意味着我们可以通过对孔子思想的整体把握来诠释孔子的人性论,是需要我们进行阐发才能看得出来。"性善"就是说孔子的人性观念实际上是"性善论"或倾向于"性善论"的,而不是倾向于"性恶论"的。徐复观先生曾经指出:"将古人所应有但未经

① 参见郭海燕:《也谈孔子的人性观》,《孔子研究》2010 年第 3 期。
② 陈荣捷编著:《中国哲学文献选编》,江苏教育出版社 2006 年版,第 66 页。
③ 李存山:《中国传统哲学纲要》,中国社会科学出版社 2008 年版,第 151 页。
④ 张茂泽:《孔子的人性论》,载成中英、梁涛主编:《极高明而道中庸:四书的思想世界》,中国社会科学出版社 2016 年版,第 239—240 页。

明白说出的,通过一条谨严的理路,将其说出,这是治思想史的人应做的工作。"①我们对孔子人性论的考察和诠释也本着这一原则。

为什么说孔子对人性的看法倾向于性善。首先,这是由孔子的仁学思想体系所决定的。徐复观先生对此曾经有过精彩的分析,明确提出,孔学即仁学。孔子乃至孔门所追求的、所实践的都是以仁为中心。《论语》一书就是一部"仁书",②这可以说是近代以来学术界的主流看法。徐复观先生反对以"爱人"来诠释和界定仁。他认为仅从爱人的视角来理解仁,是对仁内涵的窄化,把握不到仁的真精神。他说:"仁的自觉的精神状态,即是要求成己而同时即是成物的精神状态。"③他在解释"天下归仁"时说:"天下归仁,即天下皆被涵融于自己仁德之内,即是浑然与物同体,即是仁自身的全体呈露,天下归仁,是人在自己生命之内所开辟出的内在世界。而人之所以能开辟出此一内在世界,是因为在人的生命之中,本来就具备此一内在世界(仁),其开辟只在一念之克己,更无须外在的条件,所以接着便说'为仁由己,而由人乎哉'。"④所以,我们可以说"孔子的'仁'学的确奠定了先秦儒家人性论的总体逻辑构架"⑤。

徐复观还通过"性与天道"的结合,来发掘仁之意义。他认为,孔子五十而知天命,乃是将外在的他律性的道德,生根于经验界中的道德,由不断地努力而将其内在化、自律化,以使其生根于超经验之上。这才是为道德生稳了根,为中国文化奠定了基石。⑥ 子贡所谓"夫子之言性与天道",就是孔子在自

---

① 徐复观:《有关中国思想史中一个基题的考察》,载《学术与政治之间》,九州出版社 2014 年版,第 425 页。

② 参见徐复观:《释〈论语〉中的"仁"》,载《学术与政治之间》,九州出版社 2014 年版,第 282、283 页。

③ 徐复观:《中国人性论史·先秦篇》,九州出版社 2014 年版,第 84 页。

④ 徐复观:《中国人性论史·先秦篇》,九州出版社 2014 年版,第 88 页。

⑤ 赵明:《先秦儒家政治哲学引论》,北京大学出版社 2004 年版,第 26 页。

⑥ 参见徐复观:《有关中国思想史中一个基题的考察》,载《学术与政治之间》,九州出版社 2014 年版,第 423、424 页。

己生命根源之地——性,证验到性即是仁,而仁之先天性、无限的超越性,即是天道,因而使他感到性与天道,是上下贯通的。性与天道上下相贯通,这是天进入于他的生命之中,从他生命之中,给他的生命以道德的要求、规定,这便使他对于天,发生一种使命感、责任感和敬畏感。在孔子那里,天是从自己的性中转出来,天的要求成为主体之性的要求。① 这一对性与天道的贯通的分析,是关乎孔子仁学体系的核心本质的。

徐复观先生说,孔子未曾明言仁是人性。不过,《中庸》里孔子和鲁哀公的对话中确有"仁者,人也"一句,后来孟子也继续了这一表述。众所周知,"仁者,人也"是儒学的重要论题,也可以视为先秦儒家对"仁"所作的唯一定义式的表达,因此一直以来,不论是汉唐学者,还是宋明儒家,都对之作了各种解释,在现代新儒学发展过程中也依旧受到重视。那么如何理解"仁者,人也"?在汉学系统中,郑玄、孔颖达等都将这句话诠释为仁者爱人,能够施恩义于他人为仁;而在宋明理学系统中,则将此诠释为人之所以为人之理。从宋学的角度来看,仁就是人的本质。新儒家徐复观接续了宋明儒的看法,认为"仁者,人也"这句话所表达的就是"所谓仁者,是真正算得人的人"②。冯友兰先生也说:"'仁者,人也',就是说,'仁'是人之所以为人的总的特点。""孔丘讲'仁'是对于人的反思。这种反思是人类精神的自觉。"③这个解释是否妥当呢?我认为,这个看法是对的。仁,就是人的本质规定。或者说,仁是人应有的本质。正如李翔海所说:"孔子不仅将'仁'指认为礼乐形式所据以成立的内在根据,而且认之为普遍的人之本性之所在。"④我们知道孔子说过:"我欲仁,斯仁至矣。"有人认为,这句话恰恰反映了孔子没有把"仁"视为人所固有的东西。这一看法是偏颇的。因为,很显然"我欲仁,斯仁至矣"的意思

① 参见徐复观:《中国人性论史·先秦篇》,九州出版社2014年版,第91页。
② 徐复观:《释〈论语〉中的"仁"》,载《学术与政治之间》,九州出版社2014年版,第290页。
③ 冯友兰:《中国哲学史新编》(上),人民出版社2007年版,第167页。
④ 李翔海:《内圣外王:儒家的境界》,江苏人民出版社2017年版,第57页。

恰恰是说一个人只要自觉到仁的存在，那么仁就呈现出来了。这毫无疑问是说，仁是内在的。这是孔子仁学的题中应有之义。陈来先生认为宋儒的解释过于曲折，不能反映先秦儒学之本义，于是在汉、宋的两种解释之外，提出了第三种意见，即"人指他人"。仁意味着爱他人。① 如果我们结合《孔子家语·三恕》（亦见《荀子·子道》）的记载，我们可以发现，这一看法未必妥当。

> 子路见于孔子。孔子曰："智者若何？仁者若何？"子路对曰："智者使人知己，仁者使人爱己。"子曰："可谓士矣。"
>
> 子路出，子贡入。问亦如之。子贡对曰："智者知人，仁者爱人。"子曰："可谓士矣。"
>
> 子贡出，颜回入。问亦如之。对曰："智者自知，仁者自爱。"子曰："可谓士君子矣。"

如果我们相信这一记载的可靠性的话，那么"仁者爱人"便不能被视为仁的定义，仁的内涵要比爱人广泛得多。颜子提出"仁者自爱"，这在孔子看来比子贡的"仁者爱人"的解释要高明。虽然"爱人"是孔子曾经回答"樊迟问仁"的话，但那是因材施教的结果。孔子对"仁者自爱"的肯定，足以说明仁包含着爱人即爱他人的意思，但却不能将之仅仅狭义地理解为爱人和爱他人。仁者自爱，当然不是自私自利的含义，而是指人之内心的自觉。诚如徐复观所说："《论语》的仁的第一义是一个人面对自己而要求自己能真正成为一个人的自觉自反。"②

徐复观先生认为，孔子没有明确将仁视为人性，但是他从孔子思想体系中推导出这一结论。其实，我们可以参考《庄子·天道》的一段记载，来理解孔子对仁与人性的关系的理解：

> 老聃中其说，曰："大谩，愿闻其要。"
>
> 孔子曰："要在仁义。"

---

① 参见陈来：《"仁者人也"新解》，《道德与文明》2017年第1期。
② 徐复观：《释〈论语〉中的"仁"》，载《学术与政治之间》，九州出版社2014年版，第290页。

老聃曰："请问，仁义，人之性邪？"

孔子曰："然。君子不仁则不成，不义则不生。仁义，真人之性

也，又将奚为矣？"

在这段记载中，孔子明确地说仁义就是人之性。尽管我们都知道，《庄子》寓
言十九，不能将此信为实有，但是至少说明在道家的视角中，在庄子学派的概
括中，孔子将仁定为人性。"不识庐山真面目，只缘身在此山中"，站在儒家之
外的庄子及其学派，对孔子关于人性与仁的理解，反而是更具说服力的。

　　如果孔子真的将仁视为人的本质，也就是人性之内容的话，那么孔子当然
是性善论者。我们知道，孔子讲"古之学者为己"，是所谓"为己之学"。为己
之学的根据何在？在人性的反思与自觉，"我欲仁，斯仁至矣"。道德的主体
唯有人才能挺立起来，这是动物所不具备的。《论语·雍也》还记载孔子说：
"夫仁者，己欲立而立人，己欲达而达人。"这种己立立人、己达达人的思想，显
然是"仁者爱人"的一种体现。人何以会爱人？显然，这在孔子的意识中，已
经有了思考。我们从中可以推导出"性善"的倾向。如果人性是恶的，所谓爱
人、立人、达人便统统失去了存在的可能。除非像基督教那样，有一个超越性
的绝对的善的上帝作为保证。不过，中国文化中没有这样一个外在的保证。
儒家将这一根据安置在了人的内心，这个根据就是性善。

　　我们从孔子的仁学体系来考察，除了将仁定义为人之本质这一观点之外，
我们还应该明白，从仁学体系也就是内圣外王的体系出发，孔子必然会设定人
性之善。孔子和儒家所追求的是"止于至善"，所以倡导德治，强调"为政以
德，居其所而众星共之"，认为"道之以德，齐之以礼，有耻且格"，他希望通过
善政最后引导社会走向大同之世。也就是说，在孔子看来，人是一个价值的存
在，而非纯物质性的存在。人无法独立为人，人一定会以伦理的方式、政治的
方式整体地存在着。"既然孔子认为人以整体的方式而存在，那他必须同时
认为这个整体是善的，否则这个整体就不值得组建，不值得维护，更不值得追
求。一旦整体只能是善的，整体的构成者——人，就必须是善的，一个善的人

群才能构成一个善的整体"①。徐克谦先生正确地指出:"人类作为一个整体,其性是善的,这是一个无法否认也无需证明的前提设定。因为,当我们说一类东西的性是善的时,是意指这一类东西的存在合乎人的目的,符合人所希望其应该的那个样子。同样,当我们说人类作为一个整体其性是善的,是意指人类的存在从总体上来说是符合人类的目的的,是符合人类希望其应该的样子的。如果我们否认这个前提,认为人类之性是恶的,那就等于说人类的存在根本不符合人的目的(这在逻辑上是说不通的),人类整个就不是人所希望其应该的那个样子,这就等于完全否定了人类本身,人类的存在就没有意义。我们甚至也就根本没有必要在此讨论人性的问题。"②所以,"孔子未明言人性善却又抱持人性善的信念,这既有经验人生的原由,又有内在的逻辑依据"③。

除此之外,我们还可以找到其他的例子。首先是孔子直接谈人性的地方。前面我们曾经引过《孟子·告子上》所载的一段话:

《诗》曰:"天生蒸民,有物有则。民之秉夷,好是懿德。"孔子曰:

"为此诗者,其知道乎! 故有物必有则,民之秉夷也,故好是懿德。"

朱子在《孟子集注》中解释说:"蒸,《诗》作烝,众也。物,事也。则,法也。夷,《诗》作彝,常也。懿,美也。有物必有法:如有耳目,则有聪明之德;有父子,则有慈孝之心,是民所秉执之常性也,故人之情无不好此懿德者。以此观之,则人性之善可见。"④

《诗》本身的意思是一回事,孔子对《诗》的诠释是另一回事,当然朱子对这段话的诠释更是另外一回事。孔子以"知道"来评价此《诗》,显然是从中发现了"道"。这个道是什么? 显然包含着天道与人道,也就是"夫子之言性与天道"的"性与天道",而且是合一之道。我们从"则""秉夷"等词虽然看不出

---

① 曾业桃:《孔子对人性本善的信仰》,《江苏广播电视大学学报》2002 年第 2 期。

② 徐克谦:《先秦儒学及其现代阐释》,南京师范大学出版社 1999 年版,第 66—67 页。

③ 赵明:《先秦儒家政治哲学引论》,北京大学出版社 2004 年版,第 30 页。

④ (宋)朱熹:《四书章句集注》,中华书局 1983 年版,第 329 页。

"善"的含义,但是"懿德"显然包含着正面的价值。其实,从孔子对道的理解来看,不管是天道还是人道,其中必然内蕴着价值,也就是善。所以,孔子并不是在纯客观的角度来谈天道和人道。其中所蕴含的"天道"之"善"从而人道亦善,人性亦善的意思,并不难索解。正如郭齐勇先生所解读的那样:"孔子称道《诗经·大雅·烝民》篇为'知道'之诗,肯定天生育了众民,是人之源泉;人所秉执的常道,是趋向美好的道德,意即天赋予了人以善良的天性。"①

在新出土文献上博竹书《孔子诗论》中,有一段标明孔子谈及"民性"的内容:

> 孔子曰:吾以《葛覃》得祗初之诗,民性固然:见其美,必欲反其本。夫葛之见歌也,则以"絺綌"之故也;后稷之见贵也,则以文武之德也。吾以《甘棠》得宗庙之敬,民性固然:甚贵其人,必敬其位,悦其人,必好其所为,恶其人者亦然。……[吾以《木瓜》得]币帛之不可去也,民性固然:其隐志必有以喻也。其言有所载而后纳,或前之而后交,人不可提也。

李学勤先生曾经指出,《孔子诗论》贯穿着一个主旨,那就是"德性"。② 学界对简文中的"民性"所指,认识有所不同。主流的看法是,这里的民性就是人性,而这个人性论不是性善论,也非性恶论,而是一种自然人性论。比如廖名春先生认为,简文所说的"民性""只是人的一种自然情感,与郭店楚简《性自命出》篇的'待物而后作,待悦而后行,待习而后定'的'喜怒哀悲'之性,实质是相通的。因此,它既有别于持性善论的孟子,也有别于持性恶论的荀子,是一种早期阶段的人性论。……简文对这种('民性'),看不出有明显的否定倾向,强调的是利用……主张引导和升华。由此看来,《诗论》简文的性论不但早于孟、荀,也当早于'皆言性有善有恶'的孔门后学世硕、宓子贱、漆雕开、公

---

① 郭齐勇:《中国儒学之精神》,复旦大学出版社 2009 年版,第 193 页。
② 参见李学勤:《〈诗论〉说〈宛丘〉等七篇释义》,载谢维扬、朱渊清主编:《新出土文献与古代文明研究》,上海大学出版社 2004 年版,第 3 页。

孙尼子等。说是孔子之说,应该是可信的。"① 庞朴先生认为这个民性"不是性善、性恶那样的人性,而是刚柔、缓急、高明、沉潜之类的血气心知之性"②。黄怀信先生则直接说是"自然心性"③。刘信芳先生则主张,"《诗论》凡言'民性固然',都是从人性根本论及礼之所以为必然"④。而李锐指出,这里的"民性固然"并非都是自然人性,而是里面有不同的层次。但是他反对新儒家认为孔子将仁与人性直接联系起来的说法,而是认为孔子的贡献在于将礼与人性关系进行了强调。⑤ 我们认为,廖名春等先生的看法,不无道理,孔子这里所谓的人性,尚未言及善恶之分,而是从血气心知之性,从人情的角度来谈人之性。但是,其中所反映出的如见美反本、贵德等等观念,不能不说其中隐含着人性中有天然的真善美之追求的意思。李锐对于徐复观等先生关于仁与人性看法持否定态度,但如果我们认识到相对于礼而言,仁显然是内在的,礼必须内化才能与人性打通。那么,在孔子那里,仁与礼就是内在一致的,则仁、礼与人性的关系就非同一般了。廖名春先生通过对《诗论》中论"诚"的分析,得出结论,《诗论》的诚与儒家的天命观有密切的关系,这个"诚"其实质内容就是"仁"。⑥ 如果认可这一说法,那么我们就可以说,《诗论》的作者是对孔子"诚""仁"的思想而加以新诠的,故其论人性自然不能另起炉灶,仅论礼而抛弃仁。

我们还需要综合《论语》等文献中,孔子对人、人生、人性的理解来把握孔子之人性论。《论语·雍也》载:"子曰:人之生也直,罔之生也幸而免。"郑玄解释说:"始生之性皆正直。"⑦刘宝楠申论说:"郑以'生也直'即夫子性

① 廖名春:《上博简〈关雎〉七篇诗论研究》,《中州学刊》2002 年第 1 期。
② 庞朴:《上博藏简零笺》,载上海大学古代文明研究中心等编:《上海馆藏战国楚竹书研究》,上海书店出版社 2002 年版,第 238—239 页。
③ 黄怀信:《上海博物馆藏战国楚竹书〈诗论〉解义》,社会科学文献出版社 2004 年版,第 55 页。
④ 刘信芳:《孔子诗论述学》,安徽大学出版社 2003 年版,第 49 页。
⑤ 参见李锐:《新出简帛的学术探索》,北京师范大学出版社 2010 年版,第 306、312—313 页。
⑥ 参见廖名春:《出土简帛丛考》,湖北教育出版社 2004 年版,第 40—42 页。
⑦ 转引自(清)刘宝楠撰:《论语正义》(上),中华书局 1990 年版,第 235 页。

善之旨。"①但是他并不同意这一看法。朱熹引二程的说法："生理本直。"②冯友兰先生对此的解释是，"以自己为主，凭着自己的真情实感，是什么就是什么，有什么就说什么，这是人的本性，生来就是这个样子的"③。徐复观先生指出："此处之'人'，乃至普遍性的人而言。既以'直'为一切人之常态，以'罔'为变态，即可证明孔子实际是在善的方面来说性相近。"④相较而言，徐复观先生认识得较为深刻，将"直"与"善"、与"性"联系起来进行思考。

　　因此，我们认为，孔子对于人性的看法，虽然在《论语》中只有"性相近，习相远"这样一句是明确的表达，但是结合孔子的整个思想体系，可以逻辑地推导出孔子对于人性的看法是倾向于性善的，可以说是一"隐性的性善论"者。

　　我曾经指出，孔子对人性的探讨仍是初步而整全的，不过其弟子对此问题之理解却因才性不一，理解歧异，必然发生分化，各具己见而解说之、传授之。以至于《论衡》中说，漆雕开、宓子贱等皆有性情论之主张，孟子道性善，荀子言性恶，更有许多中间说法，如性无善无不善论，可以为善可以为不善论，有性善有性不善论，等等。这都源于孔子对人性问题的不清晰的表述，至少在今天看来是极为模糊的。我们结合《易传》《中庸》《孔子家语》等相关文献，认为孔子人性论包含着性善论的萌芽，其所谓"性相近"也当指"近善"而言，思孟倡言性善，当为孔子思想之正统；但又不能说孔子就是性善论者，同样可以引出性恶论对后天教化的强调。⑤ 现在，我对这一看法稍加修正。即"可以引出性恶论对后天教化的强调"，这一句判断可能是有问题的。也就是说，从孔子思想中可以引发出"性恶论"这一判断极具危险性，这与我们对孔子人性论的

---

① （清）刘宝楠撰：《论语正义》（上），中华书局1990年版，第235页。
② （宋）朱熹：《四书章句集注》，中华书局1983年版，第89页。
③ 冯友兰：《中国哲学史新编》（上），人民出版社1998年版，第150页。
④ 徐复观：《中国人性论史·先秦篇》，九州出版社2014年版，第82页。
⑤ 参见宋立林：《儒家八派形成因缘考》，载杨朝明主编：《孔子学刊》第4辑，上海古籍出版社2013年版，第122页。

前述考辨是不相符的。当然关于荀子的人性论,近来有数位学者如周炽成、林桂榛等先生提出,荀子并非性恶论者,而是"性朴论"①。可备一说。

综合而言,我认为,孔门后学对于人性论的探究,虽然看上去很热闹,但是真正有价值的并不多,大多数观点实际上是背离或扭曲了孔子的人性论的发展路向的,只有性善论才算是孔子人性论的正脉。我们之所以说性善论是儒家的正脉,乃是认为"人性善"是一种儒家的终极关怀和信仰,这其实就是意味着每个人可以通过自我生命的践履而"吾性自足"地获得人生之终极价值,而不是像西方那样依靠外在而超绝的上帝对人之救赎。

第二节 郭店楚简与儒家人性论的早期诠释

孔子之后,七十子及其后学对于人性论有了更为浓厚的兴趣。可惜,我们已经不能见到他们关于人性论的直接资料了,只能根据王充《论衡·本性》记载的一段话,大体了解孔门第二代、第三代后学对于人性的一些看法:

> 周人世硕以为"人性有善有恶,举人之善性,养而致之则善长;
> [恶]性,养而致之则恶长"。如此,则[情]性各有阴阳,善恶在所养
> 焉。故世子作《养[性]书》一篇。密(宓)子贱、漆雕开、公孙尼子之
> 徒,亦论情性,与世子相出入,皆言性有善有恶。②

世硕,《汉书·艺文志》著录有《世子》二十一篇,自注云:"名硕,陈人也,七十子之弟子。"公孙尼子,《汉志》著录有《公孙尼子》二十八篇,自注云:"七十子之弟子。"则宓子贱、漆雕开为孔门第二代,世硕与公孙尼子为孔门第三代。他们已经开始用"善恶"来论人性了,只是,所论已经与孔子不同。但是,在王

---

① 参见周炽成:《荀子:性朴论者,非性恶论者》,《光明日报》2007 年 3 月 20 日;周炽成:《荀·韩:人性论与社会历史哲学》,中山大学出版社 2009 年版;林桂榛:《论荀子性朴论的思想体系及其意义》,《现代哲学》2012 年第 6 期;林桂榛:《关于荀子"性朴"论的再证明》,《临沂大学学报》2018 年第 1 期。

② 黄晖:《论衡校释》(一),中华书局 1990 年版,第 132—133 页。

充看来则"唯世硕、公孙尼子之徒,颇得其正"①。当然,这是因为王充所持的人性论如此罢了。

不过,我们通过郭店楚简、上博楚竹书等出土文献,可以略窥孔孟之间的孔门后学之人性论说。郭店楚简之中,对于人性的论说,非常复杂,可以说发现了很多原来不曾想过的观点。其中尤以《性自命出》最值得关注。前文已说,该篇极有可能是子思早年的作品,其中对于性、情论述较为丰富。上博简《性情论》与之相同而残缺较甚,故本书以《性自命出》来分析其中的人性论。

《性自命出》开篇是最重要的一段话:

> 凡人虽有性,心亡奠志。待物而后作,待悦而后行,待习而后奠。喜怒哀悲之气,性也。及其见于外,则物取之也。性自命出,命自天降。道始于情,情生于性。始者近情,终者近义。知情者能出之,知义者能入之。好恶,性也。所好所恶,物也。善不善,性也。所善所不善,势也。

一、人性与天命的贯通

前章我们已经初步探讨过《性自命出》的性命思想,现在我们再进一步就其"性命"思想进行分析。"性自命出,命自天降",非常直接地谈到了"性"与"天""命"的关系,属于"性与天道"合一的思维。其实,这一看法既是对孔子天命观、人性论的进一步深化和凝练,也是后来思孟学派人性论的基石。有学者认为,孔子所讲的"性"缺乏形而上的意味,为人性寻找形上学的本源和根据,是《性自命出》才补上的缺环。② 由上一章的分析可知,这一看法是站不住脚的。当然,孔子对于性与天道关系的表述,显然不如《性自命出》如此的明

---

① 转引自黄晖:《论衡校释》(一),中华书局1990年版,第141—142页。
② 参见李维武:《〈性自命出〉的哲学意蕴初探》,载《郭店楚简国际学术研讨会论文集》,湖北人民出版社2000年版,第310页。

朗。这倒是要承认的。

李维武先生认为，《性自命出》提出的"性自命出，命自天降"，在"性""命""天"之间建立起了一种兼有发生学意义和形上学意义的联系。尽管该篇没有交代天是什么，但是很明确，天是作为人的生命存在的本源和根据的。① 前面我们曾经指出，《性自命出》对于"天"的关注其实不如对"性"的关注，即本篇主要是围绕性来展开论述的，"天命"是服务于人性论的。本篇对于人性的论说，主要是围绕着从天—命—性—道—情的逻辑结构予以展开的，正如东方朔所指出的，"天道性命在本篇中始终是点发的、遮诠的，这种点发与遮诠也可以说是'存而不论'的"②。因而本篇从根本上不是玄思哲学，而是实存社会学；不是本体抽象的，而是实存描述的。也就是说，在东方朔看来，本篇谈论性，不是本体论的面向。"本体论的面向即便有，也只是高高地挂在'天'上。"③对此，我们认为，尽管本篇论天命不是核心，但是却并不能因此否定由此建立起来的人性与天命的贯通所具有的形上学本体论色彩，换句话说，即便只是高高挂在天上，也不能否认其本体论的面向。

二、普遍的共同人性

《性自命出》第一句话就提出："凡人有性"。这与《成之闻之》"民皆有性"意思完全一样。这里的"民"应该就是指"人"。这就是说每个人都有其性，而且这个人性是人之为人的内在规定性。显然是一种普遍的人性论。

在论性时，与孔子的"性相近，习相远"思想最为一致的表述是："四海之内，其性一也。其用心各异，教使然也。"蒙培元先生认为，孔子提出"性相近"

---

① 参见李维武：《〈性自命出〉的哲学意蕴初探》，载《郭店楚简国际学术研讨会论文集》，湖北人民出版社 2000 年版，第 310 页。

② 东方朔：《〈性自命出〉篇的心性观念初探》，载《郭店楚简国际学术研讨会论文集》，湖北人民出版社 2000 年版，第 328 页。

③ 东方朔：《〈性自命出〉篇的心性观念初探》，载《郭店楚简国际学术研讨会论文集》，湖北人民出版社 2000 年版，第 328 页。

之说,可能是从个体原则立说,尚未明确提出普遍人性的问题。① 蒙先生的这一看法是值得商榷的。孔子所谓"性相近"毫无疑问是从一种普遍的立场来说,不可能指某个人、某些人、某类人的性相近,而只能是普遍性的人类之性相近。这与《性自命出》"四海之内,其性一也"的说法是一致的。孔子的"近"按照我们的理解,其实就是"同",同当然就是"一"了。这是肯定了人性之普遍的同一,人无论贵贱、贫富都具有平等的共同的人性,这对于打破宗法等级制度具有巨大的历史意义。② 只有理解了"性相近"就是"四海之内,其性一也",才能真正理解何以"有教无类",二者之间是内在统一的。这与孔子的看法是一致的。

《成之闻之》中也有类似的表述:"圣人之性与中人之性,其生而未有别之。"这是明显的"性相近",而且还是"性善论"的雏形。③ 后面又说:"及其博张而厚大也,则圣人不可由与效之","圣人不可慕也",则是"习相远"的意思。根据李学勤先生的看法,《成之闻之》关于人性的这些表述,其目的是对孔子性论给予进一步的阐释。但是从理论水准来看,这种性论的产生肯定很早,其早于孟子是明显的。④ 不过,李锐对此有不同的解读。他经过分析后,得出结论:《成之闻之》一篇对"性"的论证,主要有两点需要注意:一是"性"是"生而未分"的,有品级之差别。二是"性"的这种差异,经过"溥长""厚大"之后,才会显现出来。所以"性相近,习相远",是说人性初生时相近,经过习染之后,就表现出差别来了。显然,这种差别,不仅包括圣人和中人、下人的差别,也包括同为中人、下人者之间的差别,因为天所赋予每个人的性都不同。由此来

----

① 参见蒙培元:《〈性自命出〉的思想特征及其与思孟学派的关系》,载山东师范大学齐鲁文化研究中心、美国哈佛大学燕京学社编:《儒家思孟学派论集》,齐鲁书社2008年版,第19页。

② 参见王恩来:《人性的寻找——孔子思想研究》,中华书局2005年版,第23页。

③ 参见李学勤:《试说郭店简〈成之闻之〉两章》,载《中国古代文明研究》,华东师范大学出版社2005年版,第220页。

④ 参见李学勤:《试说郭店简〈成之闻之〉两章》,载《中国古代文明研究》,华东师范大学出版社2005年版,第220页。

看,过去很多学者的解释,恐怕过度诠释的地方很多。①

三、情生于性

简文说:"道始于情,情生于性。始者近情,终者近义。知情者能出之,知义者能内(入)之。"对于情的重视,也是本篇的一个亮点。蒙培元先生说:"《性自命出》的最大特色,在于它的情论,而不是性论。"②李泽厚先生也指出,情在这里占据了显赫的肯定位置。这无疑是正确的认识。他还认为,情是性的直接现实性,是性的具体展示。③

"情生于性"在《性自命出》中两次出现,可见作者对此的重视,这种观点与《语丛二》的说法是一致的,可见二者可能出于同一学派乃至同一作者。《语丛二》有"爱生于性,亲生于爱。欲生于性,虑生于欲。智生于性,卯生于智。慈生于性,易生于慈。恶生于性,怒生于恶。喜生于性,乐生于喜。愠生于性,忧生于愠。惧生于性,监生于惧。强生于性,立生于强。弱生于性,疑生于弱"。

对于性与情的关系,郭齐勇先生早已指出,这与《中庸》所谓未发和已发可以说完全相同。④ 先秦儒家对于情的看法,与宋明儒是不同的。宋明儒基本上持"性善情恶"论,对于情有较大程度的轻视或否定。在先秦儒家,情是被肯定的。发自内心的真实的情感,恰恰是仁心的体现。《礼记·礼运》说:"何谓人情? 喜怒哀惧爱恶欲七者,弗学而能。"这是说这七种人类的情感是与生俱来,不待后天教养的。所以,它接着有"达天道,顺人情"的观念,无疑

---

① 参见李锐:《郭店简〈成之闻之〉与孔子"性相近"说新研》,载杨国荣主编:《思想与文化》第 21 辑,华东师范大学出版社 2017 年版。

② 蒙培元:《〈性自命出〉的思想特征及其与思孟学派的关系》,载山东师范大学齐鲁文化研究中心、美国哈佛大学燕京学社编:《儒家思孟学派论集》,齐鲁书社 2008 年版,第 24 页。

③ 参见李泽厚:《初读郭店竹简印象记要》,载《中国哲学》第 21 辑,辽宁教育出版社 2000 年版,第 4 页。

④ 参见郭齐勇:《中国哲学智慧的探索》,中华书局 2008 年版,第 48 页。

是对人情的充分肯定。

不过,《性自命出》对于"情"的肯定,是建立在这样一个基础上的。即这里的"情"从内容上讲当然包括喜怒哀悲(或喜怒哀惧爱恶欲)等人的情感,但是从性质上讲则必须是纯粹的、本真的情感,它本于本心,因此具有诚、信、真、实的特征,进而才是善的、美的、好的、可贵的。这是人的道德意识的基础。蒙培元先生虽然反对将"情"理解为情实,而主张解释为情感,但是他也认为,"这其中,还包含着善的意思,即'反善复始'之善"①。只有在这样的意义上,才能说"道始于情"。这从下文"凡声,其出于情也信,然后其入拨人之心也厚"。这个"情"与《中庸》的"诚"实际上有一致性。观下文:"信,情之方也"。"凡人情为可悦也。苟以其情,虽过不恶;不以其情,虽难不贵。苟有其情,虽未之为,斯人信之矣"可知。

"道始于情",肯定了人的生命的本真情感对于人道的建基作用。道不是悖逆人情的,而是基于人情的。"始者近情,终者近义",是说人道的发端处是情,其归结处或归宿则是义。结合下文"爱类七,唯性爱为近仁。智类五,唯义道为近忠。恶类三,唯恶不仁为近义",我们可知这里的"情",实际上就是"仁"这种情。"知情者能出之,知义者能入之。"这里的"之"应该代指上面的"道"。这里的"出"和"入",应该理解为行道和明道。那么这句话的意思就是把握和体知到人情就能够行道,把握和体知到"恶不仁"的"义"就能够明道。这实际上是"仁""义"对举。爱类,应该就是"好";恶类,应该就是"恶",就是"好恶,性也"的好恶。由此不难看出,好恶与仁义密切相关。

四、心无定志与心术为主

《性自命出》在很多方面提出了新的见解,超出了孔子的人性论思想。简

---

① 蒙培元:《〈性自命出〉的思想特征及其与思孟学派的关系》,载山东师范大学齐鲁文化研究中心、美国哈佛大学燕京学社编:《儒家思孟学派论集》,齐鲁书社2008年版,第28页。

文提出"心"的范畴。我们知道,孔子很少谈到"心"的问题,而后来的孟子则大谈特谈"心",其中的桥梁就是七十子后学。简文说:"心亡奠志。"亡,通无。奠,定。心无定志,是说心作为一个活动原则,并没有固定的方向。人性虽然是共同的,但是心却是个别的。这里的心,按照郭齐勇先生的看法是指血气情感之心,这与后来孟子论心大不一样。心的特点是"待物而后作,待悦而后行,待习而后奠"。心的发动或者说活动,会受到外在之物的影响,受到"悦"的制约,受到习染的决定。下文说:"凡心有志。"是说人的心都会有发动,有方向,这与上面的"无定志"的"心"应该不是一个"心",这里的心应该是有道德意志的心,是道德之心。郭齐勇先生区分了这两种"心":他说:"在本篇中,'无定志'之'心',属于血气的范畴,有知觉反应;而'有志'之'心',带有意志力,具有'心之官则思'的性质。"①毫无疑问,这一区分是正确的也是必要的。当然根据下文"凡用心之躁者,思为甚;用智之疾者,患为甚"的说法,除了这二心之外,还有一个"思虑之心"。

"人之虽有性,心弗取不出"。其实,这里的心,就是有定志的道德心,它具有指向性,能够"取""性",是连接性和情的桥梁。这里的"取"与"物取"的取,虽然看上去是一样的,但是其性质则不同。这个"心"的取是有指向性的,不是盲目的。"性不可独行",也就是说性不能独立地行动,必有赖于心的活动而活动。性,在这里既是实体性的概念,也是功能性概念。"喜怒哀悲之气,性也。及其见于外也,则物取之矣。"喜怒哀悲是情,喜怒哀悲之气,是性。简文说:"情生于性。"这个"生"并不是直接的生,其由性转化为情的机制就是心。性由心显,情由心生。性通过心来产生情。

简文又说:"道者,群物之道。凡道,心术为主。道四术,唯人道为可道也。其三术者,道之而已。"这里的道,应该包括天道、人道、群物之道。"凡道,心术为主",就是说人心对于道之认识、把握和体证。这里将心术视为理

---

① 郭齐勇:《中国哲学智慧的探索》,中华书局 2008 年版,第 48 页。

解道、把握道、体认道的方法、途径。心术，在《乐记》中出现过。《乐记》："夫民有血气心知之性，而无哀乐喜怒之常，应感起物而动，然后心术形焉。"郑玄注："术，所由也。"术其实也是道、路的意思。心术就是心之活动的轨迹、状态或者方法。郭齐勇先生解释说："'心术'自是心与物、心与身交互作用的途辙、状态和方法，也是养心、用心的过程和方略。而中国思想没有心物、身心之绝对二分，因此讨论'心术'不能不涉及心思、心志、形、气、容色、行为、习性、物事等等。"①

简文又提出："凡学者求其心为难。从其所为，近得之矣，不如以乐之速也。虽能其事，不能其心，不贵。求其心有为也，弗得之矣。""求其心"就是把握人的内心。这当然是非常不容易的。所以，儒家一直主张"观人""察人"。《论语·公冶长》记孔子说："听其言而观其行。"《为政》又载孔子说："视其所以，观其所由，察其所安。人焉廋哉？人焉廋哉？"简文所谓"从其所为，近得之矣"正是与孔子的意思一致的。下文又说："虽能其事，不能其心，不贵。"能其事，就是有行动；能其心，就是有动机。如果仅仅能够在行动上表现出来，而其内心并无真实的愿望作为动力，那么这就是"为"即"伪"。所以，"求其心有伪"，就无法把握其内心的真实情状了。

五、以好恶论性和以气论性

简文比较引人注目的是"好恶，性也"，"喜怒哀悲之气，性也"这样两种关于人性的命题。

"好恶"是情感，儒家一直强调好恶。《论语》中经常出现"好学""好之""好仁""好义""好礼""好信""好刚""好直""好勇""好人""好古""好德""好色"等，有时"好""恶"并举。比如《论语·子路》：

　　子贡问曰："乡人皆好之，何如？"子曰："未可也。""乡人皆恶之，

---

① 郭齐勇：《中国哲学智慧的探索》，中华书局 2008 年版，第 47 页。

何如?"子曰:"未可也。不如乡人之善者好之,其不善者恶之。"《大学》讲:"民之所好好之,民之所恶恶之,此之谓民之父母。"这些好、恶都属于情感范畴。但是,这种情感,在孔子、曾子及后来的孟子那里,都并不是被排斥和否定的,而是非常重视的。人有好恶,正是道德意识得以成立的基础,人的道德意识就建基于此。从儒家的论述来看,发自人性的好恶,本身是有价值取向的。只有经过后天的习染而成的好恶选择,才会出现偏失。简文说:"好恶,性也;所好所恶,物也。"这里的好、恶都是动词,即喜好与厌恶。根据人之本性,人有好好恶恶的本能,而物则是喜欢与厌恶的对象。这句话并不能理解为好恶是人性,而只能理解为好恶是人性具有的功能和作用。好恶是人的喜怒哀悲之情的前提。好恶作为本能如《论语》所谓"能好仁,能恶不仁"、《大学》所谓"如好好色,如恶恶臭",反映了人的道德情感的价值取向,也就是说好、恶同时意味着善恶的问题。蒙培元先生认为,"善不善"和"好恶"是对应的,"势"和"物"是对应的,"所善所不善"和"所好所恶"是对等的①,这样的话,则善、不善都不是名词而是动词。

"喜怒哀悲之气,性也。"这是以气论性,在先秦是比较少见的。喜怒哀悲,是情。而"喜怒哀悲之气"则是内在的,"及其见于外,则物取之也"。这种"气"的发动,是受到外物影响、诱导的结果,表现出来就是喜怒哀乐之情。

郭齐勇先生认为,《性自命出》以喜怒哀悲之气和好、恶来界定性的同时,申言此性是天所命的,是内在于人的,"实际预涵了此能好人的、能恶人的'好恶'之情即是'仁'与'义'的可能,'仁''义'是内在禀赋的内容"②。正是从这个意义上说,"人性的禀赋来自于天之所降的命。此与生俱来的好好恶恶的情感偏向,就是人之所以为人的特质。好恶是内在本能,也就是内蕴喜怒哀

---

① 参见蒙培元:《〈性自命出〉的思想特征及其与思孟学派的关系》,载山东师范大学齐鲁文化研究中心、美国哈佛大学燕京学社编:《儒家思孟学派论集》,齐鲁书社 2008 年版,第 21 页。

② 郭齐勇:《郭店儒家简与孟子心性论》,《武汉大学学报(人文科学版)》1999 年第 5 期。

乐之气。人的情绪情感的表达，是由对象化的事物引起的，是表现在外的。质朴的好恶之心所引发、所牵动、所作用的对象虽然是外在的客观的物事、现象、力量、动势等等，但内在的主宰或主导，还是天命所降之人性。人性脱离不了情气，且附着于情气之上，但性与情气仍有区别。请注意，情气不仅仅指自然情欲，也指道德情感。尔后孟子着力发挥的，正是天赋的道德情感，并由此上升为道德理性"①。

六、教、习与性、情

《性自命出》"其用心各异，教使然也"的说法，与孔子"习相远"的说法相似。当然，习，一般来讲是中性的，是没有价值判断的，包括正面与负面的习染，而教则一般具有正面的意义②，如简文下文所谓"教，所以生德于中者也"，是具有价值引导性的行为。但是，就"其用心各异，教使然也"一句来看，这里的"教"好像也不意味着全是正面的，有可能是中性的。总之，无论如何二者都肯定了后天的环境、习染或教育对于人的巨大影响。人的先天本性是一样的，但是后天的习惯、教养等使人产生了巨大的差异。

简文中提出："凡性，或动之，或逆之，或交之，或厉之，或出之，或养之，或长之。凡动性者，物也；逆性者，悦也；交性者，故也；厉性者，义也；出性者，势也；养性者，习也；长性者，道也。"这里的性，应该不是先验的本体意义上的性，而是实然的经验的性。外在的物事对于性会产生影响，这种影响就是"或动之，或逆之，或交之，或厉之，或出之，或养之，或长之"。这就是简文所提到的"教"。有学者指出，这里所讲的"应为一个心性训练的连动过程"。内在未发的性受外物之感而动，若外在之物符合人的天性与人情，就足以引发他的认可，然后再以此节性、厉性，训导砥砺，使再受物动、性出为情之时能趋向于群善之义，如此反复实践、修炼，就能最终使道长养性，使

---

① 郭齐勇：《郭店儒家简与孟子心性论》，《武汉大学学报（人文科学版）》1999 年第 5 期。

② 参见陈来：《竹帛〈五行〉与简帛研究》，生活·读书·新知三联书店 2009 年版，第 25 页。

性自美。①

"动性者,物也;逆性者,悦也;交性者,故也;厉性者,义也;出性者,势也;养性者,习也;长性者,道也。""动性者,物也。"简文对"物"有不少的论说,如简文所云"凡见者之谓物","见"即"现"。性会被物所取,才能见于外。"逆性者,悦也。"逆,迎也。悦,简文解释说:"快于己者之谓悦。"内在之悦,能够逢迎于性。"交性者,故也。"交,裘锡圭先生读为"实"②,可从。而简文对"故"的解释是"有为也者之谓故"。能够充实性的是历史上留下的文化典籍。"厉性者,义也。"厉,磨砺也。那么,何谓义呢? 简文说:"义也者,群善之蕝也。"意思是各种善的集合。能够磨砺性的,是体现各种价值观念的义。"绌性者,势也。"绌,有阻挠、压制义。势,简文解释说:"物之势者之谓势。"廖名春先生将第一个"势"读为"制",即制约、控制③,此说可从。按照李零先生的看法,"势是由外物构成的环境和环境具有的态势,可以屈挠其本性"④。"养性者,习也。"什么是习呢? 简文说:"习也者,有以习其性也。"习应该包括上述各种修炼。"长性者,道也。"长,使增长、进益。⑤ 意思是能够促进性的完善的,是道。"习"是重要的方法,而"道"则是最后的根据。最后两个应该是总括。能够影响人性的成长的,不仅有物质世界的物事,而且有人文世界的内容。其中,值得关注的是"习以养性"观念的提出。在这里,习的功能是养性,而不是习得,即不是改变人性,而是培养人性。其实,对于人性的保护和养护,是孔子、子思和孟子共同的观念。

总而言之,《性自命出》虽没有以善恶言性,但是其中却蕴含着性善的

---

① 参见姚永辉:《"以故兴物"考辨与发微:以郭店楚简〈性自命出〉篇为参照》,《中国哲学史》2014 年第 3 期。

② 参见裘锡圭:《谈谈上博简和郭店简的错别字》,载廖名春编:《新出楚简与儒学思想国际学术研讨会论文集》,清华大学 2002 年版,第 19—20 页。

③ 参见廖名春:《郭店楚简〈性自命出〉篇校释》,《清华简帛研究》第 1 辑,清华大学思想文化研究所 2000 年,第 117 页。

④ 李零:《郭店楚简校读记》(增订本),中国人民大学出版社 2009 年版,第 152 页。

⑤ 参见李天虹:《郭店竹简〈性自命出〉研究》,湖北教育出版社 2002 年版,第 145 页。

追求,或说其人性论包含着性善论的成分,为后来思孟学派的性善论奠定了基础。①

第三节　思孟学派与儒家人性论的早期诠释

我们尽管推断《性自命出》出于子思的早年,但是因为与《中庸》《孟子》的人性论尚有一定的差距,因此我们并不将之归为思孟学派较为成熟的人性论来讨论。

《中庸》从"天命之谓性"的角度,为人性确立形上的根据。但是,《中庸》也和孔子一样,并未明言人性是善的。因此,有不少学者反对宋明儒家和现代新儒家关于《中庸》持性善论的传统观点。

我们认为,子思有没有性善的主张是一回事,他是否证明了性善则是另外一回事。不过,我们认为,如果从他对人性与天命的贯通、从天道之诚与人道之诚的贯通来看,其人性论也一定是性善论。② 天,在今天的很多学者看来,不一定具有价值的意味,也就是说天未必是善的。但是从天命论的视角来看,这个天显然具有价值的形上根据的意思。即是从孔子和子思的天道观中,也不难发现他们对于天的理解并不是纯粹的、客观的、自然的、物质的天,而是义理之天。这样的天,一定是善的,而且是善的根据。《五行》提出:"善,人道也;德,天道也。"很明确地将人道的性质规定为善,这善当然也源于天道的

---

① 蒙培元和郭齐勇先生都撰文强调了这一点。蒙先生说:"《性自命出》则是通过对各个具体范畴之间的相互关系的细致的讨论,体现出它的思想倾向。事实上,它已经明确提出'性善'的主张。"参见蒙培元:《〈性自命出〉的思想特征及其与思孟学派的关系》,载山东师范大学齐鲁文化研究中心、美国哈佛大学燕京学社编:《儒家思孟学派论集》,齐鲁书社2008年版,第23页。郭先生认为,"这为后世的性善论埋下了伏笔","为由《诗》、《书》、孔子走向孟子的道德形上学的桥梁"。参见郭齐勇:《郭店儒家简与孟子心性论》,《武汉大学学报(人文科学版)》1999年第5期。

② 参见蒙培元:《〈性自命出〉的思想特征及其与思孟学派的关系》,载山东师范大学齐鲁文化研究中心、美国哈佛大学燕京学社编:《儒家思孟学派论集》,齐鲁书社2008年版,第28页。

德。根据学者的共识,《五行》是子思的作品。正如日人三浦藤作所说,"据子思之说,性者天之所命,率性行之即道,故道为天赋。换言之,人道即天道焉。夫天道诚,则性必归于善,是子思明为性善论者也"①。所以,从子思的思想体系中,我们可以得出其对于人性的主张是性善说。

如果说孔子还是一个隐性的性善论者,那么子思关于性善的看法则是半隐半显的,是呼之欲出的。正如徐复观先生所说:"孔子以后,人性论渐成为思想上之一重要课题,当属事实。今日有典籍可据,在思想上言,则为上承孔子,下启孟子,可由此而得确实把握其发展之系统者,赖有《中庸》一篇之存。天命之谓性的性,自然是善的,所以可以直承上句而说'率性之谓道'。这两句话,是人性论发展的里程碑。但'性善'两字,直到孟子始能正式明白地说出。"②

孟子性善论的提出,可以视为先秦人性论演变的最后结果和最高成果。尽管荀子晚于孟子而提出性恶论或性朴论,但是在我们看来,这一人性论并没有超越性善论,而且是儒家人性论的倒退。尽管在孔子之前之后,以生言性的自然人性论占据了主流,甚至在宋明理学诞生之前都具有极大的影响力,但这并不足以说明这种人性论合乎孔子儒学的内在逻辑及价值追求,也不足以反证孟子人性论存在误区。也就是说,孟子提出的性善论,其证明程度如何是一问题,而其主张本身所具有的价值是另一问题,不能混为一谈。

郭沂先生曾经梳理了中国人性论的发展历史,提出在中国人性论史上,有两个传统:一个是从欲的角度而论人之本能的人性论的旧传统,一个是孔子开创、子思阐发、孟子完成的从德的角度而论人之本质的人性论的新传统。纵观先秦人性论,真正坚持"以德为性"也就是后来所谓义理之性的人性观,只有晚年的孔子、子思和孟子三人而已。而且从战国以降到唐末,儒家人性论的主

---

① [日]三浦藤作:《中国伦理学史》(上),山西人民出版社2015年版,第74页。
② 徐复观:《中国人性论史·先秦篇》,九州出版社2014年版,第146页。

流大抵归为气质之性的旧传统。也就是说,在孟子之后的千余年间,性善论是非主流的。只有到了宋代理学兴起,才远绍旧新两种传统,将人性善定为主流,但又将义理之性定为善,而将气质之性定为非善。所以,郭沂先生的结论是:这种梳理暴露出中国人性论史研究中的一种偏见,他称之为"泛孟子主义"。所谓"泛孟子主义"是指从孟子升格以来,人们以性善论为圭臬,不自觉地将中国人性论史涂上一层明显的孟子色彩。故此他呼吁"纠正"这种偏见,以还历史本来面目。①

我们认为,从历史主义的角度来看,还历史本来面貌,梳理清楚中国人性论史的发展、演变及其内在结构等等,都是有其必要的。但是,"泛孟子主义"的说法不免过当。徐复观先生说:"从人格神的天命到法则性的天命,由法则性的天命向人身上凝集而为人之性,由人之性而落实于人之心,由人心之善,以言性善。这是中国古代文化经过长期曲折、发展,所得出的总结论。"②而牟宗三先生同样坚定地认为,中国思想大传统的中心落在对主体性的重视,因此孟子是心性之学的正宗。③ 徐先生所谓"总结论",显然是说性善论乃是中国文化内在发展的必然理路,或者说中国文化精神的内在特质。这个性善论内蕴在孔子所开创的儒学体系之中。牟先生所谓"正宗",是说性善论在孔子儒学体系中必然居于基础性或者核心性地位。

毫无疑问,性善论是儒家人生观、修身观、德治主义的政治观这座"内圣外王"体系大厦的基石。这与这种观点在实际上占不占主流是两个问题。性善论不是对实然人性的描述和验证,而是对人性本善、人性应善的信仰,正如基督教文明坚持上帝的全善一样,儒家必然要有如此一个"人性本善"

---

① 参见郭沂:《思孟心性论及相关问题》,载山东师范大学齐鲁文化研究中心、美国哈佛大学燕京学社编:《儒家思孟学派论集》,齐鲁书社 2008 年版,第 243—245 页。

② 徐复观:《中国人性论史·先秦篇》,九州出版社 2014 年版,第 146—147 页。

③ 参见牟宗三:《中国哲学的特质》,上海古籍出版社 2007 年版,第 63 页。

的预设,才能在理论上实现自洽。① 赵明认为,人性论的关键不在于对某种"实然"状态进行描述,而在于对人性之"应然"存在的讨论,人性论不是"科学"的,而是"哲学"的。这样的观察,无疑是深刻的。② 所以,宋儒对孟子的评价,就入木三分地注意到了性善论的极端重要性。二程说:"孟子有大功于世,以其言性善也。"又说:"孟子性善、养气之论,皆前圣所未发。"③

黄开国先生在分析中国历史上儒家人性论的演变时,认为儒家人性论经历了一个正反合的否定之否定的发展过程。他说:"先秦性同一说是第一阶段,是肯定的议题;汉唐以性三品为代表的性品级说是第二阶段,是否定反题;宋代以来的性同一说(人人皆具同一的绝对善的天命之性)与性品级说(人因气质之性而有善恶等差品级的不同)合一则是第三阶段,是否定之否定的合题。"④而在这三个阶段、三个基本的形态中,孟子的性善论都发挥了极其重要的作用。"性善说的以道德伦理规范为人性与人之为人的内容,确立了整个儒家人性学说发展的基础,在整个儒家人性论发展中,孟子的性善说都起着决定基本价值取向的作用。……可以说,在儒家人性论发展史上,孟子的性善说

---

① 赵卫东先生在讨论孟子对道德的普遍必然性的论证及对德福一致的论证时,非常明确地指出,"德"是形而上之道,"福"是形而下之器,虽然从"德"为形上之道言,它具有普遍必然性,似乎可以从理论上证明"德福一致",但道德的普遍必然性是借"天"的超越性来保证的,而"天"的超越性在儒家来说,与其说是一种理论的证明,还不如说是一种真诚的信仰。无论是道德普遍必然性,还是"德福一致",皆不是靠论证来保证的,而是靠信仰来支撑的。因此,不管孟子是否能够真正证明道德普遍必然性,是否能够证明"德福一致",这都没有太大的关系,只要儒家坚信道德是具有普遍必然性的,"德"与"福"是可以获得一致的,就已经足够了。(见氏著《孟子对道德普遍必然性的论证》,载山东师范大学齐鲁文化研究中心、美国哈佛大学燕京学社编:《儒家思孟学派论集》,齐鲁书社 2008 年版,第 241—242 页。)我们对此深表赞同。孟子对人性善的论证,从逻辑的角度看,当然有其不足,但是孟子包括所有的性善论者,其实无不是从一种人性的信仰的角度来说人性的,而根本不是要论证。只不过,当有人不能理解时,孟子才不得不辩。

② 参见赵明:《先秦儒家政治哲学引论》,北京大学出版社 2004 年版,第 27 页。

③ (宋)朱熹:《四书章句集注》,中华书局 1983 年版,第 199 页。

④ 黄开国:《孟子性善说在儒家人性论发展史上的意义》,载山东师范大学齐鲁文化研究中心、美国哈佛大学燕京学社编:《儒家思孟学派论集》,齐鲁书社 2008 年版,第 265 页。

是儒家人性论演进的基石,其价值与意义是任何儒家任何人性学说都没有逾越的。"①黄先生这一分析是建基于对儒家人性论的三个基本形态的分析基础上的,是确实可信的。所以,我们不同意郭沂先生所谓"泛孟子主义"的说法。

一、人性由人禽之辨而显

孟子对人性的理解,是在孔子之后儒家人性论不断演变的基础上出现的。探究人性,当然首先是将人作为一类来观照。孔子已经有"鸟兽不可与同群"的思想,但是尚未明确提出人与其他物类的区分。《孟子·公孙丑上》载孔子弟子有子的话:"麒麟之于走兽,凤凰之于飞鸟,太山之于丘垤,河海之于行潦,类也。圣人之于民,亦类也。"这里虽然是谈圣人与众人的同类关系,但是从中可以窥见儒家对人的类意识的自觉。到了孟子,"人禽之辨"这种意识已经非常自觉了。

所以,孟子接续了孔子"仁者,人也"的观念,他说:"仁也者,人也。合而言之,道也。"(《孟子·尽心下》)伪孙奭疏曰:"孟子言为仁者,所以尽人道也,此仁者所以为人也。盖人非仁不立,仁非人不行。合仁与人而言之,则人道尽矣。"②前面我们曾经分析过孔子"仁者,人也"这句话,孟子重复说出这句话的时候,实际上表明他真正接续了孔子关于人之为人的本质即为"仁"的命题。这也是其人性论的基点。

在这样的基点上,孟子明确了"人性"的所指。《孟子·离娄下》载孟子说:

> 人之所以异于禽兽者几希,庶民去之,君子存之。

朱熹注曰:

---

① 黄开国:《孟子性善说在儒家人性论发展史上的意义》,载山东师范大学齐鲁文化研究中心、美国哈佛大学燕京学社编:《儒家思孟学派论集》,齐鲁书社 2008 年版,第 272 页。

② (宋)孙奭:《孟子注疏》,李学勤主编:《十三经注疏》(标点本),北京大学出版社 1999 年版,第 389 页。

> 人物之生，同得天地之理以为性，同得天地之气以为形；其不同
> 者，独人于其间得形气之正，而能有以全其性，为少异耳。虽曰少异，
> 然人物之所以分，实在于此。众人不知此而去之，则名虽为人，而实
> 无以异于禽兽。君子知此而存之，是以战兢惕厉，而卒能有以全其所
> 受之理也。①

尽管朱子的解释是基于理学的视角，但是他的解释中非常明确地指出了人与禽兽等物类的差异，这是根本性的。孟子在孔子的基础上，明确地高举起人禽之辨的大纛。人禽之辨，并非一般常识意义上的人与动物的不同。人与动物的不同，凡人都一眼即知。但是，孟子提出人禽之辨，是要为人类确立一个价值、意义和方向。孟子所谓"人之所以异于禽兽者几希"其实就是"人之所以为人者"。这个"几希"恰恰就是孟子所探究的人性。人与万物，都是天地之所生育，尤其是人与禽兽作为动物，更具有相似性。作为生物，人与禽兽有相同之处，即都有物质性的生存欲求，这是自然性，或曰生物性、动物性；而"人之所以为人"的特异之处，禽兽所不具备的东西，才是人之所以高贵、人之所以有价值的地方。也就是说，人与禽兽既有相同的性，那就是生物性，也有相异的一面，即人所独有的人性。孟子之前"生之谓性"的传统，其实没有区分出这两种不同的人性，或者说忽略了人之特殊的本质，而突出了人与禽兽之共有的生物性。告子所谓"食色性也"，就是从人之生物性的层面来界定人性。虽然不能说这不是人性的内容，但是这个界定无法准确把握人之所以为人的本质规定性即人之本性。而孟子恰恰看到了这一局限，独辟蹊径，对人性进行了新的界定。孟子对"几希"的剖析，是突出于人之精神价值的欲求上的。

《孟子·告子上》有孟子与告子关于人性的一段争论，也能看清楚孟子反对即生言性：

> 告子曰："生之谓性。"孟子曰："生之谓性也，犹白之谓白与？"

---

① （宋）朱熹：《四书章句集注》，中华书局 1983 年版，第 293—294 页。

曰:"然。""白羽之白也,犹白雪之白;白雪之白,犹白玉之白与?"曰:

"然。""然则犬之性,犹牛之性;牛之性,犹人之性与?"

在这一场辩论中,孟子明显是占据上风、掌握了主动权的。他的意思很清楚,如果依据"生之谓性"的逻辑,那么就会得出"犬之性,犹牛之性;牛之性,犹人之性"的荒唐结论。

于是,孟子打破了"生之谓性"的旧传统,开始对"性"进行新的界定。《孟子·尽心下》:

> 孟子曰:"口之于味也,目之于色也,耳之于声也,鼻之于臭也,四肢之于安佚也,性也,有命焉,君子不谓性也。仁之于父子也,义之于君臣也,礼之于宾主也,知之于贤者也,圣人之于天道也,命也,有性焉,君子不谓命也。"

根据传统的"即生言性"的人性观,"口之于味也,目之于色也,耳之于声也,鼻之于臭也,四肢之于安佚也",这些都是人作为生物存在的基本欲求,所以一般都将此食色一类的需求当作人性的具体内容。但是,孟子却说:"性也,有命焉,君子不谓性也。"也就是说,孟子虽然承认传统的人性论,将这些生物欲求看作人性,但是同时指出,这些欲求的实现"有命焉",即是这些欲求的实现与否受制于外在条件的限制,是"求在外"的,是自我所不能控制和左右的。所以孟子说:"君子不谓性也。"这里的君子,按照赵卫东先生的分析,当是特指孔子、子思。[1] 也就是说,在孔子、子思那里,这些都不被看作人性的内容。

而"仁之于父子也,义之于君臣也,礼之于宾主也,知之于贤者也,圣人之于天道也",即仁义礼智圣,这些道德伦理,虽然是施行于关系之中的,其实现与否往往被认为是"有待"的,也就是有条件的,因此被视为命。但是,在孔子、子思看来,恰恰相反,诸如仁义礼智圣这些道德之落实,无须外求,是"求在我"的,是"我欲仁,斯仁至矣"的。因此,这些才是真正的人性。

---

① 　参见赵卫东:《孟子对道德普遍必然性的论证》,载山东师范大学齐鲁文化研究中心、美国哈佛大学燕京学社编:《儒家思孟学派论集》,齐鲁书社2008年版,第259页。

关于孟子对于性、命的重新界定，徐复观先生有个精彩的分析："从孟子上面的话看来，当时一般人把耳目之欲等称为性；孟子以为此类耳目之欲，在生而即有的这一点上，固可称之为性；但当其实现时，则须'求在外'，其权并不能操之在己；所以他宁谓之命，而不谓之性。当时一般人，把仁义礼智天道等称为命，孟子以为此等道德理性，在莫之致而至的这一点上，固可称之为命；但当其实现时，是'求在内'，其主宰性在人之自身，故孟子宁谓之性而不谓之命。"①孟子的这一重新的界定，实际上使得他与同时代人的人性观产生了巨大的差异，甚至包括后来的荀子对于人性的界定也与孟子不同。张岱年先生说："荀子所谓性，与孟子所谓性，实截然两事。"②"孟子讲性善，荀子讲性恶，适相对垒。不过孟子所谓性与荀子所谓性，实有大异。"③郭齐勇先生也指出："儒家的人性学说，典型的有孟子的'性善论'与荀子的'性恶论'，他们两人的人性论并不是绝对对立或冲突的，因为他们对人性的界定不同，目的不同，理论预设与问题域不一样。这两者不是在同一层面上相互对峙的，故不要轻易地把'性善论'与'性恶论'平列、对立起来。"④这是首先需要明确的。否则将陷入无休止的无谓争辩之中。

孟子这一人性的新界定，在厘清了人性的不同层面的基础上，将人性的概念予以转向，在外延上予以了缩小，以仁义之性界定人性，而不是把所有的生而即有的都称之为"性"，从而确立了人对道德的主体性、主宰性、责任性。正如冯友兰先生所指出的，"若人之性专指人之所以为人，人之所以异于禽兽者而言，则谓人性全然是善，亦无不可。盖普通所谓人性中与禽兽相同之部分，如孟子所谓小体者，严格言之，非人之性，乃人之兽性耳。若只就人性言，则固未有不善也"⑤。张岱年先生也明确地说："孟子所谓性善，并非谓人生来的本

---

① 徐复观：《中国人性论史·先秦篇》，九州出版社2014年版，第150—151页。
② 张岱年：《中国哲学大纲》（下），昆仑出版社2011年版，第215页。
③ 张岱年：《中国哲学大纲》（下），昆仑出版社2011年版，第209页。
④ 郭齐勇：《中国儒学之精神》，复旦大学出版社2009年版，第194页。
⑤ 冯友兰：《中国哲学史》（上），华东师范大学出版社2000年版，第98页。

能都是善的,乃是说人之所以为人的特殊要素即人之特性是善的。孟子认为人之所以异于禽兽者,在于生来即有仁义礼智之端,故人性是善。"①因此,在研究孟子性善论时,就首先应该明白,孟子的性善论,实际上是以善言性,将"仁义礼智"等善界定为人性的内容。如此一来,则人性善,就不仅仅是人性"应该是善的",而且是人性"本来是善的"。所以,清儒陈澧所谓"孟子所谓性善者,谓人人之性皆有善也,非谓人人之性,皆纯乎善也"的说法看上去为孟子有力辩护,但是却失去了孟子性善论的真谛。② 如果不注意到此,仅仅从经验的层面,人们一般容易接受"性无善无不善""性可以为善,可以为不善""有性善,有性不善"等即生言性的主流看法,将之视为更为准确的观察,而不能理解孟子性善论的实质及其价值。

二、圣人与我同类

陈澧针对历史上对孟子性善论的质疑,将孟子的性善论解释为"人性皆有善,未必纯乎善",其实就是说人性中有善端,并不是说人性皆本善。他说:"盖圣人之性,纯乎善;常人之性,皆有善;恶人之性,仍有善而不纯乎恶。所谓性善者如此,所谓人无有不善者如此。后儒疑孟子者,未明孟子之说耳。"③其实,这是一种性三品说。这种性三品说,比较容易从经验的层面上获得认同,但是却扭曲了孟子性善论的真谛。因为,在孟子的人性论视野中,人性是同一的,是没有圣凡之分的。还是徐复观看得透彻:"孟子之所谓性善,是说一般人的本性都是善的。尧舜之所以为尧舜,也只是因为他是'人',只是因为人的本性是善的。在人的本性上,尧舜更不比一般人多些什么;所以他说'尧舜与人同耳'。既是'尧舜与人同耳',便可以说'人皆可以为尧舜'。但

---

①　张岱年:《中国哲学大纲》(下),昆仑出版社 2011 年版,第 213 页。

②　参见(清)陈澧:《东塾读书记》卷 3,载《陈澧集》(二),上海古籍出版社 2008 年版,第 43 页。

③　(清)陈澧:《东塾读书记》卷 3,载《陈澧集》(二),上海古籍出版社 2008 年版,第 44 页。

孟子说这句话,不是把它当作'应然的'道理来说,而是把它当作'实然的'事实来说。即是孟子并不是认为人性应当是善的,而是认为人性实在是善的。"①

正是基于这一"尧舜与人同"的人性同一论,他以"圣人之善"来推证众人之善。《孟子·告子上》:

> 故凡同类者,举相似也,何独至于人而疑之? 圣人与我同类者。……故曰:口之于味也,有同耆焉;耳之于声也,有同听焉;目之于色也,有同美焉。至于心,独无所同然乎? 心之所同然者何也? 谓理也,义也。圣人先得我心之所同然耳。故理义之悦我心,犹刍豢之悦我口。

孟子高举"圣人与我同类"的性同一观的大旗,认为人性是同一的。不过孟子这里的论证,还是从人共同具有的食色之欲来类推人心对于道德之欲求。然而,这只是孟子的论述策略,并不意味着他对人性是从食色之欲的角度来论证的。因为,他对人性的理解,实际上是为了理解人,在此基础上为儒家的道德论奠基。

三、可欲之谓善

如果说《中庸》是将人性善的根据向上追溯到天,那么孟子则从天回转到人的内心。所以,徐复观先生精准地指出,孟子是以"心善"言"性善"。这一内在的转向,是较为彻底的。从"天命之谓性"的角度来看,这个天,尚不免西方的上帝那种外在的超越色彩;尽管在子思那里"天命之谓性"所揭示的人与天的关系,绝非基督教那种将人与上帝隔绝的方式,而是天人相贯的。这为孟子继续向内转提供了前提。

《孟子·尽心下》:"可欲之谓善,有诸己之谓信,充实之谓美,充实而有光

---

① 徐复观:《中国人性论史·先秦篇》,九州出版社 2014 年版,第 147 页。

辉之谓大,大而化之之谓圣,圣而不可知之之谓神。"其中第一句"可欲之谓善"是非常关键的一句话。这里的"欲"显然不是说人的各种生理的、情欲的、功利的欲求,而应该是孔子所谓"我欲仁"的欲,是一种道德意志和道德追求。"可欲"就是"求其在我者",即道德主体可以自作主宰。正如李景林先生分析的那样:"孔子以'仁义'为人心所'可求''可欲'之内容;孟子则更进一步,把它理解为人性的内在规定。张栻认为'可欲之谓善',所指即'性',是很正确的说法。"上文分析孟子对性、命的分梳和重新界定,其实,"求在我者"就是"性","求在外者"就是"命"。所谓"求在我者"就是"可欲"的,"可欲之谓善"就是"性善"。这句话昭示着一种道德意志的自由,是一种存在性的事实,而不是一种理论预设。所以,这一观点意义非同寻常:"孟子据人心之'可欲'来理解'善',来规定人性的内容,其重要的文化和理论意义,正在于其为人的超越性价值实现,确立了一个内在的、形上的价值源头。"[1]如前所述,"天命之谓性",仍然是将超越性追溯到外在的天,虽然其本质是将天人相贯,而孟子则更进一步,彻底将天命内在化为性,转而内在化地确立了超越之源。冯友兰认为,"孟子因人皆有仁义礼智之四端而言性善。人之所以有此四端性之所以善,正因性乃'天之所与我者',人之所得于天者。此性善说之形上学的根据也"[2]。不过,孟子论天的地方不多,当然其论性也好论命也好,都是在默认天命的基础上才会顺理成章的。尽管我们还是可以看到他所谓天爵、天之与我者、上下与天地同流等等表述,说明他并没有抛弃孔子以来的义理之天。只是孟子将性作为道德的根据,天反而退隐了。牟宗三先生就此而论析说:对于性之规定的第一路,是从天命、天道的传统观念开始,而以《中庸》"天命之谓性"为总结。这是绕到外面而立论的。对此,牟先生接着提问道:"这个性的具体内容是什么?外面是否可以直接肯定它就是善的呢?"他说从超越性、价值意义上谈性,好像性是善的,具有道德的内涵。但是还不能直接地肯定性

---

① 李景林:《教化视域中的儒学》,中国社会科学出版社 2013 年版,第 42—43 页。
② 冯友兰:《中国哲学史》(上),华东师范大学出版社 2000 年版,第 101 页。

善,充其量是一种默许。要解决这个问题,就只有将善或者说道德性说成是性。而这就是孟子走的路。牟先生这一分析,是从思孟之同中发现了思孟之异,从而也就揭示出孟子性善论的价值之所在。

四、即心言性,即情显性

孟子对人性的分析,实际上其下手处是"心"。所以,孟子说"尽心知性"。这是孟子有别于孔子和子思之处。对此,徐复观先生用"以心善言性善"予以楷定。① 唐君毅、牟宗三对此深表赞同。唐君毅说:"孟子言性,乃即心言性善,及此心即性情心、德性心之义。所谓即心言性善,乃就心之直接感应,以指证此心之性之善。"②牟宗三说,孔子《论语》中未曾有"心"字,"心"的概念是首先由孟子所创出的。而这个"心"恰恰是从孔子的"仁"自然地转化出来的。③ "以心讲性,是中国人的讲法"④。这就是孟子的"即心言性"。郭沂先生对徐复观的看法予以了质疑,他说:"我们很难说孟子是以心善言性善,还是以性善言心善;也很难说心善是性善的根据,抑或性善是心善的根据。它们完全是一个东西,只是论述的角度不同。"但他又说,在事实上,孟子的性善论是其心善论的基础。⑤ 当然,无论如何,郭沂也没有否定而是承认孟子的哲学是以心为开端的。《孟子·尽心上》:

> 仁义礼智根于心。

在孟子这里,仁义礼智,即是性的内容。孔子只说:"仁者,人也。"孟子则从这个基础上,把仁扩充为"仁义礼智",当然,仁依然是起着统领作用的。刘述先

---

① 参见徐复观:《中国人性论史·先秦篇》,九州出版社 2014 年版,第 153 页。

② 唐君毅:《中国哲学原论·原性篇》,中国社会科学出版社 2005 年版,第 13 页。

③ 参见牟宗三:《中国哲学的特质》,上海古籍出版社 2007 年版,第 61 页。

④ 牟宗三:《〈孟子·告子篇上〉第六章释义》,载董洪利、方麟选编:《孟子二十讲》,华夏出版社 2008 年版,第 208 页。

⑤ 参见郭沂:《思孟心性论及相关问题》,载山东师范大学齐鲁文化研究中心、美国哈佛大学燕京学社编:《儒家思孟学派论集》,齐鲁书社 2008 年版,第 255 页。

先生认为，"孟子说：'仁义礼智根于心'，这才是他最重要的断定。但这是不能通过外在的归纳来证明的，只能通过内在的相应来体证。人之所以能向善，正是因为他在性分禀赋中有超越的根源。只有在这里才可以说性善，现实上的人欲横流、善恶混杂并不足以驳倒性善论的理据"①。因为"本心良心"是"天之所与我者"，是由天转化为形上的心体，具有了超越的性质，才保证了人性本然之善成为可能。《孟子·告子上》：

> 孟子曰："乃若其情，则可以为善矣，乃所谓善也。若夫为不善，非才之罪也。恻隐之心，人皆有之；羞恶之心，人皆有之；恭敬之心，人皆有之；是非之心，人皆有之。恻隐之心，仁也；羞恶之心，义也；恭敬之心，礼也；是非之心，智也。仁义礼智，非由外铄我也，我固有之也，弗思耳矣。故曰：'求则得之，舍则失之。'或相倍蓰而无算者，不能尽其才者也。《诗》曰：'天生蒸民，有物有则。民之秉夷，好是懿德。'孔子曰：'为此诗者，其知道乎！ 故有物必有则，民之秉夷也，好是懿德。'"

孟子在这里明确的是从"四心"来论性善。这个"心"包括恻隐之心，羞恶之心，恭敬之心，是非之心。很显然，这是道德本心。张鹏伟等认为，孟子所谓心包含着体用两个层面，他指出："从'体'而言，'心'就是良心本心；从'用'而言，'心'就是恻隐之心、羞恶之心、恭敬之心、是非之心。"②所以，我们看到，在孟子那里，当其以"体"言时，心就是先天本体；当其以"用"言时，心就是后天的情感、理性和意志的集合。"心"是从先天贯通到后天的，既是先天的本原，又是后天的事实。③ 这个"心"当然具有超越性，又具有现实性。同时，我们还应该指出，这个道德本心不是孤立的，而是涵融了生物本心的。"此'心'之能统摄'自然生命之欲'，孟子之'即心言性'之说，乃能统摄告子及以前'即

---

① 刘述先：《孟子心性论的再反思》，《中国哲学》第 18 辑，岳麓书社 1998 年版，第 43 页。
② 张鹏伟、郭齐勇：《孟子性善论新探》，《齐鲁学刊》2006 年第 4 期。
③ 参见张鹏伟、郭齐勇：《孟子性善论新探》，《齐鲁学刊》2006 年第 4 期。

生言性'之说"①。此"四心"的内容则是情——恻隐、羞恶、恭敬。是非是一种道德理性,具有判断能力,还不好归结为情,但是从整体结构来说的话,恐怕孟子也是从情的角度论说的。"四心"之本质内容则是仁义礼智之"四德",亦即孟子所谓的人性。朱子就是这样认为的:"恻隐、羞恶、辞让、是非,情也。仁义礼智,性也。心,统性情者也。"②孟子以仁义礼智为人性的内容,这里他要强调的其实是人性的"非由外铄我也,我固有之"。人性在我,并非后天外在的某个东西强加于我的,而是人之为人的内在本质。而人性就在这恻隐、羞恶、辞让、是非作为人心所表现出来的情中呈现出来,李景林先生概括为"即情显性"③。而杨少涵通过细绎孟子性善论发现,其思想进路有两步:一是即心言性,孟子只即良知之心而不即认知之心言性;二是以情论心,孟子只以道德情感而不以自然情感论心。其实,以情论心,就是即情显性。④ 他说,孟子以情论心之情并非直接通过"情"字而言,而是通过不忍、怵惕、恻隐、羞恶等表示情感的概念来表达。而这种情,本身就呈现出性。所以,我们说以情论心就是即情显性。

孟子认为,之所以很多人不承认性善,就是因为他们不明白人性的固有性,也不明白人性需要反思才能呈现出来。人为什么能"思"?《孟子·告子上》:

> 公都子问曰:"钧是人也,或为大人,或为小人,何也?"孟子曰:"从其大体为大人,从其小体为小人。"曰:"钧是人也,或从其大体,或从其小体,何也?"曰:"耳目之官不思,而蔽于物,物交物,则引之而已矣。心之官则思,思则得之,不思则不得也。此天之所与我者。

---

① 唐君毅:《中国哲学原论·原性篇》,中国社会科学出版社2005年版,第13页。
② (宋)黎靖德编:《朱子语类》(四),中华书局1986年版,第1285页。
③ 李景林:《教养的本原:哲学突破期的儒家心性论》,北京师范大学出版社2009年版,第224页。
④ 参见杨少涵:《孟子性善论的思想进路与义理架构》,《哲学研究》2015年第2期。

先立乎其大者,则其小者弗能夺也。此为大人而已矣。"

孟子在此提出"心之官则思"的命题,将心定义为"大体",因为这心是"天之所与我者",是人所独具其他禽兽之属所无的,因此称之为"大体"。大自然可以统小,而小则不能统大,必受到大之统摄。也就是说,大体之中涵括小体、统摄小体之"自然欲望",故超越了"即生言性"。孟子对心的重视,可以说上承《五行》。《五行》有一个著名的"贵心"论:"耳目鼻口手足六者,心之役也。"对此,帛书《五行》的"说"有深入的分析:

> "耳目鼻口手足六者,心之役也。"耳目也者,悦声色者也;鼻口者,悦臭味者也;手足者,悦佚愉者也。心也者,悦仁义者也。此数体者皆有悦也,而六者为心役,何[也]?曰:心贵也。有天下之美声色于此,不义,则不听弗视也。有天下之美臭味于此,不义,则弗求弗食也。居而不间尊长者,不义,则弗为之矣。何居?曰:几不[胜]□,小不胜大,贱不胜贵也哉!故曰心之役也。耳目鼻口手足六者,人□□,[人]体之小者也。心,人□□,人体之大者也,故曰君也。①

这段话与孟子的"大体小体"说完全一致。陈来先生认为,《五行》之经部成于子思,说部成于孟子。② 不管这一看法是否允当,毫无疑问,《五行》说与孟子的思想关系十分密切。只是通观《五行》篇,从身心关系的角度提出了贵心说,指出"心悦仁义",与孟子"理义之悦我心,犹刍豢之悦我口"的说法十分相似,且明确了"大体小体"的概念,更与孟子的"大体小体"说若合符节,心之统领作用得到揭示。但是《五行》并未谈及人性问题,更勿论性善观念了。不过,陈来先生认为,虽然《五行》没有出现"性善"的说法,但是人性善的说法已经呼之欲出了。③ 毫无疑问,《五行》的这一思想正是孟子人性理论的渊源

---

① 庞朴:《帛书五行篇研究》,齐鲁书社 1980 年版,第 82 页。

② 参见陈来:《竹帛〈五行〉篇为子思、孟子所作论——兼论郭店楚简〈五行〉篇出土的历史意义》,《孔子研究》2007 年第 1 期。

③ 参见陈来:《竹帛〈五行〉与简帛研究》,生活·读书·新知三联书店 2009 年版,第 190—191 页。

之一。

孟子对"心"的强调,并非"四心"平列,其实,"恻隐之心"或曰"不忍人之心"居于统领地位。《孟子·公孙丑上》:

> 孟子曰:"人皆有不忍人之心。先王有不忍人之心,斯有不忍人之政矣。以不忍人之心,行不忍人之政,治天下可运之掌上。所以谓人皆有不忍人之心者,今人乍见孺子将入于井,皆有怵惕恻隐之心,非所以内交于孺子之父母也,非所以要誉于乡党朋友也,非恶其声而然也。由是观之,无恻隐之心,非人也;无羞恶之心,非人也;无辞让之心,非人也;无是非之心,非人也。恻隐之心,仁之端也;羞恶之心,义之端也;辞让之心,礼之端也;是非之心,智之端也。人之有是四端也,犹其有四体也。有是四端而自谓不能者,自贼者也;谓其君不能者,贼其君者也。凡有四端于我者,知皆扩而充之矣,若火之始然,泉之始达。苟能充之,足以保四海;苟不充之,不足以事父母。"

孟子在此只是对"人皆有不忍之心"即"恻隐之心"进行了论证,并没有对其他"三心"的实有而展开论证,就得出了结论:"由是观之,无恻隐之心,非人也;无羞恶之心,非人也;无辞让之心,非人也;无是非之心,非人也。"很多人以为孟子的这一论证存在太大的缺环,其实,朱子说得很清楚:"恻隐是个脑子,羞恶、辞逊、是非须从这里发来。若非恻隐,三者俱是死物了。恻隐之心,通贯此三者。"①

"今人乍见孺子将入于井"一节,以当下呈现的形式,让恻隐之心、不忍人之心显豁呈露出来,这种恻隐之情,类似于一种本能性的自然而然,毫无造作,毫无功利。唐君毅先生指出,"此呈现,即现起,即生起"。同时,这种心,有一种"向性"即方向性,本身是向上向善的,故孟子有"扩充"的说法。"扩充"也是"心"之自我扩充,自作主宰的。这种心,就是孟子所谓"本心"或"良心"

---

① (宋)黎靖德编:《朱子语类》(四),中华书局1986年版,第1289页。

（《孟子·告子上》）。良，是美善的意思。孟子还提出一个良知良能的概念。孟子说："人之所不学而能者，其良能也；所不虑而知者，其良知也。"（《孟子·尽心上》）可以说，良知、良能、良心都具有与生俱来、不学而能的先天性，而且具有道德价值，即本身是善的。这种良知、良能、良心，具有在特定环境下自然呈现的特点。熊十力与冯友兰曾就良知的问题进行过辩论，冯友兰以为良知是一种假定，而熊十力则予以了驳斥，认为"良知是真真实实的，而且是个呈现。这需要直下自觉，直下肯定"。对此，牟宗三深契之。① 其实，从"今人乍见孺子将入于井"，可知熊十力的说法完全契合孟子的精神。

在论证了不忍恻隐之心的"人皆有"之后，孟子又提出"四端"的概念。他说："恻隐之心，仁之端也；羞恶之心，义之端也；辞让之心，礼之端也；是非之心，智之端也。"这一说法，与《孟子·告子上》的说法略有差异。一则说："恻隐之心，仁也；羞恶之心，义也；恭敬之心，礼也；是非之心，智也。"一则说："恻隐之心，仁之端也；羞恶之心，义之端也；辞让之心，礼之端也；是非之心，智之端也。"二者是否矛盾呢？ 其实，《孟子·告子上》的说法是从性质上说；而这里则是从程度上说。恻隐之心是仁，但并不是完整的、全幅呈现的仁，只是"端"。端，端绪也。也就是说，从程度上讲，恻隐之心只是仁之端绪。因此，孟子提出要"扩充"。孟子说："凡有四端于我者，知皆扩而充之矣，若火之始然，泉之始达。"所以，论证了恻隐之心的人皆有之，可以说人性皆善，人性本善；但是明了了恻隐之心为端，那么就须明了后天的扩充、修养工夫是不可或缺的。这种扩充的主体是本心，其动力也在人心之中。心是活动的，是心觉，不是死物，它具有自发性、自动性、自主性、自由性等特点，故而此四端，可以称之为"生命、道德创造之真几"②。它本身包含着道德的意志，所以，"知皆扩而充

① 参见牟宗三：《我与熊十力先生》，载《生命的学问》，广西师范大学出版社 2005 年版，第 108 页。

② 李景林：《教养的本原：哲学突破期的儒家心性论》，北京师范大学出版社 2009 年版，第 233 页。

之",对四端的扩充是道德的自觉,并不是外在的干预的结果。这才保证了善之"完善"。牟宗三就发现"性善表示工夫的超越根据,这个超越根据使工夫得到了保证"①。

关于孟子有关性、情、心等之间的关系,港台现代新儒家的三位代表人物有着基本一致的看法。唐君毅说:"孟子之心,主要为一性情心德性心者,以孟子言性善,即本于其言心。其心乃一涵恻隐、羞恶、辞让、是非之情,而为仁义礼智之德性所根之心。"②牟宗三也说:"在孟子,心性情才是一事。"③徐复观同样认为:"性、心、情、才,虽层次不同,但在性质上完全是同一的东西。"④归纳起来,孟子性善论的义理架构则是情之心是性、心性情为一:性是道德本性,心是良知之心,情是道德情感;性是从自作主宰的存在而言,心是从性之自明自觉而言,情是从心性呈现及内在动力而言。⑤ 也就是说,在孟子那里,性、情、心,是同一的。

五、不善非才之罪

孟子的性善论,自古至今面对的最大挑战,就是如何解释恶的来源问题。所以他在回答公都子的疑惑时说:"乃若其情,则可以为善矣,乃所谓善也。若夫为不善,非才之罪也。"

对于性善论,一般的见解是孟子的性善论只是指出了人性向善的可能性。因此,有学者认为性本善是错误的,孟子的性善论应该是性向善论,如傅佩荣先生⑥;

---

① 牟宗三:《〈孟子·告子篇上〉第六章释义》,载董洪利、方麟选编:《孟子二十讲》,华夏出版社 2008 年版,第 209 页。

② 唐君毅:《中国哲学原论·导论篇》,中国社会科学出版社 2005 年版,第 49 页。

③ 牟宗三:《心体与性体》(下),上海古籍出版社 2007 年版,第 378 页。

④ 徐复观:《中国人性论史·先秦篇》,九州出版社 2014 年版,第 157 页。

⑤ 参见杨少涵:《孟子性善论的思想进路与义理架构》,《哲学研究》2015 年第 2 期。

⑥ 傅佩荣先生对此的论说见于多处。参见傅佩荣:《儒家哲学新论》,中华书局 2010 年版,第 53—64 页。

有的学者主张性善论是"心有善端而可以为善论",如杨泽波先生①。赵明很正确地指明了先秦儒家对人性论的一个基本共识,那就是人性应该"善",即便是荀子也不例外,否则就滑向了法家。不过,对于孟子而言,性善论是否仅仅是"应然"的"向善"呢? 赵明强调,"孟子所谓的'性善'实际上是说'本心即善'"②。"就实质内涵而言,先秦儒家所谓'人性善'仅仅意味着成为真正人的'标准'和'方向',人性的尊严和人格力量正是通过对'方向'的选择、对'标准'的守护而得以体现。也就是说,人性的'善'是在伟大的人类实践活动中锻造出来的,是自觉培育和涵养德性的结果,在这个过程中必定要经历种种人生的艰辛和意志的磨难。任何经验世界的'恶'的事实存在都否定不了'人性善'论的哲学价值和意义,倒是更显得人性培育和塑造的精神方向和价值标准的极端重要。"③

　　人做出不善乃至恶的事,并不足以否定性善论,或者明确地说性本善论。这里的"情"有些学者解释为"情实",我们认为,这里应该是"性情"的情。情是心的实际内容,或者说是心的表现。徐复观先生就主张:"'乃若其情,则可以为善'的情,即指恻隐、羞恶、是非、辞让等而言。"这里的"才"朱熹解释成材质,其实不管是情,还是才,都是指性而言。对此,牟宗三、李景林先生等有精彩的分析。④ 徐复观先生对性、情、才之间的关系,理解非常到位:"从心向上推一步即是性,从心向下落一步即是情,情中涵有向外实现的冲动、能力,即是'才'。性、心、情、才,都是环绕着心的不同的层次。孟子所说的'恻隐之心''羞恶之心',实际亦即是恻隐之情、羞恶之情""性、心、情、才,虽层次不同,

---

①　杨泽波:《孟子性善论研究》(再修订版),上海人民出版社 2016 年版,第 45 页。

②　赵明:《先秦儒家政治哲学引论》,北京大学出版社 2004 年版,第 35 页。

③　赵明:《先秦儒家政治哲学引论》,北京大学出版社 2004 年版,第 49 页。

④　参见牟宗三:《〈孟子·告子篇上〉第六章释义》,载董洪利、方麟选编:《孟子二十讲》,华夏出版社 2008 年版,第 209 页;李景林:《教养的本原:哲学突破期的儒家心性论》,北京师范大学出版社 2009 年版,第 224 页。

但在性质上完全是同一的东西"①。因此，孟子所谓"非才之罪"，就意味着不善乃至恶，是与性无关的。那么，恶又是怎么来的呢？《孟子·告子上》记载：

> 孟子曰："仁，人心也；义，人路也。舍其路而弗由，放其心而不知求，哀哉！人有鸡犬放，则知求之；有放心，而不知求。学问之道无他，求其放心而已矣。"

在孟子看来，尽管人性本善，但是现实中却存在着诸多不善，乃至恶的现象的存在。他将这种恶的原因归结为："放其心而不知求。"这里的"心"是否还是那个本心呢？结合《孟子·告子上》"此之谓失其本心"的话来看，这里的"放心"就是指本心的放失。本来，本心是道德的主体，这个主体又是怎样沦陷的呢？因为，孟子已经指出，本心只是"端"，就如赤子一样，从质上说是善的，只不过过于弱小，容易受环境的影响而放失。而"求放心"还不过是本心的主张，是本心作为主体的反思内省。"求"是自求，是道德本心的自我拯救，将本心从耳目之欲望的纠缠、束缚之下解放出来。"把心看作是本体论的实在，我们就能把'四端'视为心的真实本质的表现，因此可以说它们是不能被削弱的。另一方面，把心看作是存在的过程，那么同样地寻找、培养和发展就能被认为是心的自我修养的努力，它们因此必然地是持续不断的"②。

《孟子·告子上》中孟子提出一个"陷溺其心"的概念：

> 孟子曰："富岁，子弟多赖；凶岁，子弟多暴，非天之降才尔殊也，其所以陷溺其心者然也。"

孟子指出，外在环境的变化好像直接改变了人性。"富岁，子弟多赖；凶岁，子弟多暴"，这种观点非常类似于"性可以为善，可以为不善"说。因为这个人性论视角下，人性是随着外在环境的变化而变化的："是故文武兴，则民好善；幽厉兴，则民好暴。"孟子认为，这种人性论是错误的。造成这种现象的原因，

---

① 徐复观：《中国人性论史·先秦篇》，九州出版社 2014 年版，第 157 页。
② ［美］杜维明：《仁与修身：儒家思想论集》，生活·读书·新知三联书店 2013 年版，第77 页。

"非天之降才尔殊也"，并不是人性有差别。这里的"才"和"非才之罪"的"才"一样，都应该理解为性。在孟子看来，人性是普遍的同一的善，之所以造成后天的差别，那是"陷溺其心"的结果。"心"被"陷溺"，恰恰是因为心是"善端"，端就意味着弱小，力量不足，容易被外物所牵引，失去了自主。

外在环境对人心的影响，还体现在《孟子·告子上》接下来的"牛山之木"章：

> 孟子曰："牛山之木尝美矣，以其郊于大国也，斧斤伐之，可以为美乎？是其日夜之所息，雨露之所润，非无萌蘖之生焉，牛羊又从而牧之，是以若彼濯濯也。人见其濯濯也，以为未尝有材焉，此岂山之性也哉？虽存乎人者，岂无仁义之心哉？其所以放其良心者，亦犹斧斤之于木也，旦旦而伐之，可以为美乎？其日夜之所息，平旦之气，其好恶与人相近也者几希，则其旦昼之所为，有梏亡之矣。梏之反覆，则其夜气不足以存；夜气不足以存，则其违禽兽不远矣。人见其禽兽也，而以为未尝有才焉者，是岂人之情也哉？故苟得其养，无物不长；苟失其养，无物不消。孔子曰：'操则存，舍则亡；出入无时，莫知其乡。'惟心之谓与？"

牛山之木"尝美"，意味着本身是善的，但是由于人为的破坏，而变成了"濯濯"的状态。同样，一个人"放其良心"，缺乏仁义之心，人如"禽兽"，也并不意味着人性本身的恶，这种恶的结果来自对人性的破坏，使人性得不到自我修正和恢复："失其养"。所以，外在的力量对人性的破坏，可以使人性被遮蔽而得不到完善，从而"陷溺"无法主导"耳目之官"。而"耳目之官不思而蔽于物"，所以容易被外物"引之而已"。"心"虽然是君，是主，但却是"幼主""弱君"，对于"耳目口舌手足"没有驾驭的能力，所以反而被"耳目口舌手足"包围、绑架、陷溺。这就是恶的起源。梁漱溟说："一切善，出于仁；一切恶，出于不仁。不仁只为此心之懈失而已，非有他也。恶非人所固有；不仁之外，求所谓恶者更不可得。是即人性之所以为善也。世俗徒见人之易流于不仁，不仁之事日接于耳目,辄不敢信人性善之说,正坐不自识其本心故耳。"①其实,性本善论所说的"善"是先天的善,与善恶相对的恶并不在一个层次上。② 或者说,善是绝对的,恶是相对的。人类的文明一定有一个善的观念,作为价值的支撑和基点,这是人类自身的合目的性。这个善就是人类的价值标尺,不符合善的就是恶。人们判断一个行为或事情为恶,是因为它违背了人的价值标尺。西方将善的标尺安置在上帝那里,中国人则将善的标尺安置在良心那里。因此,恶没有独立性,所谓恶其实不过是良心或本心的流失流放,是善的放弃、匮乏和遮蔽,即善得不到彰显和呈露而已。

总而言之,孔子之后,虽然儒家的人性论向着不同的方向发展,但是真正符合儒家内在义理结构的只有子思、孟子一系,经过《中庸》"天命之谓性"的凝练,到了孟子"性善论"的提出,真正宣布了儒家人性论达到了其应有的高度。此后不管是荀子的性恶论、性朴论,还是性三品说,都无法超越性善论,更没有办法驳倒性善论,宋明儒从天地之性与气质之性的区分与融合上,将孟子的性善论定为儒家人性论的正统,并不是偶然的。尽管从历史上看,性善论流行的绝对时间并不一定最长,但是其义理的价值却是最大的。孔门后学对儒家人性论的诠释,以子思和孟子的成绩最高,这足以说明思孟学派后来道统地位绝非浪得虚名,是有着儒家义理发展的内在理路的。

---

① 梁漱溟:《礼记大学篇伍严两家解说合印叙》,载《梁漱溟全集》(四),山东人民出版社2005年版,第8—9页。

② 郭齐勇先生也有类似的看法。参见郭齐勇:《郭店儒家简与孟子心性论》,《武汉大学学报(人文科学版)》1999年第5期。

第五章　孔门后学与儒家修养论的早期诠释

　　先儒常言,儒家之学乃是"内圣外王"之学,包括"修己""安人"两个维度。在儒家义理中,这两个维度是不可分离的。但是,二者又不能等同。在儒学之中,内圣的修己之学是基础,是根基;外王的安人之学是鹄的,是目标。但是,其核心都不外乎"人"。

　　儒家之学,是关于"人"的学问,是"成人之学",是"为己之学",标志着人的觉醒。"成人之学"意味着,儒家关注人的成长和完善。儒家所指向的"人"是普遍意义上的人,而不是特指某个群体或阶层。"成人"的内涵包括两个层面:一个是"使人成为人",因为人降临人间的初始,虽然本身有"赤子"之"诚",但是这种"诚"却是潜在的,而显在的则是人作为"动物"的生物性的一面;因此,人必须接受后天的教育,才能将"人性"激发、开发出来。另一个层面是"成就人",即通过省察、克己、修身的工夫,使人的人格不断完善和提升,达到理想人格,如君子,进而"希圣希贤"。而"为己之学"则昭示了人作为主体的自觉。孔子倡导"为己之学",是希望唤醒人对于自我作为道德主体、实践主体的一种自觉。程子说:"为己,欲得之于己也。"①如前章所论,"己"在

————————

① （宋）朱熹:《四书章句集注》,中华书局 1983 年版,第 155 页。

孔子的论说中,包含着两个层面,一个是作为道德主体的积极的"己",一个是代表欲望的消极的"己",孔子所谓"为己之学"显然与"为仁由己"的"己"是同一意指。故朱子说:"圣贤论学者用心得失之际,其说多矣,然未有如此言之切而要者。于此明辨而日省之,则庶乎其不昧于所从矣。"①不过,李泽厚则认为,"到底何谓'为己之学'?专作道德讲,似仍有一间未达处"②,因为其中有超道德的神秘体验。这当然是对的。

因为"人之所以异于禽兽者几希",这个"几希"就是人的道德理性。儒家将此作为人之所以为人的本质。也就是说,人性之中有一种天然的向善的力量、向上的力量,使人能够主动地、自觉地进行自我道德的修养和完善;但是同时,儒家也意识到,人自身的不完善性,"己"除了具有那种道德理性之外,还有欲望。"理性"与"欲望"是交织在一起的。因此,人还需要不断地去"克己",才能不断真正地向善向上。正如明镜一样,尽管本质上是明的,但是由于垢的存在,而需要不断地去磨洗去擦拭。③ 因此,儒家才积极地肯定人生,但同时又强调修身,以实现人格的提升。而儒家对于理想人格的追求,包括君子和圣贤两个层次。这就是儒家"内圣之学"的基本内容。

第一节　孔子的修养论

孔子对于人的认知,奠定了此后儒家人生论、修养论的总基调。孔子的

①　(宋)朱熹:《四书章句集注》,中华书局1983年版,第155页。

②　李泽厚:《论语今读》,生活·读书·新知三联书店2008年版,第427页。

③　后来的明儒王阳明曾以此为例。《年谱》:阳明先生与黄绾、应良论圣学久不明,学者欲为圣人,必须廓清心体,使纤翳不留,真性始见,方有操持涵养之地。应良疑其难。先生曰:'圣人之心如明镜,纤翳自无所容,自不消磨刮。若常人之心,如斑垢驳蚀之镜,须痛刮磨一番,尽去驳蚀,然后纤尘即见,才拂便去,亦不消费力。到此已是识得仁体矣。若驳蚀未去,其间固自有一点明处,尘埃之落,固亦见得,才拂便去;至于堆积于驳蚀之上,终弗之能见也。此学利困勉之所由异,幸勿以为难而疑之也。'见吴震编校整理:《王畿集》卷二《滁阳会语》,凤凰出版社2007年版。

"人学",可以概括为"仁学""礼学"与"理想人格"三个层面。孔子将"仁"视为人的本质,也将之视为最高的德性,是孔子修养论的本体;孔子将"礼"视为修养的途径和手段,是孔子修养论的工夫;理想人格,包括君子和圣贤两大阶段或曰两大层次,是儒家修养的目标。

一、孔子的仁学

"仁"在孔子思想体系中的核心地位,已经成为学界的主流共识。《吕氏春秋·不二》说"孔子贵仁",可以视为对孔子思想核心为仁的最早解读。宋明以来的儒家也一直坚持这一看法。潘平格《求仁录》开篇说:"孔门之学,以求仁为宗。仁,人性也。求仁,所以复性也。"[1]到了近现代,大多数学者依然坚持这一看法,并进行了细致的分析。如冯友兰说,"仁为孔子'一贯'之道,中心之学说"[2];郭沫若认为,"一个'仁'字最被强调,这可以说是他的思想体系的核心"[3];梁漱溟认为"孔子最重要的观念是仁"[4];牟宗三以为"孔子以仁为主,以'仁者'为最高境界"[5];萧萐父、李锦全称"仁"是孔子思想的核心[6];匡亚明认为"仁的人生哲学思想是孔子整个思想体系的核心"[7];李泽厚称之为"孔学的根本范畴"[8]。因此,有不少学者,将孔子之学称为"仁学",如徐复观就主张"孔学"即是"仁学"[9]。甚至在今天,依然有巨大的魅力,有不少学者继续进行"仁学"的新建构,比如牟钟鉴先生的"新仁学",陈来先生的"仁

---

① 　(清)潘平格:《潘子求仁录辑要》,中华书局 2009 年版,第 1 页。
② 　冯友兰:《中国哲学史》(上),华东师范大学出版社 2000 年版,第 62 页。
③ 　郭沫若:《十批判书》,载《郭沫若全集·历史编》第 2 卷,人民出版社 1982 年版,第 87 页。
④ 　梁漱溟著,李渊庭、阎秉华整理:《梁漱溟先生讲孔孟》,中华书局 2014 年版,第 27 页。
⑤ 　牟宗三:《中国哲学的特质》,上海古籍出版社 2007 年版,第 26 页。
⑥ 　萧萐父、李锦全主编:《中国哲学史》(上),人民出版社 1982 年版,第 74 页。
⑦ 　匡亚明:《孔子评传》,南京大学出版社 1990 年版,第 150 页。
⑧ 　李泽厚:《论语今读》,生活·读书·新知三联书店 2008 年版,第 32 页。
⑨ 　徐复观:《释〈论语〉的"仁"——孔学新论》,载《学术与政治之间》,九州出版社 2014 年版,第 282 页。

学本体论"①,都可以视为孔子仁学的当代回应和理论发展。

"仁"在孔子那里,并没有给出一个定义,而是本着因材施教、随机指点的教学方式对仁加以言说,以至后人生出种种不同的解读和诠释。今天,很多学者将"仁"定义为"爱人"。郭沫若就认为:"仁的含义是克己而为人的一种利他的行为。简单一句话,就是'仁者爱人'。""他的仁道实在是为大众的行为。"仁是"牺牲自己以为大众服务的精神"②。陈来先生指出,"爱亲之谓仁""亲亲,仁也"等都是孔子之前"仁"的通义,孔子当然对此也有所继承,但是"孔子的仁说早已超出血缘伦理,而是以孝悌为实践基础的普遍的人际伦理,其仁者爱人说、伦理金律说,都具有普世的意义"③。

对于这种流行的说法,徐复观先生明确反对。他说,"若仅以爱人解释《论语》上的仁,则在训诂方面对《论语》上许多有关仁的陈述,将无法解释得通,而在思想上也不能了解孔子所说的仁的真正意义"④。"可以说'爱人'确是仁的一种主要内容。但《论语》上所说的仁,固须含有爱人之意,却不可说爱人即等于《论语》上所说的仁。爱人是在与人发生关涉的时候才会发生的。一个人的生活,尤其一个人的治学生活,并非完全在与人发生关涉之下进行"⑤。确实,孔子的仁学,不仅仅是一种伦理学说,而且是一种道德学说。道德之学,首先是"为己之学"。因此,仁,首先与人自己相关。徐复观进而指出,仁的本义应该从"仁者,人也"一句话来理解。他说,"仁者,人也"最初的含义大概就是"所谓仁者,是很像样的人",后来发展而为"所谓仁者,是真正算得人的人"。对此的讨论详见本书第四章。徐复观引用宋儒真德秀"仁者,

①　牟钟鉴先生出版《新仁学构想——爱的追寻》,人民出版社 2013 年版;陈来先生推出了《仁学本体论》,生活·读书·新知三联书店 2014 年版。

②　郭沫若:《十批判书》,载《郭沫若全集·历史编》第 2 卷,人民出版社 1982 年版,第 88、89、90 页。

③　陈来:《仁学本体论》,生活·读书·新知三联书店 2014 年版,第 101—105 页。

④　徐复观:《中国人性论史·先秦篇》,九州出版社 2014 年版,第 83 页。

⑤　徐复观:《释〈论语〉的"仁"——孔学新论》,载《学术与政治之间》,九州出版社 2014 年版,第 285 页。

人之所以为人之理"的话来印证，是深得本句意旨的。对此，张岱年先生、梁涛先生也有类似的看法。张岱年说："仁的根本含义是承认人是人。……所谓'人也'，即以人为人之意。"①但是，他接着说"其主要内容是对于别人的关怀"则是不正确的。梁涛认为，"仁者，人也"应是对仁之本义的基本训释。所谓"仁者，人也"，是说仁是人之为人的本质和特征，也就是说，具有了仁才能成其为人。② 徐复观认为，"《论语》的仁的第一义是一个人面对自己而要求自己能真正成为一个人的自觉自反"③。在徐先生看来，仁作为一种自觉的精神状态，应该包含两个层面：一是对自己人格建立及知识的追求，发出无限的要求；二是对他人毫无条件地感到有应尽的无限的责任。概括起来就是，仁是一种要求成己而同时即是成物的精神状态。《中庸》说："成己，仁也；成物，知也。"成物当然也是仁，之所以不说仁而说知，一方面是仁必摄知，有互文的意思，仁智不分；另一方面也意味着成物必须有成物的智能。④ 对此，我们认为，这一理解是眼光独到且极为深刻的。我们可以从《孔子家语·三恕》找到佐证。在《孔子家语·三恕》中有孔子与颜子、子路、子贡等关于"仁"与"智"的对话：

> 子路见于孔子。孔子曰："智者若何？仁者若何？"子路对曰："智者使人知己，仁者使人爱己。"子曰："可谓士矣。"
>
> 子路出，子贡入。问亦如之。子贡对曰："智者知人，仁者爱人。"子曰："可谓士矣。"
>
> 子贡出，颜回入。问亦如之。对曰："智者自知，仁者自爱。"子曰："可谓士君子矣。"

---

① 张岱年：《论孔子的崇高精神境界及其历史影响》，载《张岱年全集》第 6 卷，河北人民出版社 1996 年版，第 516 页。

② 参见梁涛：《郭店竹简"𢛳"字与孔子仁学》，《哲学研究》2005 年第 5 期。

③ 徐复观：《释〈论语〉的"仁"——孔学新论》，载《学术与政治之间》，九州出版社 2014 年版，第 290 页。

④ 参见徐复观：《中国人性论史·先秦篇》，九州出版社 2014 年版，第 84 页。

我们在本书第二章已经对此进行了分析,兹不赘述。简单地说,孔子对于"仁"的理解,显然是更倾向于颜子"仁者自爱"之说的。我们认为,颜子关于"仁者自爱"的揭示,是深得孔子"为己之学"的神髓的。除了这一条证据之外,我们还可以从郭店楚简等出土文献来印证。在郭店楚简之中,"仁"字被写成了上"身"下"心"结构的'怠'。廖名春先生认为,"身"是指己身,'怠'字从身从心,意味着是对己身的爱。虽然,他仍主张"仁"是指对人的爱,而非指对物的爱,其从人当属必然。"仁"主要是指对他人的爱,而不是对己身的爱。但是,他对从身从心的"仁"字的理解是对的。① 这与颜子"仁者自爱"的解说也是一致的。梁涛也对廖名春将"仁"理解为爱人的看法提出批评。他解释说,"怠"字从身从心,即表示心中想着自己、思考着自己,用当时的话说,就是"克己""修己""成己",用今天的话说,就是要成就自己、实现自己、完成自己。② 梁涛的看法与徐复观的看法是一致的。徐复观早就指出:"《论语》上所说的仁,是中国文化由外向内的反省、自觉,及由此自省、自觉而发生的对'人'、对'己'的要求与努力的大标志。"③王中江也有类似的看法:"按照身心之仁的构形,它原本是说一个人对自身生命的情怀,引申为对他人的悲欢离合的同情心。"④"事实上,对自己的身体痛痒的关心,对自己的爱,或者说自我保护、自我爱护的情感和体验,不但不是爱人的障碍,相反,恰恰是爱人的条件和可能。可以设想一下,一个人如果首先没有对自己的身体特别是痛痒的感受,没有对自己本身的思考和关心,或者甚而言之,如果一个人已经麻木,失去了感知能力和情感体验,他就不可能还具有'爱人'之心,不可能去爱他人"⑤。

① 参见廖名春:《"仁"字探原》,《中国学术》2001 年第 4 期。
② 梁涛:《郭店竹简"怠"字与孔子仁学》,《哲学研究》2005 年第 5 期。
③ 徐复观:《释〈论语〉的"仁"——孔学新论》,载《学术与政治之间》,九州出版社 2014 年版,第 288 页。
④ 王中江:《儒家的精神》,《中国纪检监察报》2016 年 1 月 11 日。
⑤ 王中江:《"身心合一"之"仁"与儒家德性伦理——郭店竹简"怠"字及儒家仁爱的构成》,《中国哲学史》2006 年第 1 期。

这正如程子以手足之麻木比喻不仁那样："医书以手足痿痹为不仁,此言最善名状。仁者以天地万物为一体,莫非己也。认得为己,何所不至;若不属己,自与己不相干。如手足之不仁,气已不贯,皆不属己。"①近代马一浮也接续这一喻论:"仁是心之全德,易言之,亦曰德之总相。即此实理之显现于发动处者,此理若隐,便同于木石。如人患痿痹,医家谓之不仁,人至不识痛痒,毫无感觉,直如死人。故圣人始教以《诗》为先,《诗》以感为体,令人感发兴起,必假言说,故一切言语之足以感人者,皆诗也。此心之所以能感者,便是仁,故《诗》教主仁。"②人之不能自觉其生命之活泼泼的,便是不仁的状态。由不仁而仁,则是孔子所谓"求仁"。梁启超先生对此的理解,则稍有不同。他说:"曰不仁者,同类意识麻木而已矣;仁者,同类意识觉醒而已矣。"③我们认为,"同类意识"尚不足以解释"仁","仁"首先是"道德自我"意识的觉醒。

爱人之仁,必须以自爱之仁为前提。二者非但不是对立的、矛盾的,而且是内在统一的。由这种自爱推己及人到爱人,其间发挥作用的就是"同情心"的心理情感机制。后来孟子将此称为"不忍之心""恻隐之心"等,认识有所深化。这种对人的"同情心"是如何发生的? 王中江认为,这恰恰是由强烈的自爱的自发冲动自然引出的,是自我意识的延伸和扩大。④ 这个看法是可以成立的。因此,孔子提出的仁,其意义是巨大的,如郭沫若所说"是人的发现"⑤。所以,我们可以肯定地说,仁首先是指人的自我觉醒,即自省、自修、自爱。然后才能推导出"爱人""泛爱众"的"博爱之谓仁"。可以说,由"自爱"之"仁",乃是一种基于内省的道德理性,这奠定了儒家道德思想大厦之基础。而由"爱人"之"人",乃是一种"推己及人"的伦理观念和政治思想,由此奠定了儒

---

① （宋）朱熹:《四书章句集注》,中华书局1983年版,第92页。

② 马一浮:《复性书院讲录》,山东人民出版社1998年版,第57页。

③ 梁启超:《先秦政治思想史》,东方出版社1996年版,第83页。

④ 参见王中江:《"身心合一"之"仁"与儒家德性伦理——郭店竹简"息"字及儒家仁爱的构成》,《中国哲学史》2006年第1期。

⑤ 郭沫若:《十批判书》,载《郭沫若全集·历史编》第2卷,人民出版社1982年版,第91页。

家伦理与政治的德性基础。

由仁的自觉,而追求"成己",这是孔子仁学的第一层意涵。在孔子那里,尚未就本体来揭示仁,而主要从工夫、实践的层面提点仁的内涵。因为,仁并不是一个概念,而是一种实践真理。正如韦政通先生所指出的,孔子说仁,是本诸体验和实践的立场。① 但是,作为体验和实践的主体,每个人的体验是不同的,因此仁是很难下定义的。故孔子基本上没有对仁下过定义,而仅仅从工夫的角度说仁。

孔子首先指出,"为仁由己"。在孔子看来,实行"仁"的主体在于人自己。也就是说,我或者己,是道德的自我、道德的主体。所以,"仁远乎哉? 我欲仁,斯仁至矣"。"仁"是天赋特性,本来就潜存在人性之中,但是必须通过自觉的体验和实践才能印证它、呈现它。如果人没有一种"自觉",也就是这里说的"欲仁",那么,仁就可能一直处于潜伏状态。一旦人有了"欲仁"的自觉,那么,仁德就被点醒、彰显出来了。这与基督教将人的获得救赎推给超绝的上帝是不同的。将人的解放视为自我本性的需求,这是孔子对人类最大的贡献。"我欲仁,斯仁至矣",看上去是说仁的最低境界,是仁之"近"与"易"。其实,这里的"仁"是就性质上说,而非就程度上说的。

如果就"仁"的境界和程度上说的话,孔子则认为,"成仁"很难。司马牛问仁。孔子说:"仁者,其言也讱。"司马牛接着又问:"其言也讱,斯谓之仁已乎?"孔子回答说:"为之难,其言得无讱乎?"(《论语·颜渊》)这里孔子明确指出为仁之难。因此,他不轻易许人以仁。比如,他评价弟子:"回也,其心三月不违仁,其余则日月至焉而已矣。"(《论语·雍也》)他甚至连自己也不敢以仁自居:"若圣与仁,则吾岂敢?"(《论语·述而》)对此,李泽厚评论说:"一方面,'我欲仁,斯仁至矣',仁似乎如此容易得到。另方面,'若圣与仁,则吾岂敢',仁又如此难得。这不是逻辑矛盾么? 可见,孔门仁学并非思辨哲学,追

---

① 参见韦政通:《中国思想史》(上),上海书店出版社 2003 年版,第 52 页。

求逻辑一贯;它乃实用理性,着重行为、实践,旨在培育情性,强调自觉、坚持,是以亦难亦易。"①

仁作为道德自觉,它要求一个人首先需要"反省"。孔子说:"君子求诸己,小人求诸人。"(《论语·卫灵公》)又强调"躬自厚而薄责于人"(《论语·卫灵公》)。曾子在孔子的基础上提出"吾日三省吾身"的修养工夫。

仁学还要求人应该把"仁"作为一生追求的目标。孔子说:"仁者安仁。"(《论语·里仁》)张岱年先生特别指出,"安仁"之说含有深刻的意义,含有关于道德价值的一种重要观点,即认为道德价值是一种内在价值,道德不是为了追求其他价值的手段。② 孔子说"志于道",其实就包含着对仁的追求。《论语·里仁》记载:"富与贵,是人之所欲也,不以其道得之,不处也;贫与贱,是人之所恶也,不以其道得之,不去也。君子去仁,恶乎成名? 君子无终食之间违仁,造次必于是,颠沛必于是。"朱子认为,这句话是"言君子所以为君子,以其仁也"③。孔子是将"仁"作为一种理想人格必备的内涵。君子与仁,是内在一致的。李泽厚就指出,"仁"之所以能贯穿一切行为、活动、态度、人生,是一种经由自觉塑建的心理素质即情理结构的缘故。④ 曾子接续了孔子的思想,所以他才有"仁以为己任,不亦重乎"的说法。但是,孔子发现,很少有人能够真正自觉地追求"仁"。他说:"我未见好仁者,恶不仁者。好仁者,无以尚之;恶不仁者,其为仁矣,不使不仁者加乎其身。有能一日用其力于仁矣乎? 我未见力不足者。盖有之矣,我未之见也。"(《论语·里仁》)对于孔子的这段话,我们不能狭隘地理解或胶柱鼓瑟地认为孔子真的没有见过"好仁者""恶不仁者",而应叹息其"少""寡"。或者说这本身就是一种劝勉、激励之词。

孔子认为,君子应该有对仁德的不懈追求之志向。人可以为了道而献身,

①　李泽厚:《论语今读》,生活·读书·新知三联书店 2008 年版,第 236—237 页。
②　参见张岱年:《论孔子的哲学思想》,载《张岱年全集》第 5 卷,河北人民出版社 1996 年版,第 470 页。
③　(宋)朱熹:《四书章句集注》,中华书局 1983 年版,第 70 页。
④　参见李泽厚:《论语今读》,生活·读书·新知三联书店 2008 年版,第 122 页。

为了成就仁德,甚至可以舍弃生命。孔子说:"志士仁人,无求生以害仁,有杀身以成仁。"(《论语·卫灵公》)显然,这里的"仁"已经不是普普通通的道德问题,而是超道德的问题。李泽厚就认为,这里的"仁"应该从超道德的角度来诠释,即"仁"是发自内心与宇宙交通的一种境界层次。"仁者,人也"在这里得到最后的保证。

仁在作为一种道德自觉的基础上,自然而然地可以推导出"仁者爱人"的意涵。郭沫若把这称为"由内及外,由己及人的人道主义"①。《礼记·表记》记载孔子之言:"中心憯怛,爱人之仁也。"②孔颖达疏:"'中心憯怛,爱人之仁也',此明性有仁者,以天性自仁,故中心凄憯伤怛,怜爱于人。"③这是说爱人是出于人的天性,其实就是对人之悲惨境遇的一种同情之心。这可以视为后来孟子"恻隐之心"的发轫。这种"同情之心"是"自发的"、没有任何功利考虑的一种纯真的情感。④冯友兰先生的概括最为精确:"《论语》中言仁处甚多,总而言之,仁者,即人之性情之真的及合礼的流露,而即本同情心以推己及人者也。"⑤

樊迟问仁。子曰:"爱人。"(《论语·颜渊》)朱子解释说:"爱人,仁之施。"⑥这个诠释是非常准确的。也就是说,爱人,并不是"仁"本身,而是"仁之施",是仁德的发显、呈露、施行、推扩。如果说,仁,首先来自生命的自觉,

---

① 郭沫若:《十批判书》,载《郭沫若全集·历史编》第 2 卷,人民出版社 1982 年版,第91 页。

② 陈来先生认为,没有证据证明孔子说过此话,但是孔门七十子有可能说过这样的话,事实上《礼记》中有很多"子曰"或"子言之",就是孔门七十子及其后学托孔子之名说出来的。(《仁学本体论》,生活·读书·新知三联书店 2014 年版,第 109 页。)我们对此持保留意见。类似陈先生这种对文献中"子曰""子言之"真实性的怀疑实际上也是没有任何证据的。既然没有证据证明孔子没有说过,我们也只能根据文献的记载,将之视为孔子的话。而不能武断地否定孔子的"话语权",而将之归为莫须有的孔门后学。

③ (唐)孔颖达:《礼记正义》(下),载李学勤主编:《十三经注疏》(标点本),北京大学出版社 1999 年版,第 1475 页。

④ 参见王中江:《儒家的精神》,《中国纪检监察报》2016 年 1 月 11 日。

⑤ 冯友兰:《中国哲学史》(上),华东师范大学出版社 2000 年版,第 60 页。

⑥ (宋)朱熹:《四书章句集注》,中华书局 1983 年版,第 139 页。

那么爱人之仁则是生命的感通。生命与生命的感通,在这时,"仁"已经从"成己"扩展到"成人"①了。孔子所谓的"爱人"之"人"是具有普遍意义的人,所以孔子强调"泛爱众"(《论语·学而》),强调"不独亲其亲,不独子其子"(《礼记·礼运》)。唐代韩愈说:"博爱之谓仁。"(《原道》)确实,孔子的仁爱,一定有着"博爱"的普世的一面。《论语·乡党》:"厩焚。子退朝,曰:'伤人乎?'不问马。"显然,在孔子看来,人是爱的首要对象。这是人类作为类的一种自觉意识。当然,这里的人不可能是某个阶层,而是普遍的人。其实,孔子的理想是"天下归仁"。所以,仁本身具有普遍性。

孔子主张:"立爱自亲始。"(《礼记·祭义》《孔子家语·哀公问政》)孔子将源于血缘亲情的爱,作为仁的起点。有子说:"孝弟也者,其为仁之本与!"(《论语·学而》)儒家重视家,家是人类生存的基本单位。这是中西方的共识。西方学者威尔逊就说:"几乎所有的人类社会的建筑单元都是核心家庭"②,甚至安德烈·比尔基埃等在《家庭史》中这样指出:"家庭也像语言一样,是人类存在的一个标志。"③家庭是人类伦理的培育基地,也是人类情感的养护中心。在儒家看来,家庭不是可有可无的存在,而是一个完全意义上的有机体,每个家庭成员在其中实现自己的角色,没有哪个人是自足的、完全独立的,因此,儒家强调男女有别、亲慈子孝,就获得了更丰富、更内在的意义。④亲代对子代的慈爱,在动物世界尤其是哺乳动物中是普遍的现象,人当然也不例外。所以,可以说父慈是天性,是与生俱来的,不待后天激发、培育的。而孝则不然。目前从动物社会学的角度来看,尚无动物具备孝的意识的证据。历

---

①　这里的"成人"并不是一般所谓"成为人""成就人"的意思,而是成就别人的意思。

②　[美]威尔逊:《社会生物学——新的综合》,毛盛贤等译,北京理工大学出版社 2008 年版,第 519 页。

③　[法]比尔基埃等主编:《家庭史》,袁树仁等译,生活·读书·新知三联书店 1998 年版,第 15 页。

④　参见张祥龙:《家与孝:从中西间视野看》,生活·读书·新知三联书店 2017 年版,第 71 页。

史上,中国人宣扬的"羊有跪乳之恩,鸦有反哺之义",显然都是一种美丽的误会,那是出于生物生存的本能,根本谈不上孝。可以说,孝是人类在漫长的历史进化过程中,积淀下来的一种特殊情感。这也具有生物学的根据。"一个关键性的事实是人类婴儿出生时的特别不成熟。由于人类改为直立行走,骨盆的结构就限制了产道的开口,而前肢变为手臂,使用更多工具,刺激大脑和头颅的扩大,这样就导致人类女子生孩子的艰险,胎儿必须在相比于其他哺乳类是极度不成熟的情况下出生,由此也导致人类抚育后代成年的漫长和艰难。……这样它与父母亲的后天接触就有了先天的维度,它(他或她)的早年经历就从根本上塑造了它后来的意识结构和终生行为,以至于能够形成关于这种经历的显性或隐性的长期记忆。由此,父母的养育之恩就可能被成年后的子女意识到,从而形成回报意识。"①由此而形成了伦理和道德意识。其实孔子也正是从这一角度阐释的。他对宰我所说的:"子生三年,然后免于父母之怀"(《论语·阳货》),恰恰也是意识到父母除了生育子女,还有漫长的养育的过程。孔子所说"立爱自亲始",在这里找到了人类学和社会学的根据。孝悌源于人间最纯最真的血缘情感,是天然的,纯真的,无功利的。这种亲亲之爱,是最基本也是最深沉的人类情感。孔子的仁爱就是建立于这一坚实的基础之上的。

《论语》"孝弟为仁之本",朱熹将"本"训为"根",解为根本,"所谓孝弟,乃是为仁之本。学者务此,则仁道自此而生也"②。这个注释恐怕引起了很多人的误解。李泽厚、王中江等人恐怕也是受到了误导而解释为根本,这是有问题的。③ 其实,在儒家的义理中,仁与孝的关系应该是仁是孝的根本,孝是仁的起点。孝是从属于仁的,而不是相反,认为孝是根本,那样仁就从属于孝了。

---

① 张祥龙:《家与孝:从中西间视野看》,生活·读书·新知三联书店 2017 年版,第 72 页。

② (宋)朱熹:《四书章句集注》,中华书局 1983 年版,第 48 页。

③ 参见李泽厚:《论语今读》,生活·读书·新知三联书店 2008 年版,第 32 页;王中江:《"身心合一"之"仁"与儒家德性伦理——郭店竹简"息"字及儒家仁爱的构成》,《中国哲学史》2006 年第 1 期。

程朱对此有着较为明确的分梳。从体用上讲,仁是体,孝是用;从工夫上说,孝是根本,仁是目标。这一点,程朱是认识到位的。如程子说:"'孝弟也者,其为仁之本与!'言为仁之本,非仁之本也。"①又说:"谓行仁自孝弟始。盖孝弟是仁之一事,谓之行仁之本则可,谓之是仁之本则不可。盖仁是性也,孝弟是用也。"②很明显的,程子已经指出"孝弟为仁之本"的"本"就是"立爱自亲始"的"始"。朱子也说:"仁是性,孝弟是用。用便是情,情是发出来底。论性,则以仁为孝弟之本,论行仁,则孝弟为仁之本。如亲亲,仁民,爱物,皆是行仁底事,但须先从孝弟做起,舍此便不是本。"③又说:"仁是理,孝弟是事。有是仁,后有是孝弟。"④朱子还作了两个形象的比喻:"仁便是本了,上面更无本。如水之流,必过第一池,然后过第二池,第三池。未有不先过第一池,而能及第二第三者。仁便是水之原,而孝弟便是第一池。"⑤另一个比喻是:"譬如一粒粟,生出为苗。仁是粟,孝弟是苗,便是仁为孝弟之本。又如木有根,有干,有枝叶,亲亲是根,仁民是干,爱物是枝叶,便是行仁以孝弟为本。"⑥显然,朱子清晰地指出,行仁要从孝弟开始,孝弟是行仁的起点。因此,《论语集解》解为"本,基也",杨伯峻将"本"训解为基础,更是不易引起误解。⑦ 人之能孝,是与其他动物区别开来的标志。"仁者,人也。亲亲为大",从这里可以找到一种贴切的理解。人的德性,也是以孝为起点的。《孝经》之中,孔子"夫孝,德之本也,教之所由生也"这一论断,奠定了儒家对孝与人格修养、道德伦理讨论的基调。

孔子将孝悌之爱,看作是行仁的起点。这就保证了仁的现实性。因此,孔

---

① （宋）程颢、程颐:《二程集》(上),中华书局2004年版,第125页。
② （宋）程颢、程颐:《二程集》(上),中华书局2004年版,第183页。
③ （宋）黎靖德编:《朱子语类》(二),中华书局1986年版,第471—472页。
④ （宋）黎靖德编:《朱子语类》(二),中华书局1986年版,第462页。
⑤ （宋）黎靖德编:《朱子语类》(二),中华书局1986年版,第463页。
⑥ （宋）黎靖德编:《朱子语类》(二),中华书局1986年版,第472页。
⑦ 参见杨伯峻:《论语译注》,中华书局1980年版,第2页。

子强调"孝",更注重在物质赡养之上的情感投入。他对子游解释说:"今之孝者,是谓能养。至于犬马,皆能有养。不敬,何以别乎?"(《论语·为政》)冯达文、郭齐勇先生认为,"'爱'作为一种价值信念,在孔子这里被赋予了人之所以为人的'类本质'的意义"①。确实如此。这种情感本身,是仁爱之保证。所以,当宰我反对孔子"三年之丧"的主张时,孔子质问:"食夫稻,衣夫锦,于女安乎?"当宰我回答说"安"时,孔子无奈又愤慨地说:"女安则为之!夫君子之居丧,食旨不甘,闻乐不乐,居处不安,故不为也。今女安,则为之!"等宰我出去后,孔子批评道:"予之不仁也!子生三年,然后免于父母之怀。"(《论语·阳货》)孔子对"仁"的理解,以父母与子女的亲亲之爱为基础,昭然若揭。李泽厚以为,这是《论语》全书最关键的一章,因为这里所展现出来的是"儒学第一原则乃人性情感",恰恰是李泽厚的基本主张。② 之所以孔子、儒家将亲亲之仁,视为仁爱的基础,是有着深刻性的。这是因为基于亲子血缘和生活息息相关的亲情之仁,较之于其他仁爱,具有亲密性、优先性等特点。

但是,仁爱绝非限于亲亲之爱,而必须以此为起点不断地扩充,"推己及人"。而推己及人的内在动力,即在内在的同情心、感通心。"仁者,自内言之,则为人我相通之心地;自外言之,则为人我兼得之功业"③。所以,孔子又说:"弟子入则孝,出则弟,谨而信,泛爱众,而亲仁"(《论语·学而》);"不独亲其亲,不独子其子"(《礼记·礼运》《孔子家语·礼运》)。这"泛爱众"的"众"就是普遍意义上的人。所以,孔子曾有"老者安之,朋友信之,少者怀之"(《论语·公冶长》)的人生志向。毫无疑问,"老安友信少怀",恰恰是一种普遍意义上的人的关怀。所以,孔子的仁爱,与墨家的兼爱、佛教的慈悲和基督教的博爱,同中有异。其所同就在于都是普遍的爱,即韩愈所谓"博爱之谓仁"。但是,仁爱却是以亲亲之爱为起点不断扩充的等差之爱,甚至仁爱超出

---

① 冯达文、郭齐勇:《新编中国哲学史》(上),人民出版社 2004 年版,第 32 页。
② 参见李泽厚:《论语今读》,生活·读书·新知三联书店 2008 年版,第 523 页。
③ 钱穆:《四书释义》,九州出版社 2011 年版,第 77 页。

了人类之爱的范畴,而要"仁厚及于鸟兽昆虫"(《孔子家语·五帝德》)。孔子"钓而不纲,弋不射宿"(《论语·述而》)其实就是反映了这一点博大的仁爱情怀。后儒之所以能够发出"民胞物与"(张载语)、"仁者浑然与物同体"(程颢语)等慧思,其源头就在于孔子。

儒家的仁爱,是等差之爱。孔子儒家一方面主张"己欲立而立人,己欲达而达人",将"己"视为行仁的起点;另一方面又主张"孝弟为仁之本"。那么,这二者之间是否本身存在矛盾呢?其实,郭店竹简中上身下心结构的"仁"(息)字,意味着人对自己身体的关爱与反省。但是这个"身",古训为"我",所谓自身即自我。不过,从儒家的视野中,身,并不是完全属于自我的。《孝经》记孔子说:"身体发肤,受之父母。"《礼记·祭义》记曾子说:"身也者,父母之遗体也。"这说明,在孔子儒家眼里,身并非个体之身,而是"亲—子一体、家庭联体之身"①。那么,这也就意味着,自爱之仁,本身就蕴含着亲亲之仁。二者是毫无间隔、一体而通的。

对于仁爱之等差,还有一个常见的误解。即认为,儒家的等差之爱是以"己"为"中心"向外扩展的。如果这个"中心"只是指向一种逻辑空间的话,是可以的。但是如果理解为实质性的中心,则是有问题的。也就是说,在儒家仁爱的差序格局中,"己"不过是一个起点、一个开始,并不意味着"己"是最重要的。否则,儒家的仁爱就会沦为利己主义和自我中心主义。这恰恰与仁之普遍性相悖,与仁之"公"而非"私"的内涵相反。等差之"等",乃就人情之亲疏远近而论,非以尊卑贵贱而说,此不可不明。

因为仁是基于情感的道德,所以它一方面具有普遍性,一方面又强调实践性。仁并不是一套抽象的哲学,而是李泽厚所谓的"实用理性",一种"情理结构",是必须贯注于自我的修身及社会伦理及政治生活之中的。梁涛指出:"孔子的仁并非一抽象的概念和原则,而是一动态的活动和过程,它贯穿于孔

---

① 张祥龙:《家与孝:从中西间视野看》,生活·读书·新知三联书店2017年版,第109页。

子思想之中,构成孔子思想的核心,孔子的其它活动如'学''知'等都是围绕着这一核心展开的,是服务于这一核心的。"①那么,既然"仁"可以由近及远,其层次与境界相当复杂,如何行仁? 所谓"行仁之方"是什么呢?

孔子对此有所论述。孔子说:"夫仁者,己欲立而立人,己欲达而达人。能近取譬,可谓仁之方也已。"(《论语·雍也》)朱子说:"以己及人,仁者之心也。于此观之,可以见天理之周流而无间矣。状仁之体,莫切于此。"②所谓"近"就是指己身,如《周易·系辞》所谓"近取诸身"的身。朱子说:"近取诸身,以己所欲譬之他人,知其所欲亦犹是也,然后推其所欲以及于人,则恕之事而仁之术也。于此勉焉,则有以胜其人欲之私,而全其天理之公矣。"③这里,朱子将"仁之方"解读为"恕"。虽然不能算错,但是尚不全面。

孔子对于行仁之方实际上是从两个方面来论述的。其一是"忠",即"己欲立而立人,己欲达而达人",是一种积极的成全自己进而成全他人方法。朱熹曾解释说:"尽己之心为忠。"④忠,首先是尽己,是成全自己,所谓"己立""己达",即成己。然后才是"立人""达人",即成全他人。忠是积极的"急人所难"和"成人之美"。其二是"恕",即"己所不欲,勿施于人"(《论语·颜渊》《论语·卫灵公》)。朱熹解释说:"推己及人为恕。"⑤恕则是反对强加于人。赵汀阳说:"孔子原则的完整表述应该是:从消极方面,推己及人而各得其便,从积极方面,成人之美而各得其利。"⑥

李泽厚则以宗教性私德解释忠,以社会性公德解释恕⑦,因此"恕"更加重要。"忠恕"作为"仁之方",即仁的实现的两条途径。对此,曾子将之视为"一

① 梁涛:《郭店竹简"悬"字与孔子仁学》,《哲学研究》2005 年第 5 期。
② (宋)朱熹:《四书章句集注》,中华书局 1983 年版,第 92 页。
③ (宋)朱熹:《四书章句集注》,中华书局 1983 年版,第 92 页。
④ (宋)朱熹:《四书章句集注》,中华书局 1983 年版,第 23 页。
⑤ (宋)朱熹:《四书章句集注》,中华书局 1983 年版,第 23 页。
⑥ 赵汀阳:《第一哲学的支点》,生活·读书·新知三联书店 2017 年版,第 176 页。
⑦ 参见李泽厚:《论语今读》,生活·读书·新知三联书店 2008 年版,第 465—466 页。

以贯之"之道的内容。如果说,"一以贯之"恰恰是孔子的"仁",那么曾子的解释便不能算错,因为忠恕恰恰是仁之一体的两面。郭沫若说:"照比较可信的孔子的一些言论看来,这所谓'一'应该就是仁了。不过如把'忠恕'作为仁的内函(涵)来看,也是可以说得过去的"①。冯友兰所说:"实行忠恕即实行仁","孔子一贯之道为忠恕,亦即谓孔子一贯之道为仁也。"②梁涛也认为,"'一以贯之'并非思维上、逻辑上的'贯之',而是实践上、方法上的'贯之';仁并非静态地平躺于孔子的思想学说之中,而是动态地贯穿于孔子的生命实践之中③。这个认识是深刻的。忠恕恰恰是从实践的角度"一以贯之"于孔子的仁学之道中的。

其实,根据赵汀阳的看法,"孔子的核心概念仁,固然是价值原则,但首先应该被理解为一种用于建构有效互动关系的方法论。以仁为方法(所谓'仁之方')才能够理解为什么孔子没有给仁一个定义,而只有各自情境下对仁的各种具体解释","仁首先是方法论,然后可解释各种具体内容。仁的具体内容因时而异也因事而异,所以,仁的概念是开放性的,不可能有一个封闭的定义"④。赵先生的这一看法富有洞见。仁是互动性的,也是开放性的,更是过程性的。"仁"就在"行仁""为仁"的过程中实现。

"子罕言利,与命与仁。"(《论语·子罕》)孔子对仁的论说,可谓多矣。仁在孔子的思想中,有着复杂的层次。孔子论仁,有时候将之与"礼""知""勇"等诸德并列,如《论语·子罕》所谓"知者不惑,仁者不忧,勇者不惧"等皆是,但有时候仁的地位显然高于其他诸德。如二程曰:"仁、义、礼、智、信五者,性也。仁者,全体;四者,四支。"⑤程颢《识仁篇》:"仁者,浑然与物同体。

---

① 郭沫若:《十批判书》,载《郭沫若全集·历史编》第2卷,人民出版社1982年版,第90页。
② 冯友兰:《中国哲学史》(上),华东师范大学出版社2000年版,第61页。
③ 梁涛:《郭店竹简"悬"字与孔子仁学》,《哲学研究》2005年第5期。
④ 赵汀阳:《第一哲学的支点》,生活·读书·新知三联书店2017年版,第175页。
⑤ (宋)程颢、程颐:《二程集》(上),中华书局1981年版,第14页。

义、礼、知、信皆仁也。"①朱子进一步明确说："仁者,本心之全德。"②朱子弟子陈淳则说："仁,所以长众善,而专一心之全德者。"又曰："仁者,心之全德,兼统四者。"③到了现代,冯友兰接续宋儒的看法,提出仁为"全德之名"。他说:"故《论语》中亦常以仁为人之全德之代名词。……惟仁亦为全德之名,故孔子常以之统摄诸德。"④张岱年虽然不同意仁为"全德之名"的提法,但是他也认为,"仁兼涵诸德,如忠、恕、礼、恭、敬、勇等","是最高的德"。⑤ 正如白奚先生所说,赋予"仁"以"全德"的意义,是孔子仁学首先成熟的标志,是"仁学"创立的关键,也是孔子在继承前人有关思想资源基础上所做的最为重要的理论工作。⑥

杨泽波先生对"全德之名"的说法表示了不同的看法。他说:"仁并不能涵盖全部的德性。"因此他提出"诸德之家"的说法。他说,"诸德之家"的一个含义是"众德之名",而不是"全德之名";第二个含义是"德性之源",即各种德性的源头。他又将之称为"伦理心境"。这种说法与李泽厚的"心理积淀"说有相似而又不同。⑦

在孔子那里,仁毫无疑问是作为其道德规范体系中的德目之一而与其他德目并列的,因而它与其他诸德之间是不能互相代替的。但更重要的是,仁同时又作为一种基本原则和精神而贯注于其他诸德之中,其他诸德则各自从不同的方面体现了仁的原则和精神。⑧ 所以,孔子之道,可以概括为"仁道"。

---

① (宋)程颢、程颐:《二程集》(上),中华书局1981年版,第16页。

② (宋)朱熹:《四书章句集注》,中华书局1983年版,第131页。

③ (宋)陈淳:《北溪字义》,中华书局1983年版,第18、22页。

④ 冯友兰:《中国哲学史》(上),华东师范大学出版社2000年版,第62页。

⑤ 张岱年:《中国哲学大纲》,江苏教育出版社2005年版,第249—250页。

⑥ 参见白奚:《从〈左传〉、〈国语〉的"仁"观念看孔子对"仁"的价值提升》,《首都师范大学学报(社会科学版)》2007年第4期。

⑦ 参见李泽厚:《中国古代思想史论》,生活·读书·新知三联书店2008年版,第27—28页。

⑧ 参见白奚:《"全德之名"和仁圣关系——关于"仁"在孔子学说中的地位的思考》,《孔子研究》2002年第4期。

二、孔子的礼学

关于孔子思想核心问题,学术界曾有过长期的争论。尽管主流的共识是孔子思想核心为仁,但是也有不少学者针锋相对提出,礼才是孔子思想的核心。其中持论最力的就是蔡尚思。[①] 显然,尽管礼未必像仁那样属于孔子的思想创造,代表了孔子的思想贡献,但是其在孔子思想体系中也居于不可或缺的重要地位。

杨朝明、郭沂等先生都曾经提出过孔子思想的三阶段论。如杨朝明先生说:"孔子思想也像任何事物一样有一个不断发展的过程,在他人生的不同时期,他的思想所表现出的具体特征也有不同。有的学者已经注意到孔子思想发展的阶段性表现,只是还未见具体而深入的分析。根据我们的看法,孔子思想的发展历程可以分成三个阶段:孔子思想产生之初,孔子所关注最多的是'礼',即周礼。孔子步入社会之初,名声日隆,从学弟子众多,原因在于他对周代礼乐的精深造诣。这一时期,孔子谈论最多的也是周礼,他所念念于怀的,是怎样以周代礼乐重整社会。随着时间的推移,孔子对社会的认识逐渐深化。他到处推行自己的'礼'的主张,企图用自己的学说改造社会,但却事与愿违,处处碰壁。他不得不进一步思考'礼'之不行的深层原因,于是,他开始越来越多地提到'仁',议论'仁'与'礼'之间的关系。这时期,孔子'仁'的学说得到了充分的拓展和完善。进入'知命'之年以后,孔子的人生境界逐渐提高,以致于最后达到了'从心所欲不逾矩'的佳境。他晚而喜《易》,并作《易传》,对自己的哲学思想进行了具体的阐发,他的'中庸'的方法论也臻于成熟。如果把孔子的一生进行这样整体的分析,或者会有助于对其思想核心问

---

① 参见蔡尚思:《孔子思想体系　孔子哲学之真面目》,上海古籍出版社 2013 年版,第227—232 页。其中提出:"孔子思想体系的中心是礼。"

题的理解。"①郭沂先生更是明确提出孔子思想的三阶段说,同杨先生一样,他将礼学作为孔子思想发展的第一阶段,仁学为第二阶段,易学为第三阶段,分别对应孔子的早年、中年和晚年。② 后来,郭先生对此说有所补充。他将孔子思想的三个阶段表述为:"以'礼'为核心的教化思想、以'仁'为核心的内省思想和以'易'为核心的形上学思想。""这三个阶段也意味着孔子思想的三个组成部分。但这三个部分或阶段之间并不是截然分开和相互独立的,更不是相互抵触的,而是递次包容、交互渗透的关系。"③毫无疑问,在孔子对三代文明的继承方面,礼乐文明是最重要的一环。换句话说,孔子对礼乐文明的阐释,代表了他思想的守成的一面。但是,这种守成,并不是说孔子对周公之礼乐进行了全盘照搬,而是意味着创造性的转化和创新性的发展。

这种守成,意义非同寻常。根据牟宗三先生的看法,周代文明发展到春秋时代,渐渐失效,是为"周文疲弊"。诸子百家的出现,其实就是为了应对这一问题。面对同样"周文疲弊"的局面,如何看待周文,诸子态度不一。孔子对周文持肯定的态度,将礼看作是必须继承的。孔子的态度是因革损益,将疲弊的周文重新予以生命化。孔子的做法就是将"仁"贯注于"礼"之中。"仁这个观念提出来,就使礼乐真实化,使它有生命,有客观的有效性"④。所以,孔子和儒家对于夏商周三代文明,虽然是继承的,但同时也是反省的。"儒家对人

---

① 杨朝明先生在其主编的《儒家文化面面观》(齐鲁书社 2000 年版)一书中曾专门谈论这一问题。又见于其著作《鲁文化史》(齐鲁书社 2001 年版,第 347—348 页)。

② 郭沂:《郭店竹简与先秦学术思想》,上海教育出版社 2001 年版,第 563—593 页。另见林存光、郭沂《旷世大儒——孔子》,河北人民出版社 2000 年版,第 4、5、6 章;张岂之总主编,刘宝才、方光华主编:《中国思想学说史·先秦卷》,广西师范大学出版社 2008 年版,第二篇"儒学篇"之第一章"孔子的思想和学说"。这一观点可能在其 1993 年的博士学位论文《尽心·知性·知天——老庄孔孟哲学的底蕴及其贯通》中就已经提出了。见郭沂:《出土文献背景下的儒家核心经典系统之重构》,载郭齐勇主编:《儒家文化研究》第 1 辑,生活·读书·新知三联书店 2007 年版,第 90 页。

③ 郭沂:《出土文献背景下的儒家核心经典系统之重构》,载郭齐勇主编:《儒家文化研究》第 1 辑,生活·读书·新知三联书店 2007 年版,第 90 页。

④ 牟宗三:《中国哲学十九讲》,上海古籍出版社 1997 年版,第 59 页。

类的贡献,就在他对夏商周三代的文化,开始作一个反省,反省就提出了仁的观念"①。而墨家则从功利主义的角度否决周文,道家则从自由精神的角度否定周文,法家从政治事功的角度否决周文。② 其实,恰恰是儒家这种对待文化遗产的中道的态度,才使得它能够成为中国文化之中流砥柱、正宗正脉。正如阎步克在分析何以汉代将儒家立为官学,成为主流的意识形态时所指出的:

在诸子百家学说之中,道家贬低礼义、法家无视道德,就是墨家具有平民精神的"兼爱",也不如儒家学说那样,更集中地体现和更有力地维护了社会的主流道义观念。那些道义观念为社会提供了基本文化秩序,只要是生活于那个时代之中就无法摆脱它们;而儒术则把它们升华成了系统化的理论学说。

道、法、墨基于不同角度都有否定文化的倾向,可是在这个文明古国中,文化,特别是高级文化的生产、传播和消费,已经成了民族生活的最基本内容之一。……古代的主要典籍,大抵为儒家之所传,这在决定儒者历史命运上实有重大意义。

在代表古典文化上,儒者显然具有更充分的资格,这便使儒家学派在文化领域处于得天独厚的有利地位。对于那个社会的政权来说,它需要充分利用结晶于"诗书"、"礼乐"之中的高级文化来强化其合法性和整合社会,把它们转化为其政治象征;对于社会来说,也需要这种能够体现其基本道义的高级文化来自我维护,通过它们来形成政治期待,促使国家保障那些价值,并仅仅赋予这样的政权以合法性。于是我们就看到,儒家的"礼治"相对能够更全面地满足那个社会对意识形态的需求。同时那个社会也有其意识形态赖以生存的丰沃土壤。③

---

① 　牟宗三:《中国哲学十九讲》,上海古籍出版社 1997 年版,第 59 页。
② 　参见牟宗三:《中国哲学十九讲》,上海古籍出版社 1997 年版,第 60—63 页。
③ 　阎步克:《士大夫政治演生史稿》,北京大学出版社 1996 年版,第 320—321 页。

如果说,仁代表了孔子儒家对人类的精神贡献的话,那么,礼则代表了整个中国文明的基本特色。钱穆先生在接受美国学者邓尔麟采访时曾有过这样一段话,他说:"在西方语言中没有'礼'的同义词。它是整个中国人世界里一切风俗行为的准则,标志着中国的特殊性。"他还告诉邓尔麟:"要了解中国文化必须站到更高来看到中国之心。中国的核心思想就是'礼'。"[1]无独有偶,柳诒徵先生也强调:"礼者,吾国数千年全史之核心也。"[2]连海外汉学家也承认这一点,牟复礼先生就说:"中国文化中唯一一个独特的品德就是礼。"[3]

我曾经指出,如果简单地比较,我们可以说,古代中国是伦理型社会,靠德与礼来维系,而传统欧洲则是宗教型社会,靠神和法来维系。这恐怕是中西文化的最大差异。唐代孔颖达说:"中国有礼仪之大,故称夏;有服章之美,谓之华。"华夏之称,与礼仪典章、衣冠服饰关系密切。传统中国,完全可称得上尚礼的社会。而中国人对于礼的重视,对于礼的理解,都与孔子有关。可以说,孔子对礼的诠释,奠定了之后中国礼文化的基本精神。[4]

孔子自谓"述而不作,信而好古",体现了他对古老文明的崇敬与向往,也反映了他重视传承的文化立场。那么,就《论语》而言,孔子所"述"之"古"主要体现在尧舜及三代的文明,其中礼乐文明无疑是重中之重。礼乐文明,奠定于西周初年的周公,滥觞于更早的尧舜时代,而其萌芽则要更早。

夏代的历史,我们知之甚少。殷商时代,礼文化得到巨大发展,但是"殷人尚鬼","巫术"盛行,礼文化中的宗教色彩过盛,这一点我们从甲骨文中能够得到印证。大概到了周代,礼除了体现在祭祀之外,在社会、人生的各个层面也都越发突出。即便在祭祀活动中,宗教色彩也日益淡化,人文精神则愈发突显。春秋战国时期,人文性的礼文化完全确立。徐复观先生曾对此做过较

---

① ［美］邓尔麟:《钱穆与七房桥世界》,蓝桦译,社会科学文献出版社1998年版,第8、9页。

② 柳诒徵:《国史要义》,商务印书馆2011年版,第11页。

③ ［美］牟复礼:《中国思想之渊源》(第二版),王重阳译,北京大学出版社2016年版,第97页。

④ 参见宋立林:《礼德诠解》,中国方正出版社2017年版,第9页。

为详细的考察。他将周初的礼由宗教向人文转化的动因归结于"忧患意识"而来的"敬"的观念。他认为,"周人建立了一个由'敬'所贯注的'敬德''明德'的观念世界,来照察、指导自己的行为,对自己的行为负责,这正是中国人文精神最早的出现;而此种人文精神,是以'敬'为其动力的,这便使其成为道德的性格,与西方之所谓人文主义,有其最大不同的内容"①。夏商周三代文明的差异可以用《礼记·表记》的话来总结:"夏道尊命","殷人尊神","周人尊礼"。所以著名历史学家范文澜先生将三代文化分别命名为"尊命文化""尊神文化"和"尊礼文化"。②

在周代,礼乐文明极为发达,陈来先生曾指出:"礼根本是一个无所不包的文化体系。"③这个"无所不包的文化体系",人们一般称之为"礼乐文明"。而周代礼乐文明的发展,得益于周公和孔子对于礼的诠释和阐扬。

孔子生活在春秋时代的鲁国。春秋时代被徐复观称为"以礼为中心的人文世纪"④,而鲁国曾被誉为"周礼尽在鲁",是一个"礼义之邦"。孔子自幼受到礼乐的熏染,《史记·孔子世家》记载说:"孔子为儿嬉戏,常陈俎豆,设礼容。"《论语》记载他对于礼乐的热爱与痴迷:"子入太庙,每事问。"有人讥讽说:"孰谓鄹人之子知礼乎? 入太庙,每事问。"孔子知道后,说:"是礼也。"(《论语·八佾》)孔子在齐闻《韶》,三月不知肉味,曰:"不图为乐之至于斯也!"(《论语·述而》)经过自身的努力,孔子终于成为一代礼乐大师。

孔子一生勤于学习礼乐,精通礼乐。他说:"夏礼,吾能言之,杞不足徵也;殷礼,吾能言之,宋不足徵也。文献不足故也。足,则吾能徵之矣。"(《论语·八佾》)可见,孔子对于三代之礼,基本上都是熟悉的。正是在这样的基础上,孔子才能将礼确立为自己学说的重要组成部分。

---

① 徐复观:《中国人性论史·先秦篇》,九州出版社 2014 年版,第 23 页。

② 范文澜:《中国通史简编》(一),人民出版社 1964 年版,第 190 页。

③ 陈来:《古代宗教与伦理——儒家思想的根源》(增订本),北京大学出版社 2017 年版,第 261 页。

④ 徐复观:《中国人性论史·先秦篇》,九州出版社 2014 年版,第 42 页。

孔子对"礼"非常重视,对礼的阐释非常多,大都被记录在《论语》《孔子家语》《礼记》《大戴礼记》等典籍中。仅就《论语》而言,"礼"字出现的次数就有70多次。如果再加上那些虽未直接出现"礼"字但确属言说"礼"的章句,则"礼"在《论语》中出现的频率并不在仁之下。可以说,"礼"和"仁"一样,是孔子最为重视的道德范畴。

孔子对礼的论说,涉及礼的诸多方面。一方面,礼具有社会规范的意义,因而与孔子的礼治主义、德治主义的政治思想、教化观念密切关联,这一方面的问题我们留待下一章进行分析;另一方面,礼还具有道德修养的意义。在孔子看来,礼是君子必备的教养,是仁德的外在呈现方式和展示途径。因此,孔子的仁学与礼学构成一个内外兼修、形质合一的系统,共同建构了以君子为理想人格的修养理论。

《周易·贲》的"彖辞"说,"文明以止,人文也","观乎人文,以化成天下"。在一定程度上可以说,文化就是礼,礼就是文化。礼文化在传统社会的主要作用就是"人文化成",也即是说,礼的功能在于"成人"。前文说过,孔子"人学"可用"成人之学"来概括。用今天的话说,"成人"就是使人成为人、成就人的理想人格。"使人成为人",就是让人摆脱动物性、野蛮性,而成为一个文明人;"成就人的理想人格",是说在"成为人"的基础上进一步提升人格,达到君子乃至圣贤的境界。理想的人格,不论是君子还是圣贤,除了必须具备一颗仁心之外,还需要知礼守礼,所谓"文质彬彬,然后君子"。

如何才能使人成为人,进而成就人的理想人格呢?这需要通过礼的教化,使人懂得礼义。近代学者谢幼伟先生说:"孔孟教人,亦首重礼。……一切莫不以礼为根据,盖以礼为天理之节文,所以成德之准。"[1]在儒家看来,"人之所以为人者,礼义也"(《礼记·冠义》)。换句话说,成人需要"文之以礼乐"。这在《论语·宪问》篇"子路问成人"章就有体现:

---

① 谢幼伟:《战后的社会道德》,载氏著《孝与中国文化》(1942年),青年军出版社1946年版,第117—118页。

　　子路问成人。子曰:"若臧武仲之知,公绰之不欲,卞庄子之勇,

冉求之艺,文之以礼乐,亦可以为成人矣。"曰:"今之成人者何必然?

见利思义,见危授命,久要不忘平生之言,亦可以为成人矣。"

在传统社会,礼的形式繁多复杂,每种礼仪背后都有礼义,表达不同的含义。但总括而言,所有礼仪背后的礼义,无外乎"秩序"与"尊重"二端。当礼使人懂得尊重他人,使社会拥有良好秩序时,礼就发挥了成人的功能。我们先看一个"反面案例"。《论语·宪问》篇,记载了这样一个故事:"原壤夷俟。子曰:'幼而不孙弟,长而无述焉,老而不死,是为贼!'以杖叩其胫。"原壤是孔子的故交。根据《礼记·檀弓》记载,原壤的母亲去世后,孔子去帮他修治棺木,他却登上棺材,唱起歌来。可见其并非守礼之人。这里的"夷俟",就是"箕踞",是一种非常傲慢无礼的姿态。古人的正坐是两膝着地而坐于足跟,与跪相似;箕踞不合礼仪,十分不敬。"幼而不孙弟"是说原壤小时候狂傲,对年长者无礼。"长而无述焉"是说他成人后以及壮年时对晚辈未尽开导、教育之责。"老而不死,是为贼",是说老年原壤无德、失职而又败坏礼法,是个害人精。所以气急之下,孔子拿着拐杖轻轻敲打了原壤的小腿。由此可见,原壤虽然年龄不小,但是尚未真正"成人"。因为正如"左传·昭公二十年"所载,所谓"成人",是指"能自曲直以赴礼",原壤显然并未做到。可以说,守礼与成人之间具有内在性的关系。

　　因此,当颜回请教孔子如何做到"克己复礼"时,孔子告诉他:"非礼勿视,非礼勿听,非礼勿言,非礼勿动。""一日克己复礼,天下归仁焉。"(《论语·颜渊》)礼,是一切行为的准则。在孔子这里,"礼"具有"理"的含义。孔子说:"礼也者,理也。"(《礼记·仲尼燕居》,《孔子家语·论礼》作"礼者,理也"。)从理想的状态而言,礼一定是合乎道理、反映道理的。而当礼不能"与时偕行"的时候,就必须"损益"以合乎"理"。合乎理的礼,自然意味着一种价值体系和价值规则。所以,孔子这里说的"礼"不是世俗的礼,而是经过长期积淀而成的社会秩序、文明规则,即公序良俗。一个文明的社会,要求人们必须遵

守规则。看什么，听什么，说什么，做什么；如何看，如何听，如何说，如何做，都要符合礼的规定。如果大家有一天都能做到"克己复礼"，那么，天下人也就能够心归仁德了。

孔子完全是礼乐文化熏陶出来的人物，他身上无时无刻不表现出礼乐的精神。在弟子眼中，孔子"温、良、恭、俭、让"（《论语·学而》），"温而厉，威而不猛，恭而安"（《论语·述而》），"望之俨然，即之也温"（《论语·子张》），而《论语·乡党》一篇更是可见孔子身上散发着的浓郁礼乐气质，其一举手、一投足，都符合礼乐的精神。

> 孔子于乡党，恂恂如也，似不能言者。其在宗庙朝廷，便便言，唯谨尔。

> 朝，与下大夫言，侃侃如也；与上大夫言，誾誾如也。君在，踧踖如也，与与如也。

> 君召使摈，色勃如也，足躩如也。揖所与立，左右手，衣前后，襜如也。趋进，翼如也。宾退，必复命曰："宾不顾矣。"

> 入公门，鞠躬如也，如不容。立不中门，行不履阈。过位，色勃如也，足躩如也，其言似不足者。摄齐升堂，鞠躬如也，屏气似不息者。出，降一等，逞颜色，怡怡如也。没阶，趋进，翼如也。复其位，踧踖如也。

> 执圭，鞠躬如也，如不胜。上如揖，下如授。勃如战色，足蹜蹜，如有循。享礼，有容色。私觌，愉愉如也。

> 君子不以绀緅饰，红紫不以为亵服。当暑，袗绤绤，必表而出之。缁衣羔裘；素衣麑裘；黄衣狐裘。亵裘长，短右袂。必有寝衣，长一身有半。狐貉之厚以居。去丧，无所不佩。非帷裳，必杀之。羔裘玄冠不以吊。吉月，必朝服而朝。

礼对于一个人的修身而言，显然十分必要且重要。用孔子的话说就是："礼之于人，犹酒之有蘖也，君子以厚，小人以薄。"（《礼记·礼运》）蘖，是酿酒用的酒曲。就像酿酒用了酒曲则酒味醇厚一样,人如守礼则为人醇厚;反之,则会沦于浅薄。守不守礼,是区分君子和小人的一个标准。后来,荀子则将这种区分具体化了:"容貌、态度、进退、趋行,由礼则雅,不由礼则夷固僻违,庸众而野。"(《荀子·修身》)在容貌、态度、进退、行走方面,遵循礼就显得文雅,不遵循礼就显得鄙陋邪僻、庸俗粗野。故而孔子教导弟子"博学于文,约之以礼"(《论语·雍也》),希望他们能够成为有教养的君子。

孔子之所以如此重视礼,是因为他发现了礼与仁之间的重要关系。相较于仁,礼是外在的,是相对次要的。如果没有仁作为内在精神,那么礼就是空壳,就是形式,甚至是枷锁。但是,这并非说礼不重要。如果没有礼,那么仁也就无法落实、无从谈起。总而言之,仁是礼的内涵、基础、本质;礼则是仁的表现、形式、载体。正如冯友兰所论:"没有真情实感为内容的'礼',就是一个空架子,严格地说,就不成其为'礼'。没有礼的节制的真情实感,严格地说,也不成其为'仁'。所以真正的礼,必包含有'仁';完全的仁也必包含有'礼'。这就是两个对立面的互相渗透。所以一个完全的道德品质,就是'礼'和'仁'的统一。"①在《论语》中,孔子多次用礼来诠释仁。

　　颜渊问仁。子曰:"克己复礼为仁。"(《论语·颜渊》)

对此,我们在第二章有较为详细的考证和论述。简言之,"克己复礼",就是要克制自己的私欲,以合乎社会的公序良俗的规范,是一种人生修养。因为,这里的"己"代表的人作为动物性的私欲的一面,人如果要"忠恕"行仁,首先要做的就是"克己",因为这个"己"所代表的私心、私欲,是推己及人的障碍。不克这个"己"就不能推己及人。所以,克己是为仁的前提。不管是自己的道德觉醒、还是推己及人地去立人、达人,己所不欲,勿施于人,都必须以此为前提。人只有理性地看待欲望,适度地节制欲望,不做欲望的奴隶,既能"从吾所好""从心所欲",又懂得"克己复礼""不逾矩",才能实现人生真价值,获得人生

① 　冯友兰:《中国哲学史新编》(上),人民出版社 1998 年版,第 164—165 页。

大自由。紧接着本章，就是"仲弓问仁"章：

> 仲弓问仁。子曰："出门如见大宾，使民如承大祭。己所不欲，勿施于人。在邦无怨，在家无怨。"

这里，孔子对仁的诠释，还是从礼入手："出门如见大宾，使民如承大祭。""见大宾""承大祭"，突出的都是一个"敬"字，是对本职的忠，对职事的敬。"己所不欲，勿施于人"则是恕道。忠、恕恰恰是借由礼来彰显仁德。

其实，我们还可以通过孔子自己的言行举止，来看礼是如何彰显内在的仁德的。《论语》中记载了一些孔子生活中的细节，由此我们可以窥见夫子对他人的关爱、尊重、体贴：

> 朋友死，无所归，曰："于我殡。"（《论语·乡党》）
>
> 子食于有丧者之侧，未尝饱也。（《论语·述而》）
>
> 子于是日哭，则不歌。（《论语·述而》）
>
> 师冕见，及阶，子曰："阶也。"及席，子曰："席也。"皆坐，子告之曰："某在斯，某在斯。"
>
> 师冕出。子张问曰："与师言之道与？"子曰："然。固相师之道也。"（《论语·卫灵公》）

由此生动的事例，我们可以发现，孔子的语默动静，无一不展现礼的精神，同时又无一不给人以仁的感染。在孔子身上，仁、礼是合一的。对亡友之"殡"，是一种人道主义的关怀；对有丧者"不歌"，则意味着一种"克己复礼"；对长者细致的礼貌，背后是一颗仁爱的心。确实，礼本身蕴含着德性，体现了道德。《左传·僖公二十七》年载："礼乐，德之则也。"在这里，礼乐被视为体现德行的外在规范。礼仪是礼的表现形式，而礼义则是礼的内在精神。所有的礼仪规程，是可观可感的，其背后所体现的内涵和精神则很难一目了然，故而现实中往往会出现将礼仪等同于礼的偏失。

孔子对礼的改造，恰恰是从"援仁入礼"开始的。礼，本来是文质合一的，在礼仪的背后皆有相应的礼义。这个"礼义"就是贯注于仪式之中的道德精神。但是，礼本身也有一个从发展到衰亡的过程，其表现就是空存礼仪，而丢失了礼义。这就是孔子所谓"礼坏乐崩"的重要内涵之一。孔子生活的春秋末期，"知仪而不知礼"的现象更加严重。因此，孔子感慨地说："礼云礼云，玉帛云乎哉？乐云乐云，钟鼓云乎哉？"（《论语·阳货》）孔子感慨的是，礼和乐怎么会仅仅指那些玉帛钟鼓呢？玉帛和钟鼓，不过是礼乐的载体而已。礼乐之所以为礼乐，因为在仪式的背后有深厚的礼义。如明代大儒王阳明也说："故仁也者，礼之体也……经礼三百，曲礼三千，无一而非仁也，无一而非性也……故克己复礼则谓之仁，穷理则尽性以至于命，尽性则动容周旋中礼矣！"（《王阳明全集·悟真录之一·文录四》）仁德是所有礼的本体，忽视了仁德，礼就成了空壳。所以，孔子又感慨地说："人而不仁，如礼何？人而不仁，如乐何？"（《论语·八佾》）呼吁重视礼义，彰显仁德。当然，没有礼，仁德也就难以彰显，所谓"皮之不存，毛将焉附"。因此，守礼对于个人和社会而言，无比重要。孔子通过"援仁入礼"，给垂死的礼乐注入了生命，使陈旧的礼乐重新焕发了生机。而孔子的"仁德"之教，也有了实践、贯彻的载体。

礼作为一种修养的方式，其内在本质可以"仁"来涵摄，但具体发挥作用的却是另一种精神状态——敬。礼乐教化的根本精神，可一言以蔽之曰"敬"。如果没有了"敬"作为灵魂，则礼乐也只是徒具形式而已，其流于虚伪则是必然的。可以说，敬就是仁与礼的关联节点。

徐复观先生曾经特别提出"敬的观念"对于中国人文精神发展的巨大意义。他认为，西周初年，周公等人所具有的那种忧患意识，乃是一种精神的自觉。徐复观对忧患意识进行了这样的解释："忧患意识，不同于作为原始宗教动机的恐怖、绝望。一般人常常是在恐怖绝望中感到自己过分的渺小，而放弃自己的责任，一凭外在的神为自己作决定。在外在的神为自己作决定后的行动，对人的自身来说，是脱离了自己的意志主动、理智引导的行动；这种行动是没有道德评价可言，因而这实际是在观念的幽暗世界中的行动。由卜辞所描出的'殷人尚鬼'的生活，正是这种生活。'忧患'与恐怖、绝望的最大不同之点,在于忧患心理的形成,乃是从事者对吉凶成败的深思熟考而来的远见;在这种远见中,主要发现了吉凶成败与当事者行为的密切关系,及当事者在行为上所应负的责任。忧患正是由这种责任感来的要以己力突破困难而尚未突破时的心理状态。所以,忧患意识,乃人类精神开始直接对事物发生责任感的表现,也即是精神上开始有了人的自觉的表现。"①徐复观"忧患意识"说的提出,可以视为解读中国文化精神的最大贡献,它与李泽厚的"乐感文化"说、庞朴的"忧乐圆融"说鼎足而三,其理论创获意义重大。在忧患意识中,必然生发出一种精神状态,那就是敬。徐复观说,"敬"是直承忧患意识的警惕性而来的精神敛抑、集中,及对事的谨慎、认真的心理状态。这是人在时时反省自己的行为,规整自己的行为的心理状态。② 在宗教中,也有敬的精神状态,但是与从忧患意识而来的贯注于礼之中的"敬",形似而神不同。在宗教之中的虔敬,是把自己的主体性消解,而彻底皈依于神的心理状态,而礼敬则是突显自己主体的积极性与理性作用,通过消解官能欲望于所负责任之前,将自家精神由散漫渐渐集中的精神状态。因此,宗教的虔敬是被动的,人文的礼敬则是主动的、反省的、内发的心理、精神状态。

"敬"是"礼"的最根本的要求。《孝经》载孔子说:"礼者,敬而已矣。"《礼记·曲礼》开篇即云:"毋不敬。"范祖禹曾云:"经礼三百,曲礼三千,亦可以一言以蔽之,曰'毋不敬'。"③《论语》记载子张向孔子问"行"。孔子回答说:"言忠信,行笃敬,虽蛮貊之邦,行矣;言不忠信,行不笃敬,虽州里行乎哉?"(《论语·卫灵公》)对此,程子解析说:"学要鞭辟近里,著己而已。博学而笃志,切问而近思;言忠信,行笃敬;立则见其参于前,在舆则见其倚于衡,只此是学。质美者明得尽,查滓便浑化,却与天地同体。其次惟庄敬以持养之,及其至则

---

① 徐复观:《中国人性论史·先秦篇》,九州出版社 2014 年版,第 19—20 页。
② 参见徐复观:《中国人性论史·先秦篇》,九州出版社 2014 年版,第 22 页。
③ (宋)朱熹:《四书章句集注》,中华书局 1983 年版,第 54 页。

一也。"①虽然不免"涵养须用敬"的宋儒套路，但基本上是符合孔子礼的精神的。言行是人内在德性的外在表现。言之"忠信"、行之"笃敬"，其实都来自内心的"敬"。需要注意的是，在孔子、儒家那里，"敬"包含两层意思，一是外在的恭敬之行，二是内在的敬畏之心。《礼记·曲礼上》孔颖达疏引何胤之说云："在貌为恭，在心为敬。"②内在的敬畏之心是外在恭敬之行的根基所在。

礼虽然源自祭祀的敬神敬祖，但更主要的在于人际交往，其原则就是"自卑而尊人"，也就是表现对交往对象的尊敬。如《礼记·曲礼上》云："夫礼者，自卑而尊人。虽负贩者，必有尊也，而况富贵乎？"自卑不是卑躬屈膝，而是谦和、谦恭、谦让的表现。朱熹就说："让者，礼之实也。"③故而，孔子对君子有这样的要求："君子无所争，必也射乎！揖让而升，下而饮。其争也君子。"（《论语·八佾》）这里的射是指古代的射礼。作为一种礼，射礼所要追求的还是君子人格的养成。不争，谦让，是君子人格的重要表现。礼让也就具有了教化的意义。

孔子对能够做到"让"的古代圣贤也充满了敬意。孔子赞美泰伯："其可谓至德也已矣！三以天下让，民无得而称焉。"（《论语·泰伯》）泰伯对于天下的让，当然已经超越了世俗的谦让。不过，本质上讲，还是内在的德性的外显。因此，孔子对于让，认为治国应该遵守这种礼让的精神，培养礼让的风气："能以礼让为国乎？何有？不能以礼让为国，如礼何？"（《论语·里仁》）

如果仅从孔子谈及的次数，或某一范畴出现的频率来看，"敬"在孔子那里似乎不如仁、义、礼、智、信等来得重要。其实，这种观察存在偏失。透过对孔子思想的总体把握，我们可以知道，"敬"具有极为重要的价值，它是社会人伦甚至人之为人的一个基本价值。敬的有无，关系到其他道德、伦理的存亡。

---

① （宋）朱熹：《四书章句集注》，中华书局1983年版，第162页。
② （唐）孔颖达：《礼记正义》（上），载李学勤主编：《十三经注疏》（标点本），北京大学出版社1999年版，第16页。
③ （宋）朱熹：《四书章句集注》，中华书局1983年版，第72页。

比如,孔子重视孝,但他认为,孝的基本精神或前提就在于敬。《论语·为政》篇记载子游问"孝"的意涵:"今之孝者,是谓能养,至于犬马,皆能有养,不敬,何以别乎?"我们知道,人与动物都存在一种现象,那就是父母对于子女的呵护之爱。而所谓孝的观念,即儿女对父母的爱的回报,是人类区别于动物界的一个标志,是文明的象征。动物是没有孝的行为可言的。而人对待动物与人尤其是父母,更是应该有很大区别的。如果仅仅做到物质的满足,而缺乏"敬"这种发自肺腑的内在情感,则无法将人与动物分别开来。这也是一种"人禽之辨"。

"敬"在孔子那里首先与修身有关。《论语·宪问》篇记载:子路问君子。子曰:"修己以敬。"孔安国对此解释说:"敬其身也。"①其实,这种敬除了对自身生命、尊严的敬之外,还要具体地"训练"一种敬的外在与内在的状态。可见,敬是一个人修养的重要起点。所以孔子对子张强调"言忠信,行笃敬",才是立身处世之本。当然,这种"修己以敬"更多是对上层君子而言的。因此,他还说:"道千乘之国,敬事而信,节用而爱人,使民以时。"(《论语·学而》)

孔子对弟子樊迟解释"仁"的内涵时说"居处恭,执事敬,与人忠";仲弓推崇"居敬而行简",子夏讲究"君子敬而无失",这种敬事的观念,便与《洪范》的"敬用五事"一脉相承。《论语·八佾》记载:子曰:"居上不宽,为礼不敬,临丧不哀,吾何以观之哉?"朱子解释:"为礼以敬为本。"②可见,敬是礼的灵魂,无敬不成礼。

孔子对祭礼一直十分重视。《论语·八佾》记载:"祭如在,祭神如神在。"孔子说:"吾不与祭,如不祭。"程子说:"祭先主于孝,祭神主于敬。""祭如在,祭神如神在"一句,虽非孔子之言,但是朱子认为"此门人记孔子祭祀之诚意"③。确实如此。所谓"诚意"无外乎敬的反映。对此,李泽厚有一段精彩

---

① (南朝梁)皇侃撰,高尚榘校点:《论语义疏》,中华书局 2013 年版,第 387 页。
② (宋)朱熹:《四书章句集注》,中华书局 1983 年版,第 69 页。
③ (宋)朱熹:《四书章句集注》,中华书局 1983 年版,第 64 页。

的分析："从文化心理结构说,两个'如'字,显示既未论证鬼神的存在,也未否证其存在。强调的是行祭礼的时候必须设想鬼神(祖先)是存在着,要求的仍是一种心理情感的呈奉而不是理知的认识或论证。所以才说,不亲自参加,没有这种心理情感的呈奉,便等于'不祭'。可见,对孔子,祭礼的重要不在仪文、形式,重要的是亲身参与以获得这种心理、情感和素质。《礼记·祭统》说,'夫祭者,非物自外至者也,自中出生于心也'。荀子说,'三年之丧何也?曰称情而立文'(《荀子·礼论》)等等,都几乎是同一意思。整个《论语》谈到祭祀,强调的都是这种内心情感,以此而论证外在仪文和礼制的来由和必要。这虽然颠倒了历史真实,但足见注意心理结构即人性情感的塑造,是孔子所奠基的儒学特征。上帝鬼神作为情感呈奉、依托、归宿的对象,而不是理知论证、逻辑推演(如西方中世纪神学和哲学对上帝存在的各种证明)的对象,乃孔门'教义'。……孔子远在两千年的这两个'如'字的分量和意义就在这里:它指向中华民族某种特定引理入情的心理塑建。"①其实,这里所体现的也正是对祭祀之礼的敬重。这自然是上承古代的上帝鬼神信仰而来,具有一定的宗教体验性。

　　子曰:"君子有三畏:畏天命,畏大人,畏圣人之言。"(《论语·

季氏》)

此处所谓"畏",非畏惧、惧怕之义,而是敬畏之义,是指由敬重而生发的"惶恐""怵惕"之感。这种"惶恐""怵惕"之敬畏感,即是人类自觉己身之微渺而生的谦卑之心,自觉德业之重大而有的责任之感。人知谦卑,而能自尊尊人;人知责任,方可自弘弘道。儒家所谓"天地之性人为贵",在这一意义上才是成立的。这里,敬畏之心,就具有了神圣性、宗教性和信仰的意义。因此,儒家虽然并非宗教,但是却在中国文化中起到了准宗教的作用,其中的奥秘就在于儒家虽然持理性主义,对上帝鬼神持"敬而远之"的中庸态度,但敬在人的信仰层面却发挥了只有其他宗教才能发挥的作用。

---

① 李泽厚:《论语今读》,生活·读书·新知三联书店 2008 年版,第 100—101 页。

另外,敬的真义还表现在孔子对待传统的态度上。孔子曾直言自己是"述而不作,信而好古",有人说这是儒家保守思想的源头。其实,孔子在此所表达的不过是对待既有传统的一种敬重。他真切地理解,文化应该是一条河流,延绵不绝,川流不息,生生不已。只有尊重传统,尊重历史,才能真正理解传统的真精神、真价值,才会从中汲取养分。因此,儒家对待历史、对待传统的基本态度就是"保守"——保而守之,注重继承、积累,在此基础上再谈创新、发展。近代以来,疑古思潮盛行,一股"反传统"的"传统"开始出现。其实背后所蕴含的是历史虚无主义。

"敬"之所以能够在人际交往过程中具有如此神奇的效力,关键在于这是符合人性需求的。如果按照马斯洛的需求理论,人们的需求依次由较低层次到较高层次可以分为生理需求、安全需求、社交需求、尊重需求和自我实现需求五类。尊重是人的需求的重要部分。人际交往过程中,自谦而尊人,就符合这种人的需求,因此礼敬对方,才能够体现互相尊重,满足人的基本需求,彰显人性的尊严。

正是由于孔子对礼和敬的推崇,"敬",才成为中国文化中非常特殊的一个伦理范畴和道德要求。宋儒朱子说:"近来觉得敬之一字,真圣学始终之要。"(《朱子语类》卷十二)国学大师马一浮先生,一生都在极力提倡中国文化中"敬"的精神,他认为国学就是六经之学,而六经的基本精神就在于"敬"。①深受马氏思想影响的著名学者刘梦溪先生认为,"敬"既是道德伦理,又是中国人和中国社会普遍持久的人文指标。可以看作是中国文化话语里面的具有永恒价值的道德理性。先秦儒家和宋儒提倡"主敬",目的是使中国人的文化性格庄严起来。②如果说,在宗教与信仰层面,儒家思想尚留有一定空缺的话,那么"主敬"思想应是一种恰如其分的补充。"敬"虽然不是信仰本身,但

---

① 参见马一浮:《复性书院讲录》,山东人民出版社 1998 年版,第6—9页。

② 参见刘梦溪:《儒家话语下的宗教与信仰》,载《学术与传统》中卷,北京时代华文书局 2017 年版,第766—770页。

它是中国文化背景下通向信仰的直接桥梁。

三、孔子的君子观

君子,是中国文化中关于人格境界的核心范畴,也是孔子人格修养的基本范畴。《论语》中涉及"君子"共计107次。首篇首章与末篇末章都涉及"君子",元儒陈栎说:"《论语》一书,夫子以君子教人者多矣。首末两章皆以君子言之,记者之深意。夫子尝自谓'不怨天不尤人'。'人不知而不愠',不尤人也。知命则不怨天,且乐天矣。学者其深玩潜心焉。"①确实,《论语》的20篇无一不在谈君子,毫无疑问君子是贯穿《论语》全书的一个核心概念。自从孔子将"君子"作为论说的关键对象和谈论的主要内容,后世受到孔子、儒家影响的中国人,不管是读书做官的,还是贩夫走卒,基本上都以成为君子作为自己安身立命的追求。今天的中国人,一谈到"君子""小人"往往不假思索地从"道德"的角度思考。但其实,自古到今,在儒家系统中"君子"一词的含义从来不是单纯的"道德"含义。

据考察,"君子"一词出现得很早。早期典籍如《周易》《尚书》《诗经》等都已经出现了"君子"的概念。据学者考察,古代对于"君子"的定义有多种。一种是从君与子作为尊称的角度来看君子的内涵。比如,汉代班固《白虎通义·号》中说:"或称君子者何?道德之称也。君之为言群也,子者,丈夫之通称也。"②汉代王符《潜夫论·释难》云:"夫君子也者,其贤宜君国,而德宜子民也。宜处此位者,惟仁义人。故有仁义者,谓之君子。"③而唐代孔颖达《毛诗正义》中说:"君子者,言其德可以君上位,子下民,虽天子亦称之。……公卿以下有德者亦称之。"④当然,还有一种理解是,"君子"一词的本义大概是

---

① (明)胡广等编:《四书大全》(二),山东友谊书社1989年版,第2033页。

② (清)陈立疏证,吴则虞点校:《白虎通疏证》,中华书局1994年版,第48页。

③ (清)汪继培笺,彭铎校正:《潜夫论笺校正》,中华书局1985年版,第431页。

④ (唐)孔颖达:《毛诗正义》(下),载李学勤主编:《十三经注疏》(标点本),北京大学出版社1999年版,第1089—1090页。

"君之子"的意思,如王子、公子之类。这一点早经著名历史学家金景芳先生揭示出来:"'君子'是历史的概念,有个变化的过程。'君子'最早是个阶级的概念。就像诸侯之子称公子,天子之子称王子一样,君子就是君之子。君之子当然是贵族,是统治者。与之相对应的则是小人,劳力者。孔颖达说:'言君子者,谓君临上位,子爱下民,通天子诸侯兼公卿大夫有地者。'也是说君子是统治阶级。"①古代"君"并不是天子诸侯的专利,每一级贵族相对于下一级皆可称君,即孔颖达所谓"通天子诸侯,兼公卿大夫有地者"②,因此君是贵族的泛指。那么,由此推之,君子也是对贵族的泛指或代称。揆诸《尚书》《周易》《诗经》,"君子"一词绝大多数是意指有位者,但同时也隐含有道德的意义。我们根据刘震对于《易经》"君子"的考察可知,在十六个卦中都涉及了君子。在这些君子当中,其意涵更多指向人的社会责任,而非道德诉求。这在很大程度上印证了上面的说法。

由于贵族本身体现着礼乐、道德等文明素养,因此,"君子"一词天然就包含着一种美德,是褒义词。而与之相对的,则是社会底层的人,统称为"小人"。不过,《诗经》中的"君子"很多时候是对"丈夫"的美称,并非专指贵族。这可能是后来《论语》中"君子"一词"位"的含义的弱化,"德"的含义的强化的过渡。所以,金景芳先生又说,"经过历史的发展,君子除有阶级的含义以外,又有了区分道德品质的意义。君子是道德高尚的人,小人是道德低劣的人"③。

"君子"一词到了《论语》中,其"道德"的内涵得到强化,很多有关"君子"的描述,几乎都具有道德意义。但是,在《论语》出现的107次有关"君子"的描述中,有纯指地位者,有纯指品性者,有兼指地位与品性者。我们仔细辨析

① 金景芳、吕绍纲:《周易全解》(修订本),上海古籍出版社2017年版,第25页。
② (唐)孔颖达:《周易正义》,载李学勤主编:《十三经注疏》(标点本),北京大学出版社1999年版,第11页。
③ 金景芳、吕绍纲:《周易全解》(修订本),上海古籍出版社2017年版,第25页。

可知,完全从"德"的角度来论"君子"与完全从"位"的角度来论"君子"的都不多。大部分有关"君子"的论述实际上是基于"德"与"位"的双重视角,或者叫作"德位统一"论。

孔子之所以赋予"君子"以新义,实际上是春秋时代时局变动、贵族堕落的必然结果。本来,西周时期贵族本身有位且有德,作为"君子"理所当然。但是,随着礼坏乐崩,原来的贵族很多已经丧失了"德",但还窃居"君子"之"位",也就是说已经有名无实,或者名不副实。孔子本乎"正名"的主张也必然要重新界定君子。正如政治史家萧公权先生所指出的:"旧义倾向于就位以修德,孔子则侧重修德以取位。""以宗法身份之旧名,寓修德取位之新意。譬若移花接木,其操术至妙而用心良苦。"①信哉斯言!所以,孔子所赋予的"君子"内涵,是一个"否定之否定",是对当时君子的批评,是对原初君子意义的回归。这种回归又是一种升华。

这种"升华"主要体现在两个方面:第一,孔子将"君子"一词的含义中处于隐性的"德"予以突显出来,使"德"成为君子的第一内涵。成为"君子"不再是贵族的专利,打破了宗法制度下的贵族垄断,取消了"君子"(也包括"小人")的身份限制,这是对"君子"一词的解放。这实际上表明,"君子"是人人可以追求的,人与人是内在平等的。"小人"则是人人皆可因不修为堕落沉沦的,人在这里也是平等的。对于道德上的堕落,孔子是深深同情的;对于自甘堕落,孔子则是厌恶的。第二,基于以上的转变,过去的"位—德"合一,一变而为"德—位"合一。这种转变对于激励人们积极上进,积极改变自身社会身份与地位,承担社会责任起到了非常重要的作用。同时,对于下位的小人(民)的道德要求相对较低,实际上更多着眼于对民的养、富,然后才是教。"礼不下庶人"不是对庶人的压制和歧视,反而是一种同情与保护。地位意义上的小人,应予宽容和保护,引领与教化。正如徐复观先生所指出的,儒家在

---

① 萧公权:《中国政治思想史》(上),商务印书馆 2011 年版,第 75、76 页。

修己与治人两个方面的要求是不一样的。在上位的君子修己要严格,格外强调道德的意义,但是治人则不同,应该对民有更多的物质等生活保障,"利用厚生"。这实际上是反对对小人(民)的道德绑架。①

如果说,君子的古义强调的是因位而有德的"位—德",那么孔子赋予君子的新义则是有德而获位的"德—位"。孔子对宗法制度衰微已经看得非常清楚,但是他并不认为宗法制度本身出现问题,而认为是人出现了问题。于是,他希望为宗法制度"造血"。"孔子殆有见于此,故设为以德致位之教,传弟子以治平之术,使得登庸行道,代世卿而执政。故孔子之理想君子,德成位高,非宗子之徒资贵荫,更非权臣之仅凭实力。前者合法而未必合理,后者则兼背理法。孔子所言之君子取位虽不必合于宗法,而其德性则为一合理之标准"②。因此,在孔子的言说之中,君子固然是一个道德修养意义上的范畴,但同时又是一个政治思想上的范畴。这是不能不辨明的。

那么,孔子所谓的君子具有怎样的内涵呢?当然,在《论语》中,孔子对君子有诸多的概括,如"君子有九思""君子有三畏""君子有三戒""君子之道四"等等。不过,我们以为,《孔子家语·五仪解》所记孔子对君子的界定,是最全面的:"所谓君子者,言必忠信而心不怨,仁义在身而色无伐,思虑通明而辞不专。笃行信道,自强不息,油然若将可越,而终不可及者。此则君子也。"解读这一段文字,我们可知君子在孔子心目中应该有如下几个要素:首先,君子应该"志于道",有对道的追求和信仰;其次,君子应该"笃行",对于所信仰的道勇于实践,化为行动;第三,君子应该"仁义在身",即秉持仁义的原则;第四,君子应该"色无伐",即保持恭敬谦虚谨慎;第五,君子应该坚守"忠信之道";第六,君子应该对自己的遭际"不怨",保持中正平和;第七,君子应该"思虑通明",即富有智慧;第八,君子应该"自强不息",即保持坚韧、弘毅的人生

---

① 参见徐复观:《释〈论语〉"民无信不立"》,载《学术与政治之间》,九州出版社2014年版,第277—278页。

② 萧公权:《中国政治思想史》,商务印书馆2011年版,第76页。

态度。由此可知,在孔子眼中,君子应该是追求道,坚守仁义礼智信的人。李承贵先生也有一个归纳,他大体梳理出八条内涵:(1)义以为质;(2)关怀意识;(3)中庸不偏;(4)律己成人;(5)恪守气节;(6)慎言敏行;(7)遵礼守法;(8)自强不息。①

既然君子已经不是由固定的社会身份或出身所决定,那么君子将如何养成呢? 在孔子看来,要想成为君子,唯一的途径就是学。或者反过来说,教的目标就应该是培养君子。

《论语·学而》篇首章云:"学而时习之,不亦说乎? 有朋自远方来,不亦乐乎? 人不知而不愠,不亦君子乎?"《论语·尧曰》末章云:"不知命无以为君子也,不知礼无以立也,不知言无以知人也。"作为首篇首章,可以视为全书的总纲。如果细加体味,这一章所揭示的主旨就是"以学养成君子"! 由此可见,"学"对于成为君子,是何等的重要。通过观察整部《论语》,我们可以明白,学是君子养成的不二法门! 宋儒蔡模说:"《论语》首章末以君子言,末章首以君子言,圣人教人,期至于君子而已。详味两章语意,实相表里,学者其合而观之。"②

儒家最重要的精神就在于"学"——志学、好学、乐学、博学。《论语》中论述学习的句子,可以说非常之多。关于学习,孔子有一套相当成熟的思想。强调学习,正是孔子最鲜明的主张,也是儒学最突出的特征。可以说,儒家之"学"更加强调"学—习"。随着儒家文化主导地位的确立,中华文明自然也就形成为"学习型文明"。当然,任何一个伟大而传之久远的文明,都是在与异文明的交流与学习中获得自我充实与更新的。但是,相较于一神教文明那种"传教型文明",显然中华文明更能体现一种别样的形态。"礼闻来学不闻往教",就是这一文明对待学与教的态度。以至于可以说,我们一向奉行鲁迅所谓的"拿来主义",而不擅长于季羡林、汤一介诸先生所谓的"送去主义"。而

---

① 参见李承贵:《儒学的形态与开展》,社会科学文献出版社 2016 年版,第 2—5 页。
② (明)胡广等编:《四书大全》(二),山东友谊书社 1989 年版,第 2033 页。

这一特征的奠定,端赖乎孔子与《论语》。

首先,孔子自身就是一位十分志学好学之士。《论语·为政》篇载孔子自述:"吾十有五而志于学,三十而立,四十而不惑,五十而知天命,六十而耳顺,七十而从心所欲,不逾矩。"孔子"志于学"就是"志于道"。《论语·公冶长》记载:"子曰:'十室之邑,必有忠信如丘者焉,不如丘之好学也。'"一般来说,我们都承认孔子作为圣人,具有我们望尘莫及的道德修养。但是,他自己最为自信的却不在自己的德行比如"忠信",而是自己的"好学"。其实,孔子不止一次自陈自己的好学。据《论语·述而》载,孔子说:"若圣与仁,则吾岂敢。抑为之不厌,诲人不倦,则可谓云尔已矣。"这里所谓"为之不厌",就是"学而不厌"。学而不厌就是一种好学的精神。这种好学的品质在孔子身上很早就确立了。

孔子也对好学下了定义:"君子食无求饱,居无求安,敏于事而慎于言,就有道而正焉,可谓好学也已。"(《论语·学而》)孔子曾说:"可以与人终日不倦者,其唯学焉"(《孔子家语·致思》)孔子一生坎坷,但学而不厌,学并快乐着的精神一直伴随左右。

之所以好学,是因为孔子对自我有个定位:"我非生而知之者,好古,敏以求之者也。"(《论语·述而》)他的知识都是靠自己学习而来,并非生而知之。我们知道,孔子曾经将人分为"生而知之者""学而知之者""困而学之者""困而不学者"几种。从逻辑上说,孔子认为世界上有"生而知之者",但是他却说"未之见也",而以"学而知之者"自居。从这里我们可以窥见孔子思想的平实性。

孔子确实善于学习。《论语·述而》篇有他的自述:"三人行,必有我师焉。择其善者而从之,其不善者而改之。"孔子的好学善学,表现在"学无常师"。据《论语·子张》篇记载:"卫公孙朝问于子贡曰:'仲尼焉学?'子贡曰:'文武之道,未坠于地,在人。贤者识其大者,不贤者识其小者,莫不有文武之道焉。夫子焉不学?而亦何常师之有?'"从二十岁至五十岁期间,孔子一直寻找从政的机会而不得，但他勤奋好学的精神从未改变。孔子二十七岁的时候，郯子朝鲁。孔子听说后，求教于郯子。据《史记·仲尼弟子列传》所记："孔子之所严事：于周则老子；于卫，蘧伯玉；于齐，晏平仲；于楚，老莱子；于郑，子产；于鲁，孟公绰。""严事"即师事，这里道出了孔子的"师承"，也表明孔子之"转益多师"。孔子曾与南宫敬叔一起前往周朝的都城求见老子，学习周礼。孔子向蘧伯玉、晏平仲、老莱子、师襄子、子产、孟公绰等（当然并非皆能亲炙）人学其所长。孔子学习的内容非常广泛，仅礼乐来说，孔子曾问礼于老子，学乐于苌弘，问琴于师襄。

　　孔子的好学精神对弟子们影响极为深远。如他的弟子子夏说："百工居肆以成其事，君子学以致其道。"（《论语·子张》）必须通过学习，才能达到"道"的境界。子夏还提出："日知其所亡，月无忘其所能，可谓好学也已矣。"（《论语·子张》）每天都学习自己不知道的知识，每月都不要忘记自己的所学，这就是好学了。子夏甚至将好学与治理国家联系起来，"必学然后可以安国保民乎"。那么，怎么学呢？即"博学而笃志，切问而近思"（《论语·子张》），结果"仁在其中矣"。学习内容广博，方法上切问近思，心态上笃志，最终目的是达到"道"的境界。

　　从另一个方面来看，孔子及儒家对于教育的理解，也是从人格的养成着眼的。孔子之教，乃是立人成人之教。或者说，儒家教育的目的就是养成君子。我们看孔子之教："子以四教，文、行、忠、信。"孔子强调教，强调学，目的就在于君子的养成。长期以来，我们将孔子之教称为"成德之教"。其实，这一判断并非的论。君子的养成，并非单纯的成德问题。正如《中庸》所谓"成己成物"是不可或缺的。《论语·宪问》也说："修己以敬""修己以安人""修己以安百姓"。如果仅仅养"德"成"德"显然不足以"安人""成物"，尽管"德"在儒家具有一种基础性的根本性的意义。但是从儒家"大学之道"："修身、齐家、治国、平天下"的宏大鹄的来说，其学绝非修身、成德这般简单。所以，儒家所讲之道，含义甚广，包括修身、伦理、政治、经济、军事、外交各种。那么，君子便是这样的理想之人。尽管孔子强调"君子不器",但绝非是说君子只需要修身成德,而不需要掌握各种才能。正如朱熹所说:"君子,才德出众之名。"①儒家说"德才兼备",强调德,却不忽视才。

中国文化强调"三不朽"——"立德、立功、立言",而儒家内部也大致出现了"道、政、学"的三维面向,有传道之儒、经世之儒和传经之儒。换句话说,君子也应该包含以上三个维度。但自宋代以来,在价值取向上,"传道之儒"地位高于"经世之儒"与"传经之儒",其实这与宋明儒者对于"君子"的理解,便紧紧盯住"德"的一面来发挥,对于"君子"之"位"的一面不免与轻忽不无关系。如朱子在《论语集注·学而》首章中注曰:"君子,成德之名。"②轻忽了"位",就意味着过分强调了君子"立德",而忽略了"立功",难怪乎有宋代陈亮、叶适等对于理学的不满,以致于后来有"平日袖手谈心性,临危一死报君王"的尴尬与无奈。如果回归到《论语》关于"君子"的本义,那么无论对于我们理解儒家真精神,还是在当今时代弘扬君子之道,才是切中肯綮,不至偏失。

理解君子在《论语》中的含义,我们可以从《宪问》"子路问君子"章进行系统的理解。

> 子路问君子。子曰:"修己以敬。"曰:"如斯而已乎?"曰:"修己以安人。"曰:"如斯而已乎?"曰:"修己以安百姓。修己以安百姓,尧舜其犹病诸?"

在该章中,孔子首先提出了君子"修己"的要求,也就是说"修己"是君子的基础性条件。但是"如斯而已乎"? 孔子的回答是否定的。他进一步提出"修己以安人""修己以安百姓"。如果说,"修己"对应的是《大学》"修身",那么,"修己以安人"对应的可能是"齐家""治国","修己以安百姓"对应的是"平天下"。尽管"平天下""安百姓"是极其不易实现的目标,但是它必然内蕴在儒家"君子"的目标之中。由此可见,"修己"与"安人"是君子不可或缺的两个

---

① (宋)朱熹:《四书章句集注》,中华书局1983年版,第99页。
② (宋)朱熹:《四书章句集注》,中华书局1983年版,第47页。

要求。那么,如果用《庄子》中提到的后世被用来形容儒家学说体系的"内圣外王"来比照,那么,"修己"就是"内圣"的工夫,"安人"就是"外王"的工夫。只不过,"内圣外王"容易被人误解,唯有做到"圣""王"才算是实现了儒家之道,而君子这样一个层面就会丧失价值与意义。因此,我们还是用"修己以安人"来概括君子的内涵。这样一种理解,照顾到了"德"与"位"两个不可或缺的层面,显然较之将"君子"理解为成德之人更为周全。如果用这样一个理解来观照《论语》中的"君子"论说,就会豁然贯通。

如此一来,我们就会清楚"君子"并非单纯的人格概念,不仅仅属于伦理学的范畴,更是一个政治哲学的范畴。君子,在儒家看来,应该成为政治治理的主体,这是儒家德治主义的内在要求。孔子之教,也正是要培养君子,让君子进入政治,担负治理责任,而所谓治理责任就是"安人"。当然,这个"安人"包括"养民""富民""教民"等若干层次。所以,孔门四科中除了"德行"科,还有"政事、言语、文学"等科。

徐复观先生曾将儒家政治思想归结为"德治主义"。"德治"是个现代词汇,是现代学者对于古代政治思想的一种概括,最早的使用者应该推梁启超先生。而正式将"德治主义"作为儒家政治思想的核心予以系统阐述的则是徐复观。他认为:"孔子乃至整个儒家的政治思想,都是由德治观念所贯通的。"[1]于是他提出,"儒家的政治思想,从其最高原则来说,我们不妨便称之为德治主义;从其基本努力的对象来说,我们不妨便称之为民本主义。把原则落到对象上面,则以'礼'经纬于其间"[2]。而德治就是孔子所说的"为政以德",就是"帅以正",这就是孔子所谓"政者,正也"的深刻含义。基于这一立场,那么一方面儒家认为为政者首先应该是"有德者";另一方面,儒家又强调教育要培养"有德者"进而"学而优则仕",成为政治治理的主体。于是,君子就成

① 徐复观:《孔子德治思想发微》,载《中国思想史论集》,九州出版社2014年版,第257页。
② 徐复观:《儒家政治思想的构造及其转进》,载《学术与政治之间》,九州出版社2014年版,第47页。

为这样一个合乎儒家政治理想的理想人格。

养成君子是儒家的宗旨,也是儒家的理想。从历史上看,受到孔子精神的感召,读着四书五经等儒家经典成长起来的士人或读书人,大都具有一种"君子人格"的追求。当然,毫无疑问不是所有学儒的读书人、士大夫都是君子,还有很多走向了反面,成为势利小人。现实的吊诡就体现在这里:君子往往遭到压制和打击,小人往往得志得逞,飞黄腾达。所以,从古至今,在"君子"这个美誉面前,很多人望而却步,人们会困惑:为何非得要成为君子呢? 其实,这也是"道德"面临的永恒之问。在《论语》中,孔子本身也屡遭这样的追问或者质疑。

"德福一致"大概才能使"道德"更具魅力,更具有合法性。于是,宗教给出了"德福一致"的许诺,不管是基督教还是佛教等等,无不如此。那么孔子和儒家如何回应呢? 我们回到《论语》可以看到,孔子的回应与众不同。孔子一生屡遭困苦,尤其是周游列国期间,"再逐于鲁,伐树于宋,削迹于卫,穷于商、周,围于陈、蔡之间",明显的"德福不一"。于是有了子路的追问:"君子亦有穷乎?"孔子回答:"君子固穷,小人穷斯滥矣。"这里的君子,显然更多是从"道德"意义上谈的。孔子并不予以"德福一致"的许诺。所以,当子路将长沮、桀溺"辟世"的奉劝转告给孔子的时候,孔子"怃然曰":"鸟兽不可与同群,吾非斯人之徒与而谁与?"一个君子,应该敢于"直面惨淡的人生,正视淋漓的鲜血",他既然无法脱离人群社会,那么对于一个"谋道"的"君子"而言,就没有退路可言。孔子说:"士志于道,而耻恶衣恶食者,未足与议也。"儒家将"道"视为最大的天赋使命,"朝闻道,夕死可矣",但是"死生有命,富贵在天","福"的问题不是操之在我的,因而也是不必关心的,"尽人事,听天命"才是智慧的态度。其实,孔子直接将"德福一致"的世俗诉求一刀斩断,明明白白地告诉人们:做一个道德的君子,本身就是人的天命,是"成己"——成为自己,成就自己,完善自己,而这与生命中的贵贱贫富,生死寿夭毫无关系。追求德福一致,本身就超越了"道德"那种"无条件"的绝对,而成为一种"功利"

了。因此,儒家的君子虽然打开了不受"位"影响而人人皆可为之的"平等之门",但是很多人都停在了门口,逡巡不前。只有那些具有强烈"道德意识""精英意识"的"士"才选择了这一条没有许诺的道德之路。

四、孔子的圣人观

君子固然是孔子修养论中最常见的理想人格,但是,儒家最高的修身目标是"成圣成贤"。正如周敦颐所说:"士希贤,贤希圣,圣希天。"即便是"圣贤",在儒家看来,也是只有通过学来成就的。"圣人,可学而至",这是儒家的基本观点。这里的"学"是比较宽泛意义上的"学",而不是今天狭义的知识性学习。但问题是,"成圣"是否是孔子的理想?或者说,孔子有没有把"成圣"当作人生修养的目标?

我们通过《孔子家语·五仪解》可以比较详细地了解孔子的圣人观。孔子将人分为"五仪",即五种层次。孔子向鲁哀公指出:"人有五仪:有庸人,有士人,有君子,有贤人,有圣人。"

> 公曰:"何谓贤人?"孔子曰:"所谓贤人者,德不逾闲,行中规绳,言足以法于天下而不伤于身,道足以化于百姓而不伤于本。富则天下无宛财,施则天下不病贫。此则贤者也。"

> 公曰:"何谓圣人?"孔子曰:"所谓圣者,德合于天地,变通无方,穷万事之终始,协庶品之自然,敷其大道而遂成情性。明并日月,化行若神。下民不知其德,睹者不识其邻。此谓圣人也。"

孔子对贤人的论述,大概是以春秋时代的子产、蘧伯玉、晏平仲等为楷模的。当然,贤人基本上也是以周代有名的卿大夫群体为样板的。这就说明贤人,也是有德有位者。不过,在孔子那里,也有例外。贤人与君子一样,其德性色彩日渐浓厚。比如,《论语·述而》记孔子对伯夷、叔齐的评价:"古之贤人也。"我们知道,伯夷叔齐,虽然本为孤竹君之子,但是却隐居以求志,并没有事功的表现。而孔子所推崇的也是其"德":"求仁而得仁"。

孔子对于圣人的描述,则是以尧舜为模板的理想化。在孔子心目中,贤人是现实的,圣人则是理想的。正如李零先生所说:"圣人是带有复古色彩的概念。圣人是什么人？都是死人,没有一个是活人。"①如果考察《论语》《孔子家语》等书,确实可以发现,孔子所论的"圣人"都是历史上的人物。《论语·述而》记载孔子说:"圣人,吾不得而见之矣;得见君子者,斯可矣。"由此看来,圣人并不是现实中的人物,而是历史上的人物。李零说:"当圣人,必须有两个条件:一是聪明,天生聪明;二是有权有势,能安民济众。没有这两个条件,不能当圣人。"②其实,在孔子生活的时代,对于圣人的理解,基本上都是对古代圣王的称呼。《老子》书中有大量的相关论述,足以证明。孔子心目中的圣人,基本上都是圣王,即有德有位之人,即尧、舜、禹、汤、文王、武王。

孔子对此数位圣王不吝赞美,充满了向往和崇敬。在《论语·泰伯》篇,他赞美尧:"大哉尧之为君也！巍巍乎,唯天为大,唯尧则之。荡荡乎,民无能名焉。巍巍乎！其有成功也;焕乎,其有文章！"朱子说:"言物之高大,莫有过于天者,而独尧之德能与之准。故其德之广远,亦如天之不可以言语形容也。"③孔子赞美舜、禹:"巍巍乎！舜禹之有天下也,而不与焉。"赞美舜:"舜有臣五人而天下治。"赞美禹:"禹,吾无间然矣。菲饮食,而致孝乎鬼神;恶衣服,而致美乎黻冕;卑宫室,而尽力乎沟洫。禹,吾无间然矣。"可见,在孔子心目中,这些圣人代表了人类的最高道德与政治理想。

那么,孔子是否会以圣人自期呢？显然,如果说,在孔子的时代,圣人的概念是"死人",是历史上的人物才算,孔子便不会遇到这个问题。但是,孔子却真的遇到了。《论语·述而》篇载:"若圣与仁,则吾岂敢？"细细品味可知,孔子遇到了有人将之称为圣人的情况,才谦虚地推辞。这一点,我们看

---

① 李零:《丧家狗——我读〈论语〉》,山西人民出版社2007年版,第342页。

② 李零:《去圣乃得真孔子:〈论语〉纵横读》,生活·读书·新知三联书店2008年版,第175页。

③ (宋)朱熹:《四书章句集注》,中华书局1983年版,第107页。

子贡回答太宰"夫子圣者与"的疑问时说的一句话："固天纵之将圣。"(《论语·子罕》)这就说明，在孔子生活的时代，"圣人"已经不再纯粹属于古代圣王专属了，圣人的概念开始转化，只不过孔子还依然坚持旧说而已。由此便可推论，孔子不会以圣自期。但是，这并不妨碍当时的人以圣人许孔子。

这里还有一个问题需要辨析，即仁与圣的关系。如张岱年先生说："圣之境界，在仁之上"，"圣是最高人格之名称"。① 杨伯峻先生也讲："'仁'并不是孔子所认为的最高境界，'圣'才是最高境界。"② 李零也说："读《论语》，很多人都以为，仁是孔子的最高价值，仁人最高，不对。孔子品人，最高一级，不是仁，而是圣。圣人才最伟大，天底下，除了神，就他伟大。仁人，比起君子，是高一大截儿，但和圣人没法比，和圣人比，又低一大截儿。"③ 果真如此吗？我们来看《论语·雍也》的一段记载。

> 子贡曰："如有博施于民而能济众，何如？可谓仁乎？"子曰："何事于仁，必也圣乎！尧舜其犹病诸！夫仁者，己欲立而立人，己欲达而达人。能近取譬，可谓仁之方也已。"

读此段文字，似乎可以得出一个结论，那就是圣要高于仁。白奚先生对此进行了分析，他说，其实根据这段话，我们只可认为圣高于仁，却不能推出圣是在仁的境界之上的另一个更高的境界。也就是说，圣之高于仁，并不是在道德、人格、精神境界方面高于仁。一个普通人即使在德行修养上达到了极高的境界，也不具备"博施于民而能济众"的条件。什么条件呢？就是有位。要想做到"博施于民而能济众"，非圣王不能办到，而且即使是尧舜那样的圣王，也是十分不容易的事。孔子这里还有一个潜台词：一个君主若不具备仁德，做不到

---

① 张岱年：《中国哲学大纲》(上)，昆仑出版社 2010 年版，第 245、251 页。
② 杨伯峻：《试论孔子》，载《论语译注》，中华书局 1980 年版，第 16 页。
③ 李零：《去圣乃得真孔子：〈论语〉纵横读》，生活·读书·新知三联书店 2008 年版，第166 页。

"博施于民而能济众",就不得称之为圣。① 白奚先生的这一说法是正确的。换句话说,在孔子眼中,能够达到圣的只有古代的圣王,但是却并不意味着,孔子没有对现实中君主"内圣"的期许。

其实,张岱年也指出过,仁是生活之最高的道,也是最高的德。而圣并非一德,而是完全人格之称。只有那些德无不备,明哲绝伦且能济众的人,才能称之为圣。圣是最高人格之名称,而非生活的准则。② 因此,白奚先生认为,"在道德修养、精神境界方面,圣与仁是一样的,并非在仁的境界之上另有一更高的圣的境界","在孔子那里,圣只有对君主而言才有意义,圣的意义只是在于对君主的道德人格和精神境界提出一个要求,即达到仁的标准。而对普通人而言,只有仁才具有实在的意义,圣与他们的精神生活并不相干。正因为如此,孔子只是以仁的标准来要求自己和评价他人,却从来不用圣"。③ 我们认为,白先生的这一辨析是有力的,是可以成立的。在孔子这里,仁是君子、贤人、圣人必不可少的道德元素,其间的差别仅在于对仁的实现程度有所差别。

总之,圣人是孔子理想人格的最高范畴,但是,他却并未将"成圣"视为一种普遍意义上人生修养的目标。因为在他看来,圣人只存在于过去。人们可以去崇敬、去赞美,甚至去学习,但是"成圣"在孔子看来,并不是普遍的修养目标。不过,尽管他对圣王抱着一种理想化的态度,却为儒家"内圣外王"的思想提供了最高的方案。虽然圣王只属于历史和过去,但是其理想则照耀着现实和未来。从这个角度而言,孔子谈论圣人圣王,除了赋予一种人格的理想追求之外,也有批评现实的良苦用心。将"成圣"视为普遍意义上的理想人格,是在思孟学派的诠释下才实现的。

---

① 参见白奚:《"全德之名"和仁圣关系——关于"仁"在孔子学说中的地位的思考》,《孔子研究》2002 年第 4 期。

② 参见张岱年:《中国哲学大纲》(上),昆仑出版社 2010 年版,第 249—251 页。

③ 白奚:《"全德之名"和仁圣关系——关于"仁"在孔子学说中的地位的思考》,《孔子研究》2002 年第 4 期。

第二节　曾子学派对儒家修养论的早期诠释

孔门弟子之中,对孔子的仁学体证最深、理解最透的应该是颜子。上文通过颜回所答孔子"仁、知"之问,得出"仁者自爱"的结论,足以见其识见非俗。我们在第二章也分析过颜子通过生命践履的方式对孔子思想的生命诠释,只可惜由于文献书缺有间,我们不能就颜子对孔子仁学的诠释进一步展开论述。

一、曾子学派对儒家仁学与忠恕之道的早期诠释

颜子之外,只有曾子对孔子的仁学体悟最为深刻。曾子云:"士不可以不弘毅,任重而道远。仁以为己任,不亦重乎? 死而后已,不亦远乎?"(《论语·泰伯》)以"仁为己任"的自觉承担,说明曾子真正继承了孔子的仁学传统,并从中汲取到了道德的力量。曾子之"鲁"经过"仁学"的点化,一变而为"毅"。足见其体认之工夫非同寻常。劳思光先生曾说:"孔门早期弟子,除颜回早死外,其余大抵只学得孔子之政治思想,故以礼乐为主。孔子晚年之成熟思想,则由曾子承继。"①关于孔子晚年思想由曾子继承的说法,我们认为,第一,确实曾子是传述孔子晚年思想的重要弟子;第二,其他如子张、子夏、子游等孔门弟子对于孔子晚年思想亦有承继,不能归于曾子一人。当然,其中成就最大、影响最巨的当然还是曾子。

曾子以"忠恕"诠释孔子的"一贯之道",可谓得道之论。李景林先生高度肯定了曾子对孔子一贯之道的诠释,他认为"以忠恕行仁为途径达成性与天道的贯通,不仅表现了孔子思想的整体结构,而且也成为孔子后学构成其思想系统的方法原则"②。确实如此,孔子之所以从不明言仁是什么,而只是随机

---

① 劳思光:《新编中国哲学史》(一),广西师范大学出版社 2005 年版,第 115 页。
② 李景林:《教养的本原:哲学突破期的儒家心性论》,北京师范大学出版社 2009 年版,第75 页。

指点,仅从工夫论的角度立说,是有深意的。而曾子显然对此理解得非常到位。而今人则多从逻辑上吹毛求疵,否定曾子以"忠恕"诠释"一贯之道"的做法,显然是未能体证孔子之道的生命哲学的本质。

曾子及其后学对孔子仁学的继承,主要体现在两个方面。其一是《曾子十篇》和《大学》对孔子仁学的诠释;其二是《孝经》及《曾子》十篇对孔子孝道的诠释。

(一)《曾子》十篇中的仁学

《曾子》十篇,据学者研究,应该是曾子弟子乐正子春及其门人整理而成的,属于曾子一派的文献资料。不过其中各篇的思想倾向并不一致。刘光胜在颜炳罡、黄开国等人的基础上,对《曾子》十篇进行了内、外、杂的区分,他说:"《曾子立事》、《曾子制言》(上中下三篇)、《曾子疾病》以仁义为核心,讲博学、修身、守仁、行道,与《论语》内容相近,受孔子思想影响明显,我们称这五篇为内篇。《曾子本孝》、《曾子立孝》、《曾子大孝》、《曾子事父母》四篇其主旨与《孝经》互相发明,汪晫《曾子全书》、王定安《曾子家语》都曾将这四篇合为一篇,我们认为这四篇以孝道为核心,主张在为父母尽孝的行为中提升自己的品德,其内容多与《孝经》同,其中记载乐正子春伤足、与门弟子谈孝的内容,其成书时间比《内篇》晚,估计成书于曾子第二代弟子之手或者更晚,我们称之为外篇。……《曾子天圆》讲天地阴阳之道、万物生成之理,认为天道圆,地道方,万物由阴阳二气化生,涉及'天道'、'地道'、'气'、'阴阳'等概念,与《曾子》书其他九篇明显不同,因此我们称《曾子天圆》为杂篇。"[①]

在《曾子十篇》中,尤其是刘光胜所分的内篇之中,我们可以发现,曾子学派谈"忠恕",实际上就是对"忠恕"之道的进一步说明,显然是对"仁"新的诠释。

[①]　刘光胜:《〈大戴礼记〉"曾子十篇"研究综述》,清华大学博士学位论文,2010 年。

　　曾子"仁以为己任"的精神,在《曾子十篇》中也有体现。"君子以仁为尊。天下之为富,何为富? 则仁为富也;天下之为贵,何为贵? 则仁为贵也。……是故君子将说富贵,必勉于仁也。……君子思仁义,昼则忘食,夜则忘寐"(《曾子制言中》)。这一段记载与《孟子·公孙丑下》所引曾子"晋楚之富,不可及也。彼以其富,我以吾仁"是一脉相通的。罗新慧认为,《曾子制言中》的这一段与曾子思想不类。认为"曾子一生远离富贵",与此段"将仁当作谋求富贵手段的思想大相径庭"①。我们认为,此段文字所反映的思想,与曾子的一贯主张是一致的,并非不类。本段也并非"将仁当作谋求富贵手段",而是"以仁为富贵",认为"仁"本身就是"富贵"。也就是说,仁本身具有极高的价值,所以"君子以仁为尊"。从舜和伯夷、叔齐的两个截然相反的例子可以看出,仁者,既可以像大舜那样获取天下人的尊崇而拥有"德为圣人,尊为天子,富有四海"的伟大成就,也可以如伯夷、叔齐般靠着自己的德行而"表缀于天下",同样具有不可替代的崇高价值。在这一点上,曾子继承了孔子的富贵观,也继承了孔子的仁学思想。

　　《大戴礼记·曾子立事》记曾子之言:"君子己善,亦乐人之善也;己能,亦乐人之能也;己虽不能,亦不以援人。"自己有善,也就希望别人同样有善,即希望他人有德;自己有能力,也乐于别人有能力,即希望他人有才。这不正是孔子所谓"己欲立而立人,己欲达而达人"的"忠"道的另一种表述吗?"己虽不能,亦不以援人",不是"己所不欲,勿施于人"的"恕"道吗? 曾子说:"见其一,冀其二,见其小,冀其大,苟有德焉,亦不求盈于人也。"(《大戴礼记·曾子立事》)"见其一,冀其二,见其小,冀其大",显然是"忠"道,"苟有德焉,亦不求盈于人也"则是"恕"道。曾子还说:"人之相与也,譬如舟车然,相济达也。己先则援之,彼先则推之。是故人非人不济,马非马不走,土非土不高,水非水不流。"(《大戴礼记·曾子制言上》)阮元对此解释说:"此言仁道也。仁者,

----

　　① 罗新慧:《曾子研究》,商务印书馆 2013 年版,第 168 页。

人也。如人相人偶也。盖人非人不济,必相仁偶,乃成仁道。故仁者仁此者也。"①曾子的这一表述与《论语·颜渊》所载"君子以文会友,以友辅仁"的说法有近似之处。这无一不是"君子成人之美"的"己立立人,己达达人"的"忠"道精神。《曾子立事》还有一段话,体现了曾子的"恕"道:"君子好人之为善,而弗趣也;恶人之为不善,而弗疾也。疾其过而不补也,饰其美而不伐也,伐则不益,补则不改矣。"这与孔子"人而不仁,疾之已甚,乱也"(《论语·泰伯》)的说法有相通之处。其中都是在强调对他人之为善去恶的"忠恕"精神。在曾子的论述中,强调人与人之间的友善、忠恕,这当然是仁德的体现,所以,正如论者所指出的,"曾子在实际是将爱人、立人、达人这些范畴从'仁'的总体系中抽取出来,在阐述时尽量将其具体化,使之成为独立的待人接物原则。和孔子所提倡的几乎是无所不包的道德总体概念——'仁'比较起来,要明确、具体得多,更容易为人们所理解和接受,从而也就更容易在实践中贯彻"②。所以,曾子虽然没有着意在对仁本身的诠释,但是对于孔子的仁学也有发展的作用。

(二)《大学》中的仁学

曾子对于孔子仁学的发展,更多地体现在《大学》一篇。

《大学》自从被程朱推崇为"孔氏之遗书,而初学入德之门"以来,便被列为儒家"四书",地位尊崇。而《大学》出自曾子,也一时成为常识。但是,程朱对于曾子作《大学》的论证,在宋代遭到了以叶适等为代表的反对,在清代更是遭到更大质疑。近代学者则大都不再尊信曾子作《大学》之说。近代冯友兰、徐复观、劳思光、韦政通等的哲学史、思想史著作,基本上都是将《大学》视为秦汉之际或汉代的作品。不过,随着简帛文献的出土,人们对于先秦儒学学

---

① (清)阮元:《曾子十篇注释》,渭南严氏孝义家塾1920年刊刻本。
② 罗新慧:《曾子研究》,商务印书馆2013年版,第165页。

术史的研究更为深入,《大学》与曾子学派的关联日渐得到认可。

　　李学勤先生根据帛书《五行》有经有传的现象,结合宋儒所谓《大学》"经一章,盖孔子之言而曾子述之";"其传十章,则曾子之意而门人记之也"①的成说,推论《大学》的传是曾子作品,而"经"一章是曾子所述孔子之言。② 梁涛对《大学》晚出说进行了批驳,同时也不认同《大学》分经传的说法,而认为《大学》本身前后连贯。基于《大学》明引曾子之言及其孝行、忠恕之论与曾子思想的契合等论据,认为《大学》应成于曾子或其弟子之手。③ 胡治洪先生也认可这一看法。④ 我们认为,这一看法是最可能接近于历史真实的。

　　《大学》通篇并没有出现几个"仁"字,但是通观全篇,则毫无疑问地发现其中都是笼罩在孔子仁学的光辉之下的。《大学》对孔子仁学的发展,一方面是系统地概括出"三纲领"和"八条目",为儒家提供了一个完整的总纲领,也为儒家修养论提供了工夫步骤。朱子说"先读《大学》,以定其规模",显然《大学》能够确立儒学之"规模"。《大学》是讲"大人之学",这里的"大人"既可以指有地位的人,也可以指有道德的人,综合来看,《大学》所讲应该是有德有位的"大人""君子"之学。陈荣捷先生将之称为"道德与社会的鸿献"⑤,是深有见地的。之所以如此定位,陈先生有着这样的解释:"这部蕞尔经典的重要性,远超出其狭小篇幅所能设想之外。儒家教育、道德与政治的规划,可扼要地总括在其间所说的'三纲':明明德、亲民、止于至善;以及'八目':格物、致知、诚意、正心、修身、齐家、治国、平天下等里面。"⑥不仅如此,陈先生还精确地指出,《大学》对儒家核心观念"仁"颇有发挥。孔子的"一贯之道",曾子将

---

① 　(宋)朱熹:《四书章句集注》,中华书局1983年版,第4页。
② 　参见李学勤:《从简帛佚籍〈五行〉谈到〈大学〉》,《孔子研究》1998年第3期;李学勤:《荆门郭店楚简中的〈子思子〉》,载《中国哲学》第20辑,辽宁教育出版社1999年版,第77—78页。
③ 　参见梁涛:《〈大学〉早出新证》,《中国哲学史》2000年第3期。
④ 　参见胡治洪:《论〈大学〉的作者时代及思想承传》,《陕西师范大学学报(哲学社会科学版)》2008年第5期。
⑤ 　陈荣捷:《中国哲学文献选编》,江苏教育出版社2006年版,第96页。
⑥ 　陈荣捷:《中国哲学文献选编》,江苏教育出版社2006年版,第96页。

其诠释为"忠恕"两大原则,也可称为仁的两种面相。而《大学》所讲"八目"可说是如何实使仁发挥具体日用,且如何在个体与社会间维持均匀和谐之蓝图。不过,《大学》对"仁"的发挥,并非从人性的探讨入手的,而是从人心切入的。这一点非常值得重视。尽管徐复观先生认为《大学》成书于秦汉之际,受到孟子和荀子的双重影响,但是从总体上而言"《大学》乃属于孟子以心为主宰的系统,而非属于荀子以法数为主的系统"①。我们虽然不同意徐复观对于《大学》成书年代的判定,当然也不认为《大学》受到荀子的影响,不过徐复观对于《大学》与思孟一系的亲密关系的观点,是值得肯定的。梁涛通过分析,也得出了相似的结论。冯友兰认为,《大学》与《中庸》分别渊源于荀子和孟子,对此陈荣捷先生并不认同。他说,"这种说法虽然颇堪玩味,却很难站得住脚"②。因为,《孟子》与《荀子》的差异乃至对立,十分明显。但是《大学》与《中庸》却不然,二者内部有着相当亲密的内在关联。

当然,《大学》与《中庸》《孟子》也有很大差异。如陈荣捷所总结的,除了前面提到的那一差别之外,还可以看出《大学》处理的是社会与政治的事务,《中庸》则讨论心理学和形上学的问题。《大学》着重方法与程序,《中庸》则集中在实质问题上面。《大学》的基调是理性的,《中庸》则带有宗教及神秘的色彩等等。③ 梁涛认为,这是由于《大学》处于过渡阶段的缘故,因而其思想具有复杂性和特殊性。

《大学》开篇提出:"大学之道,在明明德,在亲民,在止于至善。"被后儒总结为"三纲领",是对儒学的总概括,被广为接受。劳思光对此提出质疑,他说,"三纲领"为后人杜撰。何以见得呢?"盖《大学》所谓'明明德'及'亲民',即指'平天下'而言,故说'古之欲明明德于天下者,必先治其国',依此语脉与下文对照,可知'明明德于天下'即'平天下',并非在此一'条目'之外作

---

① 徐复观:《中国人性论史·先秦篇》,九州出版社 2014 年版,第 251 页。
② 陈荣捷:《中国哲学文献选编》,江苏教育出版社 2006 年版,第 106 页。
③ 参见陈荣捷:《中国哲学文献选编》,江苏教育出版社 2006 年版,第 105 页。

为'纲领'。至于'止于至善',则不过标指一'目的'观念,与'明明德'及'亲民'之语义,亦不是并列者。实无所谓'三纲领'也"①。劳先生这一指控非常严重。我们认为,劳先生的解读存在问题。其一,"明明德"及"亲民"指"平天下"而言,明显是误读。"明明德"是指"明己之明德";"亲(新)民"是"明民之明德",其极致才是"明明德于天下"即"平天下"。因此,说"明明德于天下"即"平天下"是对的②,但是说"明明德"与"亲(新)民"即是"平天下"则是错的。明明德,属于内圣的范畴;而亲(新)民则属于外王的范畴。这是显而易见的。其二,"止于至善"当然是一个"目的"观念,是"明明德"与"亲(新)民"的最终目的与最高境界,阳明即谓:"至善者,明德、亲民之极则也。"③当然可以认为它与前二者不是并列关系。但是从《大学》文本上说,"大学之道","在明明德","在亲(新)民","在止于至善",三个"在"字显然指示三者之间的并列关系,这种并列并非是内涵的同类一致,而是分别解说大学之道的内涵。因此,我们认为,"三纲领"之说并无不可。其中,明明德,是内圣之事;亲(新)民,是外王之事;止于至善,是内圣与外王的最终目标和最高境界。这样就清晰地概括出来儒学之纲领轮廓。

按照下面的八条目,明明德是指从"格物""致知""诚意""正心"到"修身"的一个过程,核心是"修身",所以说"自天子以至于庶人,壹是皆以修身为本"。这里的"本"是针对后面的"齐家、治国、平天下"而言的。后三者是"末",修身是"本"。这种本末关系,一般会理解为一种表示重要程度的范畴。

---

①　劳思光:《新编中国哲学史》(二),广西师范大学出版社 2005 年版,第 40 页。

②　梁涛则认为,"明明德于天下"并不是"平天下",而是比"平天下"更高的一个层次。前者是就理想、道德实践言,后者则是就现实、政治实践言,但二者又存在密切关系,"平天下"为"明明德于天下"提供了保证,使其成为可能,而"明明德于天下"反过来又促使"平天下"的实现。详见《大学新解》,载姜广辉主编:《中国经学思想史》(一),中国社会科学出版社 2003 年版,第 628 页。我们认为,梁氏的这一看法是站不住脚的。从《大学》文本来看,平天下之上并不存在一个更高的层次。就《大学》"德性政治"的视野看,"平天下"就是要"明明德于天下"。

③　(明)王阳明:《大学问》(上),载《王阳明全集》(新编本,三),浙江古籍出版社 2011 年版,第 1016 页。

其实,这里应该理解为工夫次序的关系。徐复观先生已经指出,"此处之所谓本末,只表示先后,而非表示轻重"①。下文云:"物有本末,事有终始。"其实,本末即终始。"本"应该理解为"始""基""根",表示基础、起点、开端的意思。而"末"则是工夫顺序上的后发次序。如果从本体的角度而言,"仁"是本,修身、齐家、治国、平天下皆是"仁"之发用。严立三则认为:"止至善为本为始,明明德为末为终。"②这一说法虽然标新立异,但却是错误的。"止于至善"只能是终、是末。而明明德则必须是始、是本。如果说,"知止"是始,倒是可以的。但是,"知止"并不是"止",这是值得注意的。《大学》讲"修身",其实就是"明明德"的过程,二者不可偏废。可以说,在这里一方面强调本末先后,一方面主张本末并重。

"明明德",意味着彰明内在的光明之德。那么,这句话是否意味着《大学》对人性的看法是一种性善论呢?宋儒是这样看的。如朱熹说:"明德者,人之所得乎天,而虚灵不昧,以具众理而应万事者也。但为气禀所拘,人欲所蔽,则有时而昏,然其本体之明,则有未尝息者。故学者当因其所发而遂明之,以复其初也。"③但是,很多当代学者却不这样看。徐复观先生就认为,"'在明明德'的'明德',自宋儒起,开始认为这说的是'虚灵不昧'的心体,似与原义有出入","明德之德,在周初原系指行为而言;'明德',乃指有明智的行为",因此,"《大学》此处的'明德',大概也只能作明智的行为解释,而不是指的是心;'明明德',是推明自己明智的行为,而不是推明自己的心"。④ 这就将《大学》的思想意义降低下来了。不过,徐先生又补充说:"'德'字在春秋时代,已演进而为'善的行为';善的行为乃出于善的品格,善的品格乃出于人的心,于是德又演进而为内心的良好作用。且老子、庄子之德,实同于孔孟所谓

① 徐复观:《中国人性论史·先秦篇》,九州出版社 2014 年版,第 254 页。
② 严立三:《礼记大学篇通释》,载《梁漱溟全集》(四),山东人民出版社 2005 年版,第 65 页。
③ (宋)朱熹:《四书章句集注》,中华书局 1983 年版,第 3 页。
④ 徐复观:《中国人性论史·先秦篇》,九州出版社 2014 年版,第 256 页。

之性。《大学》此处引'天之明命'作'明德'之同义语;天所明命于人者,若就战国时代之意义言,亦可作人之性来解释。古人引典籍,常常只采用象征的意义;则将'明德'释为虚灵不昧之心,虽未必合于原义,但或亦为原义所含摄,不妨引申以出之,以使《大学》思想之结构,更为紧密。"①徐先生的这一补充非常重要。因为,确如他所说,古人引用古典,常常并非取其原义,而是采用象征的意义,即断章取义的方法。这在古代是司空见惯的。因此,古典文本的原义是一回事,后人在引用时所取的含义又是一回事,二者不能等同起来。如牟宗三先生说:"《尧典》《康诰》言'德'或'俊德'皆指德行说,那时似更不能意识到本有之心性也。"②这句话本来是对的。但是,却并不能说《大学》作者对《尚书》"德"的引用在理解上没有"心性"的意思。而且,退一步讲,周初文献中的"明德"是否如徐先生所理解的指"明智的行为"也是疑问。陈来先生通过考察《尚书》及金文,就指出"明德"有"明其德""明厥德"和"明德"两种用法;第一种,"明"是动词,指努力修明其德行;第二种则指美德,光明的道德。"在西周文献中已明显地把德作为道德的意义使用,或加形容词以颂美之,或加动词以实现之、彰明之。"③梁涛也认为,说"明德"包含"德行""明智的行为"的意思并不为过,但这不是《大学》"明德"的重点所在。④ 所以,牟、徐二先生的理解并不全面。

　　《大学》作为孔门的作品,其对"德"的理解,显然已经不仅仅是"德行"的含义,而是包含着"德性"的意义。其实,德行与德性二者密不可分。狭义的德性是指人的内在的人格素质和道德品质,德行则指人的行为的道德特性。但是德行从主观方面来看的话,就是德性。故郑玄说:"德行,内外之称。在

---

①　徐复观:《中国人性论史·先秦篇》,九州出版社 2014 年版,第 257 页。

②　牟宗三:《心体与性体》(下),上海古籍出版社 2015 年版,第 334 页。

③　陈来:《古代宗教与伦理——儒家思想的根源》(增订本),北京大学出版社 2017 年版,第 345 页。

④　参见梁涛:《大学新解》,载姜广辉主编:《中国经学思想史》(一),中国社会科学出版社 2003 年版,第 622 页。

心为德,施之为行。"①二者本来就是内外兼有,有德行必可推知其内涵德性;内蕴德性则必可发为德行。而《大学》其实就是论德性之书。劳思光即谓"《大学》基本上仍是一讲论德性生活之作品",但是"又非一心性论之基本著作"。② 这个认识不错。但是,他将之定为荀子之后,融合孟荀之作,则显然不合适。

如果按照徐先生的补充的说法,"明明德"就是"天之明命",显然这与《性自命出》"性自命出"、《中庸》"天命之谓性"的说法有异曲同工之处。只不过,《大学》尚未有如后者那样明确的人性来源的命题。但是,根据我们对孔子至思孟人性论的考察,则"明明德"的说法,本身也是倾向于"性善论"则是毫无疑问的。只不过,《大学》并不以人性论为探讨的对象,而只是以此为前提罢了。

古本《大学》的"亲民",在程朱看来应该读为"新民"。这引起了巨大的争议。王阳明就反对朱子的改本,认为"说'亲民'便是兼教养意。说'新民'便觉偏了"③。我们认为,其实"新民"的说法更符合《大学》的义理。正如劳思光所说,《大学》虽然有"齐家治国平天下"的说法,看上去是一政治理论著作,但其实不过是"一讲论德性生活之作品",重视"教"重于"养"。梁涛也主张,《大学》主要属于儒家"明德"系统,而不是"事功"系统④,即《大学》倾向于内圣学,而非外王学。因此,他也强调,"亲民"应作"新民"。

《大学》对仁学的贡献就在于对修身工夫进行了较为系统的分梳。《大学》提出"六证":"知止而后有定,定而后能静,静而后能安,安而后能虑,虑而

① (唐)贾公彦:《周礼注疏》(上),载李学勤主编:《十三经注疏》(标点本),北京大学出版社1999年版,第348页。
② 劳思光:《新编中国哲学史》(二),广西师范大学出版社2005年版,第44页。
③ (明)王阳明:《传习录》(上),载《王阳明全集》(新编本,一),浙江古籍出版社2011年版,第2页。
④ 参见梁涛:《大学新解》,载姜广辉主编:《中国经学思想史》(一),中国社会科学出版社2003年版,第623页。

后能得。"所谓"知止"之"止",即三纲领所谓"止于至善"之"止"。朱熹说:
"止者,所当止之地,即至善之所在也。"①就内圣而言,"至善"即仁。所谓"知
止",即明确修身之目标。这就是孔子所谓的"志于道"的"志"。孔子十分强
调"志",认为这是道德修养的重要一环,即确立目标,确立方向。《大学》的
"知止"放在第一位,其意义不言而喻。当然,如果说上面的理解是从"仁"的
角度立论的,那么"知止"还可以有另外一层意思,即从"礼"的角度来理解,
"止"意味着"限制""界限",也就是"礼"的规定,即"勿""毋"。《论语》"毋
意,毋必,毋固,毋我","非礼勿视,非礼勿听,非礼勿言,非礼勿动",都意味着
"止",其意与"克己复礼"相通。从这个意义上看,"知止"就是要明确行为的
界限而不妄为。

　　"知止而后有定"的"定"即指"志"之"定",志有定向;"定而后能静",志
向一定,则心自然"绝乎纷扰","不妄动",便不会浮躁、漂浮不定,"常泰然而
能静";"静而后能安",心静则"远乎忧危,常坦然而能安","所处而安";"安
而后能虑",唯有心处于安定静思的状态时,人才能神闲气定,揆度事理,暇裕
周详而能虑;"虑而后能得","事物当然之理审处咸宜,不使有一毫之差"。②

　　《大学》不仅提出了"三纲领",还提出"八条目"。当然,"三纲领"与"八
条目"并非两个,而是对同一过程的不同表述。"格物""致知""诚意""正心"
"修身"就是"明明德"的步骤;而"齐家""治国""平天下"就是"新民"的过
程,其最终结果就是"明明德于天下"。按照劳思光的看法,前者是"德性范
围",后者是"德性自我之展开过程",③此说不差。而《大学》修身工夫论的核
心在于"格物""致知""诚意""正心"。关于"格物""致知"历来分歧最多,尤
其是朱子与阳明的分歧,代表了两种不同的致思路向,牵扯到宋明儒家理学与
心学的差异。我们的关注点在"诚意"和"正心"两个环节。"心"在《大学》中

---

①　(宋)朱熹:《四书章句集注》,中华书局1983年版,第3页。

②　(清)库勒纳、叶方蔼等:《日讲〈四书〉解义》(上),中国书店2016年版,第2页。

③　劳思光:《新编中国哲学史》(二),广西师范大学出版社2005年版,第40页。

也可以视为"主宰"。徐复观就认为,"《大学》之统类,则以心为主"①。徐复观说:"《大学》以正心、诚意为修身之要,是顺着孔子'修己以敬'及孟子的'存心养性'发展下来的。"②这句话说对了一半。因为《大学》早于孟子,所以不会受到孟子的影响,反而是孟子受到了《大学》的影响才重视心。我们认为,"正心",是曾子学派对孔子仁学的一大发展。孔子甚少谈到"心",而《大学》则明确将"心"作为修身工夫论的核心环。而到了思孟尤其是孟子,更是大谈特谈"心",以此确立了儒家心学一脉。

《大学》谈到"心"之所以需要"正",是因为有身有所忿懥,有所恐惧,有所好乐,有所忧患。这里的"身",程子认为当是"心"之误。大多数学者认可这一说法。不过,伍庸伯则认为,"身"字不误。他说,心为何会不正? 即是心受了身的牵制。"凡'有所忿懥','有所恐惧'云云,正是说身牵制着心","大抵情有所着,其过在身,而心乃受其病。视听言动原属身之事,到心不在时,身亦废失其用","此章旨在点出此身心关系:假如去这身字而易以心字,则全落在心的一面了。看似文从字顺,而实未为善也"。③ 那么,这个"心"是指什么? 下文"心不在焉"的"心"与此"心"是否同为一心? 如果细加揣摩,我们可以指出,"有所忿懥、恐惧、好乐、忧患"的"心"是指的"情感之心""欲望之心"即生物心;而"心不在焉"之"心"则是指"道德本心"。"心不在焉"如同后来孟子所谓的"放心"。"正心"其实就是"求放心"的过程。梁漱溟先生说:"心非一物也,故无形体,但有其效用通过身体而表见出来。……身体发育成人矣,习染随增,天真渐失,心之不能外于身体而显其用,转因身体机能之自发势力而大受影响。"④他认为,"心不在焉"即指此而言。道德本心受到生物心

---

① 徐复观:《中国人性论史·先秦篇》,九州出版社 2014 年版,第 251 页。

② 徐复观:《中国人性论史·先秦篇》,九州出版社 2014 年版,第 251 页。

③ 伍庸伯口述,梁漱溟等编录:《礼记大学篇解说》,载《梁漱溟全集》(四),山东人民出版社 2005 年版,第 45 页。

④ 梁漱溟:《礼记大学篇伍严两家解说合印叙》,载《梁漱溟全集》(四),山东人民出版社 2005 年版,第 3—4 页。

所发之生理情绪、主观情感、感官欲望等的干扰、遮蔽而"不得其正"。根据下文"心不在焉"可知，"不得其正"即"不在"，意思即本心走失，则人便为情绪所左右。因此，"正心""实系本心之自己发露"，"《大学》'心有所忿懥，则不得其正……心不在焉，视而不见，听而不闻'一段，正说明心要从生理冲动中突破出来，不为生理冲动所淹没，乃能呈现于自己生命之中，这即是'心在'，即是'正心'"。① 梁涛认为，"正心"实际上包括了"诚意"和"致知"两个方面，它要求从道德意志与实践认知两个方面发挥"心"的支配作用，将其从情绪、欲望中超拔出来，恢复其自由和主动。并认为《大学》的"正心"实际上是一种二元的方法。② 对此，我们认为这个看法是错误的。根据《大学》文本，"正心"不可能与"致知"有关，其中间隔着一个"诚意"的环节。我们认为，对"正心"工夫的理解，正确的看法还是徐复观先生提出的"正心"包括"正心"自己独立的工夫和"诚意"两个阶段的意见。"第一阶段的正心，乃是本心的自己发露，以保持心在生命中应有的地位；此时正心的工夫，可以不涉及诚意。若无此段本心发露的正心工夫，则意可能不是心之所发，而系生理欲望之所发，意便不可凭信，'诚意'亦成为无意义"③。

"诚意"是《大学》的首脑。徐复观认为，"《大学》上提出'欲正其心者，先诚其意'，这是继孟子以心善言性善后的一大发展"④。对此，梁涛予以了批评。他说，徐先生的看法有些夸大其词，《大学》不仅没有达到性善的高度，它所言心也与孟子有较大差距，这是《大学》时代特质的体现，也是理解《大学》思想的关键。⑤ 我们的看法是，徐复观先生将《大学》置于孟子之后的看法本身就是有问题的。但是，梁涛所言也并不贴切。《大学》固然没有发展出"性

---

① 徐复观：《中国人性论史·先秦篇》，九州出版社 2014 年版，第 255 页。
② 参见梁涛：《郭店竹简与思孟学派》，中国人民大学出版社 2008 年版，第 131 页。
③ 徐复观：《中国人性论史·先秦篇》，九州出版社 2014 年版，第 258 页。
④ 徐复观：《中国人性论史·先秦篇》，九州出版社 2014 年版，第 257 页。
⑤ 参见梁涛：《大学新解》，载姜广辉主编：《中国经学思想史》（一），中国社会科学出版社 2003 年版，第 632 页。

善"论,但是却隐含着"性善论",其所论心,固然没有孟子那么深刻,但是却为孟子言心提供了过渡的桥梁。不过,"诚意"在《大学》中的地位确实非同寻常。徐复观说:"诚意是先秦儒家修养工夫发展的顶点。"①此说如果从"诚意"工夫的意义上说是如此,但是从儒学发展的脉络上却并不是。所以,我们肯定"诚意"在儒家修身工夫论上具有的特殊地位。伍庸伯先生也认为,诚意是最核心的工夫。他说:"格致是《大学》的理论轮廓,其功夫则在诚意,而正、修、齐、治、平,则又为诚意功夫中的事情。"②

《大学》提出"所谓诚其意者,毋自欺也"。徐复观认为,"正心"的"心"代表了精神的整体存在,可含而不发,而只成为一种内存的状态,但是"意"则是"心之所发",是行为的动机。③ 他认为,诚意就是在心之所发之处,也就是与物相接之处,做一番"诚"的工夫。这个"诚意"与孔子所说的"主忠信",《中庸》讲的"慎独",孟子的"持志"是几乎一致的。而劳思光则把这个过程称之为"意志的纯化"④。不过,"意"是否可以直接理解为"意志"其实是值得商榷的。按照徐复观的看法,"意"必须持续加强才能成为"志",所以"志必出于意,但意不必皆继续加强而成为志"。因此,可以说,《大学》的"意"还不能理解为"意志",而只能理解为"意念""动机"。不过,将"诚"理解为"纯化"则是十分精确的。意念的纯化或统一,为何可能? 因为人的本心"诚于中",具有价值判断能力,即可以自己当下判断是非善恶,"如恶恶臭,如好好色",近乎一种本能。"自慊""自欺",这里的"自"非常吃紧。这说明"自"包含的"本心"的主体地位。下文所谓"慎独",并非"独处",而是"诚意"的另一种说法。

《大学》在修养论上的另一个亮点,则是提出了"絜矩之道"。"所谓平天下在治其国者,上老老而民兴孝,上长长而民兴弟,上恤孤而民不倍,是以君子

---

① 徐复观:《中国人性论史·先秦篇》,九州出版社 2014 年版,第 258 页。

② 伍庸伯口述,梁漱溟等编录:《礼记大学篇解说》,载《梁漱溟全集》(四),山东人民出版社 2005 年版,第 44 页。

③ 参见徐复观:《中国人性论史·先秦篇》,九州出版社 2014 年版,第 257 页。

④ 劳思光:《新编中国哲学史》(二),广西师范大学出版社 2005 年版,第 42 页。

有絜矩之道也。所恶于上,毋以使下;所恶于下,毋以事上;所恶于前,毋以先后;所恶于后,毋以从前;所恶于右,毋以交于左;所恶于左,毋以交于右;此之谓絜矩之道。"朱子则认为,絜矩之道"所操者约,而所及者广,此平天下之要道也"①。元儒朱公迁则强调:"《大学》所言,其要在絜矩。"②

絜矩之道,其实就是曾子的"忠恕"之道。郑玄曾说:"'絜矩之道',善持其所有,以恕于人耳。治国之要尽于此。"③或者说,"絜矩之道"是对"忠恕之道"的具体而系统的论述。这可以再次印证《大学》与曾子的密切关系。在儒家内部,曾子学派是对孔子的"仁"与"忠恕"继承最力的。《大学》对"絜矩之道"的论说,其实是对曾子"忠恕"之道的发展。"絜矩之道",明确将自己的德性修养作为推己及人的关键。矩就是以我为标准,而絜则是以我量彼的意思。李耀仙说,"《大学》里面讲的'矩'是指'修身',讲的'絜矩之道'就是以自己的道德体验来处理人际关系,处理家庭、国家、天下间的人际问题,也就是把'修身'之道推及'齐家''治国''平天下'之道,而使'修身'之道得到不断推广、扩充而日趋于完善。如何以自己的亲身道德体验来处理人际关系呢? 就是要从以己度人或推己及人做起"④。这一分析是可信的。可见,《大学》在"忠恕"的工夫论上又进了一步。所以,絜矩之道,这实际上是将伦理的原则推广为治国的原则。"其论德性与家、国及天下之关系时,只将个人对家、国及天下之影响视为道德生活之延长",也就是劳思光所谓"德性决定政治"⑤,或者伍庸伯所谓"教外无政"⑥。

①　(宋)朱熹:《四书章句集注》,中华书局1983年版,第10页。
②　(元)朱公迁:《四书通旨》卷6,载《景印文渊阁四库全书》第204册,上海古籍出版社1987年版,第670页上。
③　(唐)孔颖达:《礼记正义》(下),载李学勤主编:《十三经注疏》(标点本),北京大学出版社1999年版,第1601页。
④　李耀仙:《梅堂述儒》,四川大学出版社2005年版,第134页。
⑤　劳思光:《新编中国哲学史》(二),广西师范大学出版社2005年版,第43、40页。
⑥　伍庸伯口述,梁漱溟等编录:《礼记大学篇解说》,载《梁漱溟全集》(四),山东人民出版社2005年版,第50页。

絜矩之道,首先就是要"以身作则",才能"上行下效"。孔子说:"君子之德风,小人之德草,草上之风必偃。"(《论语·颜渊》)孔子强调:"上好礼,则民莫敢不敬;上好义,则民莫敢不服;上好信,则民莫敢不用情。夫如是,则四方之民襁负其子而至矣。"(《论语·子路》)《大学》在后面也提出了类似的看法:"未有上好仁而下不好义者也,未有好义其事不终者也,未有府库财非其财者也。"这种君子的表率和楷模作用,正是《大学》论述"絜矩之道"的前提。儒家坚持认为,在上位的人对于社会的影响是巨大的,其德性有着重要的风向标的意义。所以,"推己及人"是建立在这种"风—草"论即"表率"论的基础上的。如果君子与民众之间,构不成这种"风—草"的"表率"与"效仿"的关系,那么儒家的教化论也就失去了基础。而这种"表率"与"效仿"关系的确立,则出于儒家的一个洞见,即"人同此心,心同此理",按照朱子的说法就是"见人心之所同"[1],"知己"也是"知人"。朱子在回答门人的提问时进一步阐述了这一道理:"以己之心度人之心,知人之所恶者不异乎己,则不敢以己所恶者施之于人,使吾之身一处乎此,则上下四方,物我之际,各得其分,不相侵越,而各就其中,校其所占之地,则其广狭长短,又皆平均如一,截然正方,而无有余不足之处,是则所谓絜矩者也。"[2]因此,"忠""恕"都是表明我与人之间的相通,或者说是生命的感通。这正如《荀子·非相》所云:"圣人者,以己度者也。故以人度人,以情度情,以类度类……"龚建平提出:"'修身''知己''絜矩之道'乃儒家伦理原则,既是在'反躬修己'基础上的处世原则,也是儒家哲学方法。"[3]对这一哲学方法,龚建平也指出了其本身所可能存在的负面作用,那就是"以己度人""推己及人"可能会造成道德的绝对主义,导致"以理杀人"。其实,从《大学》来看,"絜矩之道"本身是对自己的要求,这种"外推"

① (宋)朱熹:《四书章句集注》,中华书局1983年版,第10页。
② (宋)朱熹:《四书或问》,载《朱子全书》(六),上海古籍出版社、安徽教育出版社2001年版,第540页。
③ 龚建平、宁新昌:《儒家哲学中"知己"与"絜矩之道"的方法论意义》,《孔子研究》2010年第2期。

的过程是审慎的、自律的，否则就背离了儒家对修身的内在要求。而且，据《大学》所说，"民之所好好之，民之所恶恶之，此之谓民之父母"，显然"推己及人"的"絜矩之道"，除了"知己"之外，还需要"知人"，并且按照"人""民"的好恶和意愿来确立自己的施政。对此，梁启超先生评价说："第一，所谓絜矩者，纯以平等对待的关系而始成立，故政治决无片面的权利义务。第二，所谓絜矩者，须人人共絜此矩，各絜此矩，故政治乃天下人之政治，非一人之政治。"①这当然是内蕴于儒家政治思想中的深意。

二、曾子学派对儒家孝道的早期诠释

在孔子的仁学之中，"孝"无疑具有基础性的作用。在《论语》中，孔子对于孝的阐述很多，一方面强调"孝"作为道德情感，以此培育仁；一方面强调"孝"作为伦理规范，以此落实礼。从仁学的角度，孝对于人之修养、立德具有极为重要的作用；从礼学的角度，孝对于维护社会秩序的和谐具有至关重要的作用。

曾子虽然未被韩非子列入"儒家八派"，但他在孔门之中的地位是非常重要的。在孔门之中，曾子是对孔子的思想最忠实的继承者，他一方面继承发展了孔子的仁学，一方面继承发展了孔子的孝道观。可以说，孔子的孝道观念，是通过曾子一派传衍下来的。侯外庐说，曾子向来以孔子嫡传自居，"具有以孔学正传自命的雄心"。曾子的作风，与子张的堂堂气象相反，而是"一种'战战兢兢'，严守孔子遗规的慎重态度，言必称师，绝不自标宗旨"②。侯外庐等认为，由于曾子在传述孔学名义下广收门徒，形成了"洙泗学派"。且曾子受到鲁君、费君的推重，其子曾申见崇于鲁穆公，弟子吴起显名于楚魏，凭借此种政治上的优势地位，更足以提高曾子学说的重要性，坚定其继承孔子正传的自信心。但是，侯外庐等并不认为曾子真的是孔门真传，在他们看来"曾子虽然

①　梁启超：《先秦政治思想史》，东方出版社1996年版，第85页。
②　侯外庐、赵纪彬、杜国庠：《中国思想通史》（一），人民出版社2011年版，第325页。

在文字形式上'言必称师',而在思想实质上,则抛弃了孔学的积极成分,而片面地继承了并且扩大了孔学的消极的成分"①。我们当然也承认曾子的气象与子张等不同,确实是言必称师,不自标宗旨,而以孔门正传自居。这在文献中有充分的依据。可以说,曾子是孔门的"保守派",以守成为己任。人们可以指责他创造性不足,但是却不能否认曾子对孔子思想传承的巨大贡献。而且,侯外庐对曾子的批评,需要辩证看待。一方面我们认为,曾子继承了孔子仁学的精华,发展出忠恕之道,提出"三纲领八条目"的儒学总纲,是必须予以肯定的;但是他对孔子孝思想的继承,尤其是到了其弟子乐正子春那里,将孝思想发展为泛孝论,无限地拔高了孝的地位,确实属于消极的一面。学者曾经指出,曾子思想有两个最为重要的方面:一个是内省的仁学,一个是注重孝悌。而前者主要为子思之儒所继承并发展,后者则为乐正氏之儒所承袭和阐扬②,在儒家内部分别形成了不同的学术流派。这在《论语》的曾子言论中可以看出,也能够从《大戴礼记》之"《曾子》十篇"得到印证。

确实,曾子弟子很多,据说有七十余人,但最重要的则是子思与乐正子春。我们知道,韩非所列的儒家八派之中,同时有子思之儒与乐正氏之儒。我们曾经分析过,即同样是学派分衍,孟氏之儒自子思之儒分化而出,子思之儒的名号仍在,但乐正氏之儒与子思之儒皆从曾氏之儒分化而出,韩非子所言八儒却无曾氏之儒的名号。我们推想其原因,可能是韩非子所说"儒分为八"并非事实陈述,而颇具主观随意性,故曾子之儒存在,但韩非子未尝提及而已;当然还有一个可能,那就是曾子门下虽然有七十多名弟子,但子思与乐正子春则无疑是两大弟子,二人"别立宗派"之后,曾子之儒也就无法独立存在了;而孟子虽然从子思之儒里分化出来,但子思之弟子仍有势力,且又有家学传流,故仍能

---

① 侯外庐、赵纪彬、杜国庠:《中国思想通史》(一),人民出版社2011年版,第327页。
② 参见梁涛:《乐正氏之儒的"泛孝论"及与思孟学派的关系(上)》,《孝感学院学报》2006年第1期;黄开国:《论儒家的孝道学派——兼论儒家孝道派与孝治派的区别》,《哲学研究》2003年第3期。

独立存在。①

　　曾子之思想可能被不同的弟子从不同的侧面予以继承和发展,从而形成了不同的学派。子思虽然学于曾子,但是当子思成年之后,思想日渐成熟,与曾子的思想距离越来越大,终于独立为一个新的学派:子思之儒。而曾子的另外一个著名弟子乐正子春则以曾子嫡传自居,开创了一个乐正氏之儒的新学派。

　　那么,如何看待乐正氏之儒与曾子之儒的关系呢? 乐正子春在曾子门下确实俨然嫡传,其影响在当时也是十分巨大。曾子去世之前,子思已经与曾子产生了较大的分歧,独立为子思之儒了。曾子去世之后,乐正子春很可能便成为曾子之儒的领袖。但是由于乐正子春本人的影响力超过了曾子的儿子曾元和曾申,曾子之儒已经无法独立存在,乐正子春的弟子很可能出于尊崇其师的目的,祭出了乐正氏之儒的大旗,以乐正氏之儒代替了曾子之儒。如果这一推测大体不误的话,那么乐正子春很可能主持了《曾子》书的第一次结集。② 因此,其中很可能有不少的篇章反映了乐正子春的思想特色或倾向。

　　黄开国先生将先秦儒家的孝论分为"孝治派"与"孝道派"。前者以《孝经》为代表;后者以《曾子大孝》等为代表,其代表人物就是乐正子春。③ 我们认为,黄氏这一区分是精到的。但是,从总体上看,二者都属于曾子一派。

―――――――――

　　① 颜炳罡先生以为,曾子思想比较庞杂,乐正子春等人对曾子的思想各有发展,进入战国中后期,单居离、沈犹行等门人的影响式微,而乐正子春之子孙及其弟子沿着曾子孝道观念充分发挥之,形成迥异其他学派的乐正氏之儒。如此,以乐正氏之儒代替曾子之儒更能体现该学派的特征,凸显它与其他学派的不同。见其《"儒分为八"的再审视》。颜先生的分析自有其道理,但我们认为,韩非子非学术史家,他所列儒家八派,并非客观的陈述。梁涛先生对此也有解释。他说韩非子所列儒家八派有乐正氏之儒而无曾氏之儒,说明曾子之后又有乐正子春一派兴起,其影响甚至压倒了曾子。见氏著《"仁"与"孝"——思孟学派的一个诠释向度》,《儒林》第1辑,第154页。

　　② 梁涛先生也认为:"《曾子》的结集可能完成于乐正子春弟子之手。"见氏著《上博简〈内礼〉与〈大戴礼记·曾子〉》,简帛研究网,2005年6月26日。

　　③ 参见黄开国:《先秦儒家孝论的发展与〈孝经〉的形成》,《东岳论丛》2005年第3期;黄开国:《论儒家的孝道学派——兼论儒家孝道派与孝治派的区别》,《哲学研究》2003年第3期。

前文已述,在孔子弟子中,最能继承并发扬孔子孝思想的应属曾子。他践行孝道的事迹见于《孟子》之《离娄上》和《尽心上》。孔子曾经这样评价曾参:"孝,德之始也;悌,德之序也;信,德之厚也;忠,德之正也。参中夫四德者也。"(《孔子家语·弟子行》)。因为曾参"志存孝道,故孔子因之以作《孝经》"。此与《史记·仲尼弟子列传》所载"孔子以为能通孝道,故授之业,作《孝经》"相合。显然,这是说曾子作《孝经》。不过,还有一种观点是《孝经》乃孔子作。汉代郑玄认为,《孝经》为孔子所作。清儒陈澧对此的解释是:"此经是孔子之言,其笔之于书者,但可谓之述,不可谓之作,故郑君以为孔子作也。"他以《四库全书总目》谓《孝经》与《礼记》为近,认为"《孝经》为七十子之遗书"。①

我们认为,《孝经》应当是曾子所记孔子孝治思想。而这一思想可能为子思所承继;而《大孝》等则是乐正子春所记曾子孝道思想;也就是说,曾子的孝论也有一个发展的过程,即最先是继承了孔子的孝治思想,而后将孝论做了进一步的提升,发展为孝道论,孝成为最高的"德",因此形成特色鲜明的"曾子之儒",这一思想为乐正子春所继承并发展。由此可知,子思与乐正子春虽同受教于曾子,对孔子、曾子之孝论有所继承,但却走向了不同的路向。子思基本上仍是承继了孔子—曾子的孝治思想,而乐正子春则继承了曾子的"孝本论",将"孝"的层次进行了无限拔高,成为最高的核心道德范畴,夸大了孝的地位,走向了泛孝论的孝道论,从一定程度上背离了孔子的孝思想。

《孝经》作为孝治思想的体现,其中对孝的理解便不纯粹是伦理道德意义上的,更是政治教化意义上的。对此,我们留待下一章再论。

罗新慧将曾子对孝道理论的发展归纳为如下五点:第一,强调孝必须是人们内心情感的真实流露,孝存在于人类的自然天性之中;第二,对孝的内涵不断扩充,囊括了个人、社会、政治的各个方面,赋予孝以无限深邃的意境;第三,

---

① (清)陈澧:《东塾读书记》卷一,载《陈澧集》(二),上海古籍出版社 2008 年版,第 16、15 页。

把孝理解为一种柔美的思想意境,力求达到和谐完善;第四,把孝作为实现一切善行的力量的源泉和根本;第五,强调实践孝道与个人道德修养的一致性。① 我们认为,罗新慧的这一概括,虽然指出了曾子一派在孝道思想方面的理论发展,但是不够明晰简洁。而朱晓征对曾子关于孝道理论贡献概括得更为简洁,大体为三点:第一,孝道的体系化;第二,孝道的普遍化;第三,孝道下移及自下而上地建立伦理本位社会。② 当然,我们应该意识到,这些贡献并非一蹴而就的。

如果我们相信《孝经》所记孔子之言是可靠的话,那么,孔子晚年对孝的地位确实有了更高的评价。但是,很显然,孔子对于孝尚未有真正体系化的阐释。这一点需要曾子一派来完成。如上所述,曾子早年可能主要是接受了孔子晚年的孝治思想,在其思想发展的过程中,逐渐形成了孝道论,突出了孝的地位。而这一孝道论,也为曾子的弟子乐正子春一系所继承和发扬,体现了这一学派的思想特征。

孝道派与孝治派的不同主要体现在,前者属于以孝为核心的伦理学说,而后者则是一种政治学说。也就是说,在孝道派那里,孝只具有伦理学的意义,而在孝治派那里,孝则具有政治学的意义。③ 在《曾子十篇》的《曾子大孝》《曾子立孝》和《曾子本孝》等篇中,孝一方面被提升至无以复加的高度,成为最高的德行,但是另一方面又基本上脱离了政治的视域,由政治退回到伦理,甚至退缩为"全身"思想。

首先,孝道派之所以称为"孝道派",主要是基于其对"孝"地位的无限拔高和突显,建立以"孝"为核心范畴的思想体系。《曾子大孝》引曾子曰:"夫孝者,天下之大经也。夫孝置之而塞于天地,衡之而衡于四海,施诸后世而无朝

---

① 参见罗新慧:《曾子研究》,商务印书馆 2013 年版,第 180—188 页。

② 参见朱晓征:《关于曾子孝道政治观的若干思考》,《西南师范大学学报(人文社会科学版)》2004 年第 1 期。

③ 参见黄开国:《论儒家的孝道学派——兼论儒家孝道派与孝治派的区别》,《哲学研究》2003 年第 3 期。

夕,推而放诸东海而准,推而放诸西海而准,推而放诸南海而准,推而放诸北海而准。《诗》云:'自西自东,自南自北,无思不服',此之谓也。"所谓"夫孝者,天下之大经也",即《孝经》所谓"夫孝,天之经也,地之义也"。这是曾子继承孔子对孝的地位的肯定,但下面的话则是曾子对孝的地位的进一步发挥和提升。所谓"夫孝置之而塞于天地,衡之而衡于四海,施诸后世而无朝夕",已经将孝的地位提高到无以复加的地步,并成为"放之四海而皆准"的天下之法则。这则是孔子所不可能有的思想。

基于这种对孝道的尊崇,曾子提出"民之本教曰孝"的主张。而这种主张则是来源于孔子。《孝经》引孔子曰:"夫孝,德之本也,教之所由生也。"如果说,这种主张是对孔子思想的继承的话,那么下面的一段文字则绝对是曾子所作的发展。下文又谓:"夫仁者,仁此者也;义者,宜此者也;忠者,中此者也;信者,信此者也;礼者,体此者也;行者,行此者也;强者,强此者也;乐自顺此生,刑自反此作。"无疑将孔子思想中的几个非常重要的范畴,如仁、义、礼、忠、信等置于孝之下,这些德行皆成为孝道的体现了。众所周知,仁和礼,在孔子思想中具有极为重要的地位,尽管有"仁为核心"与"礼为核心"的争论,但仁和礼在孔子思想中的位置,均高于孝的地位,这是不待言的。

再比如,《曾子大孝》记曾子说:"身者,亲之遗体也。行亲之遗体,敢不敬乎? 故居处不庄,非孝也;事君不忠,非孝也;莅官不敬,非孝也;朋友不信,非孝也;战陈无勇,非孝也。五者不遂,灾及乎身,敢不敬乎?"可以看出,这里提到的"居处庄,事君忠,莅官敬,朋友信,战陈勇"皆是孝之体现。这五种孝的表现,已经非孔子所谓"孝"能够涵盖。孔子所谓孝,主要是对父母心存尊敬;而曾子所谓孝,则是为人处世的一般法则。如此一来,孝被扩展到人生的方方面面,不仅是家庭之伦理,而且成为社会伦理、政治伦理。虽然《孝经》有"夫孝,始于事亲,中于事君,终于立身"的说法,已经将孝扩展出家庭之外,但并未像《曾子大孝》这样至大靡外,无所不包。

虽然孔子非常重视孝,并将孝与仁、礼等都结合起来进行了阐述,但却并无"孝为核心"的意思。有学者认为孔子开创的以仁为主导的思想方向遭到扭转和颠覆①,是有道理的。黄开国先生指出,这种对孝的极度推崇,是孝道派的根本观点。这样,也就建立起了以孝为核心,囊括各种具体德行的孝道理论框架。②

其次,孝道派将孝从政治教化领域拉回了伦理领域,尤其是丧失了仁学那种高远的理想主义情怀,而强调"全身"的思想。

在曾子—乐正子春那里,虽然多次提到了"忠",但大多数情况下却并非"事君忠"之义。如《曾子本孝》:"忠者,其孝之本与?"《曾子立孝》:"君子立孝,其忠之用,礼之贵。"又说:"君子之孝也,忠爱以敬,反是乱也。"又:"致敬而不忠,则不入也。"《曾子大孝》:"忠者,中此者也。"以上几处"忠",按照王聘珍引《说文》以训解,《曾子本孝》篇首一句之"忠",乃"敬"义。其他几个"忠"字,多为"中心"义。《曾子立孝》:"君子立孝,其忠之用,礼之贵。"在上博简《内礼》则作:"君子之立孝也,爱是用,礼是贵。"可见,这里的"忠",即爱之义。廖名春先生通过考察古籍认为,忠与爱是同义换读,③可从。可见这里所强调的并非"事君忠",而是"内心的真实情感"。其实,在《论语》中,有曾子以"忠恕"解孔子"一贯之道"的记载,其"忠"即"尽己之谓忠"。尽管这几篇也仍然有"事君不忠,非孝也"(《曾子大孝》)的话,但已经非其重心所在了。

可见,曾子—乐正子春的孝道派,已经不像孔子—曾子那样关注孝之政治意义,而是将之退缩回伦理的论域。其中的原因,一方面可能是由儒家孝论发展的内在理路所决定的,但更主要的是当时社会环境的变化使然。我们知道,孔子为了实现其政治理想而四处周游,结果四处碰壁,无功而返。在春秋战国

---

① 参见梁涛:《乐正氏之儒的"泛孝论"及与思孟学派的关系(上)》,《孝感学院学报(哲学社会科学版)》2006年第1期;何元国:《〈曾子〉泛化孝再评价》,《湖北大学学报》2006年第1期。

② 参见黄开国:《论儒家的孝道学派——兼论儒家孝道派与孝治派的区别》,《哲学研究》2003年第3期。

③ 参见廖名春:《楚竹书〈内礼〉、〈曾子立孝〉首章的对比研究》,孔子2000网,2005年4月4日。

的礼坏乐崩之乱世,群雄贪欲膨胀,物欲横流,孝之于政治的意义显然无法实现,因此儒家开始将孝论的目光下移,由关注上层的政治领域转向下层的社会伦理建构,这不能不说是不得已而为之的。有学者认为,曾子受晚年孔子政治思想的影响,不再把希望完全放在列国诸侯身上,而是到民间去传播孝道,以便自下而上地建立伦理社会。这样,孝的位置开始凸显,从"仁之事"转变为"仁之本",导致一切都围绕着孝而展开。① 这种看法有其道理,但是我们认为,曾子—乐正子春一系尽管不可能不关注政治,不论及政治,但是其重心却转移了,这已经非孝治思想所能涵盖,不可混为一谈了。

曾子及乐正子春之儒,对"身"极为重视,"全身"成为孝的重要标准。我们知道,在孔子那里,对于身,也是极为看重的。不似道家那样认为身是一种累赘。孔子重视身,是因为身是一切修身、为政的基础。孔子的道德、伦理思想的基础便是身,因此他特别强调"修身""反求诸己"。郭店竹简中"仁"字,从身从心,上下结构,最为直观地体现了仁与身的关系。孔子说:"不使不仁者加乎其身。"(《论语·里仁》)。曾子也继承了这一观念,提出:"吾日三省吾身。"这都体现了儒家重视身的思想。但是,无论如何,身的价值都不会高于仁。儒家谈身,强调的是修身,是成仁。所以,为了实现仁,可以杀身成仁。在《曾子大孝》篇可以看到,曾子和乐正子春,身不是与仁联系在一起,而是与孝紧密结合起来的。曾子认为,为了避免"灾及乎身",故而应当"敬",处处保持恭敬谨慎。乐正子春说,"故君子一举足不敢忘父母,一出言不敢忘父母"。

那么《曾子大孝》的这一思想,是否背离了孔子呢?《曾子大孝》中乐正子春有"吾闻诸曾子,曾子闻诸夫子"的一段话,曰:"天之所生,地之所养,人为大矣。父母全而生之,子全而归之,可谓孝矣;不亏其体,可谓全矣。故君子顷步之不敢忘也。"这段话以乐正子春的意思,当是孔子之言。这与《孝经》所谓"身体发肤,受之父母,不敢毁伤,孝之始也。立身行道,扬名于后世,以显父

①　参见朱晓征:《关于曾子孝道政治观的若干思考》,《西南师范大学学报(人文社会科学版)》2004年第1期。

母,孝之终也",思想有相一致之处。我们估计,这一思想恐怕并非乐正子春的依托,而可能真是源于孔子的。只不过,需要注意的是,这一点在孔子思想中并不占据主要地位,而曾子和乐正子春将之放大,作为重点予以阐释。因此,《曾子大孝》的这一思想虽然是源自孔子的,但却在整体上背离了孔子。梁涛先生认为,乐正子春以"全身"为特征的孝论,反映了对个体生命的重视和关注,体现了战国乱世的人们重视生命的社会思潮。① 其实,正是因为它适应了当时社会思潮的变迁,所以曾子与乐正氏之儒的"孝本论"或"泛孝论"才会在战国时期产生重大影响。曾子与乐正氏之儒的这一转向,一方面提升了孝的地位,另一方面也显露出后世"愚孝"的苗头。然而令人惋惜的是,在后世中国,儒家学说中对社会影响最大的不是仁学,而是孝道。有人说,"孝可能是中国文化中最悠久、最基本、最重要而且影响最深远的传统伦理观念"②。在中国不仅有一部出自儒家的《孝经》,而且有民间流传的"二十四孝"的故事,在在可以证明儒家孝思想在中国社会、文化的根深蒂固,已融入民族文化的基因之中。

三、曾子学派对儒家君子观的早期诠释

《曾子十篇》中的《曾子立事》与《曾子制言》三篇,可以看作曾子一派对于君子观的系统论述,尤其是《曾子立事》,全面紧紧围绕君子而展开,其立意与《儒行》中为"儒"之操行张目的立意相仿佛。

我们粗略梳理一下,可以发现,曾子的君子观主要包括如下几点:

第一,君子要持守仁义。如上文所引"君子以仁为尊",是很明显的例子。另外,在《曾子制言上》,又有"士执仁与义而明行之""君子执仁立志"的说法。士君子之所以为士君子,其本质性的要求就是持守仁义。在《曾子立事》

---

① 参见梁涛:《乐正氏之儒的"泛孝论"及与思孟学派的关系(上)》,《孝感学院学报》2006年第1期。

② 伍晓明:《吾道一以贯之:重读孔子》,北京大学出版社2003年版,第158页。

篇,曾子认为,君子应该"从事于义""唯义所在"。《曾子制言下》说:"凡行不义,则吾不事;不仁,则吾不长。奉相仁义,则吾与之聚群。"这一段话,前两句是互文,意思很清楚,就是说那些不仁不义的诸侯卿大夫,我是不去事奉的。在曾子看来,君子出仕的条件就是当政者行仁义。所谓道不同,不相为谋。如果"奉相仁义",便是志趣相投,同道之人,自然可以与之合作共事了。那什么是"仁"呢? 曾子没有明确交代,不过,我们还是可以从相关论述中窥见其内涵。《曾子立事》:"君子己善,亦乐人之善也;己能,亦乐人之能也;己虽不能,亦不以援人。""君子之于不善也,身勿为能也;色勿为不可能也。……太上乐善,其次安之,其下亦能自强。仁者乐道,智者利道。"仁者,就是对他人富有同情心,心怀善意,对别人之不善,有同情有宽容,其意思不外乎己立立人,己达达人;"己所不欲,勿施于人"。《曾子立事》又说:"巧言令色,能小行而笃,难于仁矣。""巧言令色,鲜矣仁",在《论语》中出现了两次,这里曾子显然是继承了孔子的说法。"小行而笃",根据阮元的看法,大概与《论语》子夏之"致远恐泥"的"小道"有关。孙诒让联系《论语》"巧言令色足恭"的说法,认为,"小行"并不是指德行,是指小步而行,"小行而笃"谓不敢纵步,迟缓前却,伪为恭敬之貌,与"笃行"义不同。根据这一看法,则这句话的意思与《论语》完全一致。什么是义?《曾子制言中》:"君子进则能益上之誉,而损下之忧;不得志,不安贵位,不怀厚禄,负耜而行道,冻饿而守仁,则君子之义也。"君子的出处进退,都要以"义"为准则。所谓"义",就是应该的、合适的,"进"即出仕做官,如果自己有能力让君主获得民众的高度认可,能够让百姓解除生活之忧,那就是义。如果不得志,那么就不要贪恋权位,宁可退隐躬耕,宁肯遭受冻饿之苦,也不能放弃对仁德的坚守,这就是君子应该持守的"义"。

《曾子制言中》又云:"君子无悒悒于贫,无勿勿于贱,无惮惮于不闻;布衣不完,疏食不饱,蓬户穴牖,日孜孜上仁;知我,吾无欣欣,不知我,吾无悒悒。是以君子直言直行,不宛言而取富,不屈行而取位;畏之见逐,智之见杀,固不难;诎身而为不仁,宛言而为不智,则君子弗为也。"这与孔子"君子食无求饱,居无求安,敏于事而慎于言,就有道而正焉"的思想十分吻合。"上仁"即"尚仁"即崇尚仁德,这是君子的本分。君子当然也希望他人"知我",但是却不会为此而牺牲仁义。这里所表现与孔子"君子义以为质"的立场是一样的,与《论语·里仁》所说"君子之于天下也,无适也,无莫也,义之与比"完全一致。后来孟子"富贵不能淫,贫贱不能移,威武不能屈,此之谓大丈夫"恐怕也受到了曾子的影响。

第二,君子要守礼。在孔子看来,礼是君子的必备。曾子也有类似的看法。《曾子制言上》开篇即说:"夫行也者,行礼之谓也。"君子的操守,是与礼密不可分的。那么,什么是礼? 曾子接着说:"夫礼,贵者敬焉,老者孝焉,幼者慈焉,少者友焉,贱者惠焉。"在曾子看来,礼从根本上并不是指那些威仪、礼节,而是指一种能够表达出来的德。敬、孝、慈、友、惠,实际上都是伦理规范,进而发展为个体道德。《大学》讲:"为人君,止于仁;为人臣,止于敬;为人子,止于孝;为人父,止于慈;与国人交,止于信。"与《曾子制言上》曾子的这段话很有关系。伦理关系是双向的,其所规范的关系属于伦理的范畴,也就是说与礼有关,但是同时它们所要求的又是道德的,显然与仁有关。"此礼也,行之则行也,立之则义也",如此则礼与义也是密切联系在一起的。按照伦理的道德要求去做,就有了高尚的操行,如果将之树立为天下的规范,那么就属于义了。这里的"义"既有适宜的含义,也有应当的含义。

当然,曾子也不否定作为教养的诸多曲礼。比如《曾子立事》:"君子入人之国,不称其讳,不犯其禁,不服华色之服,不称惧惕之言。故曰:与其奢也宁俭,与其倨也宁句。"这些略显细碎的曲礼规定,其实所表达的也不过是对他人的尊重和自己的谦卑,这与仁义之道是相通的。

第三,君子谨言慎行。这当然也属于礼的范畴,但是曾子对此强调得格外充分。《曾子立事》篇接二连三地出现"君子终身守此悒悒""君子终身守此惮惮""君子终身守此勿勿也""是故君子疑以终身""君子终身守此战战也"和"亦可谓慎矣",其中"终身守此"显示了曾子那种一生谨慎的作风。"悒悒",《说文》:"不安也。""惮惮",阮元注:"劳心也,惮与怛通。""勿勿",郑玄注:

"犹勉勉也。""战战",郑玄注:"恐也。"王引之说:"悒悒、惮惮、勿勿、战战,皆忧惧之义。"这个解释是对的。总之,这些词汇本身就体现了一个"忧患意识"。《论语·泰伯》记曾子临终之前的言行:"曾子有疾,召门弟子曰:'启予足! 启予手!《诗》云:战战兢兢,如临深渊,如履薄冰。而今而后,吾知免夫!小子!'"与这里所展示的曾子是一致的。

《曾子立事》又云:"是故君子出言以鄂鄂,行身以战战,亦殆勉于罪矣。"这与《论语·泰伯》所记曾子告诉孟敬子的话十分相近:"鸟之将死,其鸣也哀;人之将死,其言也善。君子所贵乎道者三:动容貌,斯远暴慢矣;正颜色,斯近信矣;出辞气,斯远鄙倍矣。笾豆之事,则有司存。"

当然,《曾子立事》及《曾子制言》关于君子的论述还有很多,但是,大体可以归纳为以上几点。从中我们可以发现曾子一派对君子的认知。可以说,基本上是对孔子君子观的全面继承,其中不仅突出强调仁、义和礼对于君子的重要性,而且更为突出言行的谨慎。这是曾子一派的特色。与其后学子思、孟子那种浩浩然的泰山岩岩气象迥乎不同。但是,曾子并没有丢掉君子的根本,没有失去儒家的根本。故而,可以总结说,在孔门后学之中,最大限度继承孔子思想的是曾子。

第三节　思孟学派对儒家修养论的早期诠释

在早期儒学史上,思孟学派是最重要的一个环节、一个发展阶段。尤其是对于儒家内圣之学的拓展和深化方面,思孟学派居功至伟。一方面,思孟学派对儒家人性论做了最深入的诠释,奠定了儒家性善论的主脉;另一方面,建基于性善论对儒家的修养论展开了多方位的探讨,极大地深化了这一命题。上一章我们已对思孟的人性论诠释进行了梳理,本节我们拟对思孟学派在修养论方面的诠释做一番分梳。

思孟学派的修养论主要体现在传世文献《中庸》《孟子》之中,在郭店楚简和上博楚竹书之中，也有不少的资料可资挖掘。

一、简帛《五行》的修养论

这里首先应该提出讨论的是《五行》。因为这对于理解思孟学派具有至关重要的意义。我们知道，战国末期的荀子曾经公开批评儒家内部的子思和孟子。《荀子·非十二子》中批评道："略法先王而不知其统，犹然而材剧志大，闻见杂博。案往旧造说，谓之五行。甚僻违而无类，幽隐而无说，闭约而无解。案饰其辞而祗敬之曰：此真先君子之言也。子思唱之，孟轲和之，世俗之沟犹瞀儒，嚾嚾然不知其所非也，遂受而传之，以为仲尼、子游为兹厚于后世，是则子思、孟轲之罪也。"长期以来，学者们对所谓"思孟五行"多有猜测，但是终究没有证据证明思孟五行说的存在及其内涵。

1973年，马王堆汉墓曾经出土帛书，其中一种整理者拟名为《五行》，庞朴先生指出，帛书分为经和说两个部分，其中的五行即荀子所批评的思孟五行说。1993年郭店楚墓出土的竹简中有一篇《五行》，该篇自有题名即《五行》，这样帛书《五行》的名称也得到了印证。学者多已指出，《五行》的内容多与《大学》《中庸》《孟子》相通。"慎独""金声玉振"等皆可为证。《五行》的经部，大多数学者认为应该是子思的作品。如李学勤、魏启鹏、饶宗颐、陈来、姜广辉、廖名春、郭沂等皆主之。当然也有不同的说法，比如丁四新等认为是世子之学。不过，正如李存山先生所指出的，简本《五行》早于《中庸》，则是基本可以肯定的。

《五行》篇的性质，学界也有争议。刘信芳提出，该篇是一篇构思缜密、结构完整的认识论学说。仁、义、礼、智、圣是《五行》讨论的基本问题，其中由"仁"揭示的是主体与客体的关系问题，由"义""礼"揭示的是行的取向即行为规范的问题，由"智"揭示的是认识规律的问题，而"圣"则涉及有关真理的问题。[①] 但是，

---

① 参见刘信芳：《简〈五行〉仁义礼知圣研究》，载国际儒学联合会编：《国际儒学研究》第11辑，国际文化出版公司2001年版，第33—53页。这一主张在其《简帛〈五行〉研究》（高等教育出版社2016年版）专著中得到了系统的深入的展开。

绝大部分学者对此并不赞成,而是主张该篇是一篇道德学说的专论。最早研究《五行》篇的庞朴先生提出,"继续思孟学派的心性说,创立自己的知行说,为儒家的内圣之学提供了坚实的哲学基地"①。当然,庞朴先生也没有否认该篇具有知识论的成分,他说,《五行》篇"特别突出了'知'的作用,把修身养性的得道成德,当作认识论的问题来处理,提出了以知成德的主张,表现出使认识论就范于伦理学的典型儒家态度"②。这个判断是极为正确的。

后来,庞朴先生根据竹简《五行》与《六德》,提出了"三重道德论",这种三重道德论组成了儒家完整的道德学说体系。所谓"三重道德论",即人作为家庭成员所应有的人伦道德(六德),作为社会成员所应有的社会道德(四行),以及作为天地之子所应有的天地道德或宇宙道德(五行)。这三重道德,由近及远,逐一上升,营造了三重浅深不同而又互相关联的境界,为人们的道德生活,为人们的快乐与幸福,开拓了广阔无垠的空间。③ 庞先生的这一分梳极有价值,使我们看到了孔子之后,孔门后学在道德理论方面的建树和创造。

郭齐勇先生也反对刘信芳的看法,而主张"《五行》不是从社会层面一般地讲养心、用心的方法,而是凸显其中更重要的层面,更强调道德的内在性和道德的形上性"④。他对刘信芳"闻见是仁的感觉,聪明是人的能力,圣智是人的知识"的说法提出批评,"刘著以主客体之间的认识论来解读《五行》和'圣智',似有未妥。实际上,'圣智'是对本体的体悟,是对超越天道的冥契。这不是知识论涵盖得了的"⑤。

陈来先生同样不赞同把《五行》理解为认识论。他说:"尽管在词源上说聪明圣智的观念与感觉和认知能力有关,但竹简《五行》篇中的圣智观念是有

---

① 庞朴:《帛书五行篇研究》,齐鲁书社 1980 年版,第 91 页。
② 庞朴:《帛书五行篇研究》,齐鲁书社 1980 年版,第 99 页。
③ 参见庞朴:《三重道德论》,《历史研究》2000 年第 5 期。
④ 郭齐勇:《郭店楚简〈五行〉的身心观与道德论》,载《儒学新论:郭齐勇学术论集》,孔学堂书局 2015 年版,第 39 页。
⑤ 郭齐勇:《再论"五行"与"圣智"》,《中国哲学史》2001 年第 3 期。

其明确的具体所指的。"在《五行》篇中,聪明、闻见、圣智三个概念是关联在一起的,"在这里,聪明、闻见、圣智都被限定了,被道德化了、政治化了,成为政治实践的能力、政治认知的能力和道德认识的能力,这是早期儒家思想对古代聪明圣智说的一种改造"①。因此,本篇的主要指向并不是认识论的,而是政治哲学的论说。我们认为,通读《五行》篇,庞朴、郭齐勇、陈来等先生的以上认识是准确的。

《五行》的核心在首章,即竹简的简1—4,按简本顺序是:"[五行]仁形于内,谓之德之行,不形于内,谓之行;智(义)形于内,谓之德之行,不形于内,谓之行;义(礼)形于内,谓之德之行,不形于内,谓之行;礼(智)形于内,谓之德之行,不形于内,谓之行;圣形于内,谓之德之行;不形于内,谓之[德之]行;德之行五,和谓之德;四行和,谓之善。善,人道也;德,天道也。"②庞朴先生称之为"开宗明义所提出的总纲"③。这一章提出了德之行与行,五行与四行,德与善,天道与人道的问题。

根据简帛经文,五行包括仁义礼智圣。这正是荀子所批判的"思孟五行"。庞朴先生最早从《孟子》和《中庸》找到了可以佐证"五行"存在的证据。在《孟子》中,与之对应的恰恰也有"五行",只不过没有出现"五行"的概念而已。《孟子·尽心下》有"仁之于父子也,义之于君臣也,礼之于宾主也,知之于贤者也,圣人之于天道也"的表述,"圣人"的"人"字,朱熹注引"或曰"云:"'人',衍字。"④庞朴先生认为,这个判断是没问题的,"圣人"应该作"圣"。则孟子所谈也是仁义礼智圣的五行。而且,我们在《中庸》之中同样可以发现仁义礼智圣五行的影子。《中庸》第31章:"唯天下至圣,为能聪明睿知,足以有临也;宽裕温柔,足以有容也;发强刚毅,足以有执也;齐庄中正,足以有敬

---

① 陈来:《竹帛〈五行〉与简帛研究》,生活·读书·新知三联书店2009年版,第152、153页。

② 释文取庞朴:《竹帛〈五行〉篇校注》,载《庞朴文集》(二)《古墓新知》,山东大学出版社2005年版,第118页。

③ 庞朴:《帛书五行篇研究》,齐鲁书社1980年版,第96页。

④ (宋)朱熹:《四书章句集注》,中华书局1983年版,第370页。

也;文理密察,足以有别也。"其实,"聪明睿知"即是圣,"宽裕温柔"即是仁,"发强刚毅"无疑是义,"齐庄中正"肯定是礼,"文理密察"则是智,恰好与仁义礼智圣是对应的。但是,仅仅依据这两条材料是无法落实荀子"子思唱之,孟子和之"这一说法的。因此,陈来先生明确提出,《五行》之经部为子思作,说部为孟子作。① 仁义礼智圣五行说的提出,是儒家在道德修养论上的一次跃升,它极大地推动了孔子所未能深化的道德论进一步体系化、理论化。

《五行》首章区分了五行与四行。所谓五行,是指"形于内"的仁义礼智圣,这些都是"德之行";所谓四行,是指"不形于内"的仁义礼智,这些都是"行"。这里的关键是如何理解"形于内"与"不形于内"。刘信芳站在认识论的角度,将"形"训为"型",本义是模型,引申为成型。"型于内"就是具"型"于内,施行于外。内是指主体之心,仁、义、礼、智、圣是指客体。型于内的过程就是学习和认识、理解的过程。仁型于内,就是指通过学习和认识得到"仁",在心中建立起"仁"的模式,将心中的"仁"付诸实践,就是所谓"仁型于内谓之德之行",其他以此类推。他认为,行,是指未经学习,心中茫然的盲目之行。② 王中江先生也有类似的看法,在他看来,形于内的"形",是指养成、养就、练就,而不是指呈显。他说:"如果我们把原来已经'具有'的东西,更多地看成是一种潜在的'可能性',而不是看成已经'现成的'东西,只需把它展现出来就可以了,那么,把'形于内'的'形'解释为'形成'就比'呈显'更可取。实际上,潜在的可能性同实际的现实和形成之间,有很大的距离。"③他批评的是黄俊杰的看法。黄俊杰强调的是道德的先天性,故使用呈显。其实,根据简文,我们知道,"形于内",一方面有天赋之德的意思,一方面也有通过后天养成的意思,二者不是非此即彼的。王中江说:"《五行》的'形于内',强调的是通过

---

① 参见陈来:《竹帛〈五行〉篇为子思、孟子所作论——兼论郭店楚简〈五行〉篇出土的历史意义》,载《竹帛〈五行〉与简帛研究》,生活·读书·新知三联书店 2009 年版,第 96—109 页。

② 参见刘信芳:《简帛〈五行〉研究》,高等教育出版社 2016 年版,第 36 页。

③ 王中江:《简帛〈五行〉篇的"惪"概念》,载《简帛文明与古代思想世界》,北京大学出版社 2011 年版,第 266—267 页。

人的内心的自觉和修炼来养成五种'惪行'。"①王中江认为,这种说法在儒家内部是一种非常新颖独特的观点。谢耀亭则说:"人的德行并不是生来就具有,只有得之于'天'而形成于内心才可以称之为'德之行'。"②

其实,"德之行"与"行"的区别在于,行仅仅属于伦理规范下的道德行为,而"德之行"才是出于内在的生命自觉的道德行为。《五行》区分"形于内"与"不形于内",是强调人的道德行为必须要有内在的德性作为根据;仅仅有外在的道德行为,而缺乏内在的德性的根据,则在道德上层次很低,且容易流于伪善、乡愿。孔子和孟子都曾经鲜明地批评乡愿是"德之贼"。为了确保道德行为的可靠,必须在"内心"确立"德性",此即"形于内"。即郑玄所谓"在心为德,施之为行","形于内"即在心为德,及其施于外即为"德之行";而仅仅"施之",则属于"行"。或者换句话说,"形于内谓之德之行",是由"德性"发而为"德行","不形于内谓之行",仅仅是一种表现于行为的德行。

关于"德"的起源和性质问题,学术界有很多争论。陈来先生通过考察西周以来的文献,认为,孔子以前所谓"德"都是从"德行"的角度来使用的,尽管"德行"的观念尚没有区分内在和外在,但是其重点是落在实践中的行为。而从孔子开始,逐渐强调"德性"的一面,即更加关注内在化的道德。孔门后学接续了这一思路。在战国竹简中,"德"写作"惪"之类,从心的字非常普遍,正反映了孔门后学重视"心",强调"内在化"的致思理路。而《五行》正是这一努力的体现。③ 不过,王中江则反对这一看法。他认为:"'德'的构形和造字本义,原指'内心'的意识和活动。……郭店简的'德'都写作'惪',保持着从'直'从'心'的构形。但其本义一时没有展开,反而表现为外在行为的'德

---

① 王中江:《简帛〈五行〉篇的"惪"概念》,载《简帛文明与古代思想世界》,北京大学出版社 2011 年版,第 270 页。

② 谢耀亭:《从出土简帛看思孟学派的内圣外王思想》,科学出版社 2011 年版,第 48 页。

③ 参见陈来:《竹简〈五行〉与子思思想研究》,载《竹帛〈五行〉与简帛研究》,生活·读书·新知三联书店 2009 年版,第 121 页。

行'大行其道。我们推测,这是因为'天'的力量在当时还过于强大,人还没有从中解放出来,其主体性特别是内在自我自然也不能被充分自觉。因此,早期'德'的演变,不能说是从'德行'之'德'到'内心之德'的过程,'内心之德'到了后来才得到了充分的发展。"①他的这一说法有模糊不清之处,我们理解,王先生的看法认为"德"的本义是与"心"有关的,但是在孔子之前,"天"的力量笼罩着,人的主体意识无法发育,所以更强调德行,到了战国时代出现了关注内心的德性和修炼、强调内在之心的趋势,而《五行》篇的出现正是在这一背景之下。由此看来,王中江的看法与陈来的看法不过是大同小异。他们都认为,《五行》区分"德之行"与"行"是更为注重德的内在性。

在这里有一个值得注意的细节是,"仁义礼智"都有"形于内"与"不形于内"的区别,而"圣"则不论"形于内"还是"不形于内"都是"德之行"。因此,"德之行"有仁义礼智圣五个,而"行"只有仁义礼智四个。这说明"圣"的特殊性,而且"圣"具有超越性,它是高于其他四者的。此点后文详论。

"德之行五和谓之德,四行和谓之善。"对这一句的句读有不同的意见。比如李零先生就认为,"'德之行/五和/谓之/德,四行和/谓之/善',意思是说'德之行'有五种,其中五种全和叫'德',只有四种叫'善'。"②谢耀亭也赞同这一读法。这就意味着,这句话中所说的五行与四行,都是"形于内"的。不过,如果顺着首章的语气来理解,我们认为,"德之行五"与"四行",前者是"形于内"的"德之行",而后者则是"不形于内"的"行"。这里的"和"就是和合、调和、统一的意思。"仁义礼智"四行的调和统一,仅仅是"善",也就是说是好的行为。但是,《五行》区分了善与德,这与我们通常所理解的"善"就是"德","德"就是"善"的见解是不一样的。德显然是高于善的,只有五个"德之行"的调和统一才称得上是"德"。

---

① 王中江:《简帛〈五行〉篇的"惪"概念》,载《简帛文明与古代思想世界》,北京大学出版社 2011 年版,第 272 页。

② 李零:《郭店楚简校读记》(增订本),中国人民大学出版社 2007 年版,第 104 页。

接着简文说:"善,人道也;德,天道也。"这句话也引起了很多争论。"德,天道也",是不是就意味着德就是天道? 我们认为,这句不能如此理解。所谓"德,天道也",不过是说,内化于心的德性之调和,源自天道,体现天道。而所谓"善,人道也",则不过是说,没有内化于心的道德行为只是受到人类社会规范而出现的,只能算作"善",也就意味着,作为人类社会的基本价值导向,善是人道的体现,但它有可能仅仅是外在化的,它是可能被形式化、异化的。在简本的简18—19,有这样一段话:"君子之为善也,有与始,有与终;君子之为德也,有与始,无与终也。金声而玉振之,有德者也。"据《五行》之说的解释:"君子之为善也,有与始,有与终。言与其体始与其体终也。君子之为德也,有与始,无与终。有与始者,言与其体始,无与终者,言舍其体而独其心也。"庞朴先生指出,为善需要身体力行,而为德则是内心的存志,心向往之,则无时不能,无有止境。郭齐勇先生则指出,为德是心超越身的过程。也就是说,为善仅仅停留在身体的外在表现,尚未上升为主体自觉的德行;而为德则具有内在的原动力,因此是一个永无止境的过程。有内在德性的德行,才是可持续的。"善"仅仅意味着道德行为的完成,而德则表示德性的完满。显然,德比善是更高的层次。当然,德之行与行,既有区别,又相统一。郭齐勇先生认为这是"下学上达的两种流向,是形上形下的双向撑开,是内圣外王的有区别、有张力的统一。儒家的身心观至此而大变"①。我们认为,郭先生的这一判定是非常正确的。《五行》所谓"行"并不仅是指个人的道德行为,还包括为政者的施政行为。而《五行》将"德"与"天道"关联起来,则使德具有了普遍性和超越性的意味,也就是说,德是既内在又超越的。② 所以,这里区分"善"与"德"是儒家道德修养论的一次理论深化。

---

① 郭齐勇:《郭店楚简〈五行〉的身心观与道德论》,载《儒学新论:郭齐勇学术论集》,孔学堂书局2015年版,第40页。

② 参见陈来:《竹简〈五行〉与子思思想研究》,载《竹帛〈五行〉与简帛研究》,生活·读书·新知三联书店2009年版,第125页。

《五行》篇还有一点值得注意,那就是它对君子的理解,与众不同。前面我们讨论过,在孔子那里,君子是理想人格的基本层面,再往上还有贤人和圣人两个层次。但是,在《五行》篇中,君子有时竟与圣关联起来。"五行皆形于内而时行之,谓之君子。士有志于君子道谓之志士。善弗为无近,德弗志不成,智弗思不得。"君子的定义是与五行密切相关的。而我们知道,"五行"是指仁义礼智圣五者皆形于内。根据我们的理解,在孔子那里,君子的内涵中是涵括着仁义礼智四者的,而圣是不可能的。但是,《五行》将仁义礼智圣五种德性视为君子的必要条件,显然这个君子在一定程度上接近于圣人了。当然,《五行》也强调君子的实践品格,故说"时行之"。《五行》还有一处更明确的说法:"君子集大成。"我们马上联想到孟子"孔子之谓集大成"的说法,可见,这里的"君子",可以视为圣人的另一种说法。在《五行》中有一个"君子道"的概念,后文又说:"圣之思也轻,轻则形,形则不忘,不忘则聪。聪则闻君子之道。闻君子之道则玉音,玉音则形,形则圣。""闻君子道,聪也。闻而知之,圣也。"在这里,圣又与君子之道关联起来。郭齐勇先生认为,这里"君子道"的"君子"实际上指的是圣人。① 孔德立也指出,在《五行》中,圣人与君子是同义语。② 谢耀亭说,"君子道"就是天道。③ 就《五行》的文本来看,这些看法是对的。圣之聪,与乐教有关,这种圣听、圣思,"是对于超越天道的谛听和冥契,是一种精神性的直觉体验"④。

在《五行》中,"圣"与"智"具有特别的地位。简本的第十五章中说:"未尝闻君子道,谓之不聪;未尝见贤人,谓之不明。闻君子而不知其君子道也,谓之不圣;见贤人而不知其有德也,谓之不智。见而知之,智也;闻而知之,圣

① 参见郭齐勇:《中国儒学之精神》,复旦大学出版社 2009 年版,第 265 页。
② 参见孔德立:《早期儒家人道思想的形成与演变:以子思为中心》,巴蜀书社 2010 年版,第 155 页。
③ 参见谢耀亭:《从出土简帛看思孟学派的内圣外王思想》,科学出版社 2011 年版,第 55 页。
④ 郭齐勇:《郭店楚简〈五行〉的身心观与道德论》,载《儒学新论:郭齐勇学术论集》,孔学堂书局 2015 年版,第 43 页。

也。"就经验来看,见和闻,显然"见而知之"比"闻而知之"更容易一些,反过来说,"闻而知之"的"圣"在境界上要高于"见而知之"的"智"。一般而言,君子的境界要低于贤人,那么,见贤人而知其为贤人,要比见君子而知其为君子容易,比闻君子而知君子更容易。那么,我们可以说,这里的"圣"显然是高于"智"的。当然,陈来先生认为,"事实上,圣的观念在古代并不像在后代那么神圣,特别是在不同思想家那里圣的地位很不同。我们并不能一看到圣字,就以为一定是最高的观念"。"由文本也可看出,在《五行》篇自己规定的意义上,'圣'主要是指闻君子道知其为君子道,'智'只是见贤人知其有德,圣智近于古希腊哲学所谓'理智德性',是五行的一部分,并没有后来所理解的那种崇高神圣的意义"。① 我们认为,这一说法是值得商榷的。当然,不同思想家对同一个词在使用上有不同的界定,但是就《五行》文本本身来看,圣依然是高于仁义礼智的,而就早期儒家的思想发展来看,则圣一直被视为最高的修养论范畴。因此,我们认为,《五行》篇对于"圣"的理解,并没有将"圣"降低下来,"圣"依然与"天道"有关,依然是一个具有超越性的范畴。正如郭齐勇先生所指出的:"'圣人'是理想人格,'圣德'是超越之境,'圣智'是神契之知。现实人与圣人之间有时空的阻隔,不能用'目'见,只能凭'耳'听,凭心灵来感通,此亦即天人相通。"②可以说,思孟五行,具有终极信仰的、以天道观为背景的"天人圣智五行观",蕴含着深刻的道德形而上学的思想。

在"成德"的修养工夫上,《五行》强调"思"与"慎独"。二者皆与心有关。《五行》简12—16:"仁之思也清,清则察,察则安,安则温,温则悦,悦则戚,戚则亲,亲则爱,爱则玉色,玉色则形,形则仁。智之思也长,长则得,得则不忘,不忘则明,明则见贤人,见贤人则玉色,玉色则形,形则智。圣之思也轻,轻则

① 陈来:《竹简〈五行〉与子思思想研究》,载《竹帛〈五行〉与简帛研究》,生活·读书·新知三联书店2009年版,第151页。
② 郭齐勇:《郭店楚简身心观发微》,载武汉大学中国文化研究院编:《郭店楚简国际学术研讨会论文集》,湖北人民出版社2000年版,第203页。

形,形则不忘,不忘则聪,聪则闻君子道,闻君子道则玉音,玉音则形,形则圣。"这里提出了"仁之思""智之思"和"圣之思"的概念。这里的"思"显然不是普通意义上的思考、思虑,而是一种道德的反思、省思。后来孟子强调"心之官则思",恐怕与《五行》是有渊源的。而"思"的一个重要工夫就是"慎独"。简16—18:"'淑人君子,其仪一也'。能为一,然后能为君子,君子慎其独也。'瞻望弗及,泣涕如雨'。能'差池其羽',然后能至哀。君子慎其独也。""慎独"见于《大学》《中庸》。关于"独"历来解释不一。郑玄在注《中庸》"慎独"时说"慎独者,慎其闲居之所为"。这是将慎独理解为独处时的谨慎。朱子则说:"独者,人所不知而己所独知之地也。"其实,朱子是把独理解为内心。我们认为,朱子的解释是深刻的,也是合乎原义的。梁涛则结合了两说,提出:"不论在独处还是在大庭广众之下,均应'诚其意',保持内心的诚,保持内心的专一。"①而从简本《五行》来看,"慎独"就是慎心。这与《大学》《中庸》并无不同。

我们知道,孔子对于圣和圣人,言之不多,其特点是将圣与王不分,按照李零先生的说法就是,孔子眼中的圣人一方面是历史上的人,一方面是德位兼备的人。但是,在孔子的时代,圣人的观念已经开始发生转变,从子贡多次将孔子与圣人联系起来看,圣人开始摆脱位的束缚,而强调其德性的色彩。也就是说,圣逐渐成为一个内圣学的范畴,而与外王学渐渐脱离。圣和王分离了,这一点在孔门后学那里得到了充分的发展,并可以通过简帛《五行》和传世文献《中庸》《孟子》看得很清楚。

二、《中庸》的修养论

如果说《五行》是子思早年的作品的话,那么作为成熟期的子思思想的代表作,《中庸》则显然更加成熟圆润。有学者已经指出,《中庸》对《五行》是一

---

① 梁涛:《郭店竹简与思孟学派》,中国人民大学出版社 2008 年版,第 300 页。

种理论的发展。① 二者都有"天人合德"的思想,但是《五行》在概念的使用上还不够自洽,内部充满了矛盾和模糊性,显得很稚嫩。比如对"善"与"德","德之行"与"行","人道"与"天道","内心"与"外心"等的使用,今天读来有诸多难解之处。到了《中庸》则凝结为"诚",对儒家修养论也做了自己的新诠释。《五行》谈"心",而《中庸》则强调"性",这是为道德寻找形上学根据的必然。

《中庸》并非修养工夫论的专论,但是其中对此也有自己的贡献。

"天命之谓性,率性之谓道,修道之谓教",其实"率性之谓道",便是一种修养工夫论。率,即循,顺也。这个道,在这里应该主要是指人道。顺遂本性即人类之道。这个顺性而为,一方面指中庸的工夫、慎独的工夫,一方面也指诚及诚之的工夫。

"中庸"是《中庸》的基本范畴。自来关于《中庸》的理解,无不是把"中"作为最核心的范畴。徐复观先生认为,"中"与"庸"连为一词,其所表现的特殊意义,是"庸"而不是"中"。他的理由是:"中"的观念虽然重要,但这是传统的观念,容易了解。和"中"连在一起的"庸"的观念,却是赋予了一种新内容、新意义。我们知道,在传统的注疏之中,"庸"主要有两种训诂:其一是郑玄所说的"用",这在《说文解字》《方言》等书中可以得到印证;其二是朱子所谓"平常"之义。在徐先生看来,这里的"庸",实际上应该将"用""平常"连在一起才能真正把握"中庸"的深意。他解释说:"所谓'庸'者,乃指'平常的行为'而言。所谓平常的行为,是指随时随地,为每一人所应实践,所能实现的行为。""'平常的行为',实际是指'有普遍妥当性的行为'而言,这用传统的名称表达,即所谓'常道'。程子'不易之谓庸'的话,若就庸的究竟意义而言,依然是说得很真切的。"②

① 参见黄维元:《子思学派思想研究》,山东人民出版社 2015 年版,第 135—137 页。

② 徐复观:《中国人性论史·先秦篇》,九州出版社 2014 年版,第 102 页。

那么,中和庸是什么关系呢？徐先生解释说:"平常的行为,必系无过不及的行为,所以中乃庸得以成立之根据。"①也就是说,中居于根本的地位。但是,如果没有庸,那么中就可能"悬空而成为一种观念",同样,如果没有中,那么"平常的行为的普遍而妥当的内容不显",也就是说庸所以成立的意义不显。

因此,中、庸合起来,意思就是"不偏、不易",徐先生随即指出:"中庸即是'善'。"②这是没有人曾经点出的。《中庸》引子曰:"中庸其至矣乎！民鲜能久矣。"这句话在《论语·雍也》同样出现过,只不过少了一个"能"字。至,有极致、最高义,那么,至德即儒家最高的德。"中庸"之为"至"德,恰恰在于它之"庸"即"平常"而"普遍"(常,本身就兼有平常与普遍、永恒之义)。也就是说,儒家所推崇之善、之德,并非悬空的形而上的东西,而是见诸人生生命之中的实践。亦即人应该追求的善(好的)。自然,我们可以将中庸视为"善",甚至是"至善"。

这种"善"实际乃"人道"的体现或其题中应有之义。徐先生说:"这即表明孔子乃是在人人可以实践、应当实践的行为生活中,来显示人之所以为人的'人道';这是孔子之教,与一切宗教乃至形而上学,断然分途的大关键。"③徐先生的这一判断是十分允当而深刻的。孔子所说的"中庸"之道,就是他所要确立的人道。《中庸》所谓"道也者,不可须臾离也,可离非道也"正可以因此而得到确切的理解。

然而,"中庸"之为"至德",也会导致另外一个困境:"民鲜能久矣""中庸不可能也"。依前所论,"至德"乃是因其平常而普遍,那么何以又出现如此的"困境"呢？徐先生对此的解释是:首先,人有"知""愚"的气禀问题;其次,人的行为常出于生理欲望的冲动,而失掉了节制;再次,人常常难以抵抗外面政

---

① 徐复观:《中国人性论史·先秦篇》,九州出版社2014年版,第102—103页。
② 徐复观:《中国人性论史·先秦篇》,九州出版社2014年版,第103页。
③ 徐复观:《中国人性论史·先秦篇》,九州出版社2014年版,第103页。

治社会环境的压迫和诱惑。① 自然,徐先生的解释没有从"理学"的角度展开,却是非常平实而贴切的。

"喜怒哀乐之未发,谓之中;发而皆中节,谓之和。"这是《中庸》对于中与和的定义,但是自古以来对于"未发""已发"的问题,有诸多的争论。在徐复观看来,即使是二程与朱子,在这个地方的理解也存在偏失。

徐先生将"未发"与"慎独"关联起来予以解释。徐先生认为,"慎独"是针对人的生理欲望压抑和掩盖天命之性而来的工夫。他说:"所谓独,实际有如《大学》上所谓诚意的'意',即是'动机';动机未现于外,此乃人所不知,而只有自己才知的,所以便称之为'独'。"②徐先生的这一看法,可以从《大学》中得到证明。"所谓诚其意者:毋自欺也,如恶恶臭,如好好色,此之谓自谦,故君子必慎其独也"。前述《五行》的"慎独"即"慎心",这个"心"具体而言,则是"意"。可见,《中庸》对于《五行》是有所发展的。

慎独就是一种戒慎、谨慎、省察的工夫。省察什么? 省察自己的意念初动是出于性,还是出于欲望? 也就是要保证自己的意念"率性"。而这种"慎独"的标准,正是天命之性所发生的作用。所谓"性在一念之间,立可呈现,而不知其所以然,所以古人便说这是天所命的"③。而"未发"便是接着"慎独"而言的。给天命之性以扰乱的是由欲望而来的喜怒哀乐。徐先生指出:"这里的所谓喜怒哀乐之未发的'未发',指的是因上面所说的慎独工夫,得以使精神完全成为一片纯白之姿,而未被喜怒哀乐所污染而言,即是无一毫成见。"④那么,何以不说"谓之性"而说"谓之中"呢? 徐先生解释:"'中'是不偏于一边的精神状态而不是性。""但所以能够'中',及由'中'所呈现的,却是性。

---

① 参见徐复观:《中国人性论史·先秦篇》,九州出版社 2014 年版,第 104 页。
② 徐复观:《中国人性论史·先秦篇》,九州出版社 2014 年版,第 112 页。
③ 徐复观:《中国人性论史·先秦篇》,九州出版社 2014 年版,第 113 页。
④ 徐复观:《中国人性论史·先秦篇》,九州出版社 2014 年版,第 114 页。

性是由天所命,通物我而备万德,所以便说'中也者天下之大本'。"①

徐先生指出:《中庸》假定圣人是生而即诚的,其余的人,则系由一套工夫(修)所积累的成果。这里的工夫包含"尊德性"与"道问学"这样内外两个方面,是兼顾与合一的。向内的工夫就是慎独,向外的工夫就是"明善"而"择善固执"。对此,我们认为,"明善""择善"固然不乏向外的意思,但是也并不能就忽视其中也有向内的工夫的意思。善,也是内在于人性人心的。

在这里,徐先生对二程及朱子进行了批评。他指出,程子最大的问题在于将"喜怒哀乐"与"思"混为一谈,即是将"思"当作"已发",导致其对于"中"的参证,"连思也不敢用上"。在徐先生看来,"思"便是"慎独"的工夫,或者说慎独本身就是一种思。朱子也同样如此。徐先生将这种误解称为"死巷"。应该说,徐先生的这一看法极其深刻,这对于《中庸》所谓"未发"是极其重要的。

除此之外,其中最引人注目的还有《中庸》下篇对于"诚"的论述。徐先生指出:"《中庸》下篇,是以诚为中心而展开的。"②正如"中和"在上篇的分位一样,下篇中"诚"也居于这样一个核心地位。在上篇,以中和为桥梁而使中庸通向性命,使性命落下而实现为中庸;下篇则进一步以诚来把性命与中庸,天与人,天与物,圣人与凡人,融合在一起。在下篇,以诚言性,显然是持性善论的。但是孟子以心言性善亦显然是受到了《中庸》这一思想的影响而进一步展开和发展的。

元儒朱公迁云:"《中庸》所言,其要在诚身。"③在《中庸》第20章:"在下位不获乎上,民不可得而治矣;获乎上有道,不信乎朋友,不获乎上矣;信乎朋

---

① 徐复观:《中国人性论史·先秦篇》,九州出版社2014年版,第114页。

② 徐复观:《中国人性论史·先秦篇》,九州出版社2014年版,第136页。

③ 朱公迁:《四书通旨》卷6,载《景印文渊阁四库全书》第204册,上海古籍出版社1987年版,第670页上。

友有道,不顺乎亲,不信乎朋友矣;顺乎亲有道,反诸身不诚,不顺乎亲矣;诚身有道,不明乎善,不诚乎身矣。诚者,天之道也;诚之者,人之道也。诚者,不勉而中,不思而得,从容中道,圣人也;诚之者,择善而固执之者也。"这里是在反推修身之重要性。政治上的信任关系,有赖于社会信任关系的确立,而社会伦理间信任关系的建构,又离不开家庭亲缘之间的亲爱。而亲缘之间的亲爱关系,则有赖于个体自我之"诚"。这就需要"诚身"的修养工夫。"亲亲之爱"本来就是自然而然的,只有做到"反身而诚",则"顺乎亲"是顺乎自然之情,但是如果"反身不诚,不顺乎亲",即一个人如果内心不诚,即存在偏私、虚妄等等,则连最基本、最真实的亲情都可能会被阻蔽。可见,"诚身"是何等重要。故下文接着说"诚之者,人之道也"。

在本章,区分了圣人与众人的差异。"圣人"本身就合乎"天道",所谓"不勉而中,不思而得,从容中道",这与《五行》的"圣人"观有所不同。但是,二者的共同点,就是都主张"圣人"与"天道"的关系。而君子、贤人则属于"诚之",即通过后天的努力,不断地接近于"诚",具体做法是"择善而固执之",再具体一些就是"博学之,审问之,慎思之,明辨之,笃行之"。这犹如《五行》篇所谓"形于内"的过程。《中庸》将《五行》"形于内"的过程予以了揭示,更加具体化了。"择善固执"强调"善"的内在性,用孟子的话说就是"非外铄我也,我固有之也";而"博学,审问,慎思,明辨,笃行"则突出了后天学习的认知和实践的过程。这也就是"自明诚"的"教"的过程。这样,既有内在,又有外在,既突出了先天性,又强调了后天的习染。所以,这个过程是内外合一的过程。如果与《五行》联系起来,则"择善固执"的"诚之"者属于"人道","不勉而中,不思而得,从容中道"的"圣人"属于天道,是天道的体现。毫无疑问,"诚"是一个形而上的概念。"诚"是天赋道德的内在性,"诚"本身就是"尽性",本性的全盘呈露,而"诚之"是通过后天努力去"尽性"的过程,但是只有"圣人"才能真正做到"尽其性"。"诚之"即"诚身"。"明善"与"择善"是诚身的工夫。因为"圣人"之"诚"是"自成",意味着"自尽其性",即劳思光所谓"本性之充足实现"①,进而"尽人之性,尽物之性"。在《中庸》中,圣人的标志就是"诚",而"诚"又是天道。在这里,"圣人"的内圣化倾向是非常明显的。

为什么《中庸》如此强调"诚"？徐先生解释说:"就我的推想,因为仁有各种层次不同的意义;诚则是仁的全体呈现;人在其仁的全体呈现时,始能完成其天命之性,而与天合德。而且诚的观念,是由忠信发展而来;说到诚,同时即扣紧了为仁求仁的工夫。"②他进一步强调,诚不是形而上的本体,不是思辨。这是儒学与西方形而上学的截然不同处。诚包含着"成己成物"这样"内外"两个方面。"把成就人与物,包含于个人的人格完成之中,个体的生命,与群体的生命,永远是连结在一起,这是中国文化最大的特性。这种地方,只能就人性的道德理性自身之性格而言"③。

"诚者,天之道也。"是就人完全实现了天命之性而言的。徐复观指出:诚即是性。同时,诚即是中庸。也就是说,中庸、仁与诚在某种程度上是同一,即皆是性(这里的性,自然是"天命之谓性"的那个性)。因此,诚绝非神秘的境界,而是中庸的境界。而这种中庸境界的最佳呈现则是圣人。徐先生说:"上篇多本孔子对一般人的立教而言中庸,下篇则通过一个圣人的人格——亦即孔子,来看性命与中庸之浑沦一体,即所谓'尊德性而道问学,致广大而尽精微,极高明而道中庸',亦即所谓诚。"④这样,《中庸》实际上通过对"诚"与"诚之"的分辨,把儒家的理想人格及修养工夫论进一步深化了。而在《中庸》基础上,更进一步对理想人格与修养论予以诠释的则是孟子。到孟子,先秦儒家的修养论可以说达到了极致。荀子虽然也强调修养工夫,但是其过分依赖外在礼法的取向,并不合乎孔子思想。

---

① 劳思光:《新编中国哲学史》(二),广西师范大学出版社 2005 年版,第 54 页。
② 徐复观:《中国人性论史·先秦篇》,九州出版社 2014 年版,第 137—138 页。
③ 徐复观:《中国人性论史·先秦篇》,九州出版社 2014 年版,第 139 页。
④ 徐复观:《中国人性论史·先秦篇》,九州出版社 2014 年版,第 135 页。

三、孟子的修养论

孟子对理想人格的理解,最重要的就是对于"圣人"的内向化的完成。《孟子》谈论"圣人"的地方就更多了,据统计有 47 处谈到圣。我们知道,《中庸》中的圣人其实是指孔子而言的。这已经区别于《论语》中孔子的圣人观了,但是与孔门弟子的圣人观十分接近。到了孟子,圣人的概念进一步泛化了。《孟子·万章下》记载,孟子曰:"伯夷,圣之清者也;伊尹,圣之任者也;柳下惠,圣之和者也;孔子,圣之时者也。"伯夷、伊尹、柳下惠,在孔子那里本来只算是贤人,但是到了孟子则皆成了圣人。尽管孟子做了限定,以清、任、和来界定三者之圣,而以"圣之时者"来誉孔子,意味着孔子才是真正的圣人;不过,这毕竟显示了圣人的泛化。反过来说,在孟子看来,人人皆可实现圣,达到圣人的境界,这是由其性善论的人性论蕴含的人性平等思想所决定的。所以,孟子说:"圣人与我同类"(《孟子·告子上》),"人皆可以为尧舜"(《孟子·告子下》)。值得注意的是,孟子提出"圣人,人伦之至也"的界定,将圣人限定在伦理道德范畴之内,其意义非同凡响。这一方面打破了圣人过于神秘且高不可攀的印象,使圣人平民化,让更多人可以去立志追求理想人格;另一方面则直接将圣人之德性化、内在化趋向彻底完成了。沈顺福评论说,"圣人平民化的转化,表面上看只是理想的人格的变化,而实质上使儒家思想奠定了一个基本的圣人观的基调:儒学日用化"①。

孟子对于君子的理解,也与孔子有不少差异。在孔子那里,君子更多是"温良恭俭让"的仁厚气质与彬彬有礼的形象,到了孟子,其君子人格中更多了几分英气。如所谓"君子有三乐,而王天下不与存焉"(《孟子·尽心上》),"广土众民,君子欲之,所乐不存焉;中天下而立,定四海之民,君子乐之,所性不存焉。君子所性,虽大行不加焉,虽穷居不损焉"(《孟子·尽心上》)。这与

---

① 　沈顺福:《儒家道德哲学研究》,山东大学出版社 2005 年版,第 244 页。

孔孟本人精神气质的差异是有关系的。

在确立的"人皆可以为尧舜"的基础上,孟子对儒家修养论的深入发展也作出了贡献。

孟子修养论的基石正是性善论。性善论的提出,目的就在于为个人的修身和社会的教化提供人性论的依据。孟子的性善论,并不是否认现实中的恶,而恰恰是为了改变恶,使人能够改过迁善,走向道德实践。如果现实中的人皆是善人仁人圣人,那么性善论本身也就失去了意义,因为根本没有这种需要。因此,我们应该明白,"性善论主要是作为一种价值指引,表示了人对存在的一种认同性领悟"①。

孟子认为,人之本心应为人之主宰,但是本心之善,不过是"四端",所以必须经过"扩而充之"才能使善得以不断成长、完善,"止于至善"是需要工夫的。这种"扩充"的工夫,也就是"尽心"的工夫。

"尽心"的前提是存心和养心。《孟子·离娄下》记孟子说:"君子所以异于人者,以其存心也。君子以仁存心,以礼存心。"这里的"存",一般理解为存护。朱子《孟子集注》云:"以仁、礼存心,言以是存于心而不忘也。"但是,我们认为这里的"存",应该依从王先谦《荀子集解》所引王念孙的意见:"《尔雅》:'在、存、省,察也。'见善必以自存者,察己之有善与否也。"从本章下面的内容来看,存心应该就是反思省察之义。君子知道仁礼为人性之内容,所以,应该时常以此来反省,正如《论语·里仁》中孔子所谓"见贤思齐焉,见不贤而内自省也"。

养心,是孟子的另一修身工夫的主张。《孟子·尽心下》记有孟子的话:"养心莫善于寡欲。其为人也寡欲,虽有不存焉者,寡矣;其为人也多欲,虽有存焉者,寡矣。"寡欲,显然不是否定欲望,排斥欲望,而是减少欲望、节制欲望。这在儒家也是一贯的主张。在儒家看来,欲望本身不是恶。《古文尚书·大禹谟》有所谓"人心惟危,道心惟微,惟精惟一,允执厥中"的话头,不管

---

① 陈畅:《理学道统的思想世界》,上海书店出版社 2017 年版,第 283 页。

《古文尚书》是否为伪书，但是这句话对于道心与人心的区分，显然是儒家对于人之道德本心与生物本心的差异的深刻总结。所以，儒家对于欲望，一般持中道的态度，既肯定欲望对于人的生存的必要性，又认为欲望应该受到合理的节制。孔子对于人的自然欲求，也并不排斥，所以他明确说："富与贵，是人之所欲也，不以其道得之，不处也；贫与贱，是人之所恶也，不以其道得之，不去也。"(《论语·里仁》)孟子其实也是如此。所以，他的寡欲主张，是意识到人的自然欲求如果不加以节制的话，就会泛滥无归，不断膨胀。一旦欲望过分膨胀，就会对本心良心造成"陷溺"。因为人的本心良心"放失"的原因有多种，并不是寡欲就能完全保证本心的存在不走失，但是毕竟寡欲是非常关键的一环。因此，孟子才说"其为人也寡欲，虽有不存焉者，寡矣"(《孟子·尽心下》)，意思就是认为欲望少的人，其本心所受到的牵引就少，本心放失或者陷溺的概率就小得多。反之亦然。

　　存心、养心，实际上是一种"消极"的工夫，即这种工夫主要是对有可能造成本心放失、陷溺的内心世界的省思和节制。这种工夫，仅仅是保证人之本心不至于放失和陷溺，不会为不善。但是，在孟子看来，更重要的则是积极的正面的工夫，那就是前面讲到的"扩而充之"。将扩充的工夫做到极致，就是"尽其心"了。《孟子·尽心上》："尽其心者，知其性也。知其性，则知天矣。存其心，养其性，所以事天也。夭寿不二，修身以俟之，所以立命也。"但是，"尽心"容易引起误解，以为"心"会"尽"，其实，尽心的工夫是指向了本心良心的无限的扩充，是无止境的。尽，是一种努力的鹄的，是一种修身工夫的指引方向，但是从究极的意义上来说，尽心是永远不可能的。所以，如果把尽理解为穷尽、穷极，就容易误解孟子。朱子就是这样理解的："人有是心，莫非全体，然不穷理，则有所蔽而无以尽乎此心之量。故能极其心之全体而无不尽者，必其能穷夫理而无不知者也。"[1]其实，尽心也就是"诚之"或"思诚"的工夫，做到了

---

[1]　（宋）朱熹：《四书章句集注》，中华书局1983年版，第349页。

"诚"，也就是把握了天道。只不过，孟子这里的中间环节是"知性"。其实，正如二程所说的："心也、性也、天也，一理也。自理而言谓之天，自禀受而言谓之性，自存诸人而言谓之心。"①

在这里，孟子又提出了"反身而诚"的修养工夫。自省是自孔子以来，儒家一直倡导的修身工夫。孟子也不例外，对自省的工夫论有了进一步的阐发。《孟子·公孙丑上》："仁者如射：射者正己而后发。发而不中，不怨胜己者，反求诸己而已矣。"

《孔子家语·观乡射》："射之以礼乐也，何以射？何以听？循声而发，而不失正鹄者，其唯贤者乎？"儒家向来强调射礼作为礼的修身功能。我们知道，孔子曾经以射礼来赞誉君子："君子无所争。必也射乎！揖让而升，下而饮，其争也君子！"（《论语·八佾》）这是强调君子之不争。《中庸》也引孔子的话："射有似乎君子。失诸正鹄，反求诸其身。"虽然还是在以射礼喻君子，但是所论已经涉及"反求诸其身"的反省工夫了。但是，孔子尚未将射礼与仁联系，而在《礼记·射义》中就记载了和上述孟子之语几乎一样的文字。就二者的关系而言，应该是孟子承袭于《礼记》的。在孟子这里，他是以射礼来喻仁。这是对射礼修身功能的新诠释。孟子通过射礼所着重培养的"反求诸己"，来诠释仁者的修养工夫。"反求诸己"的工夫论，从孔子到曾子，再到郭店楚简，直至孟子是一脉相承的。

《孟子·离娄上》："爱人不亲，反其仁；治人不治，反其智；礼人不答，反其敬。行有不得者，皆反求诸己，其身正而天下归之。"《孟子·离娄下》又载："有人于此，其待我以横逆，则君子必自反也：我必不仁也，必无礼也，此物奚宜至哉？其自反而仁矣，自反而有礼矣，其横逆由是也，君子必自反也：我必不忠。自反而忠矣，其横逆由是也，君子曰：'此亦妄人也已矣。如此，则与禽兽奚择哉？于禽兽又何难焉？'"在人与人的交往过程中，遇到矛盾冲突，首先需

①　（宋）朱熹：《四书章句集注》，中华书局1983年版，第349页。

要检讨自己,反省自我。以仁义礼智为标准,反复地反省自我,这是儒家存心养心的工夫。孟子在这种"反求诸己"的工夫论中,创造性地提出"反身而诚"的修养方法。

《孟子·尽心上》:"万物皆备于我矣,反身而诚,乐莫大焉。""万物皆备于我",历来诠释众说纷纭,莫衷一是。我们认为,这句话是说,天道之诚在我。这里的"反身"也是用心之思,来作反省的工夫,一层层地反思,淘汰心中的私欲、杂念,让天之所赋予的内在之善性朗然呈现,即反身而诚,这本是尽心知性知天的工夫。"万物皆备于我"中的"我"并不是一般意义上的自我,而是一种道德主体,但是万物却并不是客体,我与万物的关系并不是主客对待的关系,而是天人合一视野中的"仁者浑然与物同体"的一体观。彭国翔说,"备"的真实含义是"同构"。这个判断是极富启发性的。①

"诚者,天之道也。思诚者,人之道也。"由此可知,在孔子那里,不太谈起的"诚",原来只具有伦理学意义的"诚",到了思孟学派那里,诚就具有本体论的意义,也具有了修养工夫论上的意义,而且前者是后者的根据。在孟子看来,修养的目标是将本善的性予以完成,让我回归到本真存在的状态。而"诚"就是指反求于良心本心,听命于良心本心时那种心理状态。② 按照彭国翔的看法,我的本真存在状态即可以用"仁"与"诚"来表示。上文我们曾经引用过徐复观先生的看法,认为诚与仁是一致的。彭国翔也认为,仁和诚并非两种不同的存在状态,而是对作为本真存在之"我"的共同揭示。二者一起组建了本真之我。"反身"意味着"反求诸己",而"专注于内在自我的体认,最容易回复到'我'的本来面目"③。在这一章里,儒学作为主体性哲学的面相得到了充分的展现。

---

① 参见彭国翔:《孟子"万物皆备于我"章释义》,载《儒家传统:宗教与人文主义之间》,北京大学出版社 2007 年版,第 21 页。

② 参见杨泽波:《孟子性善论研究》(再修订版),上海人民出版社 2016 年版,第 152 页。

③ 彭国翔:《孟子"万物皆备于我"章释义》,载《儒家传统:宗教与人文主义之间》,北京大学出版社 2007 年版,第 23—25 页。

正如钱逊先生所说,"'万物皆备于我'和'反身而诚'思想的意义,是在于为孔子'求诸己'的思想提供了理论基础,做了理论上的论证"①。

孟子修养工夫的另一个重要观点是养浩然之气。《孟子·公孙丑上》:

> 曰:"我知言,我善养吾浩然之气。"
>
> "敢问何谓浩然之气?"
>
> 曰:"难言也。其为气也,至大至刚,以直养而无害,则塞于天地之间。其为气也,配义与道;无是,馁也。是集义所生者,非义袭而取之也。行有不慊于心,则馁矣。"

养浩然之气,是孟子修养论的一大亮点。"浩然之气"的气,应该指的是道德的精神力量、精神状态。这种气是与人内在的"义"配合而生的,是"集义所生",说明这种气的道德属性。这种浩然之气,需要经过不间断地行义才能自然地养成。也就是说,义是贯穿于行为之中的,而不是偶然的"义袭而取之"。李景林先生说:"'义'是'浩然之气'之生生与充盈的内在本原。"②这种"浩然之气"需要"养"的工夫,而养的工夫则强调"直养而无害"。直,按照朱熹的解释是"无私曲",即顺从人的本心,自然而然,不可勉强,不能加持以私心私意,即"勿正""勿助长"。其基础则是"义与道",其特点是至大至刚。"养浩然之气",反映了孟子在身心观上的新见,对于儒家修养工夫论而言,是一次跃升。

---

① 钱逊:《先秦儒学》,辽宁教育出版社 1991 年版,第 99 页。
② 李景林:《"浩然之气"的创生性与先天性——从冯友兰先生〈孟子浩然之气章解〉谈起》,《社会科学战线》2007 年第 5 期。

第六章　孔门后学与儒家政治观的早期诠释

尽管在现代化进程中的今日中国,儒家的政治思想早已被打入另册,与儒家的修身理论受到较为肯定的认知相比,儒家政治思想几乎被限定于古典学领域,作为一种历史现象或思想史现象被剖析乃至批判。但是,谈论儒家,毫无疑问又不能不涉及儒家对于政治的理解。因此,我们且不论儒家政治思想在现代化的今天是否还有现代价值,但是讨论早期儒学,却不能不就此展开考辨与阐释。

儒家和其他诸子一样,他们的出现,乃是时势刺激的结果。司马谈说,六家"此务为治者也"(《史记·太史公自序》),诸子都是为了改变天下无道的乱世而在贡献自己的才智,描绘各自的蓝图。如英国学者葛瑞汉先生所指出的,"他们全部思考的是对曾经称为'天'的权威的道德和政治秩序之瓦解的回应;而且,对于他们所有人来说,关键问题并不是西方哲学的所谓'真理是什么',而是'道在哪里'的问题,这是规范国家与指导个人生活的道。从至少愿意倾听实用学说的君王们的观点看,他们是对时代变迁中如何治理国家的问题给出新的解答的人;而这个问题确实是他们的核心问题"①。如所周知,

①　[英]葛瑞汉:《论道者——中国古代哲学论辩》,张海晏译,中国社会科学出版社 2003 年版,第 4 页。

儒家的政治思想滥觞于尧舜,奠基于周公,而真正的诞生则应该归于孔门——孔子、七十子及子思。著名政治思想史家萧公权即将孔子视为"中国政治哲学的鼻祖"①。后经七十子及思、孟、荀的发展,底定了先秦儒学的基本政治思想轮廓,也彰显了儒家内部不同政治理路的张力。如果没有孔门后学的不断诠释,早期儒家的政治哲学便不会如此丰富厚重。也就是说,从孔子开始,儒家便无法离开政治来讨论自己的理想。正如朱承所指出的,事关家国天下的政治问题是儒学的一个目的和归宿,或者说儒学的本质特质之一就是以政治为指向,这也是儒者的责任与道义之所在。②

第一节　孔子的政治哲学

我们认为,儒学尤其是早期儒学本质上是一套教化的学问,教化就不仅涉及个体修养,而且关乎政治。儒学的特质到底是什么? 对此,古今中外学者存在很大分歧。其实,对儒学特质的理解,可以直接从儒家之得名为"儒"入手进行考察。对此,前辈学者如章太炎、胡适之、郭沫若、徐中舒等先生对"儒"的本义进行了有益的探索,为认识这一问题提供了极大的帮助。《周礼·天官·大宰》云:"以九两系邦国之民……四曰儒,以道得民。"郑玄注曰:"儒,诸侯保氏有六艺以教民者。"可见,儒本为一种教职。《地官·大司徒》云:"以本俗六安万民……四曰联师儒。"郑玄注曰:"师儒,乡里教以道艺者。"郑玄的解释应当是可信的。师儒联称,可见儒与师密切相关。当然,《周礼》所谓"儒"可能是一种"官儒",不可等同于孔子儒学之"儒",但孔子学派之所以被称为"儒",与此有着渊源关系。学者皆以"教师"为解,可谓卓识。但何以以教为职的人称"儒"? 徐中舒先生以甲骨文"需"字为本字,训为"濡",

---

① 萧公权:《孔子政治学说的现代意义》,载《迹园文录》,中国人民大学出版社 2014 年版,第 36 页。

② 参见朱承:《儒家的如何是好》,广西师范大学出版社 2016 年版,第 140 页。

斋戒沐浴之义。① 实际上，"儒"与"濡"确实相关。按《玉篇·水部》："濡，濡润也。"《诗经·郑风·羔裘》"羔裘如濡"，陈奂传疏云："濡，润泽也。"可见，"濡"有浸泽、润泽之义。以道艺教人，润泽于身，犹如以水润泽于物。然则"儒"之本义为以道艺濡人之人。这也是孔子学派被称为"儒"的原因。可以说，儒学的特质就在于"教"。而此所谓"教"即教育、教化之义。

实际上，《汉书·艺文志》的说法对此提供了重要的佐证。《汉书·艺文志》曰："儒家者流，盖出于司徒之官，助人君顺阴阳、明教化者也。游文于六经之中，留意于仁义之际，祖述尧舜，宪章文武，宗师仲尼，以重其言，于道最为高。"儒家"祖述尧舜，宪章文武"，说明其承续"先王之道"；"助人君"，说明与政治有密切关联；"留意于仁义之际"，说明其关注道德；"顺阴阳、明教化"，说明其顺天道以明人道。以今天的话归纳起来就是：儒学秉承先王之道，关注道德、社会与政治，以六经为依托，进行社会教化，以实现政治有序，社会和谐。已有学者明确指出，儒学关注人的精神价值和道德的实现，即"成人"问题，但"成人"问题实质上关涉的是政道、治道、王道。儒学当然可以称为道德哲学、伦理学说，但这种道德哲学、伦理学说的开展直接与政治相关联，从这个意义上说，称它是政治的道德哲学似乎更恰当。②

一、孔子的王道政治理想

在很多学者那里，儒家王道政治观是到了孟子才开始出现的。其实，这是一大误解。儒家自从孔子创立开始，其对政治的基本诉求便是王道政治。孔子的王道政治理想来自《尚书》。"王道"一词也是出自《尚书·洪范》。"无偏无党，王道荡荡；无党无偏，王道平平；无反无侧，王道正直。"而孔子关于"王道"的论说，在《论语》中是隐性的，在《孔子家语》中则是显性的。《孔子

---

① 参见徐中舒：《甲骨文中的"儒"》，载《徐中舒历史论文选辑》（下），中华书局1998年版，第1218页。

② 参见赵明：《先秦儒家政治哲学引论》，北京大学出版社2004年版，第2页。

家语·观乡射》载孔子之言:"吾观于乡,而知王道之易易也。"这一段文本亦见于《礼记·乡饮酒义》。孔颖达在该处的疏中说:"不直云'易'而云'易易'者,取其简易之意,故重言'易易',犹若《尚书》'王道荡荡''王道平平'皆重言取其语顺故也。"①王道即王者教化之道。郑玄在注《乡饮酒义》"知王道之易易"时说:"易易,谓教化之本,尊贤尚齿而已。"孔颖达云:"言我观看乡饮酒之礼,有尊贤尚齿之法,则知王者教化之道,其事甚易,以尊贤、尚齿为教化之本故也。"②晚近江西南昌海昏侯墓出土一批简牍,其中有一批被专家认定为失传已久的《齐论语》。其中公布出来的一支简简文是:"孔子智道之易也。易易云者,三日。子曰:此道之美也,莫之御也。"③"智",知也。易,当即"易"字,"孔子知道之易也"与《观乡射》此处非常近似。另外,有学者主张"易易"或当读作"荡荡",则与《尚书·洪范》相合。无论如何,孔子对王道多有措意,是毋庸置疑的。

《孔子家语·王言解》可以作为典型文本。《王言解》又见于《大戴礼记》,该篇名"主言",戴震、孔广森等皆以为"王"字之讹。且从内容上看,《大戴礼记·主言》远不如《孔子家语·王言解》古朴真实。④ 该篇是孔子与曾子的对话。孔子向曾子讲述"王道"。开篇孔子就提出:"今之君子,唯士与大夫之言可闻也。至于君子之言者,希也。於乎! 吾以王言之,其不出户牖而化天下。"孔子感慨当今之世多"士与大夫之言可闻",而"君子之言"非常稀缺,故天下无道。如果能讲清楚"王言"即王道之言,则"不出户牖而化天下"。王道追求"化天下",即"人文化成"。曾子一再请孔子讲述王言。孔子反问曾子你

① (唐)孔颖达:《礼记正义》(下),载李学勤主编:《十三经注疏》(标点本),北京大学出版社1999年版,第1633页。

② (唐)孔颖达:《礼记正义》(下),载李学勤主编:《十三经注疏》(标点本),北京大学出版社1999年版,第1633页。

③ 王楚宁:《海昏侯墓出土〈论语·知道〉篇小考》,复旦大学出土文献与古文字研究中心网站,2016年8月29日。

④ 参见杨朝明:《读〈孔子家语〉札记》,《文史哲》2006年第4期。

是那个我可以讲"明王之道"的人吗？随后孔子向曾子讲述了何谓王言。

孔子说："夫道者，所以明德也；德者，所以尊道也。是以非德道不尊，非道德不明。虽有国之良马，不以其道服乘之，不可以道里。虽有博地众民，不以其道治之，不可以致霸王。是故昔者明王内修七教，外行三至。七教修然后可以守，三至行然后可以征。明王之道，其守也，则必折冲千里之外；其征也，则必还师衽席之上。故曰内修七教而上不劳，外行三至而财不费。此之谓明王之道也。"孔子在此将"道"与"德"的关系予以澄清。"道"是本体，"德"是发用。道，是德的形上根据；德，是道的具体呈现。所以说："道者，所以明德也；德者，所以尊道也。"如果离开"德"，"道"就得不到尊重；如果缺乏"道"，"德"就无法彰显。正如驾驭"良马"也需要按照"道"进行，否则寸步难行。同样对于治国理政，尽管博地众民，如果不按照道来治理，那么亦不可实现霸、王。而在孔子这里，王道显然也是高于霸道的。因此，所谓"王道"就是"内修七教，外行三至"。

"内修七教"是指："上敬老则下益孝，上尊齿则下益悌，上乐施则下益宽，上亲贤则下择友，上好德则下不隐，上恶贪则下耻争，上廉让则下耻节，此之谓七教。"这里所体现的依然是儒家"上行下效"，"君子之德风，小人之德草，草上之风必偃"的教化论。这与《大学》的"絜矩之道"也是一致的。孔子认为，"七教者，治民之本也"。通过教化来治民，乃是王道的基本要求。这是孔子理想中的政治。之所以孔子有这种"风—草论"，正是基于他对"道德效应"的积极肯定。他说："凡上者，民之表也，表正则何物不正？"这与《论语》所谓"其身正，不令而行；其身不正，虽令不从"是同一个思路。"表"这个字，在《家语·入官》也出现了。"故君上者，民之仪也；有司执政者，民之表也"，同样是将"为政者"视为民众的"仪""表"。"仪""表"本义都是指人外在的仪表，在这里是表率、标准的意思。这种"表"的用法不见于《论语》，不过在《礼记·表记》倒可以发现。《表记》有云："仁者，天下之表也。"与此相同。根据这一认识，孔子提出，"人君先立仁于己，然后大夫忠而士信，民敦俗璞，男悫而女贞",作为君主,如果做到"立仁于己",其影响便会非常巨大,可以使士大夫阶层忠信,使民俗敦朴,使男女廉贞。紧接着孔子又提出"七修":"使有司日省而时考之,进用贤良,退贬不肖,然则贤者悦而不肖者惧。哀鳏寡,养孤独,恤贫穷,诱孝悌,选才能。此七者修,则四海之内无刑民矣。"进用贤良,退贬不肖,就是"举直错诸枉"(《论语·为政》),"选贤举能"(《礼记·礼运》);"哀鳏寡,养孤独,恤贫穷"就是"鳏寡孤独废疾者,皆有所养"(《礼记·礼运》);"诱孝悌",就是"导之以孝悌"(《孔子家语·弟子行》),就是"申之以孝悌之义"(《孟子·梁惠王上》)。

孔子在"内修七教"的基础上,又阐述了"外行三至":"至礼不让而天下治,至赏不费而天下士悦,至乐无声而天下民和"。这"三至"的要害在于"仁者莫大乎爱人,智者莫大乎知贤,贤政者莫大乎官能",即爱人、尊贤和官能。

根据"推天道以明人道"的思路,做王的人就要在人间推行王道。他说:"春秋致其时而万物皆及,王者致其道而万民皆治,周公载己行化,而天下顺之。"(《孔子家语·致思》)

孔子心目中理想的王道政治,是一种充满着亲情慈爱的伦理型政治。正如赵汀阳所指出的,以伦理为治世良方是孔子思路。孔子引入仁义作为核心概念才形成了伦理为本的思想结构,于是伦理成为对政治的最终解释。孔子以伦理为本的思想基于对他人问题的深刻理解,至今无出其右。[①] 因此,政治在孔子那里,毋宁说是伦理性的。所以他提倡:"上之亲下也,如手足之于腹心;下之亲上也,如幼子之于慈母矣。"早期儒家比较强调"政治"的"伦理"性,这与法家政治、现代政治那种"冷冰冰"不同,其中透露出"温情脉脉"的一面。这虽然在现实中往往很难真正实现,但是却代表了儒家对于政治应然状态的追求。这种认识,不是基于权利的,而是基于德性的。这种政治观,正是孔子"仁学"的题中应有之义。林存光先生将此称为"人道政治观"。他说:"所谓

---

① 参见赵汀阳:《第一哲学的支点》,生活·读书·新知三联书店 2017 年版,第 173 页。

的人道政治观,其实质便是指政治生活应符合和遵循人道价值的规范要求;反之,政治唯有在促进人道价值的传播与实现方面发挥决定性的影响作用,也才具有其道德上的必要和正当的合理性。"①孔子认为,如果做到"上下相亲如此",那么,结果一定是"令则从,施则行,民怀其德,近者悦服,远者来附,政之致也"。这种典型的"教化—政治",是儒家政治哲学的基调。我们如果细加分析,孔子的王道政治观,大体可以涵括教化、民本、礼治和德治等几个维度。

二、孔子的教化主义

钱穆先生认为:"孔门虽重政治,然更重人道。"②这里将政治与人道区别开来,对于理解儒家的政治哲学有好处,但是钱先生忽略了儒家的政治本来就是"人道政治",讲政治一定要讲人道。而所谓"人道"就是对仁道的阐扬,这当然是儒家教化的范畴了。

自孔子开始,儒家便以"教化"为职志与旨趣,形成源远流长的教化传统。《说文解字》:"教,上所施下所效也。"所谓教化,教是方式,化是效果。教化的实施,离不开"君师"。君是教化的主导者,师则是教化的承载者、实施者。教化的实施,离不开政治。反过来,政治的最佳境界则是"教而化之"。教化就是一种精神的造就与陶冶,是一种人格的形塑与完成,让人的思想脱离蒙昧与偏曲,回归大道,由体认道而使心灵得以安顿,让生命呈现出意义。如此一来,则自然能够实现政治有序,社会和谐。这便是孔子"人文化成"之王道政治理想。

我们知道,按照司马谈的看法,先秦时期的儒、墨、道、法、名、阴阳等六家,"此务为治者也"(《史记·太史公自序》)。面对礼坏乐崩的"天下失序"的社会现实,诸子百家无不殚思竭虑,为天下提供自家的救世蓝图。诸子百家都有自家的理想政治,也因此有各自的政治方案。几乎没人认为他们所处的时代

---

① 林存光:《孔子新论》,人民出版社 2012 年版,第 332 页。
② 钱穆:《论语新解》,生活·读书·新知三联书店 2012 年版,第 41 页。

是合理的、有序的，是值得肯定和赞美的。儒家说："大道既隐，天下为家，各亲其亲，各子其子"（《礼记·礼运》），礼乐征伐自诸侯出、自大夫出，陪臣执国命正是"天下无道"的体现；因此孔子周游列国，虽然遭遇隐士的讥讽，但他毅然提出："鸟兽不可与同群，吾非斯人之徒与而谁与？天下有道，丘不与易也。"（《论语·微子》）而在道家眼中，"大道废，有仁义；智慧出，有大伪"（《老子》第十六章）；同样，在法家那里，"上古竞于道德，中世逐于智谋，当今争于气力"（《韩非子·五蠹》）。政治和社会混乱失序的根源在哪里？各家基本上都认为是"无道"。这个"道"就是"人道"，就是价值。后来顾炎武所谓"亡国"与"亡天下"的辨别，正是强调政权与价值的意义及其位阶不同。价值体系的崩坏，是人道的彻底败坏，由此人类社会必然会堕落。在儒家看来，人不仅仅是生物性的存在，而且是一种精神性的存在。人不仅需要物质利益，而且更需要价值和信仰的支撑。据《论语·子路》记载：

> 子适卫，冉有仆。子曰："庶矣哉！"冉有曰："既庶矣。又何加焉？"曰："富之。"曰："既富矣，又何加焉？"曰："教之。"

儒家主张"安身立命"，安身需要物质，这就需要政治来维护人之权利，去满足基本生存，此所谓"富之"；但是人还需要"立命"，即精神世界的确立，这就需要政治以"教"来实现，此所谓"教之"。怎样让富裕起来的人文明起来，懂得礼义廉耻，在生命、生活中体现出作为人的尊严来，这就要加以教化。在孔子看来，富民当然是政治的必要内容，却不是最终的最根本的。人的精神世界的打开与确立，人的价值信念的挺立与巩固，才是政治的最终目标。因此，先秦儒家虽然也提供一些具体的政治措施、制度安排，但是从根本上讲，他们更关心的是如何唤醒被各种欲望遮蔽的人心。

按照《汉书·艺文志》的说法，儒家者流，是要"助人君顺阴阳、明教化"的。教化，并非孔子的创造，而是在中国历史上源远流长的政治传统和智慧。《周礼·地官·司徒》有"十二教"的记载，据学者研究，《周礼》"十二教"应该是西周时代的传统，可见，教化思想是孔子对周代司徒教化传统的一种继承。

从孔、孟、荀以后，也成为儒家自身的传统。儒家之"顺阴阳"，强调的是儒家通过对天道的把握，遵循天地之道，以阐明人道；继而在阐明人道的基础上，去实施教化，其实就是"觉民"的过程。因此，正如上文所述，孔子理想的王道政治，就是"教化—政治"，即明王通过自身的德行来教民众，唤醒人心，重建伦理道德秩序，以化成天下。这是孔子、儒家对历史的认识和诠释。孔子对此十分重视，他认为为政者要通过自身修养，树立一种楷模和榜样，实现"美教化，移风俗"。所谓"在朝则美政，在野则美俗"，成为儒家士大夫的追求。

靠什么开展儒家教化？我们认为就是经典。经典出于孔子之整理。孔子之所以整理《诗》《书》《礼》《乐》《易》《春秋》，正是出于对历史上曾经出现过的"道"能够永存的目的，经过他的选择、整理、阐释，成为他教育弟子的教本，其内容是先王之道，其内涵是价值体系。为什么重视经典？正如有学者所论，孔子及其开创的儒家学派之所以格外重视经典教育，"不过是要人们从内在精神世界里确立起关于'标准'和'方向'的个人信念。没有这种对'标准'和'方向'的信念，秩序既无法真正得以确立，它本身也是没有'意义'的"①。这种"标准"和"方向"，即所谓"道"，即蕴涵于作为"先王政典"的六经之中。

对于儒家的教化思想，徐复观先生有一个反思。徐复观先生认为，虽然儒家主张"以人民为主体"，但是实际上现实是"以君主为主体"。因为"民本"并非"民主"，我们很难发现儒家对于人民参与政治的设计。所以，这恰恰是儒家政治哲学本身存在的缺陷。所以，如徐复观所批评的，"虽然是尊重人性，以民为本、以民为贵的政治思想，并且由仁心而仁政，也曾不断考虑到若干法良意美的措施，以及含有若干民主性的政治制度，但这一切都是一种'发'与'施'的性质，是'施'与'济'的性质，其德是一种被覆之德，是一种风行草

---

① 赵明：《先秦儒家政治哲学引论》，北京大学出版社 2004 年版，第 59 页。

上之德。而人民始终处于一种消极被动的地位。尽管以民为本,而终不能跳出一步,达到以民为主"①。徐先生的这一批评是深刻的。梁任公认为"儒家深信非有健全之人民,则不能有健全之政治。故其言政治也,惟务养成多数人之政治道德政治能力及政治习惯"②,其实这一看法是理想化的,甚至可以说与儒家无涉,更像是现代西方民主政治的宗旨。儒家言政治,本非近现代意义上的政治。孔子及早期儒家主张民本,却并不强调对人民的政治道德、政治能力、政治习惯的养成。儒家认为,政治就是天下秩序,在合理的秩序内,各安其位,各司其职,人人得安身立命。儒家并不认为人民是政治的参与者,更不是主体。但是教化的观念,也并不是要消解人民主体,而是希冀通过"新民"的过程,让民众自我"明明德",自我挺立道德主体。所以,教化,实际上不是强迫性的,而是启发性的。

儒学在历史上曾经被称为"儒教",而所谓"儒教"所讲的恰恰是儒家之教化。可以说,教化乃儒学之核心观念。有不少学者将儒家政治哲学归结为德治主义或礼治主义,其实换个角度来说,可以将之称为"教化主义"。在儒家政治哲学之中,德治、礼治与教化是三位一体的关系。抽绎之,其中"德"为本(根据、基础),"礼"为用(凭借、工具),"教"为道(方式、途径),其鹄的就是"和"(太平、大同)。萧公权先生将孔子的政治哲学称为"仁治",而简括孔子治术为养、教、治三端。其中,养、教之工具为德、礼,治之工具为政、刑。德、礼为主,政、刑为助,而教化又为孔子所最重之中心政策。③ 梁启超先生也曾明白指出:"儒家之言政治,其唯一目的与唯一手段,不外将国民人格提高。以目的言,则政治即道德,道德即政治。以手段言,则政治即教育,教育即政治。道德之归宿,在以同情心组成社会;教育之次第,则就各人同情心之最切近最

① 徐复观:《儒家政治思想的构造及其转进》,载《学术与政治之间》,九州出版社 2014 年版,第 53 页。

② 梁启超:《先秦政治思想史》,东方出版社 1996 年版,第 97 页。

③ 参见萧公权:《中国政治思想史》(上),商务印书馆 2011 年版,第 69 页。

易发动者而浚启之。"①确实,从孔子"政者,正也"的定义来看,儒家之政治,主要工作在于化人,非以治人,更非治事。② 因此,教化便成为孔子、儒家政治之核心关注点和用力所在。

三、孔子的礼治主义

在孔子的教化—政治体系中,有两个手段非常突出,即礼与乐。孔子有所谓"兴于诗,立于礼,成于乐"(《论语·泰伯》)的说法,很清晰地描绘出教化的全过程。这里的"兴"是内心情感的兴发,所谓"立"是人的伦理秩序规范的确立,所谓"成"则是人格的整体完善。这都有赖于经典所记录的古代圣王楷模典范的启发与唤醒。

孔子对于礼和乐情有独钟,他不仅认为礼乐具有修身的功能,而且具有治国的价值。所以,孔子主张"道之以德,齐之以礼"。前文说过,在孔子那里,礼乐是对前代文明的继承,同时这种继承又内蕴着一种转化。孔子将"仁"贯注于礼乐之中,更增强了礼乐的教化功能,在孔子那里形成了一种政治上的礼治主义。梁启超先生曾经指出,儒家政治的目的在于养成民众的政治道德等,那么"挟持何具以养成之耶? 则亦彼宗之老生常谈——仁义德礼等而已。就中尤以礼为主要之工具,故亦名之曰'礼治主义'"③。徐复观先生也认为,在儒家政治思想中,德治主义、民本主义和礼治主义是一贯的。④ 孔子所面临的天下无道,第一个表征就是"礼坏乐崩"。在周代的宗法制度下,家国同构,政治与伦理难解难分。这影响到儒家的政治哲学。在儒家看来,政治与伦理都是秩序,二者是相通的。若伦理秩序良好,则政治秩序一定良好;反之,伦理秩

---

① 梁启超:《儒家哲学》,上海人民出版社 2012 年版,第 263 页。

② 参见萧公权:《中国政治思想史》(上),商务印书馆 2011 年版,第 72 页。

③ 梁启超:《先秦政治思想史》,东方出版社 1996 年版,第 97 页。

④ 参见徐复观:《儒家政治思想的构造及其转进》,载《学术与政治之间》,九州出版社 2014 年版,第 51 页。

序遭到破坏,则政治秩序必然败坏。

孔子强调"立于礼",因为礼是社会秩序和规范。《论语·季氏》篇记载,孔子向孔鲤讲述"不学礼,无以立"的道理。这不仅是孔子对儿子的谆谆教诲,而且也是他对礼之于人的意义的普遍认识。《论语·尧曰》的最末一章,也记载着孔子"不知礼,无以立也"的训诫。这两句话的意思,无疑是在强调,礼对于一个人而言不可或缺,学礼和知礼是人立足于社会的重要前提。那么,为什么礼如此重要呢? 那是因为礼是人类社会的基本秩序和规范,这是礼的最基本内涵。美国学者芬格莱特认为,孔子对礼极为重视。因为礼仪的力量非同寻常,十分神奇,甚至可以看作"魔力",因为人是一种礼仪性的存在。①

《学而》篇记载,有子曰:"礼之用,和为贵。先王之道斯为美,小大由之。有所不行,知和而和,不以礼节之,亦不可行也。"社会秩序的和谐,需要用礼来维护和调节。周公以降,礼乐制度的不断完善,使礼具有了治国理政功能。一旦"礼坏乐崩",那么,政治秩序和社会伦理就会遭到严重破坏,和谐也就无从谈起了。所以,孔子对春秋时代的"礼坏乐崩"局面深感痛心。《论语·季氏》篇记载,孔子曰:"天下有道,则礼乐征伐自天子出;天下无道,则礼乐征伐自诸侯出。自诸侯出,盖十世希不失矣;自大夫出,五世希不失矣;陪臣执国命,三世希不失矣。天下有道,则政不在大夫;天下有道,则庶人不议。"

礼坏乐崩,就意味着"天下无道",意味着秩序崩塌、伦理败坏、价值混乱。我们知道,礼的一个重要特征就是强调等级和名分。随着周王室的式微,各种僭越的事件层出不穷。正如《公羊传·昭公二十五年》所载子家驹之言:"诸侯僭于天子,大夫僭于诸侯,久矣。"孔子对此充满了忧虑和愤慨。《八佾》篇开篇就记载孔子批评鲁国执政季孙氏的话:孔子谓季氏:"八佾舞于庭,是可忍也,孰不可忍也。"谓,就是评论的意思。八佾本是"天子之礼乐",作为鲁国大夫的季孙只能用"四佾",所以"八佾舞于庭"分明是僭越行为。所以孔子

① 参见[美]芬格莱特:《孔子:即凡而圣》,彭国翔、张华译,江苏人民出版社2002年版,第1—16页。

说,季孙氏连这样的事都忍心去做,还有什么不忍心的呢?接下来第二章,同样是孔子对鲁国三桓——季孙、孟孙和叔孙三大贵族的僭越礼制行为的无情讽刺和批判:三家者以《雍》彻。子曰:"'相维辟公,天子穆穆',奚取于三家之堂?"祭祖结束时,演奏《诗经·周颂》中的《雍》诗,是天子的做法。诸侯、大夫用之,就是僭越,所以,孔子对此进行了讥讽。

孔子认为,面对着如此严峻的形势,如果要挽救礼乐制度的进一步崩坏,必须"正名"。《论语·子路》篇有这样一段精彩的对话:

> 子路曰:"卫君待子而为政,子将奚先?"子曰:"必也正名乎!"子路曰:"有是哉,子之迂也! 奚其正?"子曰:"野哉,由也! 君子于其所不知,盖阙如也。名不正,则言不顺;言不顺,则事不成;事不成,则礼乐不兴;礼乐不兴,则刑罚不中;刑罚不中,则民无所错手足。故君子名之必可言也,言之必可行也。君子于其言,无所苟而已矣。"

孔子认为,为政的第一步就是要"正名"。为什么呢? 他说:"名不正,则言不顺;言不顺,则事不成;事不成,则礼乐不兴;礼乐不兴,则刑罚不中;刑罚不中,则民无所错手足。"这里有一个逻辑链条:名—言—事—礼乐—刑罚—民。看上去不相干的几个事物,经孔子勾勒,让我们发现其中居然有着这样的联系。"名正言顺"实际上是"礼乐"制度的一种表现。确实如倪培民先生所指出的那样,"名"不是简单地代表所指称的对象,它实际上还承载着期望,并且是与"礼"不可分割的。因为使用一个名字的行为就是表达一种期望,所以"名"携带了一种影响现实的力量(名可制实)。因而,适当用"名"就有着极大的社会和政治含义。[①] 名正言顺,就是人和事各归其位、各行其道、各守其责,其结果就是礼乐兴、刑罚中,人民可以知所规范、知所效法。就此而言,礼的"正名"功能不可或缺。梁启超先生认为,"正名何故可以为政治之本耶? 其作用在使人'顾名思义'。则麻木之意识可以觉醒焉"[②]。任公这一解释,切中肯綮。

---

① 参见倪培民:《孔子:人能弘道》,李子华译,上海人民出版社 2012 年版,第 91 页。
② 梁启超:《先秦政治思想史》,东方出版社 1996 年版,第 94 页。

所以，我们应该清楚，礼乐的崩坏，一方面表现为礼乐的废弃；另一方面则表现为礼乐的僭越。所谓礼乐的废弃，意味着很多固有的规范、制度变得不被遵守。我们可以从《论语》中找到几个例子：子曰："觚不觚。觚哉！觚哉！"（《论语·雍也》）孔子的这段话虽然没有语境，但是我们可以推测其义。觚是古代的一种酒器。在礼乐制度之下，各种器物皆有其形制。而随着礼乐制度的崩坏，连最普通的器物都失去了应有的形制，变得不成样子。正如程子所说："觚而失其形制，则非觚也。举一器，而天下之物莫不皆然。故君而失其君之道，则为不君；臣而失其臣之职，则为虚位。"①应该说体会到了孔子感慨背后的深深忧虑。《八佾》也有一则材料：子贡欲去告朔之饩羊。子曰："赐也！尔爱其羊，我爱其礼。"在周代，每年的秋冬之交，周天子都会把第二年的历书颁给诸侯，以明确次年每月初一的日子，此礼名"颁告朔"。诸侯接受历书，藏于太庙，每逢朔日（初一）便会杀一只活羊祭于庙，然后回到朝廷听政，此礼名"告朔"。但是到春秋末期，此礼渐渐荒废，国君只是照理杀一只羊虚以应付。所以子贡认为不必留此形式，不如干脆连羊也不杀。而孔子则认为尽管这是残存的形式，也比什么都不留好。孔子对礼的关心，并不是像子贡那样出于功利的目的，而是认识到礼所蕴含的庄严性、神圣性及由此而对人的教化作用。

当"礼坏乐崩"之后，本来正常的就变得不正常了。当礼乐制度被破坏之后，"君使臣以礼，臣事君以忠"的"本分"没有人遵守了。诸侯不尊重天子；大夫不尊重诸侯；家臣不尊重大夫。而且，事实既成，久而久之，人们竟然习以为常，积非成是。故而孔子感慨地说："事君尽礼，人以为谄也。"（《论语·八佾》）在一个礼乐制度下，各守本分，各安其位，各尽其责，这是文明的表现。然而，在"礼坏乐崩"之后，遵守礼的人，却成了被讥讽的对象，反而被污名化了。

---

① （宋）朱熹：《四书章句集注》，中华书局1983年版，第90页。

　　反过来,另外一种非正常现象就出来了。《论语·为政》记载,子曰:"非其鬼而祭之,谄也。"祭祀是非常神圣、庄重的事。荀子认为,礼有三本。其中先祖乃"类之本",故而祭祀祖先,成为周代礼乐制度中非常重要的内容。所谓"凡治人之道,莫急于礼;礼有五经,莫重于祭"(《礼记·祭统》)。他人的先祖,"非其鬼",也就是说不是其生命的来源,是不用也不能去祭祀的。因为"按原始礼制,只祭本氏族的祖先和成员。它的源起并非功利,是无条件的敬畏崇拜和情感依托"①,而"非其鬼,谓非其所当祭之鬼。谄,求媚也"②。而"非其祖考而祭之者,是谄求福也"③。显然,"非其鬼而祭之"就是出于某种功利的目的,就是一种谄媚,因而也是违背礼之精神的,是非礼的。估计这种现象在当时已经不算罕见了,故而孔子评论之。

　　关于僭越礼制的现象,在当时就更多了。除了上引"八佾舞于庭""三家者以《雍》彻"之外,还有季氏"旅于泰山"的事例。

　　　　季氏旅于泰山。子谓冉有曰:"女弗能救与?"对曰:"不能。"子曰:"呜呼! 曾谓泰山不如林放乎?"(《论语·八佾》)

这里的"旅"是一种古代祭祀之名。根据古礼,天子祭祀天地及天下山川;诸侯则只能祭祀境内之山川。泰山在鲁国境内,根据礼制,"礼,诸侯祭封内山川",所以,只有周天子和鲁君才能祭祀,而"季氏祭之,僭也"④。

　　再比如《论语·八佾》记载孔子批评管仲"不知礼":

　　　　子曰:"管仲之器小哉!"或曰:"管仲俭乎?"曰:"管氏有三归,官事不摄,焉得俭?""然则管仲知礼乎?"曰:"邦君树塞门,管氏亦树塞门。邦君为两君之好,有反坫,管氏亦有反坫。管氏而知礼,孰不知礼?"

---

① 李泽厚:《论语今读》,生活·读书·新知三联书店 2008 年版,第 84 页。
② (宋)朱熹:《四书章句集注》,中华书局 1983 年版,第 60 页。
③ 程树德:《论语集释》(上),中华书局 2014 年版,第 155 页。
④ (宋)朱熹:《四书章句集注》,中华书局 1983 年版,第 62 页。

管仲的做法是典型的僭越。所以,孔子一方面肯定了管仲的历史贡献,称许其"相桓公,霸诸侯,一匡天下,民到于今受其赐"(《论语·宪问》),赞誉他帮助齐桓公"九合诸侯,不以兵车"的做法"如其仁,如其仁"(《论语·宪问》);另一方面,孔子也毫不客气地批评了他的僭越行为。如果说,一个普通人的"不知礼"仅仅是教养的缺失,其影响不会太大,那么对于一个身居高位的君主、重臣而言,其"不知礼"则影响甚大。因为,在孔子看来,"君子之德风,小人之德草。草上之风必偃"(《论语·颜渊》)。因此,孔子强调,不论是君主还是大臣,都应该遵守礼制,率先垂范。所以,当鲁定公向他请教如何处理君臣关系时,孔子回答:"君使臣以礼,臣事君以忠。"(《论语·八佾》)

当他的学生樊迟"请学稼""请学为圃"时,孔子告诉这位弟子:"吾不如老农""吾不如老圃"。这并非孔子"轻视劳动""歧视劳动者",而是因为在孔子看来,社会有分工,各负其责。一个君子应该关注道德教化而非种庄稼。所以,孔子随后提出了他的观点:子曰:"小人哉,樊须也!上好礼,则民莫敢不敬;上好义,则民莫敢不服;上好信,则民莫敢不用情。夫如是,则四方之民襁负其子而至矣,焉用稼?"(《论语·子路》)所以,接着下一章,当"樊迟问仁"时,孔子告诉他:"居处恭,执事敬,与人忠。虽之夷狄,不可弃也。"(《论语·子路》)"居处恭,执事敬"就是为政者应该遵守的礼。可见,孔子认为,为上者如果遵守礼,那么百姓自然会效法。

正是基于以上认识,孔子提出了他自己的治国方略,我们可以称之为"德治礼序"。

> 子曰:"道之以政,齐之以刑,民免而无耻。道之以德,齐之以
> 礼,有耻且格。"(《论语·为政》)

我们知道,在古代,礼有着法的功能。援礼入法,是中国传统法律一个非常明显的特征。因此,中国古代社会治理,呈现出"礼法相依"的特征。然而,礼与法毕竟不同。二者对于治国理政究竟有何区别?孔子认为,如果"道之以政,

齐之以刑"，则"民免而无耻"，社会管理成本极高，效果亦不佳。比如秦代依靠严酷的刑律统治天下，人民出于畏惧而不敢触犯律法，却难以产生廉耻之心。随着时间的推移，人们无法忍受严酷之治，便铤而走险，揭竿而起，大秦帝国的大厦便轰然倒塌，二世而亡。但是若"道之以德，齐之以礼"，民众则"有耻且格"，社会能够处于一种非常融洽和谐的状态，管理成本也会比较低。周代正是这一理想的代表。

孔子关于礼治的观点，在大小戴《礼记》、《孔子家语》中有更多更精彩的记述，可以参看。在孔子儒家看来，礼所体现出的那些规矩、规范，其背后都蕴含着礼的精神："（礼）敬让之道也。故以奉宗庙则敬，以入朝廷则贵贱有位，以处室家则父子亲、兄弟和，以处乡里则长幼有序。"（《礼记·经解》）总之，人与人相互尊重，彼此谦让，和谐共处。因此，孔子说："安上治民，莫善于礼。"（《礼记·经解》）治理国家莫优于礼治了。孔子与鲁哀公交流"人道"的问题。孔子阐述了"人道政为大"的道理，其中说道："古之政，爱人为大。所以治爱人，礼为大。所以治礼，敬为大。"随后点明主题："为政先乎礼，礼，其政之本与！"（《孔子家语·大婚解》）将礼上升到"政之本"的高度，所以孔子的政治观完全可以称为"礼治主义"或"礼本主义"。孔子认为，礼对于治国理政的作用十分重要。"礼者，即事之治也，君子有其事，必有其治。治国而无礼，譬犹瞽之无相，伥伥乎何所之？譬犹终夜有求于幽室之中，非烛何以见？故无礼则手足无所措，耳目无所加，进退揖让无所制。"（《孔子家语·论礼》）

孔子认为，教化需要礼治，而礼治则需要建基于"人情"之上。《礼记·礼运》记载孔子说："故圣王修义之柄、礼之序，以治人情。故人情者，圣王之田也。修礼以耕之，陈义以种之，讲学以耨之，本仁以聚之，播乐以安之。"这个比喻非常清晰地说明了在教化中礼、仁、学、乐的各自角色和功能。礼应该是人情合理限度的表达，是合乎人性人心的人道的体现。诚如赵汀阳所说，"以人情所能接受之限度去治理人情，这个思路很是高明，但还需要有效的实践策

略。儒家的两个基本策略是:推爱和榜样"①。然而,在现实中,这种推爱到底能推多远,是个疑问。费孝通先生在《乡土中国》中曾予以质疑。② 赵汀阳指出,陌生人才是典型的他人,不能接受陌生人就等于不能接受任何他人。儒家没有能够构造有效的陌生人理论,因此其伦理教化能力终究是有疑问的。③不过,姚中秋对此有所批评。姚中秋认为,孔子时代,礼坏乐崩,封建之君臣关系解体,熟人组成的封建的小型共同体同样解体,士、庶人皆处于"游"的状态,人际关系趋向于疏离,人们经常生活在陌生人中间。孔子及其弟子就是这个"游"的陌生人社会之典型。陌生人社会只是一个事实,但文明经常意味着超越这些事实,文明是人为自己构建的。人注定要生活在群中。从本质上说,儒学关心的核心问题是陌生人如何组织。即儒家则在于培养这种合群的技艺。合群就是使陌生人变成熟人。"陌生人"的"再度熟人化"是现代社会必须经历的转型。④ 赵汀阳也承认儒家"化敌为友"的教化乃是政治之要义。据此可以推知,化陌生人为熟人,即通过伦理的泛化、礼乐的训练、道义的凝聚等使陌生人逐渐结成熟人关系、社团、团体,则是儒家伦理的要义,也同时是伦理政治的题中应有之义。

赵汀阳还对榜样的示范效应提出了质疑。确实,正如他所指出的,道德榜样并不同时就是生存成功的榜样。因为人们最感兴趣的是生存的成功,而不是做一个形象很光辉但在生存上很失败的人。道德的光辉美名或许能够克制人们对小利益的贪念,却不能阻止人们在足以改变命运的巨大利益面前不再"有耻且格"。也就是说,榜样的力量也是有限的。这是一个现实的困境。赵汀阳认为,儒家的伦理学在理论上趋于完美,这就说明"伦理没有能力保证德

---

① 赵汀阳:《第一哲学的支点》,生活·读书·新知三联书店 2017 年版,第 177 页。

② 参见费孝通:《乡土中国》,生活·读书·新知三联书店 1985 年版,第 25—27 页。

③ 参见赵汀阳:《第一哲学的支点》,生活·读书·新知三联书店 2017 年版,第 178 页。

④ 参见秋风:《儒家与陌生人社会》,腾讯大家,2013 年 4 月 15 日。另外可参考姚中秋:《美德·君子·风俗》,浙江大学出版社 2012 年版,第 54—63 页。

利（即我们前文所说的德福问题——引者注）一致，这是伦理的最大弱点"①，因此儒家伦理学的局限性并非儒家的局限性，而是伦理学的局限性。正因为如此，孔子和儒家才在坚持礼治、教化优先的前提下，没有放弃刑与政。

　　孔子还提出了礼治与法治的不同："凡人之知，能见已然，不能见将然。礼者禁于将然之前，而法者禁于已然之后。……礼云礼云，贵绝恶于未萌，而起敬于微眇，使民日徙善远罪而不自知也。"（《大戴礼记·礼察》）孔子并非否定法治的功能，因为法依然能够"禁于已然之后"，即在事后予以惩罚，正如治病的医生。而礼治似乎有着更诱人的功用："禁于将然之前"，即防患于未然，则致力于防病与养生，目的在于不生病、少生病。这种效用当然更是应该追求的。礼之所以能够有如此功用，乃是因为它培养人的敬畏之心，养成良好习惯，如此使其"绝恶于未萌"，即不让恶念产生。那么人们自然会"徙善远罪"且"不自知"了。

　　历史上所形成的"礼序"，恰是德治的外在表现，而德则是礼的内核。如果说礼代表了一种相对柔性的他律的话，那么法更多体现为刚性他律。钱穆先生如此评论道："礼是导人走向'自由'的，而法则是束缚'限制'人的行为的。礼是一种'社会性'的，而法则是一种'政治性'的。礼是由社会'上推'之于政府的，而法则是由政府而'下行'之于社会的。无论如何，礼必然承认有对方，而且其对对方又多少必有一些'敬意'的。法则只论法，不论人。杀人者死，伤人及盗抵罪，哪曾来考虑到被罚者？因此礼是私人相互间事，而法则是用来统治群众的。礼治精神须寄放在社会各个人身上，保留着各个人之平等与自由，而趋向于一种松弛散漫的局面。法治精神则要寄放在国家政府，以权力为中心，而削弱限制各个人之自由，而趋向于一种强力的制裁的。"②在钱穆看来，礼常是软性的而法则常是硬性的。"法的重要性，在保护人之'权

① 赵汀阳：《第一哲学的支点》，生活·读书·新知三联书店2017年版，第178页。
② 钱穆：《湖上闲思录·礼与法》，九州出版社2011年版，第57—58页。

利'。而礼之重要性,则在导达人之'情感'。权利是'物质'上的,而情感则是'性灵'上的。人类相处,不能保卫其各自物质上之权利,固是可忧,然而不能导达其相互间之情感到一恰好的地位,尤属可悲。权利是对峙的,而情感则是交流的。惟其是对峙的,所以可保卫,也可夺取。惟其是交流的,所以当导达,又当融通。"①

确实,礼不是君王随意制定的,而是来自传统与习俗,来自对人情常理的承认,来自圣贤对自然法则的发现。正如南宋理学家真德秀所说:"夫法令之必本人情,犹政事之必因风俗也。"(《西山先生真文忠公文集》卷三)良好政治的运作,需要依靠美俗礼治。

四、孔子的德治主义

孔子政治思想的特色,归根结底就是道德与政治的有机统一。孔子所谓"修己安人"之道,其实不外乎表达如下的意思:道德与政治具有统一性,政治必须建基于道德的基础上,而道德也必须以实现政治的良善为目标。这种政治思想,被学者们归结为"德治主义"。

孔子德治主义最明确的表述就是《论语·为政》所说:"道之以德,齐之以礼,有耻且格。"这句话在《礼记·缁衣》中被表述为:"夫民,教之以德,齐之以礼,则民有格心。"道,即引导;齐,即规范。用道德予以引导,用礼乐加以规范,则人自然会将内心的善性激发、呈现出来。道德心的养成,首先表现在"知耻"。孔子强调"行己有耻",即人应该有是非观念、荣辱观念。耻是人类道德意识的起点,也是底线。人在知耻的意识下,道德意识会加强。道德教化的引导作用即体现在激发人的道德意识也就是羞耻心。礼则是通过一种外在的规范,经过不断的规范和实践,逐步内化,促进道德意识和道德情感的发生和持续。"有耻且格",意味着人可以通过道德意识的培养实现自律。正如朱

---

① 钱穆:《湖上闲思录·礼与法》,九州出版社 2011 年版,第 58 页。

子所说的那样："德礼则所以出治之本,而德又礼之本也。……德礼之效,则有以使民日迁善而不自知。"①

孔子反对"道之以政,齐之以刑"的做法,就是因为那种做法虽然效果暂时是立竿见影的,但是从长远看却违背了政治的"初心",而且也无法让民众产生道德意识,所以说是"免而无耻"。也即是说,虽然可以禁止恶,但是却无法培育善。当然,我们还应该明白,孔子并不是简单抛弃和否定政和刑,而是不以之为主要手段罢了。孔子意识到了"教化"功用的有限性,仅仅依靠"德"是无法真正实现"国治天下平"的,他并未完全忽视"刑法"。他对德刑关系一向有着辩证的看法。所以,孔子儒家不是不要刑政,但不赞成完全依赖刑政。

在德教与刑政之间,孔子一再强调德教的重要性,推重前者而贬抑后者,《左传·昭公二十年》记载孔子的话:"政宽则民慢,慢则纠之以猛。猛则民残,残则施之以宽。宽以济猛,猛以济宽,政是以和。"孔子曾经亲身参与过实际的政治,并曾担任鲁国司寇,所以他对政治的宽猛相济、德刑并用有来自政治实践的理性认知。

孔子德主刑辅的思想,在《孔子家语》中也多有体现。在《刑政》篇中,孔子向仲弓讲述"圣人之治",说:"圣人之治,化也,必刑政相参焉。太上以德教民,而以礼齐之;其次以政焉导民,以刑禁之,刑不刑也。化之弗变,导之弗从,伤义以败俗,于是乎用刑矣。"这与上引《论语·为政》《礼记·缁衣》的观点如出一辙。孔子理想的政治是"化",即通过人文礼乐的教化来达到社会的治理。但是,其中也不能纯赖德政,必定也要有政和刑参互以用。从中我们可以看到,德—礼—政—刑的顺序,即何者优先的顺序是非常清晰的。德是教化的首选,而刑是不得已而用之。

《论语·子张》"子张问仁"章,孔子说:"能行五者于天下,为仁矣。"这"五者"分别是"恭、宽、信、敏、惠"。这五种品德,是对为政者的道德要求。从

---

① （宋）朱熹:《四书章句集注》,中华书局1983年版,第54页。

孔子的表述中，我们可以看到，孔子理想的政治，就是仁政，而仁政的表现就在于为政者具备五者品德，这五种品德直接关涉到为政者与民众的合理关系。《尧曰》篇孔子又向子张讲"从政"，提出"尊五美，屏四恶"。其中"五美"是"惠而不费，劳而不怨，欲而不贪，泰而不骄，威而不猛"，依然涉及为政者的品德，这个品德又不仅仅是个人修身的问题，而是涉及政治道德。孔子还认为："夫圣人之举事也，可以移风易俗，而教导可以施之于百姓，非独适身之行也。"（《孔子家语·致思》）为政者，不能仅仅考虑自己一人的喜好，必须做到率先垂范，可以移风易俗。因此，为政者尤其是君主要格外注意自己的言行。正所谓"一言而可以兴邦""一言而可以丧邦"。所以孔子一再强调。比如说"道千乘之国，敬事而信，节用而爱人，使民以时"（《论语·学而》），子产"有君子之道四焉：其行己也恭，其事上也敬，其养民也惠，其使民也义"（《论语·公冶长》）。

所谓"四恶"是指"不教而杀谓之虐，不戒视成谓之暴，慢令致期谓之贼，犹之与人也，出纳之吝谓之有司"（《论语·尧曰》）。尽管第四恶我们无法理解，但是前"三恶"则显而易见，是"道之以政，齐之以刑"的后果。这样的"恶政"就是"暴政""苛政"。众所周知，孔子有"苛政猛于虎"的训诫。孔子主张"先教"，即以教化为先。以教化为先，就是以德以礼为主要的教化手段。所以，当鲁国执政季孙氏询问"如杀无道，以就有道，何如"时，他曾告诫说："子为政，焉用杀？子欲善，而民善矣。君子之德风，小人之德草，草上之风必偃。"（《论语·颜渊》）这都是强调为政要首先依靠道德教化，而不能简单地依靠杀戮威慑。

《孔子家语·执辔》篇也记载了孔子向弟子闵子骞讲述为政之道："夫德法者，御民之具，犹御马之有衔勒也。君者，人也；吏者，辔也；刑者，策也。夫人君之政，执其辔策而已。"然后孔子讲述了"古之为政"的经验："古者天子以内史为左右手，以德法为衔勒，以百官为辔，以刑罚为策，以万民为马，故御天下数百年而不失。善御马者，正衔勒，齐辔策，均马力，和马心，故口无声而马应辔,策不举而极千里;善御民者,壹其德法,正其百官,以均齐民力,和安民心,故令不再而民顺从,刑不用而天下治。是以天地德之,而兆民怀之。夫天地之所德,兆民之所怀,其政美,其民而众称之。"①从这一段记载可以看出,孔门之治道是成系统的。孔子的政治思想对于德法、刑罚没有偏废,只是主张"德主刑辅"而已。

徐复观将儒家政治思想主流判定为德治主义。徐先生指出:"孔子乃至整个儒家的政治思想,都是由德治观念所贯通的。"又说:"儒家的政治思想,从其最高原则来说,我们不妨称之为德治主义;从其基本努力的对象来说,我们不妨称之为民本主义。"②他认为,德治的基本用心是要从每一个人的内在德性去融合彼此间的关系,而不是用权力乃至也不是用人为的法规等把人压迫束缚在一起,因为后者是一种外在的关系,靠着外在的关系的维系,人性便无法真正获得自由发展。而德治的人性根据就在于性善论。正如我们前文曾经辨析过的,孔子对人性的理解可以概括为"隐性性善论"。孔子之德治思想,乃是基于他对人性的基本信任。

五、孔子的民本主义

孔子的政治思想,不论是教化、礼治还是德治,其根本的落脚点一定在民。这是孔子的"以人为本"仁学体系的必然结论。正如萧公权先生所说:"孔子言仁,实已冶道德、人伦、政治于一炉,致人、己、家、国于一贯。物我有远近先

---

① 这一段话,在《大戴礼记·盛德》篇也出现了。《盛德》云:"德法者,御民之衔也;吏者,辔也;刑者,策也;天子,御者;内史太史,左右手也。古者以法为衔勒,以官为辔,以刑为策,以人为手,故御天下数百年而不懈堕。善御马者,正衔勒,齐辔策,均马力,和马心,故口无声,手不摇,策不用,而马为行也。善御民者:正其德法,饬其官,而均民力,和民心;故听言不出于口,刑不用而民治,是以民德美之。"(黄怀信:《大戴礼记汇校集注》,三秦出版社 2005 年版,第 896—898 页。)对比可知,二者应是同一段话,只是个别表述有异,当是"传闻异辞"。有学者以为《盛德》为汉儒之作,我们以为该篇应是战国儒者撮述孔子及七十子之说而成的作品。

② 徐复观:《儒家政治思想的构造及其转进》,载《学术与政治之间》,九州出版社 2014 年版,第 47 页。

后之分,无内外轻重之别。"①儒家政治思想中的民本思想,在孔子这里就已经有所体现了。

美国汉学家狄百瑞说:"儒家最为关注'民'。"而"人民的福祉和苦难是压在儒家良知上的重担"②。这一看法确实把握了儒家政治思想的精义。在《论语》中,"民"字出现了 51 次。其中都是孔子对统治者强调如何爱民、养民、惠民、教民的主张。正如狄百瑞所指出的,凡是提及"民"的地方大多会涉及百姓与统治者的关系。其中的要点在于强调统治者和君子有责任领导和关心百姓。当然,民在这里具有被动的性质。不过,民最终还是会以"民心"的形式来发挥对政治的作用。正是基于对百姓的同情,所以孔子才没有告诫、挑战、斥责或谴责百姓的做法,相反处处体现出同情、体谅关爱和保护百姓的态度。

孔子强调"古之为政,爱人为大"(《孔子家语·大婚解》)。这里的"爱人"显然是指爱民。在孔子看来,政治最基本的要义在于对民众的爱。这种爱,体现在多个方面。孔子借评价子产而表达了他心目中的民本思想:"其行己也恭,其事上也敬,其养民也惠,其使民也义。"其中两条涉及"民",为政者一方面要养民,另一方面则要使民,这都是需要以道德予以限制的。养民就是惠民,使民则要符合"义",以合适、恰当为原则,所以孔子认为政之"五美"——"惠而不费,劳而不怨,欲而不贪,泰而不骄,威而不猛"——其中第一个就是要求"惠而不费",第二个则是"劳而不怨"。所以,基于孔子的仁学立场,孔子认为为政者首先就是要爱民、养民、惠民。

政治首先涉及的是国家与人民的关系。在古代,这种关系有时候被表述为君民关系。孔子强调:"夫君者,舟也;庶人者,水也。水所以载舟,亦所以覆舟。君以此思危,则危可知矣。"(《孔子家语·五仪解》)这一思想后来被荀子记载在《荀子·王制》中,他明确说"传曰",可见其来有自。这个源头就在

---

① 萧公权:《中国政治思想史》(上),商务印书馆 2011 年版,第 67 页。
② [美]狄百瑞:《儒家的困境》,黄水婴译,北京大学出版社 2009 年版,第 22 页。

孔子。其实,孔子的这一思想,恐怕也是有渊源的,因为这与《尚书》"民惟邦本"的思想是一致的,只不过是采取了不同的表述方式罢了。这种"民惟邦本"的思想,在《论语》中也有体现。《论语·颜渊》篇载子贡问政,孔子告诉他:"足食,足兵,民信之矣。"经过一番分析,孔子得出结论:"民无信不立。"所谓"民无信不立",孔安国云:"治邦不可失信。"这是非常正确的诠释。徐复观对此有深入的辨析。他指出,《论语》上的"信"有两种意思:其一是指人的操守和德性;其二是对为政者的要求。而这里的"信",显然就是对为政者的要求。他深刻地指出:"先秦儒家,凡是在政治上所提出的要求,都是对统治者而言,都是责备统治者,而不是责备人民,这可以说是一个'通义',此即'德治'的本质。"①很显然,这种德治的立场就是民本的立场。

关于君民关系,孔子的基本定位是君为"民之父母"。按照《孔子家语·王言解》的记载,孔子对政治关系的一种理想化设计就是"上之亲下也,如手足之于腹心;下之亲上也,如幼子之于慈母矣。上下相亲如此,故令则从,施则行,民怀其德,近者悦服,远者来附,政之致也"。在今天的语境之下,现代人对于君民之间的这种"为民父母"的说法,往往十分反感。但是为何孔子不提"人民公仆",而赞成"为民父母"的说法呢? 我们说君主和为政者应"爱民如子",其实为民父母恰恰是从"爱"的角度立论,而非从权力角度言说的。《孔子家语·论礼》记孔子说:"夫民之父母,必达于礼乐之源,以致五至而行三无,以横于天下。四方有败,必先知之。此之谓民之父母。"这一点也影响到后来的《大学》。《大学》说:"民之所好好之,民之所恶恶之,此之谓民之父母。"在儒家这里,出于对重视家庭伦理的血缘情感的考虑,强调在政治上君民关系应该如此亲密,为政者以民为心。徐复观认为,儒家在要求统治者以人民之好恶为好恶的政治思想上,是涵育着深深的民主政治的精神。② 这是深

---

①　徐复观:《释〈论语〉"民无信不立"》,载《学术与政治之间》,九州出版社 2014 年版,第277 页。

②　参见徐复观:《儒家思想与现代社会》,九州出版社 2014 年版,第 71 页。

有见地的看法。

顺便说一句,孔子对待君主的态度并不像后来的子思和孟子那样,而是遵守"事君以礼"的原则,基本上说,孔子是尊君的。但是这种尊是一种尊重,而不是无条件的遵从。

总之,孔子的政治思想,是以民本为基石,以教化为形式,以礼治与德治为实质的王道思想。这种政治思想,是承认君主这一政体,但是强调以君子为治理主体,突出仁爱、礼治、道德、教化为本位的王道政治观或人道政治观。这种思想在孔门后学那里得到了继承、发展和深化。

第二节　孔门后学对孔子王道思想的早期诠释

孔子的王道思想,在孔门弟子那里有所继承,并在孔门后学中有所阐述。而整体来看,在孔门后学那里,对孔子王道思想能够加以发扬和新的诠释的,则是孟子。

一、孔门弟子的王道思想

在孔门弟子中,关心政治的弟子很多,所以《论语》《孔子家语》中有很多弟子问政之类的记载。孔门四科之中"政事"科的弟子有冉有和子路。但是,这两位尽管热衷于从政,但是孔子仅许以"具臣"(《论语·先进》),其所关注的仅仅是"有勇""足民"(《论语·先进》),其政治理想不高,恐怕未必能理解孔子的王道理想。其他弟子如曾点可能境界较高,观其"暮春者,春服既成,冠者五六人,童子六七人,浴乎沂,风乎舞雩,咏而归"的"志向",可知其与孔子所追求的王道十分接近,故孔子说:"吾与点也。"(《论语·先进》)表示首肯。钱穆先生对此解释道:"盖三人皆以仕进为心,而道消世乱,所志未必能遂。曾晳乃孔门之狂士,无意用世,孔子骤闻其言,有契于其平日饮水曲肱之乐,重有感于浮海居夷之思,故不觉慨然兴叹也。然孔子固抱行道救世之志者,岂以忘世自乐,真欲与许巢伍哉? 然则孔子之叹,所感深矣,诚学者所当细玩。"①对此,我们认为,钱先生的诠释存在误解。曾点向来被视为"狂士",实际上,我们从他的志向中所看到的景象,并不是"无意用世"的世外之思,其实是对和谐生活的向往。朱子说:"曾点之学,盖有以见夫人欲尽处,天理流行,随处充满,无少欠缺。故其动静之际,从容如此。而其言志则又不过即其所居之位,乐其日用之常,初无舍己为人之意。而其胸次悠然,直与天地万物上下同流、各得其所之妙,隐然自见于言外,视三子之规规于事为之末者,其气象不侔矣,故夫子叹息而深许之。"②朱子的解释较之钱说稍进一层,但是还是认为曾点"无舍己为人之意",其实,曾点之所以深得孔子的嘉许,乃是孔子看到了曾点之志与三子的区别:曾点所言才是孔子理想政治的终极目标,而其他如三子所言都是达此目标的手段。

在孔门之中,真正能得孔子王道思想真传的大概有三个人,一个是颜子,一个是曾子,一个是仲弓。曾子的王道理想,即见于《大学》。前面已经做了分析,此处不赘。另外一个不可忽视的孔门弟子就是仲弓。孔子曾经赞誉他"雍也可使南面"(《论语·雍也》),可见其所寄予的厚望。

《孔子家语》中有一篇题为《刑政》的文献。该篇记述了孔子和弟子仲弓关于刑罚与政教问题的讨论,不仅对我们进一步了解孔子的刑政思想有很大帮助,而且明确反映出仲弓的思想倾向。他能够向老师请教政教与刑罚之间的问题,就证明他对此有所关注和研究。根据古书成书的规律,我们认为,这一篇文献当是出于仲弓的记录及整理,属于子弓之儒所传的文献。既可以看作孔子思想的文本,亦应该当成研究仲弓思想的资料。孔子注重"刑政相参""德主刑辅",他在回答仲弓关于刑政关系时说:"圣人之治化也,必刑政相参焉。太上以德教民,而以礼齐之;其次以政焉导民,以刑禁之,刑不刑也。化之弗变,导之弗从,伤义以败俗,于是乎用刑矣。"(《孔子家语·刑政》)

---

① 钱穆:《论语新解》,九州出版社 2011 年版,第 339—340 页。
② (宋)朱熹:《四书章句集注》,中华书局 1983 年版,第 130 页。

《论语·子路》篇记载:"仲弓为季氏宰,问政。子曰:'先有司,赦小过,举贤才。'曰:'焉知贤才而举之?'子曰:'举尔所知。尔所不知,人其舍诸?'"对此,上博简《仲弓》有更为详尽的描述:

> 仲弓曰:"敢问为政何先……?"曰:"雍,古之事君者,以忠与敬,唯其难也,汝惟以闻,[老老慈幼,先有司,举贤才,改过举]罪,政之始也。"仲尼曰:"若夫老老慈幼,既闻命矣。夫先有司为之如何?"仲尼曰:"夫民安旧重举……老老,慈幼,先有司,举贤才,改过举罪……上下相复以忠,则民懽承教,曷为者不有成?是故有司不可不先也。"仲弓曰:"雍也不敏,唯有贤才弗知举也,敢问举才如之何?"
>
> 仲尼曰:"夫才不可掩也,举尔所知。尔所不知,人其舍之者?"①

《论语》和上博简《仲弓》篇都有关于"举贤才"的记载。毫无疑问,这里所记载的是同一次对话,只是详略不同。我们认为,这证明《论语》在编定成书的时候,是对孔门弟子所记录的资料有所删削润色的加工,可以说,《论语》所记乃是简本,而《仲弓》所记则是原始记录。上博简《仲弓》篇,对孔子解答弟子冉雍关于"如何选才"这一问题做了比较充分的论证,是研究仲弓思想的重要材料。

最后我们分析一下颜子的政治思想。毫无疑问,颜子在孔门之中"卓冠贤科"。一般的印象是颜子关注内圣,对外王素无措意。其实,这是一种误会。

《孔子家语·致思》篇所载"农山言志"节很能反映颜子之政治理想。篇中记载:"孔子北游于农山,子路、子贡、颜渊侍侧。孔子四望,喟然而叹曰:'于斯致思,无所不至矣。二三子各言尔志,吾将择焉。'"随后子路进曰:"由愿得白羽若月,赤羽若日,钟鼓之音上震于天,旌旗缤纷下蟠于地。由当一队而敌之,必也攘地千里,搴旗执馘。"子贡曰:"赐愿使齐、楚合战于漭瀁之野,

---

① 此处释文参考了晁福林先生《上博简〈仲弓〉疏证》(《孔子研究》2005 年第 2 期)的意见。

两垒相望,尘埃相接,挺刃交兵。赐着缟衣白冠,陈说其间,推论利害,释国之患,唯赐能之。"孔子分别许之以"勇"和"辩"。而颜子则说:"回愿得明王圣主辅相之,敷其五教,导之以礼乐,使民城郭不修,沟池不越,铸剑戟以为农器,放牛马于原薮,室家无离旷之思,千岁无战斗之患。则由无所施其勇,而赐无所用其辩矣。"夫子听后,凛然曰:"美哉德也!"又曰:"不伤财,不害民,不繁词,则颜氏之子有矣。"《韩诗外传》卷七的记载与此稍异:"愿得小国而相之,主以道制,臣以德化,君臣同心,外内相应,列国诸侯,莫不从义向风,壮者趋而进,老者扶而至,教行乎百姓,德施乎四蛮。莫不释兵辐辏乎四门,天下咸获永宁,蠢飞蠕动,各乐其性,进贤使能,各任其事。于是君绥于上,臣和于下,垂拱无为,动作中道,从容得礼,言仁义者赏,言战斗者死。"除了《韩诗外传》所反映的汉代纲纪色彩,其基本精神仍然是一致的。

由此可见,颜子之理想,在于"得明王圣主辅相之",这可以使我们想到《孔子家语·弟子行》中子贡所引孔子对颜子的评语:"若逢有德之君,世受显命,不失厥名;以御于天子,则王者之相也。"看来孔子与颜子的认识是一致的。不仅如此,颜子之才能也得到了世人的认可。《史记·孔子世家》记载楚国令尹子西问楚昭王:"王之辅相,有如颜回者乎?"可作一例证。

春秋之际,战乱频仍,导致社会动荡,民不聊生。子路与子贡一武一文,对于现实将会很有作用,其理想不能说不高,但是颜子之理想更为高迈。他之理想政治是王道,以儒家所倡导的礼乐教化的推行,来实现社会的和谐安宁。这一理想,与孔子之理想亦是一致的。《论语·公冶长》中有孔子与弟子言志的记载。颜子说:"愿无伐善,无施劳。"元代佚名《四书辨疑》云:"该'无施劳'者,不以劳苦之事加于民也。夫劳而不恤,乃古今之通患。……颜子之言,于世厚矣。"与此处颜子所言虽不完全一致,但细细推求,可见是相近的,只是表述的侧重点不一样而已。而孔子所说是:"老者安之,朋友信之,少者怀之。"看似朴实无华,实际上正是一种非常理想的境界,而这与《季氏》"四子侍坐章"之"吾与点也"亦完全相合。

但现实是残酷的,孔子周游列国的结果就是最好的证明。面对残酷现实,是否就要放弃理想呢？在这个问题上,颜子保持了其一贯的理想主义精神。孔子师徒,厄于陈蔡,绝粮七日。孔子分别召见子路、子贡与颜子,征求他们对此事的看法,子路说：“意者夫子未仁与,人之弗吾信也？意者夫子未智与,人之弗吾行也？”表现出对孔子思想及理想的怀疑倾向。而子贡则说：“夫子之道至大,故天下莫能容夫子,夫子盍少贬焉？”其现实主义的风格一展无遗。对此,孔子都不满意。颜子的回答是：“夫子之道至大,天下莫能容,虽然,夫子推而行之,世不我用,有国者之丑也。夫子何病焉？不容,然后见君子。”寥寥数语,将颜子之道德理想主义的精神气质展现得淋漓尽致。而这一次又得到孔子的首肯。孔子甚至声称：“颜氏之子,使尔多财,吾为尔宰。”其得到“知音”的欢欣之情,溢于言表。

颜回之政治思想记载不多。我们在《论语》中也可以发现颜渊“问为邦”的记载,可见其确实是关心政治的,只可惜,他的思想流传下来的不多。不过,《孔子家语·颜回》篇仍有迹可循。在颜子预言“东野毕之马佚”一节。颜子在应答定公的询问时说：“以政知之。昔者帝舜巧于使民,造父巧于使马。舜不穷其民力,造父不穷其马力,是以舜无佚民,造父无佚马。今东野毕之御也,升马执辔,衔体正矣；步骤驰骋,朝礼毕矣；历险致远,马力尽矣,然而犹乃求马不已。臣以此知之。”进而又言：“鸟穷则啄,兽穷则攫,人穷则诈,马穷则佚。自古及今,未有穷其下而能无危者也。”所讲实际是治国之道,也即其政治思想。或者说,这里颜回是在以驭马之术讽喻为政之道。孔子曾经多次将治国与驭马结合起来论述,颜子自然深谙此道。这里强调的是“不穷民力”,体现的是“中庸”的为政理念。这与《中庸》中颜回精于中庸之道的记载是相吻合的。

总而言之,颜子虽然名列“德行”科之首,但他并非仅以“德行”出众。纵观其思想,我们发现,他不仅由“内圣”以至“外王”,而且由“下学而上达”,对天道也有很深的体认。孟子谓其是“具体而微”,应该是最为恰当的评价了。

这也是为何孔子最为喜欢颜子的原因所在了。可惜，天妒英才，颜子过早地去世，使其思想没有系统地流传下来。

二、孟子的王道思想

根据目前所见的材料，孔门弟子之后，接续王道论话题的并不多。到了孟子，王道思想再一次被突显出来。孟子以"乃所愿，则学孔子也"（《孟子·公孙丑上》）自期。他非常自觉地继承了孔子的思想，并予以发扬。孟子不仅在内圣方面极大地发展了儒学，而且在外王方面也颇有建树，提出诸多影响后世的政治思想，其中最核心的就是王道和仁政。

孟子首先提出"王霸之辨"，即"王道"与"霸道"的区别。他说："以力假仁者霸，霸必有大国；以德行仁者王，王不待大。汤以七十里，文王以百里。以力服人者，非心服也，力不赡也；以德服人者，中心悦而诚服也，如七十子之服孔子也。"（《孟子·公孙丑上》）在孟子这里，王道与霸道是相对的。王道是儒家理想的政治，而霸道则非。其实，早在孔子的时代，就遇到了王道与霸道的问题。不过，孔子并没有明确地去贬斥霸道，对于春秋五霸如齐桓公、晋文公等春秋霸主，虽然有批评，但批评却是温和的。甚至还赞美辅佐齐桓公成就霸业的管仲："如其仁！如其仁！"称赞他："桓公九合诸侯，不以兵车，管仲之力也。""管仲相桓公，霸诸侯，一匡天下，民到于今受其赐。"（《论语·宪问》）我们从中看不出孔子对"霸"的批评。尤其是在孔子所作的《春秋》之中，通过"春秋笔法"，表达"微言大义"，是孔子政治思想的集中体现。其中对于春秋五霸的态度即公羊家所谓"实与而文不与"。即从理想状态的应然而言，是否定的，但是从现实的实然而言，又是肯定的。即从义理上不予承认，但是又承认其现实的合理性。这是孔子对待王霸的态度。但是，孟子是一位道德理想主义者，他在王霸之辨的问题上，偏离了孔子，这可能与孟子所处的战国时代有关。顾炎武曾经提出春秋与战国时代的差异："春秋时犹尊礼重信，而七国则绝不言礼与信矣。春秋时犹宗周王，而七国则绝不言王矣。春秋时犹严祭祀,重聘享,而七国则无其事矣。春秋时犹论宗姓氏族,而七国则无一言及之矣。春秋时犹宴会赋诗,而七国则不闻矣。春秋时犹有赴告策书,而七国则无有矣。邦无定交,士无定主,此皆变于一百三十三年之间。"①孟子处战国之世,早已看清各国诸侯之恶,所以对霸道完全丧失了信心,因为孔子赞美齐桓公,还是因为他能"尊王攘夷",到了战国时代,"尊王"的风气早已不存,"称王"已经成为诸侯的目标。但是"称王"却无"王道",而实为"霸道",故孟子欲振聋发聩,遂张扬起王道的大旗,义正词严地讲明"王霸之辨"。这是孟子苦心孤诣所在。故而,当齐宣王问孟子"齐桓晋文之事可得闻乎"时,孟子断然否决,他说:"仲尼之徒,无道桓文之事者,是以后世无传焉。"(《孟子·梁惠王上》)显然孟子所谓"仲尼之徒,无道桓文之事"并非历史的事实,而是他反对霸道的一种立场和态度的体现。

孟子认为,王道的一个核心就在于"仁政"。于是,他周游列国,鼓励梁惠王、齐宣王、滕文公等实行王道和仁政。他向各国君主指出,"霸道"是需要条件的,而"王道"则端赖于为政者是否"自觉",是否有"不忍人之心"。因为,王道所依赖的是"德"是"仁",霸道所凭恃的是"力"。王道所凝聚的是"民心",霸道所凝聚的只是土地。在孟子这里,王道思想中的民本色彩格外显眼。

孟子引用孔子的话说:"道二:仁与不仁而已矣。"接着评论说:"暴其民甚,则身弑国亡;不甚,则身危国削。"(《孟子·离娄上》)将治国之道分为两种,一种是仁政,一种是不仁的暴政。暴政的结果就是轻则身危国削,重则身弑国亡。而孟子又通过历史上的经验予以证明:"三代之得天下也以仁,其失天下也以不仁,国之废兴存亡者亦然。"夏禹、商汤、周文周武,之所以建立夏商周三朝,不是完全凭借实力,而是依靠仁德。但是夏桀、商纣、周幽周厉,都是暴君,丢掉了仁德,也就失掉了江山。所以,孟子警告说:"天子不仁,不保

---

① (清)顾炎武:《日知录》卷 13"周末风俗"条,载《顾炎武全集》(十八),上海古籍出版社2011 年版,第 522—523 页。

四海;诸侯不仁,不保社稷;卿大夫不仁,不保宗庙;士庶人不仁,不保四体。"(《孟子·离娄上》)

这里有一个需要辨明的问题。当今大多数的哲学史、儒学史基本上都认为,孔子提出了"仁"的思想,而孟子在此基础上提出"仁政"思想,这种看法无疑是对的,但是如果说"孔子没有把仁置于政治生活领域"①,则不符合实际。正如上文所分析的那样,孔子的仁绝不仅仅是强调个人的善,而不重视群体的善、政治的善。只是孔子没有提出"仁政"的概念而已。

仁政即根据为政者之仁心而"发政施仁"。"仁政"的核心在于民本。所以,"仁政"是民本主义的体现。陈来先生说,以民为本是孟子全部政治思想的核心和基点,它本身就是目的,而非手段,对民众的同情也就成了最基本和最重要的道德价值。②确实如此。因此,孟子心目中的王道就是"保民而王","仁者无敌"。

仁政的要义就是保民、爱民、养民、教民。《孟子·梁惠王上》记载,孟子向梁惠王讲述仁政:"地,方百里而可以王。王如施仁政于民,省刑罚,薄税敛,深耕易耨;壮者以暇日修其孝悌忠信,入以事其父兄,出以事其长上,可使制梃以挞秦楚之坚甲利兵矣。彼夺其民时,使不得耕耨以养其父母。父母冻饿,兄弟妻子离散。彼陷溺其民,王往而征之,夫谁与王敌? 故曰:'仁者无敌。'"可见,"仁政"的要点在于"省刑罚,薄税敛,深耕易耨",保障人民的生活,不横征暴敛,"陷溺其民"。孟子还有更为具体的仁政措施。比如他说:"不违农时,谷不可胜食也;数罟不入洿池,鱼鳖不可胜食也;斧斤以时入山林,材木不可胜用也。谷与鱼鳖不可胜食,材木不可胜用,是使民养生丧死无憾也。养生丧死无憾,王道之始也。五亩之宅,树之以桑,五十者可以衣帛矣。

---

① 陈来:《孔子·孟子·荀子:先秦儒学讲稿》,生活·读书·新知三联书店2018年版,第117页。

② 参见陈来:《孔子·孟子·荀子:先秦儒学讲稿》,生活·读书·新知三联书店2018年版,第120页。

鸡豚狗彘之畜,无失其时,七十者可以食肉矣。百亩之田,勿夺其时,数口之家可以无饥矣。谨庠序之教,申之以孝悌之义,颁白者不负戴于道路矣。七十者衣帛食肉,黎民不饥不寒,然而不王者,未之有也。"(《孟子·梁惠王上》)孟子认为,王道的开端就在于让百姓"养生丧死无憾"。养生丧死无憾,就是"饮食宫室所以养生,祭祀棺椁所以送死,皆民所急而不可无者"①。这与孔子"制为养生送死之节"(《孔子家语·相鲁》)的做法,都体现了儒家不仅关注生,而且关注死。其中,就不仅包含着物质保障的层面,而且设计礼乐教化的层面。儒家对于人的理解,从来是承认物质性的需求与精神性的需求不能偏废的。因此,良善的政治,不仅要保证人民的生存和发展,而且要提供精神和价值。

因此,除了"正经界""制民恒产"之外,还需要"谨庠序之教,申之以孝悌之义"。这是对孔子教化思想的一种继承。由此可见,孟子也强调,人伦道德是有待于"教"而成的。如果希望整个社会中的人们都能够懂得人伦价值、礼义廉耻,那么国家就需要重视教育,做好社会教化的工作。孟子指出:"善政不如善教之得民也。善政,民畏之;善教,民爱之。善政得民财,善教得民心。"(《孟子·尽心上》)这与孔子所谓"道之以政,齐之以刑,民免而无耻;道之以德,齐之以礼,有耻且格"的思想一脉相承。

第三节　孔门后学对儒家教化思想的早期诠释

在孔子的政治思想中,教化占据了核心位置。孔门后学对于教化的重视,与孔子一脉相承。这一点,在郭店简中体现得非常突出。

如果说,《性自命出》是早期儒家"性情论",我们也可以说,《六德》是早期儒家的"伦理论",《成之闻之》和《尊德义》应该可以看作早期儒家的"教化主义政治论"。其中所体现出来的孔门政治思想,围绕儒家政治哲学尤其是

————————————

① (宋)朱熹:《四书章句集注》,中华书局 1983 年版,第 204 页。

儒家治道的若干核心概念展开,显露出教化、德治、礼治、民本等观念特色,非常富有发掘之价值。

一、郭店简《尊德义》的教化观

郭店楚简《尊德义》篇共存 39 支简,简长 32.5 厘米,与《性自命出》《成之闻之》和《六德》等篇在竹简形制、字体特征等方面如出一辙。然而,这一篇并不像其他三篇那样受到普遍关注,研究论著相对较少。正如美国学者顾史考所言,与其他几篇儒家简如《成之闻之》《性自命出》《六德》等相比,《尊德义》一篇思想内容之丰富不在前三篇之下,但是因为难识与莫名之字特多,且竹简排列顺序亦有不少不明之处,因此其思想内涵至今无法彻底理解。[①] 职是之故,学者对此篇的关注显然要少得多。尽管如此,我们仍然希望能够在已有编联成果及文字考释的基础上,可以大体阐释《尊德义》的政治思想内涵。

大部分学者将《尊德义》归为子思之儒的作品。但也有学者提出该篇与孔子的密切关系,如廖名春认为该篇是孔子的作品。[②] 陈明接受了廖氏看法,[③]而陈来也指出:"一个合理的推测就是,《尊德义》与孔子有密切的关系,甚至可能就是孔子本人的论述,而由弟子传述下来。"[④]根据上文对该篇思想与语句的分析,我们认为廖名春、陈来、陈明等的说法必须引起注意,我亦倾向于《尊德义》属于孔子的推测。不过,这里有一个疑问必须考虑。就是根据简的形制、字体风格以及简背的数字等种种迹象,这一篇与《成之闻之》《性自命

---

① 参见[美]顾史考:《郭店楚简先秦儒书宏微观》,上海古籍出版社 2012 年版,第 154—155 页。

② 参见廖名春:《荆门郭店楚简与先秦儒学》,载《中国哲学》第 20 辑,辽宁教育出版社 1999 年版,第 58 页。

③ 参见陈明:《民本政治的新论证——对〈尊德义〉的一种解读》,载《郭店楚简国际学术研讨会论文集》,湖北人民出版社 2000 年版,第 301—309 页。

④ 陈来:《郭店竹简儒家记说续探:〈尊德义〉与〈成之闻之〉》,载《竹帛〈五行〉与简帛研究》,生活·读书·新知三联书店 2009 年版,第 63 页。

出》《六德》很可能抄于同一简册之上，属于同一学派的可能性极大。那么，根据大多数学者的意见，《性自命出》《成之闻之》等为子思之儒的作品。《尊德义》似乎也应该属于子思之儒的作品，或者说该归入《子思子》。这与我们上面的推论看上去是矛盾的。

确实，如果照此思路，两个结论是不能相容的。其实，若换个思路，不是非此即彼的思路，我们就能将二者统一起来。我们知道，在子思之儒的作品中，比如《缁衣》《坊记》等《礼记》四篇中，大都是记述孔子遗言，但是又归于《子思子》。如果我们推论这一篇"孔子遗言"为子思之儒所传述，或许是可以成立的。那么，我们当然可以将之视为研究孔子政治哲学的宝贵材料，亦可看出子思之儒的思想倾向了。退一步说，《尊德义》至少作为孔门政治哲学的重要文献，是毋庸置疑的。

《尊德义》提出了两个重要观念："人道之取先"与"教道之取先"①。所谓"人道之取先"就是政治要重视人道，遵循人道，要本乎人性以教化人民，遵循人类社会规律来治理社会；所谓"教道之取先"就是君子为政要重视教化之道，而不能采取强迫、强制的手段治民。

"道"是先秦诸子普遍采用的范畴。如果说"道家"讲"道"偏重于形而上的哲学意味，"玄而又玄"，那么儒家讲"道"就相对朴实得多，更多是指自然和社会的规律而言。就古代思想的共性而论，儒、道等家无不重视道、肯定道、尊崇道。这一点在《尊德义》中也有体现。简3指出："不由其道，不行。"这里的"道"，主要指规律而言。按简文之意，不论是爵位，还是征禁、刑罚、杀戮，赏罚都需要遵循道。

如简文所说，天地万物"莫不有道焉"（简7—8）。只有认识并遵循规律

---

① 本书之释文博采众家之长，具体请参见单育辰：《郭店〈尊德义〉〈成之闻之〉〈六德〉三篇整理与研究》，科学出版社2015年版，第14—15页之"释文"及第19—103页之"集释"；［美］顾史考：《郭店楚简先秦儒书宏微观》，上海古籍出版社2012年版，第156—168页；［美］顾史考：《郭店楚简〈尊德义〉篇简序调整三则》，复旦大学出土文献与古文字研究中心网站，2010年12月15日。

（道），人对于自然的"利用"才能获得成功。《尊德义》提出"圣人之治民，民之道也"的观点。接着列举了"水之道""马之道""地之道"的问题——"禹之行水，水之道也。造父之御马，马之道也。后稷之艺地，地之道也"以为类比，随之得出结论："莫不有道焉，人道为近。是以君子人道之取先。"①人道就是上面提到的"民之道"。其实这里的人道、民道，是指人类社会的规则，也就是在漫长历史进程中形成的礼乐民俗、人伦道德，它包含人性、人心、人情、人伦等多个层面，统合而言之，则"礼"正是这一人道秩序的体现。礼本乎天道，依乎人性，规范于行为，节度乎人情，感化于心灵，进而构建人类社会的秩序与和谐。所以，"人道为近"是相对"水之道""马之道""地之道"而言的。"人道之取先"，意思是说对于社会的治理而言，"人道"要重要得多，应该居于"优先地位"，故君子要"人道之取先"。这与《孔子家语·王言解》"虽有国之良马，不以其道服乘之，不可以道里。虽有博地众民，不以其道治之，不可以致霸王"的说法非常相近。

这里值得注意的是，作者以"治水""御马""艺地"等来类喻"圣人之治民"，尤其是以"御马"来喻"治民"，我们可以从文献中找到很多类似的例子。除了上引《孔子家语·王言解》的例子之外，在《孔子家语·执辔》篇中也记载了孔子向弟子闵子骞讲述为政之道："夫德法者，御民之具，犹御马之有衔勒也。君者，人也；吏者，辔也；刑者，策也。夫人君之政，执其辔策而已。"这里，"德法"如御马之"衔勒"，而"刑罚"则是"策"。《尊德义》简 24 的"为邦而不

———————

①　陈来先生曾认为，这里应该就是《性自命出》提到但没有交代的"道四术""所为道者四"。《性自命出》认为"道四术，唯人道为可道也；其三术者，道之而已"。"所为道者四，唯人道为可道也。"与本篇的讲法恰能对应。见氏著《郭店竹简儒家记说续探：〈尊德义〉与〈成之闻之〉》，载《竹帛〈五行〉与简帛研究》，生活·读书·新知三联书店 2009 年版，第 54 页。这一判断，恐怕是牵强的。《性自命出》的"道四术"到底谓何，我们不便揣测，但是《尊德义》显然是举例之言而非概括之语。《尊德义》只不过恰好提到了四个"道"而已。李零先生则认为，"道四术"是指"心术"、诗、书、礼乐四种。《尊德义》的"人道"便是指"心术"而言。可备一说。见氏著《郭店楚简校读记（增订本）》，北京大学出版社 2002 年版，第 119、144 页。

以礼,犹户之无枢也"①,因为后半句字迹漫漶,学者的释读存在极大分歧。李锐、陈剑和单育辰等提出应该释读为"犹御之无策也"。如果真是这样的话,那么《尊德义》对"御马之策"的理解便与孔子是不一致的。这涉及孔门对礼乐和刑罚之功用、地位的认知,不可不察。其实,礼乐在治国中的作用,在孔门那里是远比刑罚要重要的,如果将之释读为"御马之无策",恐怕就降低了礼乐的价值。

《尊德义》提出,在"人道之取先"的基础上,还需进一步做到"教道之取先"。《尊德义》简27和简12说:"善者民必富,富未必和,不和而不安,不安不乐。善者民必众,众未必治,不治不顺,不顺不平。是以为政者,教道之取先。"②我们从这里不难联想到《论语·子路》篇所记孔子的"庶—富—教"的思想。善者,其实就是善政。其效果是"民必众"和"民必富",就是"庶""富",然而这还算不上"治"。要想实现"顺""平",就必须"教道之取先",也就是说必须要"教化"。这与孔子的"先富后教"思想完全相合。教道,即教化之道,或释为"教导",其实意思没有本质区别。

这里应该注意的是简4—5提出的"教非改道也,教之也。学非改伦也,学己也"的思想。这就把"教道"与"人道"结合起来了。孔子反对对于既有传统习俗的强行革新,在这一点上《尊德义》是与之相一致的,也是主张应该像"禹之行水""造父之御马""后稷之艺地"一样,要顺从、遵

---

① 这一句话的后半句的释读,学者之间有很大分歧。另外,如陈斯鹏认为当读为:"犹户之无楠也。""楠"是门檐之属,似不如李零说合理。彭裕商则认为,当读如"犹瞽之无相也"。这与《孔子家语·论礼》及《礼记·仲尼燕居》"治国而无礼,譬犹瞽之无相与"完全一致。李锐则提出应该读为"犹御之无衔也",陈剑则认为当读为"犹御之无策也"。李锐和陈剑、单育辰的看法相近。其实,不论是"瞽之无相"、"御之无衔""御之无策",还是"户之无枢",都是对"以礼治国"重要意义的比喻。类似比喻,在《孔子家语》《礼记》等传世文献中较为常见。我们遵从李零先生的看法。参见武汉大学简帛研究中心、荆门市博物馆编:《楚地出土战国简册合集(一)·郭店楚墓竹简》,文物出版社2011年版,第96页之注释90;单育辰:《郭店〈尊德义〉〈成之闻之〉〈六德〉三篇整理与研究》,科学出版社2015年版,第39—45页。

② 综合李零、刘钊、李天虹、陈伟、陈剑、顾史考等众家看法,此二简应该编联在一起。

循"道"而不是"改道""改伦"。其实,所谓教化的特点就在于此。如果说刑政的特点在于"改",而教化的特点在于"道(导)"。人民会在"榜样"的启发下,依据人道而发生变化,社会整体也因此获得和谐秩序、治理。所以,教化的手段在教,目标在化。所谓教,一是师儒对于经典所蕴含之道的教授、传播,所谓"先觉觉后觉",二是为政者以身作则所起的示范效应。而化则是一种润物无声、自然而然的结果。因为教化的根据在于人性,在于人之道本身。

《尊德义》简21—22有"民可使道之,不可使知之。民可道也,而不可强也"两句,庞朴等学者早已指出,这正是《论语·泰伯》所记孔子"民可使由之,不可使知之"的另外一种表达。这一记载使人对《泰伯》那句话的误解可以冰释。孔子之语,绝非什么愚民政策,而是强调对民众应予引导而不能强制。教化即为引导,政刑则是强制。因此,这是孔子提出教化之道的一个根据,如简39所云"凡动民必顺民心"。由此可见,无论是《尊德义》还是《泰伯》的记载,都是强调不能违逆人心、不可强制民众的意思。

那么,教化应该以何为要呢?《尊德义》简18—19云:"教其政,不教其人,政弗行矣。"教不是具体的政策的灌输,而是教以人伦之道。如果"教以辩说,则民势陵长贵以妄。教以艺,则民野以争。教以技,则民小以吝。教以言,则民吁以寡信。教以事,则民力嗇以湎利。教以权谋,则民淫昏远礼亡亲仁"。显然,如果教的内容不恰当,其效果也就不会是正面的,此所谓"政不行"。

那如何教? 教什么? 简文认为,应该"教其人",即通过教化培养人,使人成人。而教的内容自是以礼乐为主。《尊德义》认为如果"教以礼,则民果以轻。教以乐,则民淑德清庄"。因此,要"先之以德,则民进善焉",结果就如简20提到的"尊仁,亲忠,敬庄,归礼"。可见,教化就是将德治与礼治结合起来,正如顾史考所说:"礼乐之与刑罚的不同,在于前者是顺着人民性命之自然感情及其本有之伦理关系而加以疏导",而"刑罚等则是逆着人性之自然趋向,强迫人民违背其情欲而接受抑制"，①这是非常危险的。由此可见，在《尊德义》那里，教化主义是统合所谓德治与礼治的。

《尊德义》的"教化主义"与《孔子家语·王言解》所谓"修七教"②、《礼运》所谓"治人七情，修十义"③的记载是相合的。在孔子看来，教化乃是"治民之本"，是国治的基础。因为"政教定"才会"本正"，国家的治理基础才会牢固。其立论之依据就是《孔子家语·王言解》所谓："凡上者，民之表也，表正则何物不正？是故人君先立仁于己，然后大夫忠而士信，民敦俗璞，男悫而女贞"。由君之榜样的教化力量，使得大夫、士、男、女、民、俗都得到改善，那么就可以算是"教之致"了。据《孔子家语·致思》篇记载，孔子说："夫圣人之举事也，可以移风易俗，而教导可以施之于百姓，非独适身之行也。"言下之意，君主之德，并非仅仅"独善其身"，而是要影响天下，移风易俗，达到教化民众百姓的效果。正如天地四时的规律一样，"春秋致其时而万物皆及"，如果"王者致其道"，那么也能实现"万民皆治"。这就是王道的效果，也是德治的目的。

其实，教化归纳起来就是一点：在上位的为政者要率先垂范。这与《大学》所谓"上老老而民兴孝，上长长而民兴弟，上恤孤而民不倍"的"絜矩之道"是完全一致的。可见，教化的内容又无外乎"明人伦"，目标无外乎"尊德义"。

二、郭店简《成之闻之》的教化观

郭店简《成之闻之》与《性自命出》《尊德义》《六德》简的形制相同，内容

---

① ［美］顾史考：《郭店楚简先秦儒书宏微观》，上海古籍出版社2012年版，第39页。

② 《孔子家语·王言解》所谓"七教"是："上敬老则下益孝，上尊齿则下益悌，上乐施则下益宽，上亲贤则下择友，上好德则下不隐，上恶贪则下耻争，上廉让则下耻节，此之谓七教。"（杨朝明、宋立林：《孔子家语通解》，齐鲁书社2013年版，第19—20页。）

③ 《孔子家语·礼运》："何谓人情？喜、怒、哀、惧、爱、恶、欲七者，弗学而能；何谓人义？父慈、子孝、兄良、弟悌、夫义、妇听、长惠、幼顺、君仁、臣忠十者，谓之人义；讲信修睦，谓之人利；争夺相杀，谓之人患。圣人之所以治人七情，修十义，讲信修睦，尚辞让，去争夺，舍礼何以治之？"（杨朝明、宋立林：《孔子家语通解》，齐鲁书社2013年版，第372—373页。）《礼记·礼运》亦有此段，文字微异。

相关,应该是抄写于同一卷的。该篇公布后,学者对简序编联提出了很多看法,郭沂、周凤五、李零、李学勤、廖名春、陈伟等诸位先生都提出了自己的意见,为简序编联的进一步完善奠定了基础。崔海鹰在众家基础上,提出了更为合理的编联新说,我认为可从。① 简文的释读也是在综合原释文和李零《郭店楚简校读记》及陈伟等主编《楚地出土战国简册合集(一)·郭店楚墓竹简》的释文等各家释文基础上,择善而从。

《成之闻之》的学派属性,大多数学者认为是儒家,但是也有学者提出不同意见。如金春峰先生认为该篇不属于思孟学派,而是战国中后期儒法、儒道融合的产物。② 我们认为,金先生的解读存在问题,他所指认的很多所谓法家、道家的特征,实际上并非法家、道家所独有,其归属于儒家是没有问题的。综合各家的看法,我们认为,《成之闻之》应该属于子思的作品,其思想上承孔子,下启孟子。

《成之闻之》的核心思想是关于政治教化的,其中当然也有对人性及伦理的述说,但是根本落脚点在于教化。因此,李零先生对该篇的改题是《教》。他认为,《性自命出》论"性",而本篇则是论"教",③是推人性以言教化。④ 李先生的看法是正确的。

《成之闻之》开篇说:"君子之于教也,其导民也不浸,则其淳也弗深矣。是故亡乎其身而存乎其辞,虽厚其令,民弗从之矣。是故威服刑罚之屡行也,由上之弗身也。"这里的君子显然是指在位的为政者。"教"即教化,可见本篇所谈论的主体即是教化。教化的特点是"导民",即孔子所谓"道之以德"的"道"(导)。刘钊先生说:"'浸'意为渐浸,指潜移默化。""'淳',有沃灌义,

① 参见崔海鹰:《郭店儒简〈成之闻之〉研究》,曲阜师范大学硕士学位论文,2008年。
② 参见金春峰:《论郭店简〈六德〉〈忠信之道〉〈成之闻之〉之思想特征与成书时代》,《人文论丛》2001年卷。
③ 参见李零:《郭店楚简校读记》(增订本),中国人民大学出版社2009年版,第157页。
④ 参见李零:《郭店楚简校读记》(增订本),中国人民大学出版社2009年版,第166页。

在此指教化对民众之浸润。"①下文有这样一段话:"是以民可敬导也,而不可掩也;可御也,而不可擎也。"意思是说,民众可以敬慎地引导,却不可以蒙蔽;可以驾驭,但不可钳制。这句话与《礼记·学记》"故君子之教,喻也,道而弗牵,强而弗抑,开而弗达"的话可以相互比观。其实,这正是儒家教化思想的基本依据。因此,"亡乎其身而存乎其辞,虽厚其令,民弗从之矣",意味着如果为政者仅仅靠口号宣传而不是以身作则的话,尽管三令五申,民众也不会信从。正如丁原植先生所指出的"'导民'与'治民'不同,导民重在以身为则的教化,而不以政法的治术"②。

下文说:"故君子之莅民也,身服善以先之,敬慎以导之,其所在者内矣。民孰弗从?"为政者对待民众,需要以身作则地予以引导,即"身服善而先之",自己要先有德有善,才能率先垂范。"敬慎以导之",引导也不是随意为之的,必须保持"敬慎"的态度。"其所在者内矣",在的意思就是存,也就是善、敬、慎等诸德诸善都存于内心,是为德性。做到了这些,民众自然会景从。

"战与刑人,君子之坠德也",是对战争及刑罚的否定,在儒家看来治国应该依靠德性的表率效应,而不是凭恃暴力,动辄进行战争和刑罚,是德性堕落的表现。这与孔子"子之所慎:斋,战,疾"(《论语·述而》)、"为政,焉用杀"(《论语·颜渊》)的立场是一脉相承的。简文随后强调"上苟身服之,则民必有甚焉者"。我们知道,《礼记·缁衣》有"下之事上也,不从其所令,从其所行。上好是物,下必有甚者矣。故上之所好恶,不可不慎也,是民之表也"的说法,两相比较,可以发现其内在的一致性。这里强调的就是,只要君主身体力行,率先垂范,民众效法的结果会更好。简文还通过三个例证予以说明。"君衮冕而立于阼,一宫之人不胜其敬;君缞绖而处位,一宫之人不胜[其哀;君甲胄而立俘鼓之间],军之人不胜其勇。"此处简文有残损且难释者,姑从崔海鹰所补。

---

① 刘钊:《郭店楚简校释》,福建人民出版社 2005 年版,第 139 页。

② 丁原植:《郭店楚简儒家佚籍四种释析》,台湾古籍出版有限公司 2004 年版,第 132 页。

这里反映的思想就是君主的表率作用。因此,简文得出结论说:"上苟倡之,则民鲜不从矣。"这个"倡"显然不是口头上的倡导,而是以身作则的表率。

既然如此,那君主当然要"求诸己"了。也就是说,既然从教化主义的角度,君主具有极为重要的作用,需要他以身作则,那么就必须反躬自省,加强自身修养。因此,"欲人之爱己也,则必先爱人。欲人之敬己也,则必先敬人",这句话一些学者认为反映了一种功利主义的态度,与儒家的思想不相合。确实,我们初见此句,显然与孔子"己欲立而立人,己欲达而达人"的"爱人"为目的的思路不同,这里好像最终目的是人爱己敬己;爱人反而成了手段。不过,我们知道,孟子有"爱人者,人恒爱之;敬人者,人恒敬之"的表述,其实与此是一样的,只不过一个是顺说,一个是倒说。这并不能说明这里所体现的是违背儒家义理的,我们认为,这种表述恐怕是与其劝诫君主的目的有关。我们应该认识到,本篇的对象,其实就是那些"用民"的君子,也就是为政者。其实,我们在《国语·晋语四》中发现了类似的表述:"《礼志》有之曰:'将有请于人,必先有入焉。欲人之爱己也,必先爱人。欲人之从己也,必先从人。'"其实,这两句强调的都是在人我关系中,对自我的要求。

教化的前提是为政者赢得民众的信任。没有信任为基础,教化政治便是空中楼阁。我们知道,孔子曾经说过"民无信不立"的话,其意思无外乎是要求为政者做好诚信,以赢得民众的信任,否则政府就会垮台。此在今日所谓"公信力"是也。西哲塔西佗亦有警示,即所谓"塔西佗陷阱"。可见,中西方的哲人都意识到统治者与被统治者之间的信任关系是政治运行的前提条件。故《成之闻之》下文说:"君子贵诚之。"这里非常明显地可以与子思的《中庸》联系起来。《中庸》有"君子诚之为贵"的话,与此若合符节。李学勤先生早就指出:"'诚'是天赋的,'诚之'是人为的。所谓'诚之',就是'择善而固执之',用简文的话,即有拯而能终,因此简文说'君子贵诚之'。"[1]诚之,是子思

---

[1]　李学勤:《郭店简"君子贵诚之"试解》,《中国历史文物》2002年第1期。

所提出的修身工夫。这种工夫的目的是"明善诚身",即简文所谓"身服善"。

下文又说:"古之用民者,求之于己为亟。"政治与修身之间的关系,由此彰显。只有修身才能赢得民众的信任。故有"是以上之亟务在信于众"的提法,反过来,简文引用《说命》"允师济德"的话来佐证一个道理:"信于众之可以济德也。"刘钊先生认为,允训为信;师,则是众的意思;济德就是成就道德。① 那么这句话的意思就是获得民众的信任,其实反过来可以成就为政者自身的德性修养。

第四节　孔门后学对儒家礼治主义的早期诠释

在孔门弟子中,传承礼学者甚多。劳思光曾指出,孔门早期弟子,除颜回早逝外,其余大抵只学得孔子之政治思想,故以礼乐为主。② 礼乐,确实为孔学之一大宗,我们今天所能见到的有关七十子及其后学的作品,以《礼记》和《大戴礼记》为最主要的文献。另外,在新出简帛中也有不少论及礼乐的相关内容,反映了早期儒家的礼乐政治思想。

一、传世文献中孔门后学的礼乐之教

子游深受孔子礼乐之教,在相传为其所传的《礼运》篇中即有体现。在《礼运》篇中,子游与孔子三问三答,就大同理想、礼的起源、礼的演化、礼的功能等展开了详细的论说。清儒邵懿辰《礼经通论》说:"子游特受《礼运》精微之说,其徒又为《檀弓》上、下篇,记礼节目甚详。《礼运》自称言偃,则全篇皆子游所记孔子之言也。"③《礼运》所记固为孔子之言,但是既然为子游所记,

---

① 参见刘钊:《郭店楚简校释》,福建人民出版社 2005 年版,第 145 页。

② 参见劳思光:《新编中国哲学史》(一),广西师范大学出版社 2005 年版,第 115 页。

③ (清)邵懿辰:《礼经通论》,载(清)阮元、王先谦编:《清经解　清经解续编》(十三),凤凰出版社 2005 年版,第 6354 页。

子游学派所传,则可知子游乃孔门传礼之一派。子游不仅对礼制理解到位,而且躬于实践。

《礼记·檀弓》篇有很多子游与礼的关系的记载。子游不仅对礼之外在形式上十分了解,对礼之内涵也有精到阐述。比如:

> 有子与子游立,见孺子慕者,有子谓子游曰:"予壹不知夫丧之踊也,予欲去之久矣。情在于斯,其是也夫?"子游曰:"礼有微情者,有以故兴物者;有直情而径行者,戎狄之道也。礼道则不然,人喜则斯陶,陶斯咏,咏斯犹,犹斯舞,舞斯愠,愠斯戚,戚斯叹,叹斯辟,辟斯踊矣。品节斯,斯之谓礼。人死,斯恶之矣,无能也,斯倍之矣。是故制绞衾、设蒌翣,为使人勿恶也。始死,脯醢之奠;将行,遣而行之;既葬而食之,未有见其飨之者也。自上世以来,未之有舍也,为使人勿倍也。故子之所刺于礼者,亦非礼之訾也。"

从上文可知,子游对于丧礼的理解是深刻的。子游所谓"礼有微情者,有以故兴物者",是在解释丧礼的用意或缘起。孔颖达疏云:"微,杀也。言若贤者丧亲,必致灭性,故制使三日而食,哭踊有数,以杀其内情,使之俯就也。"微情就是对孝子过分的哀情予以减杀、节制。"以故兴物"的理解,分歧较大。姚永辉结合《性自命出》的"故""物"进行了解读。我们知道,"故"是《性自命出》篇的重要概念,简文有:"凡动性者,物也;逆性者,悦也;交性者,故也;厉性者,义也;出性者,势也;养性者,习也;长性者,道也","凡见者之谓物,快于己者之谓悦,物之设者之谓势,有为也者之谓故"。根据李零、裘锡圭先生的意见,故可以理解为"出于教化目的而采取某种措施";而"物"在《性自命出》篇中也频频出现。如"凡人虽有性,心无定志,待物而后作,待悦而后行,待习而后定。喜怒哀乐之气,性也。及其见于外,则物取之也","凡性为主,物取之也。金石之有声,[弗叩不鸣,人之]虽有性心,弗取不出","凡动性者,物也","凡见者之谓物",等等。综合各家的看法,"物"应该指某种可感可见,"能够影响和改变人之本性的东西",它既可以指具体的物品,也可以是事件或环境。因此，姚永辉对本句的解释是：圣人制礼，有因情太盛而减杀的情况，也有因出于教化的目的，使情通过可见可感的物品、环境或亲临的事件诱导兴发出来。① 通过分析，我们明白，子游对礼制的精蕴有深刻的理解，"微情"和"以故兴物"其实都是"礼，因人之情而为之节文"的体现，这是儒家礼乐教化思想的核心观念。通过对人情准确、体贴的分析，精密地安排仪式，因时因地调节情感，终极目的在于"始者近情，终者近义"，使行礼者趋至情文至备的境界，完成性自美的修养与锤炼。②

《论语·阳货》记载子游对礼乐之政治教化意义的实践：

　　子之武城，闻弦歌之声。夫子莞尔而笑，曰："割鸡焉用牛刀？"

子游对曰："昔者偃也闻诸夫子曰：'君子学道则爱人，小人学道则易使也。'"子曰："二三子！偃之言是也。前言戏之耳。"

子游作武城宰，以礼乐教化为务。显然，子游接受了孔子的礼乐之教，认为为政在于教化，并且付诸政治实践之中，得到孔子的嘉许。子游对礼乐的深刻理解，说明他对孔子的礼乐之教领会颇深。

《礼记》诸篇基本上是孔门后学对于礼义的阐释。如《祭统》开篇就阐明："凡治人之道，莫急于礼。礼有五经，莫重于祭。夫祭者，非物自外至者也，自中出生于心也；心怵而奉之以礼。是故，唯贤者能尽祭之义。"这与孔子的礼治主义是一脉相承的。此处又格外强调祭祀之礼，提出"礼有五经，莫重于祭"的观点，对祭祀之礼的教化功能的定位非常之高。因为祭祀"自中出生于心也"，能够对人的心性情产生影响，故能够更好地发挥教化的功能。《祭义》篇认为："天下之礼，致反始也，致鬼神也，致和用也，致义也，致让也。致反始，以厚其本也；致鬼神，以尊上也；致物用，以立民纪也。致义，则上下不悖逆

---

① 参见姚永辉：《"以故兴物"考辨与发微：以郭店楚简〈性自命出〉篇为参照》，《中国哲学史》2014年第3期。

② 参见姚永辉：《"以故兴物"考辨与发微：以郭店楚简〈性自命出〉篇为参照》，《中国哲学史》2014年第3期。

矣。致让,以去争也。合此五者,以治天下之礼也,虽有奇邪,而不治者则微矣。"也是在强调礼对于治国理政的教化功能。而《礼器》篇强调:"祀帝于郊,敬之至也。宗庙之祭,仁之至也。丧礼,忠之至也。备服器,仁之至也。宾客之用币,义之至也。故君子欲观仁义之道,礼其本也。"就是对礼之教化功能的阐释。

《礼记·乐记》更是一篇值得重视的文献。关于《乐记》的作者,沈约有"《乐记》取《公孙尼子》"、张守节《史记正义》有"《乐记》者,公孙尼子次撰也"等说法。现代学人对此争议颇大,肯定公孙尼子"作"《乐记》者,有清儒钱大昕、康有为;现代学者蒋伯潜、钱穆、郭沫若、吕骥、沈文倬、钱玄、李学勤、王锷等先生。我们认为,虽然不能完全坐实公孙尼子为《乐记》的作者,但确实是最可能的作者。那些主张《乐记》出于荀子之后的观点是站不住脚的。我们曾经做过讨论,兹不赘述。[1]《乐记》所论包含着心性说,当然也包含着乐教说。

《乐记》提出:"乐者,通伦理者也。"由此可知,儒家对于"乐"的理解,并非从纯粹艺术的角度来讨论音乐,而是侧重于从人的心性、社会的伦理教化的层面来阐释。"礼乐皆得谓之有德",正是说明礼乐对于治国理政的重要意义。离开了礼乐,为政便无所谓"有德"。因此,《乐记》强调:"先王之制礼乐也,非以极口腹耳目之欲也,将以教民平好恶,而反人道之正也。""乐通伦理"就意味着,礼乐的制作,不是为了满足欲望,而是为了实现教化。"反人道之正",即礼乐教化的功能。孔子认为"政者,正也",政治的本质就在于"反人道之正",那么舍礼乐便无不能达到这一目的。

《乐记》强调:"乐也者,圣人之所乐也,而可以善民心。其感人深,其移风易俗,故先王著其教焉。"这里音乐与喜乐是内在关联的。因此,乐便有了"感人"的巨大功能,这是乐优越于礼的地方。正是因为"乐感人深",所以才能使

---

① 参见宋立林:《"儒家八派"的再"批判"》,曲阜师范大学博士学位论文,2011 年。

"民心""善"。德乐可以感化人心,并将人的善心诱发出来,如此则邪气不生,教化可成。乐教得以成立的前提,就是乐具有特殊的功效,它可以凝聚人心,和乐人心,实现人心的和敬、和顺与和亲。

《乐记》同其他儒家经典一样,对于礼乐的功能差异有清晰的认知。《乐记》:"乐者为同,礼者为异。同则相亲,异则相敬。"礼代表了差异、等级,乐则代表和谐、同一。因此,礼可以维护秩序,而乐则能够实现秩序的和谐。礼可以使人在差异的基础上发生尊重的情感,而乐则可以培养人与人之间的亲近之情。礼和乐看似矛盾,其实是相辅相成。因为,礼和乐是不能偏废的。"乐胜则流,礼胜则离",流就是放肆,离即疏离。过分突出乐而忽视礼,则人就会放肆;反之则人与人就会疏远。所以孔颖达说:"唯须礼乐兼有,所以为美。"① 礼是一种外在的规范,此所谓"礼自外作",就是说礼是在外发挥作用,首先规范人的行为举止,"非礼勿视,非礼勿听,非礼勿言,非礼勿动"云云之谓也。而乐则是透过对人心的感通发挥作用,此所谓"乐由中出"。礼乐相须为用,结果如何呢?《乐记》说:"乐至则无怨,礼至则不争,揖让而治天下者,礼乐之谓也。"陈来先生认为,这里反映了儒家对道家和战国无为思想的吸收。② 我们认为,无为思想并不是道家的专利,孔子思想中本身就有这种观念。比如《论语·卫灵公》所记:子曰:"无为而治者,其舜也与? 夫何为哉? 恭己正南面而已矣。"其实,孔子儒家理想中的政治就是教化,此即无为;而所谓道之以政,齐之以刑则是所谓有为。孔子当然是反对的。我们不能一看到"无为"就贴上道家的标签。所以,在《乐记》的作者看来,礼乐的功能非常强大,"乐统同,礼辨异。礼乐之说管乎人情矣",教化便是通过礼乐的统同、辨异的功能,对"人情"产生影响,使民心向善,使社会能够在秩序的基础上实现和谐。

---

① (唐)孔颖达:《礼记正义》(中),载李学勤主编:《十三经注疏》(标点本),北京大学出版社 1999 年版,第 1086 页。

② 参见陈来:《孔子·孟子·荀子:先秦儒学讲稿》,生活·读书·新知三联书店 2017 年版,第 206 页。

二、新出简帛中的礼治思想

与孔门的教化主义、德治主义相关联的，必然是礼治主义。《尊德义》简24 提出一个鲜明的观点："为邦而不以礼，犹户之无枢也。"意思是治国不以礼的话，就好像门没有枢轴，是运转不起来的。将"礼"上升到治国之枢轴的地位。这与《孔子家语·大婚解》中孔子所谓"为政先乎礼，礼，其政之本与"的说法若合符节。对于君主而言，礼的意义更为重大。《孔子家语·礼运》记载孔子认为"夫礼者，君之柄"，柄的本义是斧柄，此为引申义，即"根本"的意思。在孔子看来，礼是治理国家的根本所在。为什么说礼是君主治国理政的根本呢？《孔子家语·礼运》接着说礼具有"别嫌明微，傧鬼神，考制度，列仁义，立政教，安君臣上下"的作用。《孔子家语·论礼》则载孔子的比喻："治国而无礼，譬犹瞽之无相，伥伥乎何所之？譬犹终夜有求于幽室之中，非烛何以见？"如果治国而不以礼，那么就像盲人走路没有向导扶助，黑夜在暗室里寻找东西而没有蜡烛，其无所得是显然的，其危险也是可以想见的。可以说，礼对于治国之人而言，其意义不言而喻。因此，为政者首先重视礼。这显然是一种"礼治主义"。

那么，《尊德义》一开始提到的"尊德义"的德治主义，与此处强调"为国以礼"的礼治主义又是怎样的关系呢？《尊德义》简29 提出："明德者，莫大乎礼乐。"这里涉及德治与礼治的关系。有学者根据《论语》的记载认为，孔子所说的礼治和德治并无不同。[1] 德治如何实现？途径就是礼乐之治。什么是礼乐之治？其实就是简1 所说的"明乎人伦"。人伦关系之理即伦理，就是礼的体现。父子、夫妇、兄弟、君臣、朋友等无不以礼来调节关系。

因此简文 23 说："君民者治民复礼。"如何复礼？就是要按照人伦来做。因为，人伦和礼乐乃是天道的体现，同时也是人情的要求。反之，"非礼而民

---

① 　参见韦政通：《中国思想史》（上），上海书店出版社 2003 年版，第 59 页。

悦,在此小人也,非伦而民服,乱此世矣"(简24—25)。小人是不喜欢遵从礼的约束的,而当一个社会伦理遭到颠覆的时候,老百姓却能服从,则服从的肯定不是合乎人伦的道德而是强权,那么这个社会就已经处于乱世了。

当然,孔子所说的礼是广义的,它包含着我们通常所说的礼乐在内。《礼记·乐记》说:"凡音者,生于人心者也。乐者,通伦理者也。"又说:"是故先王制礼乐,人为之节。"孔子和儒家重礼,而广义的礼就包含有与之相配合的乐,礼、乐常常并称,用以教化人民。《史记·孔子世家》说"孔子以诗书礼乐教",《孔子家语·弟子行》也有"孔子之施教也,先之以《诗》《书》,而道之以孝悌,说之以仁义,观之以礼乐,然后成之以文德"的记载。

因此,当鲁哀公向孔子问礼之时,孔子说:"民之所以生者,礼为大。"在民众的生活需求之中,礼是最为重要的。为什么呢?孔子解释道:"非礼则无以节事天地之神焉;非礼则无以辨君臣、上下、长幼之位焉;非礼则无以别男女、父子、兄弟、婚姻、亲族、疏数之交焉。"意思是说,如果没有礼,就无法按照礼制规定的仪节去祭祀鬼神;没有礼,就无法区分君臣、上下、长幼的不同地位;没有礼,就不能辨别男女、父子、兄弟、姻亲、亲族、远近亲疏的相互关系。礼所影响的是社会人生的方方面面。

礼乐相辅相成,但又各有功用。《尊德义》简9—11说:"由礼知乐,由乐知哀。……有知礼而不知乐者,无知乐而不知礼者。"这里的"乐"到底训为音乐,还是快乐,还不好确定。但恐怕释为音乐更合理一些。如果礼乐两者相互配合,效果则会非常之好,如《尊德义》简13说:"教以礼,则民果以轻;教以乐,则民淑德清庄。"

《成之闻之》与《六德》都提到了伦理与政治的关系。这其实也是儒家礼治主义的题中应有之义。

《成之闻之》的末尾提到:"天降大常,以理人伦。制为君臣之义,著为父子之亲,分为夫妇之辨。是故小人乱天常以逆大道,君子治人伦以顺天德。"大常,有学者释为天常。其实,常,即常道,即道。"天降大常"意思是天降下常道。这里的道，就是"人道"。《六德》开篇讲"君子欲求人道"，即此。这是说人道与天道相通，是典型的儒家天人合一思想的反映。这一"天降大常"其核心在于"理人伦"，就是《六德》所谓的"六位"："君臣、父子、夫妇"。从伦理学的角度讲，这正是安乐哲先生所谓角色伦理学。① 这里强调的六位，其"伦理关系"是"君臣"有"义"，"父子"有"亲"，"夫妇"有"别"，这与后来孟子所谓"五伦"之"父子有亲，君臣有义，夫妇有别，长幼有序，朋友有信"的前三伦是完全一致的。可见，《成之闻之》的这一概括对于孟子的五伦观念产生了直接的影响。该篇最后提出："君子慎六位，以翼天常。"原释文作"己（祀）"，颜世铉先生指出："'己'当读为'翼'，己为邪纽之部，翼为余纽职部，阴入对转。又说：《尔雅·释诂》：'翼，敬也。'《释训》：'翼翼，恭也。'"②我们从其说。这句话的意思是，君子应该谨慎地处理好六位，以恭敬的态度来对待天所降之常道。

《六德》其实也是一篇儒家政治伦理文献。根据廖名春先生的释读和补充，该篇开篇即云："君子欲求人道，必由六位，以任六职，以依六德也。夫六位、六职、六德，大者以治人民，小者以修其身。"③这里提到的六位据后文的解释是："夫，妇，父，子，君，臣"，而六德则是"圣，智，仁，义，忠，信"。简文的六德，乃是由"六位"派生出来的。简文说，"义者，君德也"；"忠者，臣德也"；"智也者，夫德也"；"信也者，妇德也"；"圣也者，父德也"；"仁者，子德也"。将六德与六位联系在一起，并不是说六德完全从属于六位，而只是强调六位各自所体现的某一德。这里体现的角色伦理观，六德却可以超越出六位而独立。简文认为，把握和践行这六位、六德，上可以治国，下可以修身，显然这种对伦

---

① 安乐哲先生认为儒家伦理学是一种强调"关系"的角色伦理学。参见［美］安乐哲：《儒家角色伦理学》，山东人民出版社2017年版。

② 颜世铉：《郭店楚简散论（一）》，载《郭店楚简国际学术研讨会论文集》，湖北人民出版社2000年版，第104页。

③ 廖名春：《郭店楚简〈六德〉校释》，载廖名春主编：《清华简帛研究》第1辑，清华大学思想文化研究所，2000年，第68页。

理的关注,也是贯通内圣与外王两个领域的。而贯通其间的则是一个"礼"字。欧阳祯人先生指出:"通观《六德》整个思想的脉络,我以为,全文实际上只有一个形而下的'人道'的'礼'字。"[①]我们认为,欧阳先生的这一判断是正确的。我们来看简文中的这一段核心性的话语:

> 何谓六德?圣、智也,仁、义也,忠、信也。圣与智就矣,仁与义就矣,忠与信就矣。作礼乐,制刑法,教此民尔,使之有向也,非圣智者莫之能也。亲父子、和大臣,寝四邻之抵牾,非仁义者莫之能也。聚人民,任土地,足此民尔生死之用,非忠信者莫之能也。

这里将圣、智、仁、义、忠、信并列为"六德",与《五行》之"仁、义、礼、智、圣"的"德之行"不同。其实,儒家包括儒家之前的人,在论德的时候,会有各种组合形式,有三德、九德之类的归纳,即使同为三德、九德,其内容也并不一致。这说明德目体系的演变过程,变动不居,直到汉代将"仁义礼智信"确立为五常,才渐渐获得共识,逐渐稳定下来。但是直到宋代还是出现了"孝悌忠信礼义廉耻"八德的说法,在民间广为流传。这里的六德便已非与六位挂钩的六德,乃是超越出六位的道德。因为,简文明确说:"圣与智就矣,仁与义就矣,忠与信就矣。"就,接近的意思。也就是说,圣和智二者比较接近,仁与义二者比较接近,忠与信二者比较接近。如果是与六位挂钩的话,那么我们就会发现,父与夫、子与君、臣与妇联系起来,显然不伦不类,毫无义理。因此,我们认为,此处所谓六德是独立的六德。六德的功能是什么?简文说:"作礼乐,制刑法,教此民尔,使之有向也,非圣智者莫之能也。亲父子、和大臣,寝四邻之抵牾,非仁义者莫之能也。聚人民,任土地,足此民尔生死之用,非忠信者莫之能也。"圣智的作用在于"作礼乐,制刑法,教此民尔,使之有向也",仁义的功能在于"亲父子、和大臣,寝四邻之抵牾",而忠信的功用是"聚人民,任土地,足此民尔生死之用"。很显然,"作礼乐,制刑法""亲父子,和大臣""聚人民,任

---

① 欧阳祯人:《出土简帛中的政治哲学》,中国人民大学出版社 2017 年版,第 134 页。

土地"恰恰是政治的基本内容。因此,这里要说明的是政治的运作离不开六德。

简文中有一处颇有争议的表述:"仁,内也;义,外也;礼乐,共也。"欧阳祯人认为,仁在《六德》中指的是父、夫、君的位、职、德;义,指的是子、妇、臣的位、职、德。① 我以为,这是一种误解。还有学者将此与告子的"仁内义外"说联系起来。如金春峰先生认为,这种看法"与孟子仁义皆由心生的说法不同"②。我们认为,欧阳先生所谓"仁"是指父、夫、君的位、职、德,"义"是指子、妇、臣的位、职、德,是没有文本依据的。其实简文的意思是将六位分为内与外两类,父、子、夫为内;君、臣、妇为外。所谓内,就是以血缘为基础的家庭关系;所谓外,就是非血缘的社会、政治关系。所谓"仁内义外"与告子和孟子的命题毫无关系,这里不是在讨论道德的内在性与外在性问题,而是讨论家庭与政治的两种不同关系及其对应的道德。父子关系应该以仁为主,君臣和夫妇关系应该以义为主。这是儒家常常提及的,对于父子,儒家一向强调"父子亲",而对于"君臣""夫妇",则突出一个"义",如"君臣义""男女有别,而后夫妇有义"等说法便是如此。不过,夫妇关系其实是比较特殊的,它应该是介于内外之间,贯通内外的。因此,儒家内部对于夫妇关系,既讲情,又谈义。在本篇中,作者认为内外是有别的。因此,简文说:"门内之治恩掩义,门外之治义斩恩。"这种门外之治与门内之治的区分,从另一个角度则是突出了公私之辨。在私领域,儒家主张以恩亲为原则,而在公领域,儒家则强调正义的原则。这一区分的意义非常重大而深远。简文还提出:"为父绝君,不为君绝父;为昆弟绝妻,不为妻绝昆弟。为宗族杀朋友,不为朋友杀宗族。"这里的"绝"是止的意思,"杀"是降低、减少的意思。这里所说的原则不是普遍的意义,而是在丧服制度上而言的。当然我们可以看出简文突出亲亲,强调血缘关系优于

---

① 参见欧阳祯人:《出土简帛中的政治哲学》,中国人民大学出版社 2017 年版,第 135 页。

② 金春峰:《论郭店简〈六德〉〈忠信之道〉〈成之闻之〉之思想特征与成书时代》,《人文论丛》2001 年卷。

其他。因为,儒家一向注重家庭血缘关系的基础性地位,所以简文也是强调"先王之教民也,始于孝弟"。在简文作者看来,"孝,本也。下修其本,可以断讪"。这是与孔子一贯的思路。在简文中,我们可以看到,强调亲亲的基础性地位,但是最终是超越亲亲的。

而"礼乐,共也",是说仁和义分别对应着家庭与政治的两个原则,而能够为家庭与政治共用、共享、共通的恰恰是礼乐。因为礼乐既可以实现家庭成员内部的亲爱、核心,也可以使政治秩序有序、和谐。亲亲仁的原则与尊尊义的原则,通过礼乐这一形式得以贯通、融合,形成良性的互动。

第五节　孔门后学对儒家德治主义的早期诠释

儒家的政治思想以德治为基本特征,是学界的共识。即便是侧重于礼法的荀子,其所以仍为儒家的一个基本依据就在于他没有突破"德主刑辅"的孔子的德治思想。孔门后学对孔子德治思想的认识,我们可以传世文献《大学》和出土文献《尊德义》为例予以梳理。

一、《大学》的德治主义

《大学》阐述儒家"内圣外王"之道,其最高的政治目标就是"天下平"。这里一个"平"字,便明显透露出儒家这种"人文化成"的追求。《大学》很显然是通过"新民"来追求"外王"的最终实现。所谓"新民"就是通过为政者的"明明德",然后以身作则,风行草偃,实现对民众的"明明德",此所谓新民。这显然是一种道德教化的思路。《大学》明确提出:"君子先慎乎德。有德,此有人;有人,此有土;有土,此有财;有财,此有用。德者本也,财者末也。"这是非常明显的德治主义思路。这里无疑是在强调为政者的"德"。"德"是本,意味着政治的起始、教化的开端就在于为政者本身的德。所以《大学》强调"上"之"好"对民众的引领风化作用。如说:"未有上好仁,而下不好义者也。未有好义,其事不终者也。"又说:"上老老,而民兴孝;上长长,而民兴弟;上恤孤,而民不倍。"《大学》所强调的"絜矩之道",不仅是教化之道,更是突出为政者之道德的作用。因此,《大学》有一句核心性的论述:"自天子以至于庶人,壹是皆以修身为本。"这里强调"修身为本",依然是突出"自天子以至于庶人",也就意味着,天子修身更具有优先性、必要性。李泽厚先生曾经指出:"道德常常就是政治,这正是原始儒学和孔孟之道的真正历史秘密。"①这一点在《大学》里表现得非常明显。

二、郭店简《尊德义》的德治主义

下面我们再来分析《尊德义》。郭店简《尊德义》简1说:"尊德义,明乎民伦,可以为君。济纷乱,改忌胜,为人上者之务也。"很显然,此处的"民伦"就是指人伦。"尊德义,明乎民伦,可以为君",这与《成之闻之》"天降大常,以理人伦,制为君臣之义,著为父子之亲,分为夫妇之辨,是故小人乱天常以逆大道,君子治人伦以顺天德"②的表述庶几一致。重德崇义,辨明人伦,进而以德化民,以人伦顺天德,则是君子、为君者之本分。这显然是一种政治思想上的德治主义。如果再结合《六德》,则会明确这里的"德义"恐怕与"六德"相呼应,而"民伦"则与"六位"相观照。确实,按萧公权的说法,伦和礼,在孔子政治思想中占据了非常重要的地位。为人上的君主所应该做的就是"济纷乱,改忌胜"。济纷乱,就是解纷救乱,解救人民之纠纷、济拔百姓中之暴乱。而改忌胜就是改变人民中嫉妒好胜之心理。这里需要辨析的是,"改忌胜"与"教非改道,学非改伦"的说法是否矛盾呢?我们认为,二者并不矛盾。"改忌胜"并非改变人性,而是通过教化来调节人之情感、心理,此乃教化题中应有之义,而这种教化之道,也必须顺应和遵循人道、人伦、人性、人情,而不是强制地改变之、违逆之。

---

① 李泽厚:《中国古代思想史论》,生活·读书·新知三联书店2008年版,第286页。
② 荆门市博物馆编:《郭店楚墓竹简》,文物出版社1998年版,第168页。

君主为何要尊德义呢？儒家德治主义的根据又在何处呢？简 28—29 说："为故率民向方者,唯德可。德之流,速乎置邮而传命。其载也亡厚焉,交矣而弗知也。"我们这里还需要注意"率民向方"四个字,这与《六德》"教此民尔使之有向"很明显是一个意思。我们知道,"道"由其"道路"的本义,可以引申出"规律性""规则性"含义,而"道路"本身具有"指向性",所以又引申出"导/向"的含义。而此处的"向方""有向",正是"人道"的体现,是有指向性、引导性的概念,体现的是"道(导)之"的教化思想。

同时,需要特别留意的是,简文"德之流,速乎置邮而传命"一句,据《孟子·公孙丑上》,知其出自孔子之口。那么,孔子何以肯定地说"德之流,速乎置邮而传命"呢？简文给出了解释:"其载也无重焉,交矣而弗知也。"意思是"德"之施于民,不会使民有"压力"与"强迫感",而会在不知不觉中受到感化。

而《尊德义》简 36—37 还有这样一段话:"下之事上也,不从其所命,而从其所行。上好是物也,下必有甚焉者。夫唯是,故德可易而施可转也。"这句话在《礼记·缁衣》中曾经出现过,而且也是"子曰"的内容。只不过二者论述的重点稍有不同。《礼记·缁衣》在"下之事上也,不从其所令,从其所行。上好是物,下必有甚者矣"之后,紧接着得出一个结论:"故上之所好恶,不可不慎也,是民之表也。"所以《缁衣》突出的是对"上"之表率作用的强调。而《尊德义》则强调"上"对"下"之影响,即通过"上"之好德,实现民德之"易"。这里"施可转"一句比较费解。若联系简 37—38"有是施小有利,转而大有害者有之;有是施小有害,转而大有利者有之"的说法来看,尽管学者对"施"理解不一,不过这里应该表达了作者对君上施政目的与效果的辩证认识。所谓"施小有利"似乎是指统治者出于私利而施,结果可能会"大有害",背离了自己的出发点。所谓"施小有害"似乎是指统治者损害一点私利而施政,结果可能会"大有利",收获意想不到的结果。为何会如此呢？根据儒家的看法,如果"上"好利,那么"下"也会好利,结果如孟子所说"上下交征利而国危矣"

（《孟子·梁惠王上》）。反之，如果"上"不好利，能够施行仁政，做到"恭宽信敏惠"，那么"下"也会"进善"，进而社会就会和谐，国家就会步入大治。这与《论语》等所谓"身正令行"的观点完全一致，也与《成之闻之》"亡乎其身而存乎其词，虽厚其命，民弗从之矣"①的说法若合符节。当然，按照萧公权、韦政通的看法，这种说法在春秋时期封建体制内是一种正常的合乎现实的主张。但是随着封建体制的消亡，君主之德是否能够带来臣民之德，是需要重新思量的。但是，即使在民主政治、法治社会中，为政者与执法者的德行和德性，也绝对不是可有可无的事。任何制度、任何法律，其执行者终归是人。因此，儒家对于领导者之德行的要求，在现代社会也不会过时。虽然在今天很难实现"其身正不令而从"的效果，但是反过来，"其身不正"却完全可能因破坏制度、法律而导致"虽令不从"的后果。

"尊德义"，实即是德治主义的政治哲学。这与我们在传世文献中所见到的孔子和早期儒家的德治主张是一脉相承的。我们应该了解，孔子和早期儒家所提的"德"首先是针对君主和为政者而言的，也就是说，孔子强调的德治，首先是指向对君德或者政德的要求，其次才是民德。徐复观先生说："凡善尽人君所应尽的责任的行为，便都是德治。"②这表明孔子、儒家希望将政治纳入到德性秩序的轨道之中，以道德来约束和提升政治。所谓"德者，得也"，换句话说，站在儒家人本和民本政治观的立场上，"为政以德"之德，就是指君主之德表现在使人民有所得，从而使人民福祉得以增进。"孔子所构想的最高的政治之善是人的幸福。"③可以说，人、民，才是所有政治的目的所在。在孔子儒家看来，政治的本质在于"正"，所谓"政者，正也"，为政者自身"正"，才能推行政治。"其身正，不令而行；其身不正，虽令不从"，意思就是为政者要通

_____

① 荆门博物馆编：《郭店楚墓竹简》，文物出版社1998年版，第167页释文及第168页注4之"裘按"。

② 徐复观：《儒家思想与现代社会》，九州出版社2014年版，第135页。

③ ［美］顾立雅：《孔子与中国之道》，大象出版社2000年版，第186页。

过自身修养,树立一种楷模和榜样,实现"美教化,移风俗"。这里的"正",就是要为政者符合礼的规范,符合伦理的要求,具有道德的精神。这在《论语》中体现得最为清楚明白。比如《为政》的"为政以德,譬如北辰居其所而众星共之";《颜渊》的"君子之德风,小人之德草。草上之风,必偃";等等。当然,孔子也意识到,这种教化过程绝非一蹴而就、立竿见影的,而是需要长期的过程,因此《论语·子路》篇曾记载孔子的话:"善人为邦百年,亦可以胜残去杀矣。"

在《孔子家语》中,孔子的王道思想也有精彩的论述。在《王言解》有较集中的表述。该篇孔子向曾子讲述先王之道:"夫道者,所以明德也;德者,所以尊道也。是以非德道不尊,非道德不明。虽有国之良马,不以其道服乘之,不可以道里。虽有博地众民,不以其道治之,不可以致霸王。是故昔者明王内修七教,外行三至。七教修然后可以守,三至行然后可以征。明王之道,其守也,则必折冲千里之外;其征也,则必还师衽席之上。故曰内修七教而上不劳,外行三至而财不费。此之谓明王之道也。"在这里,道和德的关系得到阐明。孔子所说的道,是价值的源泉,是德行的根据,所以是体;而德则是用,其作用在于彰显道。

这里需要引起注意的还有一个问题:在政治治理过程中,德(礼)与刑(政)的关系如何处理? 我们知道,《礼记·乐记》有"礼、乐、刑、政,其极一也,所以同民心而出治道也"的观点,其实,孔子及早期儒家都主张"礼乐刑政"并用,不过其间有先后主次之分,如《论语·为政》中孔子给出了这样的解释:"道之以政,齐之以刑,民免而无耻;道之以德,齐之以礼,有耻且格。"毫无疑问,孔子在德、礼与刑、政之间,天平倾向于德与礼。孔门的德治主义必然强调"德、礼"而贬抑"刑、政"的作用。这一主张我们可以概括为"德主刑辅"。

这一思想,在郭店儒简中也有反映。如《成之闻之》云:"战与刑人,君子之坠德也。"但是我们却不能说,儒家完全否定刑、政的作用。《尊德义》简2说:"赏与刑,福祸之基也。"简2—3接着说:"爵位,所以信其然也;政禁,所以

□□□也。刑[罚]，所以赏誉也；杀戮，所以除害也。"也就是说，爵位、政禁、刑罚和杀戮，都有其正面的价值，不容完全抹杀。只不过，不能"法令极"而已，适当地运用爵位和政禁、杀戮，恐怕都是被视为合理的。

第六节　孔门后学对儒家民本主义的早期诠释

关于儒家民本思想，我们可以通过出土文献《尊德义》和传世文献《孟子》来梳理孔门后学对孔子民本思想的新诠释。

一、郭店简《尊德义》的民本思想

作为孔门政治哲学的重要文献，《尊德义》的教化论、德治论和礼治论，归纳到最重要的一点，那就是民本论。所谓民本，即是以民为本。这主要体现在两句话。

第一句话就是《尊德义》的简 26 所云："民，爱则子，弗爱，则仇也。民，五之方格，十之方争，百之而后服。"民之前有一个"旬"字，学者释读不一。张光裕、袁国华等以为"饱"字古体，假作"报"；李零则读为"轨"；黄德宽、徐在国疑此字乃"即"字之异体，读为"节"，但是此字属上读为"义节"；颜世铉亦从其释"即"之说而认为或可读如字，"即民爱"即"亲民以爱之"之义；刘钊则释读为"究"，是穷尽义；顾史考则提出一种猜测，即"即民"读为"齐民"，是本句主语。顾氏此说实难以服人。① 我们认为，无论是释读为"轨"还是"节"，都是属上读，本句就成为"民，爱则子也；弗爱，则仇"，意思很显然是"民，（君、上）爱（之），则子；（君、上）弗爱（之），则仇"。这与《说苑·政理》篇引孔子之语"夫通达之国皆人也，以道导之，则吾畜也；不以道导之，则吾仇也"十分相

---

① 参见[美]顾史考：《郭店楚简〈尊德义〉篇简序调整三则》，复旦大学出土文献与古文字研究中心网站，2010 年 12 月 15 日。

近。陈伟认为,此处简文可能本之于孔子。① 此外,《礼记·缁衣》中有孔子的话:"君民者,子以爱之,则民亲之。"这与《尊德义》的论述几乎是完全一致的。

在《尊德义》简31—36有这样一段话,对于理解君臣、上下的关系很有帮助:"不爱则不亲,不□则弗怀,不敕则无畏,不忠则不信,弗勇则无复。咎则民轻,正则民不吝,恭则民不怨。均不足以平政,缓不足以安民,勇不足以没众,博不足以知善,慧不足以知伦,杀不足以胜民。"这一组"不A则B"、"C则民D"及"E不足以F"的论述,是以君上为主语的。"不A则B"和"C则民D"是说君主做到了A、C,臣民才会做到B、D,只不过一个从反面说,一个从正面讲。其实,《尊德义》这一说法与《孟子》十分接近。在《孟子·离娄下》,孟子对齐宣王说:"君之视臣如手足,则臣视君如腹心;君之视臣如犬马,则臣视君如国人;君之视臣如土芥,则臣视君如寇仇。"只不过,孟子所云为君臣关系,此处所论为君民关系。前者符合孟子的性格,后者合乎孔子的思想。两者皆为民本主义的政治哲学。②

在郭店儒简中有一支简,末尾有结束符号,应为篇末之简,但整理者无法确定属于哪一篇文献,姑且置于《六德》之后,列为《六德》简49,其内容为:"生。故曰:民之父母亲民易,使民相亲也难。"③欧阳祯人以为此简可视为《性自命出》《成之闻之》《六德》和《尊德义》等四篇文献"点题的简"④,可谓独具慧眼。根据陈伟、刘钊等学者的意见,此简应该是《尊德义》的末简,如此则此简更是《尊德义》"点题的简"。陈伟认为,这里的"相"乃是"见"的意思,"使民相亲"就是"使民感到亲爱"的意思。⑤ "上""君子""圣人"作为"民之

---

① 参见陈伟:《郭店楚简〈尊德义〉校释》,《中国哲学史》2001年第3期。
② 参见陈明:《民本政治的新论证——对〈尊德义〉的一种解读》,载《郭店楚简国际学术研讨会论文集》,湖北人民出版社2000年版,第301—309页。陈明强调,《尊德义》显示的是儒学的天道、心性、德教、礼乐、仁义,是一个形上形下相贯通理论实践相衔接的有机整体。
③ 荆门博物馆编:《郭店楚墓竹简》,文物出版社1998年版,第189页。
④ 欧阳祯人:《从简帛中挖掘出来的政治哲学》,武汉大学出版社2010年版,第166页。
⑤ 陈伟:《郭店楚简〈尊德义〉校释》,《中国哲学史》2001年第3期。

父母"做到"亲民爱民"并不十分困难,但是如何"使民感到亲爱"却并不容易。正如简26—27所云:"民,五之方格,十之方争,百之而后服。"这句话李零解释为,施爱于民必须屡行不辍,如果只有五次、十次,民仍相仇,陷于争斗。只有上百次的努力,他们才会懂得服从。[1] 而刘钊则解读为,对民众之爱给予五分,民众会斗;给予十分,民众会争;给予百分,民众才会安稳。[2] 无论如何,这里所要表达的意思很清楚,那就是这种君上对于民众的爱,需要长期施行。

第二句则是简39所云:"凡动民必顺民心。民心有恒,求其养。重义集理,言此章也。"如果按照顾史考的看法,本句下接简17"行此敏也,然后可逾也。因恒则固,察匿则无僻,不党则无……"。这里强调"动民必顺民心",动民就是使民的意思,本句意思是使民必须顺从民心民意。这自然是民本主义的直接表述了。"民心有恒"之"恒",或训为"常"指常法,或训为"极"指标准。我们认为,"恒"在楚简中多用为"极","极"乃标准的意思。这句话的意思应该是,民心有个共同的标准(取向),就是希望能够获得生存。这就要求为政者应该顺着民众的要求去"养民""保民"。"重义集理",重当读为"蹱",训为追随;集则是依就的意思。"可逾"的逾,根据陈伟的看法应读为"愉"。那么整句话的意思就是说,为政者使民必须顺应民心。民心有个共同的要求就是求得生存。为政者如果能够按照义、理去施政,那么言论就会章明,行动就会敏捷,如此则百姓自然愉悦而服从。按照这种标准去做了就会使政权稳固,了解到隐情就不至于使政策乖僻,不偏私就不会使民众怨恨。这正是民本思想的反映。

二、《孟子》的民本思想

孟子所处的战国时代,"世衰道微,邪说暴行有作",战争频仍,生民涂炭,"争城以战,杀人盈城;争地以战,杀人盈野",孟子感慨天下之无道,以强烈的

---

[1] 参见李零:《郭店楚简校读记》(增订本),中国人民大学出版社2009年版,第188页。

[2] 参见刘钊:《郭店楚简校释》,福建人民出版社2005年版,第133页。

忧患意识和担当精神,周游列国、游说诸侯,行仁政、兴王道。儒家那种"禹思天下有溺者,由己溺之也;稷思天下有饥者,由己饥之也"(《孟子·离娄下》)精神,在孟子身上表现得格外突出,这使他强烈批判统治者"未有不嗜杀人者",而鼓励统治者"以不忍人之心,行不忍人之政"。在孟子的王道仁政思想中,最引人瞩目的就是其民本思想。

首先,孟子主张民贵君轻的思想。《孟子·尽心下》说:"民为贵,社稷次之,君为轻。"根据赵岐的注:"君轻于社稷,社稷轻于民。"在那个时代,孟子高举"民贵君轻"的思想大旗,不能不说是极为进步的。这表明,孟子认为,对于一个政权而言,民是最尊贵的、最重要的。得天下与否的关键在于是否得民心。

其次,孟子主张得民心得天下的思想。《孟子·尽心下》接着上文有几句话:"是故得乎丘民而为天子,得乎天子为诸侯,得乎诸侯为大夫。诸侯危社稷,则变置。牺牲既成,粢盛既洁,祭祀以时,然而旱干水溢,则变置社稷。"

在这里,孟子将民意上升到政治合法性问题上。据《孟子·万章上》载,万章问孟子:"尧以天下与舜,有诸?"孟子回答说:"否,天子不能以天下与人。"在孟子看来,天子个人无权把天下让给某个人,天子只有推荐权,这也就意味着,天下不属于天子所有,不是君主的个人财产。孟子认为,天子地位的获得,是"天与之,人与之"的结果。而所谓"天与之",就是"使之主祭,而百神享之,是天受之",而所谓"人与之",则是"使之主事,而事治,百姓安之,是民受之也"。孟子提出"天与之",看上去依然不免天命论的色彩,其实仔细品味,孟子所谓的"天不言,以行事示之而已",所表达的根本不是天命论,而是民本论。即"天视自我民视,天听自我民听",最终仍是以民意来决定君主权力正当与否。正如徐复观先生所强调的那样:"儒家对我们民族最大的贡献之一,是在二千年以前即明白指出政治乃至人君是人民的工具,是为人民而存在;而人民不是政治乃至人君的工具,不是为政治乃至人君而存在。"[1]从孔子

---

① 徐复观:《儒家对中国历史运命挣扎之一例——西汉政治与董仲舒》,载《学术与政治之间》,九州出版社 2014 年版,第 313 页。

到孟子、董仲舒等无不持这一主张。①

再次，孟子主张制民恒产。孟子说："是故明君制民之产，必使仰足以事父母，俯足以畜妻子，乐岁终身饱，凶年免于死亡；然后驱而之善，故民之从之也轻。"（《孟子·梁惠王上》）从经济制度上保证人民的生活。从今天看来，这一目标并不算高，只是"乐岁终身饱，凶年免于死亡"，但是在古代那种生产力条件下，这个要求其实并不算低。

最后，孟子强调与民同乐。孟子告诉齐宣王："今王鼓乐于此，百姓闻王钟鼓之声，管籥之音，举欣欣然有喜色而相告曰：'吾王庶几无疾病与？何以能鼓乐也？'今王田猎于此，百姓闻王车马之音，见羽旄之美，举欣欣然有喜色而相告曰：'吾王庶几无疾病与？何以能田猎也？'此无他，与民同乐也。今王与百姓同乐，则王矣。"（《孟子·梁惠王下》）孟子引导齐宣王，即便是"寡人有疾"——"好勇""好货""好色"都不是实行王道的障碍，只要推己及人，与民同乐，则依旧会赢得民心，实现王天下的目标。孟子说："乐民之乐者，民亦乐其乐；忧民之忧者，民亦忧其忧。乐以天下，忧以天下，然而不王者，未之有也。"（《孟子·梁惠王下》）这些都表明孟子强调君主要与民同乐的思想。

可见，孟子的政治思想的中心立场就是民本主义。但是，陈来先生很及时地指出来，民本主义不能被理解为一种民粹主义，即把人民看成在道德上十分高尚或淳朴而赞美他们、崇拜他们。相反，孟子意识到"民无恒产因无恒心"的问题。所以，孟子依然强调"无恒产而有恒心者，惟士为能"（《孟子·梁惠王上》）。因此，他又特别重视"天之生此民也，使先知觉后知，使先觉觉后觉也"（《孟子·万章上》）的教化。

另外，关于君臣关系，孟子也比孔子有更激烈的态度。孔子是按照礼的要求，"君命召，不俟驾行矣"（《论语·乡党》），孟子则大有别。《孟子·公孙丑下》有一个戏剧性的场面："孟子将朝王"，可是这时王派人来，说："寡人如就

---

① 参见宋立林：《徐复观先生之董子研究》，《衡水学院学报》2016年第2期。

见者也,有寒疾,不可以风。朝将视朝,不识可使寡人得见乎?"孟子听后,脱口而出:"不幸而有疾,不能造朝。"齐王因为患了感冒不能来驿馆探望,希望早朝的时候请孟子到朝堂上见面。结果孟子非常生气,也以生病为由拒绝了。于是,齐王派人来给孟子看病,而这时孟子却一大早就出去吊丧了。孟子在解释自己的行为合理性的时候,提出:"天下有达尊三:爵一,齿一,德一。朝廷莫如爵,乡党莫如齿,辅世长民莫如德。恶得有其一,以慢其二哉?"孟子认为:"将大有为之君,必有所不召之臣。欲有谋焉,则就之。其尊德乐道,不如是不足与有为也。"

孟子这一点显然是受到子思的影响。郭店简《鲁穆公问子思》载:鲁穆公问于子思曰:"何如而可谓之忠臣?"子思回答说:"恒称其君之恶者,可谓忠臣矣。"子思作为鲁穆公的老师,表现出对君主的一种"以道抗势"的态度。子思这种"为义而远爵禄"的思想和做法,影响了后来的孟子。孟子曾经多次赞誉子思。《孟子·万章下》:"缪公之于子思也,亟问,亟馈鼎肉。子思不悦。"又:"缪公亟见于子思,曰:'古千乘之国以友士,何如?'子思不悦,曰:'古之人有言曰,事之云乎,岂曰友之云乎?'子思之不悦也,岂不曰:'以位,则子君也;我,臣也;何敢与君友也?以德,则子事我者也,奚可以与我友?'"由此,子思在君主面前的洒脱展露无遗。

孟子在子思的基础上,提出了他的君臣观。他主张:"君之视臣如手足,则臣视君如腹心;君之视臣如犬马,则臣视君如国人;君之视臣如土芥,则臣视君如寇仇。"(《孟子·离娄下》)这是孟子极为鲜明的立场,对后世儒家士大夫的出处进退形成了极大的影响。在这里,孟子认为君臣关系是平等的、对等的,因此臣子可以批评君主。孟子之所以有此底气,恰恰来自他的"天爵"与"人爵"的区分理论。因此他才可以"说大人,则藐之,勿视其巍巍然"。孟子认为,臣不是君的附庸,而是有自由的独立性的。"以德抗位""以道抗势"在思、孟的塑造下,成为后世儒家士大夫的基本精神定位。

总之,就从孔子以降,到孟子为止的孔门后学,儒家政治思想的主流应该是德治思想。而德治思想的根据恰恰在于对人性的信任，或者即儒家所持的性善论。所以，我们知道，孔子是一个隐性的潜在的性善论者，《大学》《中庸》也都具有性善论的色彩，而到《孟子》，性善论终于瓜熟蒂落。德治者强调模范性，是一种启发性格，是统治者自己限制自己权力之性格。故统治者最高之德，乃在于以人民之好恶为好恶，此德治的最大考验。一切极权政治，皆来自对人之不信任，而民主政治之真正根据，乃来自对人之信任。故德治与现代民主相通。儒家的王道、德治，虽然没有"架构的表现"，没有将民本的思想通过制度的设计落实到位，但是它却并非与现代民主思想相悖，而是内在相通的。儒家政治思想并不仅仅属于历史和过去，而是具有极大的现代价值。当然，这需要经过创造性的转换，通过富有创造性的现代诠释。

第七节　孔门后学对"禅让"思想的早期诠释

孔子和儒家以"祖述尧舜，宪章文武"为标志，尧舜被儒家视为理想中的最佳典范，即圣王，是实现了内圣外王的典型。尧舜之所以被如此推崇，除了尧舜的德行之高，还在于他们对于政治权力的德性态度。儒家向来反对追逐政治权力，他们认为"出仕"的目的也是为了造福苍生，而非谋一己之私利。而尧舜在这一方面确实堪为楷模。

如果承认《礼运》出于子游，那么孔子关于"大同"的理想就未必是出于后世的伪造。其实，将"大同"与孔子的政治思想进行一番比较的话，我们认为，大同并不与孔子思想相悖。大同的关键是"天下为公"，而不是"天下为家"。这就涉及两种政治模式，一个是公天下，一个是家天下。众所周知，中国历史从夏朝开始便是家天下。而在传说时代的尧舜，则是公天下，其突出的特征就是政治权力的"禅让"制度。不仅《尚书》记载了这一古史传说，而且孔子确实曾经对此有所措意。《论语·尧曰》："尧曰：'咨，尔舜！天之历数在尔躬，允执其中。四海困穷，天禄永终。'舜亦以命禹。"而《孟子·万章上》则引述了孔子的话:"唐虞禅,夏后殷周继,其义一也。"

郭店楚简《唐虞之道》对此作了一番论述,就禅让说提出了自己的看法。彭邦本先生指出,如果说《尚书·尧典》着重记述了尧舜禅让的古史传说,那么此篇佚文则是现今仅见的早期儒家集中阐述其"禅让"说的专论,为我们深入研究远古禅让传说及其所涵史实素地,研究对中国古代历史文化产生过深远影响的禅让理论在学术史上的流变,提供了非常珍贵的资料。① 简文开始就强调尧舜是禅让:"唐虞之道,禅而不传。"唐虞之道,就是尧舜之道。禅就是禅让,传就是传子。"尧舜之王,利天下而弗利也。"尧舜是王道政治的典范,他们以利天下为宗旨而不在于自利。在简文作者看来:"禅而不传,圣之盛也;利天下而弗利也,仁之至也。"将禅让看作是圣的最高境界,可见其心目中的政治理想是推崇禅让的。

《唐虞之道》推崇王道,强调作为"王"应该"必正其身,然后正世",而尧舜就是这样做的。该篇认为,圣人也就是尧舜的具体措施是:"上事天,教民有尊也;下事地,教民有亲也;时事山川,教民有敬也;亲事祖庙,教民孝也。太学之中,天子亲齿,教民弟也。"通过各种礼乐仪式,进行教化,以使民众受到尊、亲、敬、孝、悌等德性的教化。简文强调尧舜之行的要义就是"爱亲尊贤"。"爱亲故孝,尊贤故禅"。禅让的根据就在于"尊贤"。政治需要为政者是"贤人",这是政治之正义,因此,要禅位于贤人,而非传给子孙。故曰:"禅,义之至也。"但是,简文并不偏废"亲"与"尊"。简文说:"爱亲忘贤,仁而未义也。尊贤遗亲,义而未仁也。"爱亲即孝,"孝,仁之冕也";尊贤即禅,"禅,义之至也"。亲与贤,也就是仁与义,二者不能偏废,必须兼顾。但是真正做到却非常难。所以,只有舜做到了。"古者虞舜笃事瞽叟,乃式其孝;忠事帝尧,乃式其臣。爱亲尊贤,虞舜其人也。""式",用也。意思是说,舜能够孝事父亲,忠事帝尧。做到了爱亲与尊贤的统一。

———————————

① 参见彭邦本:《楚简〈唐虞之道〉初探》,载《郭店楚简国际学术研讨会论文集》,湖北人民出版社 2000 年版,第 261 页。

　　简文明确地定义了"禅让"："禅也者,上德授贤之谓也。"禅让就是崇尚德性而授权于贤者。这里的"上",应该是"尚"的意思,而非"上位"的意思。简文认为"上德"的意义在于"天下有君而世明","授贤"的意义在于"民兴教而化乎道"。何以如此说呢? 简文没有明确的解释,我们推测,"上德则天下有君而世明"是因为君主本身推崇德性,那么以其身居君位则其德会"光被四表",会"明明德于天下",所以"世明";而"授贤则民兴教而化乎道",则是"授贤"意味着"利天下而弗自利",民会因此更重视教化,更向往道。所以,简文强调:"不禅而能化民者,自生民未之有也。"化民的王道政治必然要求禅让。这是简文的总结论。

　　我们认为,《唐虞之道》可能是战国中期燕国燕王哙让国事件的理论基础。它的出现不可能在此事件之后,只能在此之前。因为我们透过《孟子》可知,燕王哙的让国事件引起了燕国政治的巨大震动,甚至一度有亡国之虞,因此孟子比较明确反对燕王的禅让做法,儒家也调整了孔子以来禅让的政治诉求。因此,本篇的写作年代应该早于孟子,是孔孟之间孔门后学诠释孔子禅让说的一篇政治理论文献。彭邦本认为,这篇佚文是在"竭力描述一致防患于未然的道德理想主义社会模式"。这个蓝图以"德治"为突出的特征,目的是建立一种合乎最高道德水准的"贤仁圣者"当道的理想社会。然而,从三代以降,君主制成为常态,家天下取代了公天下。面对家天下出现的种种政治困境,有些儒家思想家"以复古为解放",接续古来的禅让传说,以作为对君主制负面效应的批判武器。这应该是这篇文献出现的原因。

　　早期儒家政治理想,毫无疑问是有着理想主义倾向的。因为只有超越于现实的政治之外,才能以价值理性来对现实政治予以批判。儒家保持着一种高远的政治理想,面对着残酷的现实,"知其不可而为之"地奔走呼号,这种理想主义的政治思想,一方面很难完全落实,一方面又长期地作为现实政治的坐标,发挥着引导和批判的作用,保持着现实与理想之间永恒的张力。

参 考 文 献

一、古籍文献（含整理、注疏、译注本）

李学勤主编：《十三经注疏（简体标点本）》，北京大学出版社 1999 年版。

李学勤主编：《十三经注疏（繁体标点本）》，北京大学出版社 2000 年版。

杨天宇：《礼记译注》，上海古籍出版社 2004 年版。

（清）邵懿辰：《礼经通论》，阮元、王先谦编：《清经解·清经解续编》（第 13 册），凤凰出版社 2005 年版。

（清）王聘珍：《大戴礼记解诂》，中华书局 1983 年版。

黄怀信、孔德立、周海生：《大戴礼记汇校集注》，三秦出版社 2005 年版。

（清）阮元：《曾子十篇注释》，渭南严氏孝义家塾（1920 年）刊刻本。

（宋）朱熹：《四书章句集注》，中华书局 1983 年版。

（宋）朱熹：《四书或问》（二），载《朱子全书》，上海古籍出版社、安徽教育出版社 2001 年版。

（元）袁俊翁：《四书疑节》，《景印文渊阁四库全书》，上海古籍出版社 1987 年版。

（元）朱公迁：《四书通旨》，《景印文渊阁四库全书》，上海古籍出版社 1987 年版。

（明）胡广等编：《四书大全》，山东友谊出版社 1989 年版。

（清）吕留良：《四书讲义》，中华书局 2017 年版。

（清）库勒纳、叶方霭：《讲四书解义》，中国书店 2016 年版。

（南朝梁）皇侃撰，高尚榘校点：《论语义疏》，中华书局 2013 年版。

（明）刘宗周：《论语学案》，《刘宗周全集》，浙江古籍出版社 2007 年版。

（清）刘宝楠：《论语正义》，中华书局 1990 年版。

康有为:《论语注》,中华书局 1984 年版。

程树德:《论语集释》,中华书局 2013 年版。

钱穆:《论语新解》,生活·读书·新知三联书店 2012 年版。

杨伯峻:《论语译注》,中华书局 1980 年版。

李泽厚:《论语今读》,生活·读书·新知三联书店 2008 年版。

杨朝明:《论语诠解》,山东友谊出版社 2012 年版。

黄怀信:《论语汇校集释》,上海古籍出版社 2008 年版。

黄克剑:《论语疏解》,中国人民大学出版社 2010 年版。

刘定一:《论语读本》,天津人民出版社 2018 年版。

石永楙:《论语正》,中华书局 2012 年版。

幺峻洲:《论语说解》,齐鲁书社 2004 年版。

杨朝明、宋立林主编:《孔子家语通解》,齐鲁书社 2009 年版。

[日]太宰纯:《孔子家语增注》,日本宽保二年(1742)嵩山房刻本。

杨伯峻:《孟子译注》,中华书局 2013 年版。

(唐)陆德明撰,吴承仕疏证:《经典释文序录疏证》,中华书局 2008 年版。

(汉)司马迁:《史记》,中华书局 1982 年版。

(汉)班固:《汉书》,中华书局 1962 年版。

(汉)王符著,汪继培笺,彭铎校正:《潜夫论笺校正》,中华书局 1985 年版。

许维遹:《韩诗外传集释》,中华书局 1980 年版。

陈立:《白虎通疏证》,中华书局 1994 年版。

向宗鲁:《说苑校证》,中华书局 1987 年版。

黄晖:《论衡校释》,中华书局 1990 年版。

(魏)王弼著,楼宇烈校释:《王弼集校释》,中华书局 1980 年版。

(唐)柳宗元:《柳河东集》,上海古籍出版社 2008 年版。

(宋)周敦颐:《周敦颐集》,中华书局 1990 年版。

(宋)程颢、程颐:《二程集》,中华书局 1981 年版。

(宋)程颢、程颐:《二程遗书》,上海古籍出版社 2000 年版。

(宋)陆九渊:《陆九渊集》,中华书局 1980 年版。

(宋)黎靖德编:《朱子语类》,中华书局 1986 年版。

(宋)苏轼:《苏轼文集》,中华书局 1986 年版。

(宋)王十朋:《梅溪集》,《文渊阁四库全书》,上海古籍出版社 1987 年版。

(明)王阳明:《王阳明全集(新编本)》,浙江古籍出版社 2010 年版。

（清）顾炎武：《顾炎武全集》，上海古籍出版社 2011 年版。

（清）王夫之：《船山全书》，岳麓书社 2011 年版。

（清）陈澧：《陈澧集》，上海古籍出版社 2008 年版。

（宋）陈淳：《北溪字义》，中华书局 1983 年版。

（清）戴震：《孟子字义疏证》，中华书局 1982 年版。

（清）潘平格：《潘子求仁录辑要》，中华书局 2009 年版。

（宋）朱熹、吕祖谦：《近思录》，上海古籍出版社 2010 年版。

（清）黄宗羲：《明儒学案》，中华书局 2008 年版。

（清）黄宗羲等：《宋元学案》，中华书局 1986 年版。

（清）俞樾：《九九销夏录》，中华书局 1995 年版。

河北省文物研究所定州汉墓竹简整理小组：《定州汉墓竹简〈论语〉》，文物出版社 1997 年版。

荆门博物馆编：《郭店楚墓竹简》，文物出版社 1998 年版。

武汉大学简帛研究中心、荆门市博物馆编：《楚地出土战国简册合集（一）·郭店楚墓竹简》，文物出版社 2011 年版。

二、今人专著

阿城：《洛书河图：文明的造型探源》（修订版），中华书局 2015 年版。

［法］安德烈·比尔基埃等主编：《家庭史》，袁树仁等译，生活·读书·新知三联书店 1998 年版。

［美］安乐哲、罗思文：《〈论语〉的哲学诠释》，余瑾译，中国社会科学出版社 2003 年版。

［美］安乐哲：《儒家角色伦理学》，山东人民出版社 2017 年版。

白奚：《先秦哲学沉思录》，中国社会科学出版社 2007 年版。

许纪霖、宋宏编：《史华慈论中国》，新星出版社 2006 年版。

蔡仁厚：《孔孟荀哲学》，学生书局 1984 年版。

蔡尚思：《孔子思想体系·孔子哲学之真面目》，上海古籍出版社 2013 年版。

陈畅：《理学道统的思想世界》，上海书店出版社 2018 年版。

陈来：《竹帛〈五行〉与简帛研究》，生活·读书·新知三联书店 2009 年版。

陈来：《仁学本体论》，生活·读书·新知三联书店 2014 年版。

陈来：《古代思想文化的世界》，北京大学出版社 2017 年版。

陈来：《古代宗教与伦理——儒家思想的根源》（增订本），北京大学出版社 2017

年版。

陈来:《孔子·孟子·荀子——先秦儒学讲稿》,生活·读书·新知三联书店 2018 年版。

陈少明:《经典世界中的人、事、物》,上海三联书店 2008 年版。

陈少明主编:《思史之间——〈论语〉的观念史释读》,上海三联书店 2009 年版。

陈荣捷:《中国哲学文献选编》,江苏教育出版社 2006 年版。

陈桐生:《〈孔子诗论〉研究》,中华书局 2004 年版。

陈桐生:《论语十论》,暨南大学出版社 2012 年版。

成中英、梁涛主编:《极高明而道中庸:四书的思想世界》,中国社会科学出版社 2016 年版。

崔大华:《儒学引论》,人民出版社 2001 年版。

[美]邓尔麟:《钱穆与七房桥世界》,蓝桦译,社会科学文献出版社 1998 年版。

[美]狄百瑞:《儒家的困境》,黄水婴译,北京大学出版社 2009 年版。

丁纪:《论语读诠》,巴蜀书社 2005 年版。

丁四新:《郭店楚简思想研究》,东方出版社 2000 年版。

丁原植:《郭店楚简儒家佚籍四种释析》,台湾古籍出版有限公司 2004 年版。

[美]杜维明:《中庸:论儒学的宗教性》,段德智译,生活·读书·新知三联书店 2013 年版。

[美]杜维明:《现代精神与儒家传统》,生活·读书·新知三联书店 2013 年版。

[美]杜维明:《体知儒学——儒家当代价值的九次对话》,浙江大学出版社 2012 年版。

[美]杜维明:《仁与修身:儒家思想论集》,胡军、丁民雄译,生活·读书·新知三联书店 2013 年版。

[美]杜维明:《灵根再植:八十年代儒学反思》,北京大学出版社 2016 年版。

[美]杜维明:《儒家精神取向的当代价值:20 世纪访谈》,北京大学出版社 2016 年版。

[美]杜维明:《否极泰来:新轴心时代的儒家资源》,北京大学出版社 2016 年版。

段吉福:《从儒学心性论到道德形上学的嬗变:以唐君毅为中心》,上海古籍出版社 2014 年版。

范文澜:《中国通史》,人民出版社 1964 年版。

[美]芬格莱特:《孔子:即凡而圣》,彭国翔、张华译,江苏人民出版社 2002 年版。

冯达文、郭齐勇:《中国哲学史》,人民出版社 2004 年版。

冯友兰：《中国哲学简史》，北京大学出版社 1996 年版。

冯友兰：《中国哲学史新编》，人民出版社 1998 年版。

冯友兰：《中国哲学史》，华东师范大学出版社 2000 年版。

[法]于连：《迂回与进入》，杜小真译，生活·读书·新知三联书店 1998 年版。

傅佩荣：《儒家哲学新论》，中华书局 2010 年版。

傅杰编：《论语二十讲》，华夏出版社 2009 年版。

高培华：《卜子夏考论》，社会科学文献出版社 2012 年版。

高专诚：《孔子·孔子弟子》，山西人民出版社 1991 年版。

[英]葛瑞汉：《论道者——中国古代哲学论辩》，张海晏译，中国社会科学出版社 2003 年版。

[美]顾立雅：《孔子与中国之道》，高专诚译，大象出版社 2000 年版。

[美]顾史考：《郭店楚简先秦儒书宏微观》，上海古籍出版社 2012 年版。

韩星：《走进孔子》，福建教育出版社 2017 年版。

黄俊杰：《东亚儒学史的新视野》，华东师范大学出版社 2008 年版。

黄克剑：《由"命"而"道"：先秦诸子十讲》，线装书局 2006 年版。

郭齐勇：《中国哲学智慧的探索》，中华书局 2008 年版。

郭齐勇：《中国儒学之精神》，复旦大学出版社 2009 年版。

郭齐勇：《儒学新论》，孔学堂书局 2015 年版。

郭沂：《郭店竹简与先秦学术思想》，上海教育出版社 2001 年版。

郭沂、林存光：《旷世大儒——孔子》，河北人民出版社 2000 年版。

过常宝：《原史文化及文献研究》，中国社会科学出版社 2016 年版。

过常宝：《先秦文体与话语方式研究》，中华书局 2016 年版。

何炳棣：《读史阅世六十年》，中华书局 2012 年版。

侯文华：《先秦诸子散文文体及其文化渊源》，中华书局 2017 年版。

侯外庐：《中国思想史》，人民出版社 2011 年版。

侯外庐、赵纪彬、杜国庠：《中国思想通史》，人民出版社 2011 年版。

胡晓明、傅杰主编：《释中国》，上海文艺出版社 1998 年版。

黄怀信：《上海博物馆藏战国楚竹书〈诗论〉解义》，社会科学文献出版社 2004 年版。

黄维元：《子思学派思想研究》，山东人民出版社 2015 年版。

[德]伽达默尔：《真理与方法》（第 1 卷），洪汉鼎译，商务印书馆 2007 年版。

姜广辉主编：《中国经学思想史》（卷一），中国社会科学出版社 2003 年版。

姜广辉:《义理与考据——思想史研究中的价值关怀与实证方法》,中华书局 2010年版。

蒋伯潜:《诸子通考》,岳麓书社 2010 年版。

金观涛、刘青峰:《中国思想史十讲》,法律出版社 2015 年版。

金景芳、吕绍纲、吕文郁:《孔子新传》,长春出版社 2006 年版。

金景芳、吕绍纲:《周易全解》,上海古籍出版社 2017 年版。

景海峰:《经典诠释与当代中国哲学》,商务印书馆 2016 年版。

景海峰、赵东明:《诠释学与儒家思想》,东方出版中心 2015 年版。

孔德立:《早期儒家人道思想的形成与演变》,巴蜀书社 2010 年版。

孔祥军:《出土简牍与中古史研究》,江苏人民出版社 2017 年版。

匡亚明:《孔子评传》,南京大学出版社 1990 年版。

劳思光:《新编中国哲学史》,广西师范大学出版社 2005 年版。

李承贵:《儒学的形态与开展》,社会科学文献出版社 2016 年版。

李存山:《中国传统哲学纲要》,中国社会科学出版社 2008 年版。

李景林:《教化的哲学——儒学思想的一种新诠释》,黑龙江人民出版社 2006年版。

李景林:《教养的本原:哲学突破期的儒家心性论》,北京师范大学出版社 2009年版。

李景林:《教化视域中的儒学》,中国社会科学出版社 2013 年版。

李零:《郭店楚简校读记》(增订本),中国人民大学出版社 2009 年版。

李零:《简帛古书与学术源流》,生活·读书·新知三联书店 2004 年版。

李零:《丧家狗——我读〈论语〉》,山西人民出版社 2007 年版。

李零:《去圣乃得真孔子:〈论语〉纵横谈》,生活·读书·新知三联书店 2008年版。

李明辉编:《儒家经典诠释方法》,华东师范大学出版社 2008 年版。

李锐:《新出简帛的学术探索》,北京师范大学出版社 2010 年版。

李天虹:《郭店竹简〈性自命出〉研究》,湖北教育出版社 2003 年版。

李翔海:《内圣外王:儒家的境界》,江苏人民出版社 2017 年版。

李学勤:《简帛佚籍与学术史》,江西教育出版社 2001 年版。

李学勤:《通向文明之路》,商务印书馆 2010 年版。

李友广:《先秦儒家人性论的演变——以郭店儒简为考察重点》,陕西人民出版社 2014 年版。

李渊庭整理:《梁漱溟讲孔孟》,中国和平出版社 1993 年版。

李泽厚:《世纪新梦·为儒学的未来把脉》,安徽文艺出版社 1998 年版。

李泽厚:《历史本体论·己卯五说》,生活·读书·新知三联书店 2003 年版。

李泽厚:《华夏美学·美学四讲》,生活·读书·新知三联书店 2008 年版。

李泽厚:《中国古代思想史论》,生活·读书·新知三联书店 2008 年版。

李泽厚:《实用理性与乐感文化》,生活·读书·新知三联书店 2005 年版。

李泽厚:《哲学纲要》,北京大学出版社 2011 年版。

廖名春:《〈周易〉经传与易学史新论》,齐鲁书社 2001 年版。

廖名春:《中国学术史新证》,四川大学出版社 2005 年版。

廖名春:《出土简帛丛考》,湖北教育出版社 2004 年版。

梁启超:《饮冰室合集》,中华书局 1989 年版。

梁启超:《先秦政治思想史》,东方出版社 1996 年版。

梁启超:《儒家哲学》,上海人民出版社 2009 年版。

梁漱溟:《梁漱溟全集》,山东人民出版社 1989 年版。

梁涛:《郭店竹简与思孟学派》,中国人民大学出版社 2008 年版。

梁韦弦:《易学考论》,黑龙江人民出版社 2005 年版。

林存光:《孔子新论》,人民出版社 2012 年版。

林桂榛:《天道天行与人性人情——先秦儒家"性与天道"论考原》,中国社会科学出版社 2015 年版。

刘梦溪:《学术与传统》,北京时代华文书局 2017 年版。

刘梦溪主编,雷颐编校:《中国现代学术经典·傅斯年卷》,河北教育出版社 1996 年版。

刘笑敢:《庄子哲学及其演变》,中国社会科学出版社 1988 年版。

刘笑敢:《诠释与定向——中国哲学研究方法之探究》,商务印书馆 2009 年版。

刘信芳:《孔子诗论述学》,安徽大学出版社 2003 年版。

刘信芳:《简帛〈五行〉研究》,高等教育出版社 2016 年版。

柳诒徵:《国史要义·史原》,商务印书馆 2011 年版。

刘钊:《郭店楚简校释》,福建人民出版社 2005 年版。

刘述先:《儒家哲学研究:问题、方法及未来开展》,上海古籍出版社 2010 年版。

陆玉林:《中国学术史·先秦卷》,人民出版社 2004 年版。

吕绍纲:《〈周易〉的哲学精神——吕绍纲易学文选》,上海古籍出版社 2005 年版。

罗新慧:《曾子研究》,商务印书馆 2013 年版。

马一浮:《复性书院讲录》,山东人民出版社 1998 年版。

马振铎:《仁·人道——孔子的哲学思想》,中国社会科学出版社 1993 年版。

蒙培元:《蒙培元讲孔子》,北京大学出版社 2005 年版。

[美]牟复礼:《中国思想之渊源(第二版)》,王重阳译,北京大学出版社 2016 年版。

牟钟鉴:《新仁学构想》,人民出版社 2013 年版。

牟宗三:《中国哲学十九讲》,上海古籍出版社 1997 年版。

牟宗三:《心体与性体》,上海古籍出版社 1999 年版。

牟宗三:《中国哲学的特质》,上海古籍出版社 2007 年版。

牟宗三:《生命的学问》,广西师范大学出版社 2005 年版。

南怀瑾:《论语别裁》,复旦大学出版社 1990 年版。

[美]倪培民:《孔子:人能弘道》,李子华译,上海人民出版社 2012 年版。

欧阳祯人:《思孟学派新论》,孔学堂书局 2017 年版。

欧阳祯人:《从简帛中挖掘出来的政治哲学》,武汉大学出版社 2010 年版。

庞朴:《帛书五行篇研究》,齐鲁书社 1980 年版。

骈宇骞、段书安编著:《二十世纪出土简帛综述》,文物出版社 2006 年版。

钱穆:《先秦诸子系年》,中华书局 1985 年版。

钱穆:《中国思想史》,兰台出版社 2001 年版。

钱穆:《庄老通辨》,生活·读书·新知三联书店 2002 年版。

钱穆:《孔子传》,生活·读书·新知三联书店 2012 年版。

钱穆:《论语新解》,生活·读书·新知三联书店 2002 年版。

钱穆:《四书释义》,九州出版社 2011 年版。

钱穆:《湖上闲思录·礼与法》,九州出版社 2011 年版。

钱逊:《先秦儒学》,辽宁教育出版社 1991 年版。

[日]三浦藤作:《中国伦理学史》,山西人民出版社 2015 年版。

单承彬:《论语源流考述》,吉林人民出版社 2001 年版。

单育辰:《郭店〈尊德义〉〈成之闻之〉〈六德〉三篇整理与研究》,科学出版社 2015 年版。

沈顺福:《儒家道德哲学研究》,山东大学出版社 2005 年版。

[日]狩野直喜:《中国学文数》,周先民译,中华书局 2011 年版。

宋立林:《礼德诠解》,中国方正出版社 2017 年版。

唐君毅:《中华人文与当今世界补编》,广西师范大学出版社 2005 年版。

唐君毅:《中国哲学原论·原性篇》,中国社会科学出版社 2005 年版。

唐君毅:《中国哲学原论·导论篇》,中国社会科学出版社 2005 年版。

唐明贵:《〈论语〉学的形成、发展与中衰——汉魏六朝隋唐〈论语〉学研究》,中国社会科学出版社 2005 年版。

唐明贵:《论语学的形成、发展与中衰》,中国社会科学出版社 2005 年版。

唐明贵:《论语学史》,中国社会科学出版社 2009 年版。

汤一介:《在儒学中寻找智慧》,中国人民大学出版社 2014 年版。

[日]藤塚邻:《论语总说》,陈东译,国际文化出版公司 2005 年版。

[美]威尔逊:《社会生物学——新的综合》,毛盛贤译,北京理工大学出版社 2008 年版。

韦政通:《中国思想史》,上海书店出版社 2003 年版。

王恩来:《人性的寻找——孔子思想研究》,中华书局 2007 年版。

王钧林:《中国儒学史·先秦卷》,广东教育出版社 1998 年版。

王正:《先秦儒家工夫论研究》,知识产权出版社 2015 年版。

伍晓明:《吾道一以贯之:重读孔子》,北京大学出版社 2003 年版。

夏德靠:《先秦语类文献形态研究》,中华书局 2015 年版。

萧公权:《中国政治思想史》,商务印书馆 2011 年版。

萧萐父:《吹沙二集》,巴蜀书社 2007 年版。

萧萐父、李锦全:《中国哲学史》,人民出版社 1982 年版。

谢维扬、朱渊清主编:《新出土文献与古代文明研究》,上海大学出版社 2004 年版。

谢耀亭:《从出土简帛看思孟学派的内圣外王思想》,科学出版社 2011 年版。

[英]休谟:《人性论》,关文运译,商务印书馆 1983 年版。

徐复观:《论文化》,九州出版社 2014 年版。

徐复观:《中国人性论史·先秦篇》,九州出版社 2014 年版。

徐复观:《中国思想史论集》,九州出版社 2014 年版。

徐复观:《中国思想史论集续编》,九州出版社 2014 年版。

徐复观:《学术与政治之间》,九州出版社 2014 年版。

徐复观:《儒家思想与现代社会》,九州出版社 2014 年版。

徐克谦:《先秦儒学及其现代阐释》,南京师范大学出版社 1999 年版。

阎步克:《士大夫政治演生史稿》,北京大学出版社 1996 年版。

杨朝明主编:《儒家文化面面观》,齐鲁书社 2000 年版。

杨朝明:《鲁文化史》,齐鲁书社 2001 年版。

杨义:《论语还原》,中华书局 2015 年版。

扬之水:《先秦诗文史》,中华书局 2009 年版。

杨泽波:《孟子性善论研究(再修订版)》,上海人民出版社 2016 年版。

姚中秋:《〈论语〉大义浅说书首》,中国友谊出版公司 2016 年版。

殷鼎:《理解的命运——解释学初论》,生活·读书·新知三联书店 1988 年版。

游国恩等:《中国文学史》(一),人民文学出版社 1963 年版。

余敦康:《中国哲学的起源与目标》,首都师范大学出版社 2016 年版。

俞志慧:《君子儒与诗教——先秦儒家文学思想考论》,生活·读书·新知三联书店 2005 年版。

俞志慧:《古"语"有之:先秦思想的一种背景与资源》,华东师范大学出版社 2010 年版。

孙康宜、宇文所安主编:《剑桥中国文学史》,生活·读书·新知三联书店 2013 年版。

袁行霈:《中国文学史》,高等教育出版社 1999 年版。

张岱年:《中国哲学大纲》,中国社会科学出版社 1982 年版。

张岱年:《中国哲学大纲》,江苏教育出版社 2005 年版。

张岱年:《中国哲学大纲》,昆仑出版社 2011 年版。

章培恒、骆玉明:《中国文学史新著》(增订本第二版),复旦大学出版社 2011 年版。

张岂之总主编,刘宝才、方光华主编:《中国思想学说史·先秦卷》,广西师范大学出版社 2008 年版。

张群:《诸子时代与诸子文学》,齐鲁书社 2008 年版。

章太炎讲演,曹聚仁整理,汤志钧导读:《国学概论》,中华书局 2003 年版。

张祥龙:《家与孝:从中西间视野看》,生活·读书·新知三联书店 2017 年版。

张心澂:《伪书通考》,上海书店出版社 1991 年版。

赵明:《先秦儒家政治哲学引论》,北京大学出版社 2004 年版。

赵汀阳:《第一哲学的支点》,生活·读书·新知三联书店 2017 年版。

周海春:《论语哲学》,中国社会科学出版社 2013 年版。

周炽成:《荀·韩:人性论与社会历史哲学》,中山大学出版社 2009 年版。

朱承:《儒家的如何是好》,广西师范大学出版社 2016 年版。

朱维铮编:《周予同经学史论著选集》(增订本),上海人民出版社 1996 年版。

[日]子安宣邦:《孔子的学问——日本人如何读〈论语〉》,吴燕译,生活·读书·

新知三联书店 2017 年版。

三、学术论文

白奚:《"全德之名"和仁圣关系——关于"仁"在孔子学说中的地位的思考》,《孔子研究》2002 年第 4 期。

白奚:《从〈左传〉〈国语〉的"仁"观念看孔子对"仁"的价值提升》,《首都师范大学学报》2007 年第 4 期。

曹大中:《孔子性恶辨》,《湖南大学学报》1986 年第 6 期。

曹峰:《出土文献可以改写思想史吗?》,《文史哲》2007 年第 5 期。

曹印双:《〈论语〉篇章逻辑探索》,《正本清源——〈论语〉学研究学术研讨会论文集》,2017 年 12 月,曲阜。

晁福林:《上博简〈仲弓〉疏证》,《孔子研究》2005 年第 2 期。

晁福林:《"时命"与"时中":孔子天命观的重要命题》,《清华大学学报》2008 年第 5 期。

陈壁生:《〈论语〉的性质——论一种阅读〈论语〉的方式》,《人文杂志》2018 年第 1 期。

陈晨捷:《"德命"与"时命":孔子天命观新论》,《东岳论丛》2018 年第 2 期。

陈鼓应:《郭店楚简所呈现的重要哲学问题——关于儒道竹简"改写古代哲学史"的另类观点》,《九州学林》创刊号。

陈来:《郭店楚简与儒学的人性论》,《儒林》第 1 辑。

陈来:《竹帛〈五行〉为子思、孟子所作论——兼论郭店楚简〈五行〉篇出土的历史意义》,《孔子研究》2007 年第 1 期。

陈来:《论儒家的实践智慧》,《文汇报》2016 年 9 月 30 日。

陈来:《"仁者人也"新解》,《道德与文明》2017 年第 1 期。

陈明:《民本政治的新论证——对〈尊德义〉的一种解读》,《郭店楚简国际学术研讨会论文集》,湖北人民出版社 2000 年版。

陈桐生:《孔子语录的节本和繁本——从〈仲弓〉看〈论语〉与七十子后学散文的形式差异》,《孔子研究》2006 年第 2 期。

陈桐生:《孔子的人性论》,《中国文化研究》2010 年夏之卷。

陈桐生:《捕风捉影的〈论语〉早期编纂过程及篇章政治学——与〈《论语》早期编纂过程及篇章政治学〉一文商榷》,《孔子研究》2014 年第 5 期。

陈伟:《郭店楚简〈尊德义〉校释》,《中国哲学史》2001 年第 3 期。

陈赟:《以人道显天道:论〈中庸〉诚的思想》,《齐鲁学刊》2008 年第 1 期。

程宜山:《〈中庸〉诚说三题》,《孔子研究》1989 年第 4 期。

崔大华:《人生终极的理性自觉——儒家"命"的观念》,《孔子研究》2008 年第 2 期。

丁为祥:《命与天命:儒家天人关系的双重视角》,《中国哲学史》2007 年第 4 期。

东方朔:《〈性自命出〉篇的心性观念初探》,《郭店楚简国际学术研讨会论文集》,湖北人民出版社 2000 年版。

董卫国:《忠恕之道与孔门仁学——〈论语〉"忠恕一贯"章新解》,《现代哲学》2016 年第 4 期。

樊彩萍:《〈论语〉辨惑三则》,《孔子研究》1999 年第 2 期。

冯兵:《论孔子善恶混存的人性观》,《哲学研究》2008 年第 1 期。

高华平:《颜渊之学及〈庄子〉中的颜渊》,《诸子学刊》第 4 辑。

[美]顾史考:《郭店楚简〈尊德义〉篇简序调整三则》,复旦大学出土文献与古文字研究中心网站,2010 年 12 月 15 日。

郭海燕:《也谈孔子的人性观》,《孔子研究》2010 年第 3 期。

郭沫若:《先秦天道观之进展》,《郭沫若全集·历史编》(第 1 册),人民出版社 1982 年版。

郭沫若:《十批判书》,《郭沫若全集·历史编》(第 2 册),人民出版社 1982 年版。

郭齐勇:《郭店儒家简与孟子心性论》,《武汉大学学报》1995 年第 5 期。

郭齐勇:《郭店楚简身心观发微》,《郭店楚简国际学术研讨会论文集》,湖北人民出版社 2000 年版。

郭齐勇:《再论"五行"与"圣智"》,《中国哲学史》2001 年第 3 期。

郭齐勇:《出土简帛与经学诠释的范式问题》,《福建论坛》2001 年第 5 期。

郭齐勇:《郭店楚简〈五行〉的身心观与道德论》,《儒学新论:郭齐勇学术论集》,孔学堂书局 2015 年版。

郭沂:《思孟心性论及相关问题》,山东师范大学齐鲁文化研究中心、美国哈佛大学燕京学社编:《儒家思孟学派论集》,齐鲁书社 2008 年版。

郭沂:《出土文献背景下的儒家核心经典系统之重构》,郭齐勇主编:《儒家文化研究》(第 1 辑),生活·读书·新知三联书店 2007 年版。

龚建平、宁新昌:《儒家哲学中"知己"与"絜矩之道"的方法论意义》,《孔子研究》2010 年第 2 期。

何炳棣:《"克己复礼"真诠》,《二十一世纪》1991 年第 8 期。

何元国:《〈曾子〉泛化孝再评价》,《湖北大学学报》2006年第1期。

胡治洪:《论〈大学〉的作者时代及思想传承》,《陕西师范大学学报》2008年第5期。

黄开国:《论儒家的孝道学派——兼论儒家孝道派与孝治派的区别》,《哲学研究》2003年第3期。

黄开国:《先秦儒家孝论的发展与〈孝经〉的形成》,《东岳论丛》2005年第3期。

黄开国:《孟子性善说在儒家人性论发展史上的意义》,山东师范大学齐鲁文化研究中心、美国哈佛大学燕京学社编:《儒家思孟学派论集》,齐鲁书社2008年版。

黄立振:《〈论语〉源流及其注释版本初探》,《孔子研究》1987年第2期。

贾庆超:《曾子领纂〈论语〉说》,《东岳论丛》2003年第1期。

姜广辉:《郭店楚简与〈子思子〉——兼论郭店楚简的思想史意义》,《中国哲学》第20辑。

金春峰:《论郭店简〈六德〉〈忠信之道〉〈成之闻之〉之思想特征与成书时代》,《人文论丛》2001年卷。

孔祥军:《驳杨伯峻"孔子不作〈春秋〉说"》,《中国经学》第3辑。

李建国:《〈论语〉成书新探》,《2012儒学国际学术研讨会论文集》,中国社会科学出版社2016年版。

李景林:《从郭店简看思孟学派的性与天道论——兼谈郭店简儒家类著作的学派归属问题》,《郭店楚简国际学术研讨会论文集》,湖北人民出版社2000年版。

李景林:《"浩然之气"的创生性与先天性》,《社会科学战线》2007年第5期。

李景林、王觅泉:《简帛文献与孔门后学思想之内转趋势》,《社会科学战线》2011年第6期。

李零:《重见"七十子"》,《读书》2002年第4期。

李锐:《郭店简〈成之闻之〉与孔子"性相近"说新研》,《思想与文化》2018年第1期。

李维武:《〈性自命出〉的哲学意蕴初探》,《郭店楚简国际学术研讨会论文集》,湖北人民出版社2000年版。

李学功:《洙泗之学与西河之学》,《齐鲁学刊》1991年第4期。

李学勤:《从简帛佚籍〈五行〉谈到〈大学〉》,《孔子研究》1998年第3期。

李学勤:《荆门郭店楚简中的〈子思子〉》,《中国哲学》第20辑。

李学勤:《郭店简"君子贵诚之"试解》,《中国历史文物》2002年第1期。

李学勤:《试说郭店简〈成之闻之〉两章》,《中国古代文明研究》,华东师范大学出版社 2005 年版。

李学勤:《郭店竹简研究的新进展——读梁涛〈郭店竹简与思孟学派〉》,《光明日报》2008 年 10 月 11 日。

李泽厚:《初读郭店竹简印象记要》,《中国哲学》第 21 辑。

梁涛:《〈大学〉早出新证》,《中国哲学史》2002 年第 3 期。

梁涛:《大学新解》,姜广辉主编:《中国经学思想史》(第一卷),中国社会科学出版社 2003 年版。

梁涛:《郭店竹简"㥉"字与孔子仁学》,《哲学研究》2005 年第 5 期。

梁涛:《上博简〈内礼〉与〈大戴礼记·曾子〉》,简帛研究网,2005 年 6 月 26 日。

梁涛:《乐正氏之儒的"泛孝论"及与思孟学派的关系(上)》,《孝感学院学报》2006 年第 1 期。

梁涛:《"仁"与"孝"——思孟学派的一个诠释向度》,《儒林》第 1 辑。

梁漱溟:《东方学术概观》,《梁漱溟全集》(第七卷),山东人民出版社 1989 年版。

梁漱溟:《儒家孔门之学为体认人的生命生活之学》,《梁漱溟全集》(第七卷),山东人民出版社 1989 年版。

廖名春:《荆门郭店楚简与先秦儒学》,《中国哲学》第 20 辑。

廖名春:《郭店楚简〈六德〉校释》,廖名春主编:《清华简帛研究》(第 1 辑),清华大学思想文化研究所,2000 年。

廖名春:《上博简〈关雎〉七篇诗论研究》,《中州学刊》2002 年第 1 期。

廖名春:《"仁"字探原》,《中国学术》第 8 辑。

廖名春:《试论楚简〈鲁邦大旱〉的内容与思想》,《上博馆藏战国楚竹书研究续编》,上海书店出版社 2004 年版。

廖名春:《楚竹书〈内礼〉〈曾子立孝〉首章的对比研究》,孔子 2000 网,2005 年 4 月 4 日。

林桂榛:《论荀子性朴论的思想体系及其意义》,《现代哲学》2012 年第 6 期。

林桂榛:《关于荀子"性朴"论的再证明》,《临沂大学学报》2018 年第 1 期。

刘述先:《孟子心性论的再反思》,《中国哲学》第 18 辑。

刘信芳:《简帛〈五行〉仁义礼智圣研究》,《国际儒学研究》第 11 辑。

麻尧宾:《〈大学〉、〈中庸〉天人范式议论》,《哲学研究》2011 年第 5 期。

蒙培元:《〈性自命出〉的思想特征及其与思孟学派的关系》,山东师范大学齐鲁文化研究中心、美国哈佛大学燕京学社编:《儒家思孟学派论集》,齐鲁书社 2008 年版。

蒙文通:《周代学术发展论略》,《蒙文通全集(第一卷)儒学甄微》,巴蜀书社 2015

年版。

牟宗三:《〈孟子·告子篇上〉第六章释义》,董洪利、方麟选编:《孟子二十讲》,华夏出版社 2008 年版。

庞朴:《三重道德论》,《历史研究》2000 年第 5 期。

庞朴:《上博藏简零笺》,朱渊清、廖名春编:《上博馆藏战国楚竹书研究》,上海书店 2002 年版。

庞朴:《竹帛〈五行〉篇校注》,《庞朴文集(第 2 卷)古墓新知》,山东大学出版社 2005 年版。

庞朴:《孔孟之间——郭店楚简中的儒家心性说》,《庞朴文集》(第 2 卷)《古墓新知》,山东大学出版社 2005 年版。

任锋:《天人、治教与君子:〈中庸〉经义解析》,《天津师范大学学报》2014 年第 4 期。

任子田:《从〈左传〉"君子曰"看〈论语〉体例的形成》,《正本清源——〈论语〉学研究学术研讨会论文集》,2017 年 12 月,曲阜。

宋立林:《〈缪和〉〈昭力〉与孔子易教》,《周易研究》2010 年第 6 期。

宋立林:《儒家八派形成因缘考》,《孔子学刊》(第 4 辑),上海古籍出版社 2013 年版。

宋立林:《徐复观〈中庸〉新诠表微》,《集美大学学报》2016 年第 2 期。

汤一介:《论"天人合一"》,《汤一介集》(第五卷)《在儒学中寻找智慧》,中国人民大学出版社 2014 年版。

田昌五:《孔子的天道观》,《山东大学学报》1991 年第 3 期。

王葆玹:《晚出的"子曰"及其与孔氏家学的关系》,《纪念孔子诞辰 2550 周年国际学术研讨会论文集》(下册),国际文化出版公司 2000 年版。

王楚宁:《海昏侯墓出土〈论语·知道〉篇小考》,复旦大学出土文献与古文字研究中心网站,2016 年 8 月 29 日。

王国雨:《试论孔子晚年的天道观——以"晚而喜易"为视角》,《国学学刊》2016 年第 1 期。

王培娟:《诗性与思辨——〈论语〉与〈柏拉图对话录〉对话体探微》,《江苏社会科学》2010 年第 1 期。

王志跃:《〈中庸〉二题》,《中国哲学》第 17 辑。

王中江:《"身心合一"之"仁"与儒家德性伦理》,《中国哲学史》2006 年第 1 期。

王中江:《儒家文明的精神特质》,《中国纪检监察报》2016 年 4 月 1 日。

王中江:《简帛〈五行〉篇的"惪"概念》,《简帛文明与古代思想世界》,北京大学出版社 2011 年版。

吴凡明:《〈中庸〉诚说探析》,《湖南大学学报》2000 年第 4 期。

[日]武内义雄著,陈东译:《今本〈论语〉的构成》,《正本清源——〈论语〉学研究学术研讨会论文集》,2017 年 12 月,曲阜。

萧公权:《孔子政治学说的现代意义》,《迹园文录》,中国人民大学出版社 2014 年版。

相龙烽、潘慧影:《对话·隐喻·真理——〈论语〉对话观念浅析》,《呼伦贝尔学院学报》2008 年第 4 期。

谢幼伟:《孝与中国文化》,转引自蔡尚思:《中国礼教思想史》,上海古籍出版社 2006 年版。

颜炳罡:《"儒分为八"的再审视》,《儒林》第 1 辑。

颜世铉:《郭店楚简散论(一)》,《郭店楚简国际学术研讨会论文集》,湖北人民出版社 2000 年版。

杨朝明:《"周训":儒家人性学说的重要来源》,《儒家文献与早期儒学研究》,齐鲁书社 2002 年版。

杨朝明:《新出竹书与〈论语〉成书问题再认识》,《中国哲学史》2003 年第 3 期。

杨朝明:《〈论语〉首章与〈孔子家语·屈节〉篇——孔子政治命运悲剧的两个诠释》,《儒林》第 1 辑。

杨朝明:《读〈孔子家语·王言解〉札记》,《文史哲》2006 年第 4 期。

杨朝明:《读〈孔子家语〉札记》,《文史哲》2006 年第 4 期。

杨朝明:《从〈穷达以时〉看孔子的时遇思想》,刘大钧主编:《儒学释蕴》,上海古籍出版社 2007 年版。

杨少涵:《孟子性善论的思想进路与义理架构》,《哲学研究》2015 年第 2 期。

杨义:《〈论语〉还原新探》,《文学遗产》2008 年第 6 期。

姚永辉:《"以故兴物"考辨与发微:以郭店楚简〈性自命出〉篇为参照》,《中国哲学史》2014 年第 3 期。

游唤民:《论孔子的"性善论"及在其学说中的地位》,《湖南师范大学学报》2004 年第 3 期。

曾业桃:《孔子对人性本善的信仰》,《江苏广播电视大学学报》2002 年第 2 期。

张岱年:《论孔子的崇高精神境界及其历史影响》,《张岱年全集》第 6 卷,河北人民出版社 1996 年版。

张岱年:《论孔子的哲学思想》,《张岱年全集》第 5 卷,河北人民出版社 1996 年版。

张德付:《〈孟子〉"江汉以濯之,秋阳以暴之"句解》,《中国经学》第 11 辑。

张立文:《〈穷达以时〉的时与遇》,《中国哲学》第 20 辑。

张鹏伟、郭齐勇:《孟子性善论新论》,《齐鲁学刊》2006 年第 4 期。

张新民:《良知·内省·自律——中国传统道德精神与现代人格三题》,《贵州社会科学》1995 年第 6 期。

张亚宁:《〈中庸〉诚的思想》,《孔子研究》2009 年第 6 期。

张艳芳:《〈周易·大象传〉——孔子及其后学的治世理想诉求》,《孔子研究》2011 年第 5 期。

赵法生:《孔子人性论的三个向度》,《哲学研究》2010 年第 8 期。

赵法生:《孔子的天命观与超越形态》,《清华大学学报》2011 年第 6 期。

赵法生:《孔子"晚而喜易"与其晚年思想的变化》,《哲学研究》2012 年第 2 期。

赵纪彬:《〈论语新论〉导言》,《中国哲学》第 10 辑。

赵卫东:《孟子对道德普遍必然性的论证》,山东师范大学齐鲁文化研究中心、美国哈佛大学燕京学社编:《儒家思孟学派论集》,齐鲁书社 2008 年版。

周勋初:《"登高能赋"说的演变和刘勰创作论的形成》,《周勋初文集》第 3 卷,江苏古籍出版社 2000 年版。

周炽成:《荀子:性朴论者,非性恶论者》,《光明日报》2007 年 3 月 20 日。

朱晓征:《关于曾子孝道政治观的若干思考》,《西南师范大学学报》2004 年第 1 期。

邹晓东:《〈中庸〉首章:本体论误区与生存论新解》,《孔子研究》2018 年第 1 期。

四、博士、硕士学位论文

崔海鹰:《郭店儒简〈成之闻之〉研究》,曲阜师范大学硕士学位论文,2008 年。

郭沂:《尽心·知性·知天——老庄孔孟哲学的底蕴及其贯通》,复旦大学博士学位论文,1993 年。

刘光胜:《〈大戴礼记·曾子〉研究》,清华大学博士学位论文,2010 年。

宋立林:《"儒家八派"的再"批判"》,曲阜师范大学博士学位论文,2011 年。

后 记

在我女儿三岁生日的时候,写这篇后记,也别有意义。儒学是生命的学问,绝非限于书斋故纸,而是不离乎人伦日用。同样,儒学的研究不仅需要思辨,更需要体知。我爱我的女儿,正如我爱我的儒学。

本书是我在 2012 年申请的国家社科基金青年项目"孔门后学与儒学的早期诠释研究"(12CZX029)的结项成果。十年前我博士毕业,第二年申请成功这一项目,应该是非常幸运的。我的博士论文选题是"'儒家八派'的再'批判'",最初我列的提纲非常庞大,后来听从我师弟光胜兄的建议,拦腰截断,取了一半作为博士论文,剩下一半后来作为国家社科基金项目的选题。前者在台北花木兰文化事业公司出版,后者则在人民出版社出版,实属无上荣光。

说来惭愧,本来可以一鼓作气做完的课题,居然拖拖拉拉做了六年,2018年 8 月才完成并提交结项,次年 3 月下达结项证书,鉴定等级为优秀。当然,所谓六年,大部分时间并没有放在课题上,而是忙于各种各样的杂务。这些杂务当然都离不开儒家的事业,只不过绝非"科研体制"所乐见。虽然从立项开始就陆续思考、写作,但是真正集中精力是 2018 年春节后的半年。所以,尽管有所谓"优秀"的鉴定,也无以遮掩心中的惶恐。尽管这一课题做完了,但是我一直以来的思考以及存在的困惑,绝非这一本书所能解决的,甚至很多新的困惑和思考就是在写本书的过程中产生的。我也期待能够继续深入思考,推进这一研究。早期儒学的文献与思想研究，毕竟是我问学的重心所在，所以尽管时常会心有旁骛，但是着力思考的还在这一论域之中，即便我所感兴趣的现代新儒学的研究，也与此密切相关。

感谢这些年来一直鼓励我的师友，如今不佞对于学问存有微薄的自信，完全源于各位师友的不断鼓励。感谢恩师杨朝明老师和郭齐勇老师，他们的道德文章都是我所崇仰的，也是我所不断效法却难以企及的。二位老师虽然性格不同，但都是真儒，对学问真诚，对友朋真挚，对儒学真信。因此，老师所教给我的不仅是学问本身，而且是对儒学的那种信仰。因此，我自己的学问宗旨就是："学宗洙泗，道阐尼山，守先待后，与古为新。"

感谢少涵兄和海燕兄慨允赐序。犹记得 2012 年在圣城曲阜孔祥军兄、杨少涵兄、孙海燕兄与不佞"四子言志"，志趣相投，把酒言欢，纵论学术，订下"曲阜之约"，以此互勉。三位老兄都学问精进，令人欣慰，而反躬自问，惶恐愧疚，汗颜无地。然两位老兄于我频加青眼，当我厚颜求序时，竟不以小书鄙陋，慷慨应允。盖本乎鼓励友朋之盛意，在洋洋洒洒的序文中，不吝谬赞，令我惶恐之余，不免有所窃喜。唯愿日后踏实努力，做一点真正的学问，才不负二子盛意。

感谢责编段海宝兄。我与段兄相识有年，知他乃温厚君子，将拙稿奉上，承蒙不弃，纳入人民出版社出版计划，并详加编辑校对，认真负责，令我既感且愧。

感谢同门诸友，时常切磋学问，惠我良多。其中刘昭、邵辉、马智文诸君帮我校对文字，付出很多心血和精力。

感谢内子徐慧博士，抚养儿女，承担家务，让我肆意做我的儒家事业。

本书不仅是国家社科基金青年项目的最终成果，而且还得到"山东省泰山学者专项经费"的资助，特申谢忱！

2021 年 12 月 12 日于慢庐

责任编辑:段海宝 刘志江
封面设计:石笑梦
版式设计:胡欣欣

图书在版编目(CIP)数据

孔门后学与儒学的早期诠释研究/宋立林 著. —北京:人民出版社,2021.12
ISBN 978 - 7 - 01 - 024230 - 9

Ⅰ.①孔… Ⅱ.①宋… Ⅲ.①儒学-思想史-研究-中国 Ⅳ.①B222.05

中国版本图书馆 CIP 数据核字(2021)第 238293 号

孔门后学与儒学的早期诠释研究
KONGMEN HOUXUE YU RUXUE DE ZAOQI QUANSHI YANJIU

宋立林 著

人 民 出 版 社 出版发行
(100706 北京市东城区隆福寺街 99 号)

北京新华印刷有限公司印刷 新华书店经销

2021 年 12 月第 1 版 2021 年 12 月北京第 1 次印刷
开本:710 毫米×1000 毫米 1/16 印张:28.5
字数:400 千字

ISBN 978 - 7 - 01 - 024230 - 9 定价:99.00 元

邮购地址 100706 北京市东城区隆福寺街 99 号
人民东方图书销售中心 电话 (010)65250042 65289539